全国高等卫生职业教育创新技能型"十三五"规划教材

◆ 供护理、助产、临床医学、口腔医学、药学、检验、影像等专业使用

附数字资源增值服务

生理学

SHENGLIXUE

主　编　王光亮　张　量　潘　丽
副主编　杨智航　周裔春　王　卓　李玉明
编　委（以姓氏笔画为序）
　　　　于　欢　九江学院
　　　　王　卓　邢台医学高等专科学校
　　　　王光亮　邢台医学高等专科学校
　　　　阳小雅　广州卫生职业技术学院
　　　　李　琳　邢台医学高等专科学校
　　　　李玉明　首都医科大学燕京医学院
　　　　李兴暖　九江学院
　　　　李宏伟　邢台医学高等专科学校
　　　　杨智航　沈阳医学院
　　　　张　量　沈阳医学院
　　　　张新志　河西学院医学院
　　　　周裔春　九江学院
　　　　姚丹丹　广州卫生职业技术学院
　　　　覃小翠　肇庆医学高等专科学校
　　　　潘　丽　广州卫生职业技术学院

华中科技大学出版社
http://www.hustp.com
中国·武汉

内 容 简 介

本书是全国高等卫生职业教育创新技能型"十三五"规划教材。

本书共分十二章,主要包括绪论、细胞的基本功能、血液、血液循环、呼吸、消化与吸收、能量代谢与体温、肾的排泄功能、感觉器官、神经系统、内分泌、生殖等内容。书中穿插了与教学内容有关的知识链接和数字资源,融通俗性、趣味性和实用性于一体。每章末附有内容小结和相应的能力检测,有利于学生进一步理解与巩固所学知识。

本书供护理、助产、临床医学、口腔医学、药学、检验、影像等专业使用。

图书在版编目(CIP)数据

生理学/王光亮,张量,潘丽主编.—武汉:华中科技大学出版社,2018.7(2023.8 重印)
全国高等卫生职业教育创新技能型"十三五"规划教材
ISBN 978-7-5680-4257-4

Ⅰ.①生… Ⅱ.①王… ②张… ③潘… Ⅲ.①人体生理学-高等职业教育-教材 Ⅳ.①R33

中国版本图书馆 CIP 数据核字(2018)第 160873 号

生理学 王光亮 张 量 潘 丽 主编
Shenglixue

策划编辑:陆修文
责任编辑:毛晶晶
封面设计:原色设计
责任校对:何 欢
责任监印:周治超

出版发行:华中科技大学出版社(中国·武汉) 电话:(027)81321913
　　　　　武汉市东湖新技术开发区华工科技园 邮编:430223
录　排:华中科技大学惠友文印中心
印　刷:武汉科源印刷设计有限公司
开　本:787mm×1092mm 1/16
印　张:21.5
字　数:505 千字
版　次:2023 年 8 月第 1 版第 10 次印刷
定　价:59.00 元

全国高等卫生职业教育创新技能型
"十三五"规划教材编委会

丛书顾问　文历阳

委　　员（按姓氏笔画排序）

马　莉	河西学院	马志华	上海思博职业技术学院
王玉孝	厦门医学院	王臣平	常德职业技术学院
化　兵	河西学院	申社林	邢台医学高等专科学校
李朝鹏	邢台医学高等专科学校	杨　丽	常德职业技术学院
杨凤琼	广东岭南职业技术学院	邱丹缨	泉州医学高等专科学校
张　忠	沈阳医学院	张少华	肇庆医学高等专科学校
陈丽霞	泉州医学高等专科学校	范国正	娄底职业技术学院
周建军	重庆三峡医药高等专科学校	冼昶华	清远职业技术学院
袁　宁	青海卫生职业技术学院	徐世明	首都医科大学燕京医学院
高清源	常德职业技术学院	谭　工	重庆三峡医药高等专科学校

编写秘书　陈　鹏　蔡秀芳　陆修文　史燕丽　居　颖　周　琳

总序

Zongxu

随着我国经济的持续发展和教育体系、结构的重大调整，职业教育办学思想、培养目标随之发生了重大变化，人们对职业教育的认识也发生了本质性的转变。我国已将发展职业教育作为重要的国家战略之一，高等职业教育成为高等教育的重要组成部分。作为高等职业教育重要组成部分的高等卫生职业教育也取得了长足的发展，为国家输送了大批高素质技能型、应用型医疗卫生人才。

为了全面落实职业教育规划纲要，贯彻《国务院关于加快发展现代职业教育的决定》和《教育部关于深化职业教育教学改革 全面提高人才培养质量的若干意见》等文件精神，体现"以服务为宗旨，以就业为导向，以能力为本位"的人才培养模式，积极落实高等卫生职业教育改革发展的最新成果，创新编写模式，满足"健康中国"对高素质创新技能型人才培养的需求，2017年8月在全国卫生职业教育教学指导委员会专家和部分高职高专院校领导的指导下，华中科技大学出版社组织全国30余所院校的近200位老师编写了本套全国高等卫生职业教育创新技能型"十三五"规划教材。

本套教材充分体现新一轮教学计划的特色，强调以就业为导向、以能力为本位、以岗位需求为标准的原则，按照技能型、服务型高素质劳动者的培养目标，遵循"三基"（基本理论、基本知识、基本技能）、"五性"（思想性、科学性、先进性、启发性、适用性）、"三特定"（特定目标、特定对象、特定限制）的编写原则，着重突出以下编写特点：

（1）密切结合最新的护理专业课程标准，紧密围绕执业资格标准和工作岗位需要，与护士执业资格考试相衔接。

（2）教材中加强对学生人文素质的培养，并将职业道德、人文素养教育贯穿培养全过程。

（3）教材规划定位于创新技能型教材，重视培养学生的创新、获取信息及终身学习的能力，实现高职教材的有机衔接与过渡作用，为中高职衔接、高职本科衔接的贯通人才培养通道做好准备。

（4）内容体系整体优化，注重相关教材内容的联系和衔接，避免遗漏和不必要的重复。编写队伍引入临床一线教师,力争实现教材内容与职业岗位能力要求相匹配。

(5) 全套教材采用全新编写模式,以扫描二维码形式帮助老师及学生在移动终端共享优质配套网络资源,使用华中科技大学出版社提供的数字化平台将移动互联、网络增值、慕课等新的教学理念、教学技术和学习方式融入教材建设中,全面体现"以学生为中心"的教材开发理念。

本套教材得到了各院校的大力支持和高度关注,它将为新时期高等卫生职业教育的发展做出贡献。我们衷心希望这套教材能在相关课程的教学中发挥积极作用,并得到读者的青睐。我们也相信这套教材在使用过程中,通过教学实践的检验和实际问题的解决,能不断得到改进、完善和提高。

全国高等卫生职业教育创新技能型"十三五"规划教材
编写委员会

前言

Qianyan

为了贯彻落实《国务院关于加快发展现代职业教育的决定》和《教育部关于深化职业教育教学改革 全面提高人才培养质量的若干意见》等系列配套文件精神,服务"健康中国"对高素质创新技能型人才培养的需求,根据《教育部关于"十二五"职业教育教材建设的若干意见》等文件精神,积极落实高等卫生职业教育改革发展的最新成果,使职业技能教学满足临床需求,华中科技大学出版社于 2017 年 8 月在武汉召开了"全国高等卫生职业教育创新技能型'十三五'规划教材"编写会议,来自全国各地高等医学院校的一线骨干教师参加了会议。与会编者对新版教材提出了很好的建议,并经过充分讨论取得了共识,开始了《生理学》编写工作。

本教材编写的原则是"以服务为宗旨,以就业为导向,以能力为本位"的人才培养模式,满足科学需要和社会需要,注重职业教育人才德能并重、知行合一和崇高职业精神的培养,充分体现在知识、修养和能力三个层面上的培养,突出教材的"四新(新知识、新技术、新工艺、新设备)五性(思想性、科学性、先进性、启发性和适用性)",丰富和创新实践教学内容和方法,对既往教材中过时或错误的知识点进行筛选和淘汰,力求反映比较成熟的内容,注重提高效用,以提高学生的学习兴趣,保证学习效果。

在《生理学》编写过程中,在尽量保持本学科系统性、完整性、科学性的基础上,将人文素质教育的基本要求列入培养目标,以基本理论和基本知识为重点,以"必需、够用"为度,内容简明扼要、突出重点,适度体现"校企合作""医教协同"的要求,加强人文素质、临床实践能力的培养,既要突出高等职业教育专业教材的特色和教学特点,又要突出通俗性、趣味性和实用性。为提高学生的学习兴趣,开阔学生的知识视野,我们将一些必要的基础或扩展知识、小常识及背景知识等以知识链接的形式插入教材的各章节中,数字资源以扫描二维码形式帮助老师及学生在移动终端共享优质配套网络资源。此外,我们对每章内容均进行小结,并设有能力检测,使学生在有限的时间内尽可能多地掌握生理学的基础理论和基础知识,为后续的课程打下良好的基础。各章内容以国家医师、护士资格证考试大纲规定的医学专业学生必须具备的知识点为主,兼顾其他相关医学专业,将其深度和广度严格控制在三年制高职高专医学专业教学要求的范畴,以适应为基层、社区和农村培养实用型医学人才的需求。

本书的编写分工为:"绪论"章由邢台医学高等专科学校王光亮老师编写;"细胞的基本功能"章由首都医科大学李玉明老师编写;"血液"章由邢台医学高等专科学校李琳和肇庆医学高等专科学校覃小翠老师编写;"血液循环"章由沈阳医学院杨智航老师编写;"呼吸"章由河西学院医学院张新志老师编写;"消化与吸收"章由九江学院于欢老师编写;"能量代谢与体温"章由九江学院李兴暖老师编写;"肾的排泄功能"章由广州卫生职业技术学院姚丹丹和阳小雅老师编写;"感觉器官"章由九江学院周裔春老师编写;"神经系统"章由沈阳医学院张量老师编写;"内分泌"章由邢台医学高等专科学校王卓和李宏伟老师编写;"生殖"章由广州卫生职业技术学院潘丽老师编写。全书经全体编者互相审稿,PPT由潘丽老师审阅,最后由王光亮老师统稿完成。

本教材在编写过程中,参考、引用大量的文献资料,在此向原作者深表谢意和敬意。同时得到了华中科技大学出版社和编委所在单位的大力支持和帮助,在此一并致以衷心的感谢。

本教材主要供护理、助产、临床医学、口腔医学、药学、检验、影像等专业师生使用,也可供其他专业及在职卫生技术人员和有关人员学习参考。

由于编者水平所限,加之编写时间仓促,书中不足之处在所难免,恳望兄弟院校和广大读者在使用本书的过程中,不吝批评指正,提出宝贵建议和意见,以求日臻完善。

编 者

2018 年 7 月

目录

Mulu

第一章
绪 论

 **学习目标**

掌握：生理学概念；兴奋性；有效刺激的三个条件；阈强度或阈值；内环境、稳态的概念及其意义；人体生理功能的调节方式；负反馈控制系统。

熟悉：生理学研究的对象、任务；生理学的研究方法；反射；正反馈控制系统。

了解：生理学研究的三个水平；新陈代谢和生殖；前馈控制系统。

本章PPT

第一节　概　述

一、生理学研究对象和任务

生理学（physiology）是生物科学的一个分支，是研究生物机体及其细胞、组织、器官等组成部分的功能活动与原理的一门科学。生理学根据其研究的对象不同分为人体生理学、动物生理学、植物生理学等。

医学生学习的是人体生理学，通常简称为生理学，它是以人体为研究对象，主要研究正常人体及其细胞、组织、器官等组成部分所表现出来的各种生命现象的基本活动规律，以及机体内、外环境变化对这些功能活动的影响和人体所做的相应调节，并揭示各种生理功能在整体生命活动中的意义。

生理学的任务是研究生命活动产生的原理、条件和过程，以及人体内、外环境变化对机体的影响，从而认识和掌握正常人体生命活动发展、变化的规律，为人类防病治病、增进健康、延长寿命，提供科学的理论依据。

二、学习生理学的意义

生理学是一门重要的医学基础课程。一方面，由于人体的正常生理功能是建立在人体形态结构基础之上的,因此生理学与生物化学、解剖学和组织胚胎学等有着密切的联系;另一方面,生理学又是后续课程的基础,人们只有掌握了正常生命活动的规律,才能知道机体某个部位发生的变化是属于生理变异还是病理状态,才能区分病理状态下组织器官发生的形态和功能变化及其之间的联系,从而认识某一器官、系统的疾病如何影响到其他器官甚至整个机体,为以后学习病理学、药理学、护理学、临床医学等其他学科和从事医疗工作奠定良好的基础。因此,只有掌握了生理学的基本知识,才能更好地理解疾病的发生和发展过程,才能为日后正确诊治疾病提供重要的理论依据,为疾病预防和保健工作提供必要的理论基础。法国著名的生理学家克鲁特·伯尔纳(Claude Bernard)说:"医学是关于疾病的科学,而生理学是关于生命的科学。因此后者比前者更有普遍性。这就是为什么说生理学必然是医学科学的基础。"

知识链接

近代生理学的奠基人——哈维

威廉·哈维(William Harvey,1578—1657)是出现在 17 世纪初的一位敢于向权威提出怀疑的伟大学者,他发现了血液循环和心脏的功能。他的不朽著作《心与血的运动》发表于 1628 年,是历史上第一部基于实验证据的生理学著作,标志着现代生理学的开始。这本划时代的伟大著作为人们探索人体正常功能的奥秘指明了正确方向,即通过实验来进行人体功能研究。

哈维于 1578 年出生在英国福克斯通镇的一个富裕农民家庭。他 19 岁毕业于英国的剑桥大学,之后到意大利留学,五年后获医学博士学位。哈维在不同动物的解剖中发现了同样的结果:血液由心脏"泵"出,经由动脉血管流向身体各处,再从静脉血管流回心脏,从而完成血液循环。他把这一发现写成了《心与血的运动》一书,正式提出了关于血液循环的理论。哈维的贡献是划时代的,他的工作标志着新的生命科学的开始,属于 17 世纪科学革命的重要组成部分。哈维以其出色的心血管系统研究成果,成为与哥白尼、伽利略、牛顿等人齐名的科学革命巨匠。他的《心与血的运动》一书也像《天体运行论》《关于托勒密和哥白尼两大体系的对话》《自然哲学之数学原理》等著作一样,成为科学革命时期乃至整个科学史上极为重要的文献。

三、生理学的研究方法

生理学是一门实验性科学,生理学理论知识主要来源于实验研究,即在人工创造的接近自然的条件下,对机体某种生命活动进行细致周密的观察、分析与综合,进而找出规律性的结论。根据实验对象的不同,生理学实验分为动物实验和人体实验。

(一)动物实验

生理学的实验对象主要是各种实验动物。实验方法包括急性实验方法和慢性实验方法两大类。

1. 急性实验法 实验过程一般不能持续太久,获得结果后即处死动物,称为急性实验法。根据研究的目的不同,急性实验法又分为离体实验法与在体实验法。

（1）离体实验法：离体实验法是从活着的或刚刚处死的动物身上取下所要研究的器官、组织、细胞或细胞中的某些成分（如小肠、心脏、肌肉、神经等），置于一定的人工环境中，使它们在一定时间内仍保持生理功能，根据特定的目的给予各种刺激或改变其周围环境条件，观察它们功能的变化及活动规律。例如，将蛙的心脏取出，用理化特性近似于其血浆的溶液进行灌流，以维持蛙心在一定时间内的正常跳动，利用它进行各种相关研究。离体实验研究的优点是可以排除无关因素的干扰，器官生存的人工环境条件易于控制，所得的实验结果便于分析。

（2）在体实验法：在体实验法（活体解剖法）则需要在动物麻醉条件下，进行活体解剖，暴露出所要研究的部位并进行实验。例如，在体直接观察哺乳动物胃肠运动的形式，以及神经和药物对胃肠运动的影响。

2. 慢性实验法 慢性实验法是将实验动物在无菌条件下，暴露某器官或将电极埋藏于体内，并在动物处于清醒状态时，观察其整体情况下的某器官对体内、体外环境条件变化的反应规律。这样所获得的结果更接近于被研究器官在正常条件下的功能活动规律。与急性动物实验相比，慢性动物实验的干扰因素多，实验条件较难控制。例如，应用外科无菌手术制备各种器官的瘘管（胃瘘、食管瘘等）及破坏或摘除某一器官后，对动物进行长期观察，以便研究这些器官应有的生理功能及其活动规律。

（二）人体实验

人体实验是在健康人或患者身上进行的以取得人体直接相关功能指标为目的的实验。由于受到伦理学的限制，人体实验主要是进行人群资料的调查，如人体血压、心率、肺活量、体温、肾小球滤过率等指标的正常值就是通过对大量人群进行采样和分析而获得的。

四、生理学研究的三个水平

人体是由各细胞、组织、器官和系统组成的有机整体，因此，要全面了解正常人体的生理功能，应逐步深入，需要从以下三个不同水平进行研究。

（一）细胞和分子水平

细胞是构成人体的基本结构和功能单位，每一器官的功能都以组成该器官细胞的生理特性为基础，而细胞又是由多种生物大分子所组成的。因此，该水平的研究是以细胞及构成细胞的分子为研究对象，观察其超微结构和功能，以及细胞内生物分子的物理化学变化过程，例如骨骼肌收缩时的肌丝滑行，细胞兴奋时离子的跨膜移动等。

（二）器官和系统水平

器官和系统水平研究是以器官、系统为研究对象，观察各器官和系统的活动规律、调节机制及其影响因素等，如心脏的泵血、肺的呼吸、小肠的消化和吸收等。

（三）整体水平

整体水平的研究是以完整的机体为研究对象，观察和分析在各种条件下不同的器官、系统之间以及机体与环境之间相互联系和相互影响的规律。例如，当人体进行剧烈体力劳动时，在骨骼肌进行协调收缩和舒张的同时，呼吸加深加快，促进气体交换；心跳加快加强，血液循环加速，骨骼肌血管舒张，血流量增多；消化系统、泌尿系统等系统器官的活动减弱，血量供给减少,以保证心脏、脑等重要器官的血液供应。

必须指出,以上三个水平的研究并不是孤立的,而是相互联系和补充的。只有将三方面的研究成果有机地结合起来,用发展的、联系的和对立统一的观点,进行综合分析和判断,才能科学地认识正常人体的功能活动规律。

第二节　生命活动的基本特征

生物学家通过广泛而深入的研究,发现各种生命有机体都表现出严密的组织性和高度的秩序性,其基本特征主要包括新陈代谢、兴奋性、生殖等,其中新陈代谢是最基本的特征。

一、新陈代谢

新陈代谢(metabolism)是指机体与环境之间不断进行物质和能量交换、实现自我更新的过程。新陈代谢包括合成代谢(同化作用)和分解代谢(异化作用)两个相辅相成的过程。同化作用是指机体不断地将从外界环境中获取的营养物质转变成自身物质,产生并储存能量的过程;异化作用是指机体不断分解自身旧的物质,释放能量,满足各种生命活动的需要,并把分解产物排出体外的过程。

同化作用和异化作用是同时进行和互相依存的两个生理过程,同化作用是异化作用的前提,没有同化作用就没有异化作用;而异化作用是同化作用的条件,它为同化作用提供了必需的能量。机体正是通过同化作用和异化作用两者既对立又统一的过程,使体内的物质不断地进行自我更新。

从机体内所进行的各种反应来看,生命过程中表现出的生长、发育、生殖、运动、分泌等一切功能活动都是建立在新陈代谢基础上的,因此新陈代谢是生命活动的最基本特征,新陈代谢一旦停止,生命也就随之终止。

二、兴奋性

兴奋性(excitability)是指机体或组织对刺激发生反应的能力或特性。兴奋性是一切有生命的机体普遍具有的功能特性。为了正确理解兴奋性,我们首先来了解刺激与反应。

(一)刺激与反应

1. 刺激　引起机体或细胞发生反应的各种内、外环境的变化称为刺激(stimulus)。刺激的种类很多,按刺激的性质可分为物理性刺激(如声、光、电、温度、机械、射线等)、化学性刺激(如酸、碱、盐、药物等)、生物性刺激(如细菌、病毒、抗体等)和社会心理刺激(如社会变更、情绪波动)等。由于电刺激容易控制,且不易损伤组织,因此在生理学实验中最常使用。

2. 反应　反应(reaction)是指机体或细胞接受刺激后所出现的理化过程和生理功能的变化。反应有两种表现形式:一种是机体受刺激后由相对静止状态转变为活动状态或活动由弱变强,称为兴奋(excitation);另一种是机体受刺激后由活动状态转变为相对静止状态或活动由强变弱,称为抑制(inhibition)。兴奋与抑制互为前提,对立统一,并可在一定条件下相互转化。

并非所有刺激都能引起机体组织发生反应。实验表明,作为能引起机体或组织产生反应的刺激一般具备三个基本条件(刺激三要素),即刺激的强度、刺激的持续时间和刺激强度对时间的变化率。刺激只有达到一定的强度、时间和变化率才能引起机体发生反应。例如,寒冷刺激可使交感神经紧张活动增强,肌肉颤抖,产热量增加,皮肤血管收缩,皮肤血流量减少,散热减少等,这就是机体对寒冷刺激的反应。

知识链接 -----------------------------

护士在做肌内注射时,为何要"两快一慢"?

刺激要引起机体发生反应必须具备三个基本条件,即刺激的强度、刺激的持续时间和刺激强度对时间的变化率。一般来说,这三个变量的值越大,刺激越强,反之,刺激越弱。临床上,护士在给患者做肌内注射时,常遵循"两快一慢"的原则,即进针快、拔针快、推药慢。这是因为进针快和拔针快可以缩短刺激的持续时间;推药慢则可以减小刺激强度对时间的变化率,两者均可减弱刺激作用,从而减轻患者的疼痛反应。

(二)衡量兴奋性的指标——阈值

各种组织兴奋性的高低不同,即使同一组织处于不同的功能状态时,其兴奋性也不相同。如将刺激的持续时间和刺激强度对时间的变化率保持不变,我们将刚能引起组织发生反应的最小刺激强度称为阈强度(threshold,刺激阈或阈值)。强度等于阈值的刺激称为阈刺激(threshold stimulus);强度高于阈值的刺激称为阈上刺激;强度低于阈值的刺激称为阈下刺激。因为阈刺激和阈上刺激都能引起组织发生反应,所以是有效刺激,而单个阈下刺激则不能引起组织的反应。

阈值可作为衡量组织兴奋性的指标,两者呈反变关系(兴奋性∝1/阈值),即阈值越小,表明组织的兴奋性越高;反之,阈值越大,则表明组织的兴奋性越低。在机体组织中,由于神经、肌肉和腺体的兴奋性较高,受到刺激后反应迅速而明显,因此将这些组织称为可兴奋组织,而将神经细胞、肌细胞和腺细胞称为可兴奋细胞。

可兴奋细胞在接受刺激产生兴奋时,对刺激的反应形式各异,神经组织兴奋的表现为神经冲动;肌肉组织的兴奋表现为肌纤维收缩;腺体的兴奋表现为腺细胞分泌。但它们受刺激后首先发生的共同反应就是产生动作电位(见第二章细胞的基本功能)。因此,在现代生理学中,兴奋已被看作是动作电位的同义词或动作电位的产生过程,而将可兴奋细胞受刺激后产生动作电位的能力称为兴奋性。

三、生殖

生物体生长发育到一定阶段后,能够产生与自己相似的子代个体,这种功能称为生殖(reproduction)。人类在进化过程中已经分化为男性与女性两种个体,通过发育成熟的两性生殖细胞的结合以生成子代个体,从而实现了人类的种族延续。近年来,随着克隆技术的不断成熟与发展,将可能实现人类的无性繁殖。

第三节　人体与环境

一、人体与外环境

人体所生活的外界环境称为外环境,包括自然环境和社会环境。

自然环境是人类和其他一切生命赖以生存和发展的基础。一方面是自然环境中气温、气压、湿度等各种因素不断作用于人体,引起人体产生相应的适应性反应,从而维持正常的生理活动。另一方面是人类生产、生活对自然环境的影响,包括人工优化环境(如绿化、美化环境)和污染环境,前者利于人类的健康,后者使自然环境变化过于剧烈,超过人体的适应能力时,将会对人体产生不良影响,严重危害人类健康和生存。

社会环境是影响人体生理功能活动的另一重要因素,如各种社会关系、风俗习惯、教育程度、医疗卫生保健服务、工作及生活条件等都可引起人体生理功能的改变。当前,常见的社会环境刺激是人们紧张的工作和生活环境。随着社会的发展,社会环境的成分也越来越复杂,由此对人体身心健康的影响也越来越大。社会环境因素不但可以直接影响人的健康状况,而且还可以影响自然环境和人的心理环境。社会心理因素也已成为目前严重威胁人类健康的心脑血管疾病、恶性肿瘤、内分泌紊乱等疾病的主要原因。在现代社会,经济在高速发展,物质越来越丰富,但生活的压力也与日俱增,一些身心疾病如高血压、高血脂、冠心病、消化性溃疡、糖尿病、癌症、精神障碍、各种心理障碍等越来越多,发病年龄也呈现提前趋势。据国家卫生和计划生育委员会组织的全国营养与健康调查结果显示,我国已有2.7亿人患高血压,血脂异常的人数约为1.6亿,成人患病率为18.6%;体重超重的人数有2亿,6000多万人患肥胖症,成人超重率达22.8%,肥胖率为7.1%,与1992年相比,成人超重率上升39%,肥胖率上升97%;患糖尿病的人数为4000万,健康形势十分严峻。

二、内环境与稳态

(一)体液与内环境

1.体液　体液(body fluid)是人体内液体的总称。正常成年人的体液量约占体重的60%,其中约2/3(约占体重的40%)分布在细胞内,称为细胞内液;其余约1/3(约占体重的20%)分布在细胞外,称为细胞外液,包括血浆、组织液、淋巴液、脑脊液、房水、体腔液(胸膜腔液、滑膜液、心包液)等。细胞外液中,血浆约占1/4(约占体重的5%),组织液约占3/4(约占体重的15%)(图1-1)。体液的各部分彼此隔开而又互相沟通。在细胞内液与细胞外液之间通过细胞膜进行物质交换;而在组织液与血浆之间则通过毛细血管壁进行物质交换。血浆的组成与性质不仅可反映机体与外环境之间物质交换的情况,还成为沟通各部分体液与外界环境进行物质交换的媒介,并能反映组织代谢与内环境各部分之间的物质交换情况。

2.内环境　体内的绝大多数细胞并不与外环境直接进行物质交换,而是生存在细胞外液之中。细胞从细胞外液中摄取 O_2 和其他营养物质,同时将 CO_2 和其他代谢产物直接排

体液 ⎰ 细胞内液：约2/3，约占体重的40%
　　 ⎱ 细胞外液：约1/3，约占体重的20% ⎰ 组织液：约3/4，约占体重的15%
　　　　　　　　　　　　　　　　　　 ⎱ 血浆：约1/4，约占体重的5%
　　　　　　　　　　　　　　　　　　　 淋巴液：少量
　　　　　　　　　　　　　　　　　　　 胸膜腔、脑脊液及关节腔内液体

图 1-1　体液的分布与相互关系示意图

到细胞外液中。因此，细胞外液是细胞生存和活动的直接环境，称为机体的内环境（internal environment），以区别于机体赖以生存的外环境。

内环境的概念是由法国生理学家伯尔纳在 19 世纪提出的。伯尔纳首先指出，只有保持内环境相对稳定，复杂的多细胞动物才有可能生存，强调了内环境稳定的生理学意义。美国生理学家坎农（Walter Bradford Cannon）在长期研究自主神经系统生理的基础上，于 1929 年提出了著名的稳态概念，用来表示内环境的稳定。坎农进一步发展了伯尔纳的内环境恒定理论，认为内环境理化因素之所以可以在狭小范围内波动而始终保持相对稳定状态，主要依赖于自主神经系统和某些有关的内分泌激素的经常性调节。内环境的理化特性，如细胞外液的化学成分、pH 值、渗透压和温度等，都是影响细胞正常生命活动的重要因素。细胞的正常生命活动需要内环境的各种理化因素和各种物质的浓度在一定范围内保持动态的相对恒定。

（二）稳态

稳态（homeostasis）也称自稳态，是指内环境的理化性质保持相对稳定的状态。这种稳定的状态绝不是静止不变的，而是在一定范围内变动但又保持相对稳定。如人的正常体温总在 $36\sim38$ ℃之间波动，血浆 pH 值总在 $7.35\sim7.45$ 间波动，血浆中各种离子的浓度也总是在很小的范围内波动等。

稳态是一种复杂的生理过程，一方面外环境变化的影响和细胞的新陈代谢不断破坏内环境的稳态，另一方面机体通过各种调节机制使其不断地恢复平衡状态，是一种动态，也是一种相对平衡的状态。例如，通过呼吸系统的活动可摄入 O_2 和排出 CO_2，使内环境中的 O_2 分压和 CO_2 分压保持相对稳定；通过消化系统对食物的消化、吸收功能与肾脏的排泄功能的平衡，使内环境中水及各种营养物质、代谢产物保持相对稳定；通过加强产热或散热以维持体温的相对稳定等。因此，稳态的维持是机体自我调节的结果。稳态是维持细胞正常生理功能和机体正常生命活动的必要条件。如果内环境稳态遭到严重破坏，超过人体的调节能力，就会导致疾病，甚至危及生命。

目前，生理学关于稳态的概念已不只限于内环境，它已被扩展到泛指体内从细胞到整体的各种生理功能活动保持相对稳定的状态，这有赖于神经和体液的精密调控，特别是体内的负反馈控制系统。

第四节　人体功能活动的调节

机体内各种细胞、组织在进行着各种不同而又紧密联系的功能活动，当机体的内、外环境发生变化时,人体功能也将发生相应的变化,以维持其自身的稳态和对外环境的适应。人体各器官功能的这种适应性的变化过程称为人体生理功能的调节。调节使机体内部各器官和系统功能协调一致,机体与环境之间保持协调一致。

一、人体功能活动的调节方式

人体生理功能的调节,是由人体内的神经调节(neuroregulation)、体液调节(humoral regulation)与自身调节(autoregulation)三种调节机制来完成的。其中以神经调节最为普遍。

(一)神经调节

神经系统是调节全身各种功能活动的调节系统,通过神经系统的活动对机体生理功能进行的调节称为神经调节。神经调节在整个调节中起主导作用,是人体最主要的调节方式。神经调节的基本方式是反射(reflex)。反射是指在中枢神经系统参与下,机体对内、外环境变化产生的适应性、规律性的应答反应。反射的结构基础是反射弧(reflex arc),它由感受器(receptor)、传入神经(afferent nerve)、中枢(center)、传出神经(efferent nerve)和效应器(effector)五个部分组成(表 1-1,图 1-2)。

表 1-1　反射弧的组成和作用

组成成分	概念	作用
感受器	分布在体表或组织内部的一些专门感受机体内、外环境变化的结构和装置	感受刺激并转换成相应的传入神经冲动(换能)
传入神经	将来自内脏、躯体和本体感觉的信息传导到神经中枢	感受器与神经中枢的联系通路
中枢	中枢神经系统中与某一功能有关的神经元所在的部位称为该功能的神经中枢,即调节某一特定生理功能的神经元群	分析整合传入的信息,并发出冲动;能决定反应的性质和强度
传出神经	将中枢的冲动传导到效应器	中枢与效应器的联系通路
效应器	产生反应的器官	执行结构

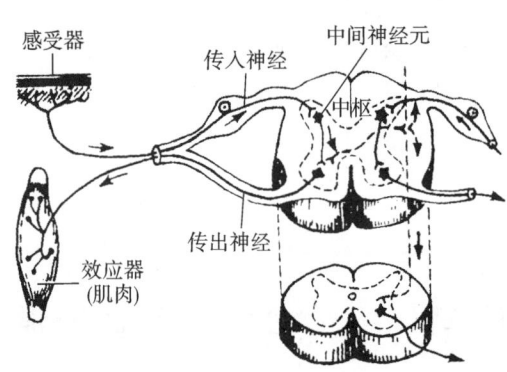

图 1-2　反射弧及其组成示意图

例如,手无意碰到火时会立即缩回,就是通过反射完成的。火的热刺激作用于手部皮肤,皮肤上的痛觉和温觉感受器把痛和热刺激转换成电信号,以神经冲动的方式沿传入神经传向中枢,中枢经过分析综合做出判断,发出指令再以神经冲动的方式沿传出神经传向相应的肌肉,使肌肉收缩或舒张,协调配合,完成缩手动作。反射弧结构和功能的完整性是反射得以顺利进行的基础。反射弧任何一部分受到损害,都将使经该反射弧的反射活动不能正常进行。

按反射形成的过程可将反射分为非条件反射(unconditioned reflex)和条件反射(conditioned reflex)两大类。

数字资源 条件反射的发现和提出

非条件反射是先天遗传的,结构比较简单,其反射弧和反射活动较为固定,数量有限,是一种较低级的神经活动,多与维持生命的本能活动有关,其生理意义是使机体具有基本的适应能力,以维持个体生存和种族延续,是形成条件反射的基础。如:食物进入口腔引起唾液分泌的分泌反射;光照眼睛引起瞳孔缩小的瞳孔对光反射;物体触及婴儿唇部引起吸吮动作的吮吸反射;异物触及眼睫毛而引起眨眼动作的角膜反射等均属非条件反射。

条件反射是个体在生活过程中后天获得的,是在非条件反射的基础上根据个体生活实践而建立起来的一种高级的神经活动,如望梅止渴、谈虎色变等。条件反射具有极大的易变性,反射活动灵活可变,数量无限,并具有预见性。条件反射能随环境变化不断建立新的反射,能更精确地适应内、外环境的变化,可以扩大机体适应环境变化的能力。条件反射能控制非条件反射活动。

神经调节的特点是作用迅速、准确、短暂,作用范围较小,表现为高度的自动化,是人体功能调节中最主要的调节方式。

(二)体液调节

体液调节是指机体的某些组织、细胞能生成并分泌某些特殊的化学物质,这些化学物质经体液运输到达全身或体内某些特殊的组织细胞,调节其功能活动。参与体液调节的化学物质主要是各种内分泌细胞所分泌的激素(如甲状腺激素、胰岛素等)、细胞产生的代谢产物(如 CO_2、H^+ 等)和一些生物活性物质(如胃肠激素、缓激肽等)。

体液调节的方式有多种。通过血液循环运送的激素到达全身的组织器官,影响全身组织器官的活动从而发挥调节作用,称为全身性体液调节。某些组织细胞分泌的一些化学物质(如激肽、组胺、前列腺素、5-羟色胺等)和组织代谢产物(如 CO_2、腺苷、乳酸等),可借助细胞外液扩散至邻近的组织细胞,调节邻近组织细胞的活动,如局部血管扩张、通透性增加等,均属于局部性体液调节,局部体液因素的调节作用,主要是使局部与全身的功能活动相互配合、协调一致。

体液调节的特点是作用缓慢、广泛、持久。

在完整机体内,神经调节和体液调节相辅相成,密切相关。体内多数内分泌腺或内分泌细胞直接或间接地接受中枢神经系统的控制,在这种情况下,体液调节成为神经调节反射弧的传出部分,这种调节称为神经-体液调节(neuro-humoral regulation,图 1-3)。例如,在恐惧、焦虑、失血、缺氧、剧痛等紧急情况下,中枢神经系统通过交感神经直接调节有关器官功能的同时,还可通过交感神经支配肾上腺髓质,从而引起肾上腺髓质释放的肾上腺素和去甲肾上腺素增加,间接调节有关器官的功能,从而使机体通过神经与体液因素的调节以适应这种内、外环境的急剧变化。前者为神经调节,后者为神经-体液调节。

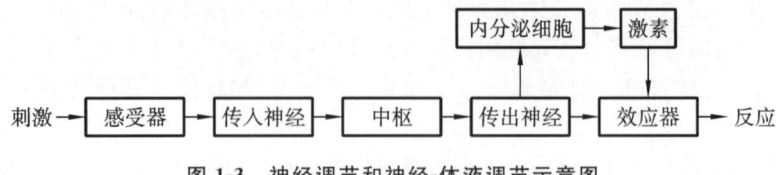

图 1-3 神经调节和神经-体液调节示意图

(三) 自身调节

某些组织、器官甚至细胞在不依赖于神经或体液因素的情况下,自身对内、外环境变化发生的适应性反应,称为自身调节。例如,随着全身动脉血压在一定范围内(80～180 mmHg)升高或降低时,肾入球小动脉可通过相应的舒缩活动来改变血流阻力,使肾血流量基本保持稳定,以保证肾功能的正常进行。在一定范围内,心肌收缩力随心肌初长度的增加而增强,这都是自身调节的表现。

自身调节的特点是作用准确、稳定,但调节幅度小、灵敏度低。

上述三种调节方式相互配合,从而使人体生理功能活动更趋完善。

二、人体功能调节的反馈控制系统

20 世纪 40 年代,通过运用数学和物理学的原理和方法,分析研究各种工程技术的控制和人体的各种功能调节,得出了一些有关调节和控制过程的共同规律,产生了一个新的学科——控制论。按照控制论的原理,人体生理功能的各种调节实际上是一种自动控制系统。任何控制系统至少都由控制部分和受控部分组成,控制部分即调节者(如反射中枢、内分泌腺)与受控部分即被调节者(如效应器、靶器官、靶细胞)之间存在着双向的信息联系,通过闭合环路而完成。从控制论的角度分析,人体内存在数以千计的控制系统,通过它们来精确地调控各种功能活动,这些控制系统可分为非自动控制系统、反馈控制系统和前馈控制系统三类。由于非自动控制系统在人体生理功能调节中极少见,因此这里仅讨论反馈控制系统和前馈控制系统。

(一) 反馈控制系统

在控制系统中,由受控部分发出并能够影响控制部分的信息,称为反馈信息,由受控部分发出的信息反过来影响控制部分的活动过程称为反馈(feedback)。

反馈作用包括正反馈(positive feedback)和负反馈(negative feedback)两种形式(图 1-4)。

1. 正反馈 从受控部分发出的信息促进与加强控制部分的活动,称为正反馈。例如,在排尿过程中,当排尿中枢(控制部分)发出指令引起排尿后,由于尿液刺激了后尿道的感受器,使其不断发出传入冲动(反馈信息),进一步加强排尿中枢的活动,使膀胱逼尿肌收缩更强,直至尿液排完为止(见第八章肾的排泄功能)。由此可见,正反馈能使整个系统处于再生状态,使之最后到达极端或结束,是一个不可逆的过程。其意义在于促使某些生理功能一旦发动起来就迅速加强直至完成。除了上面的排尿反射,在排便反射、血液凝固和分娩过程中也都有正反馈的作用。

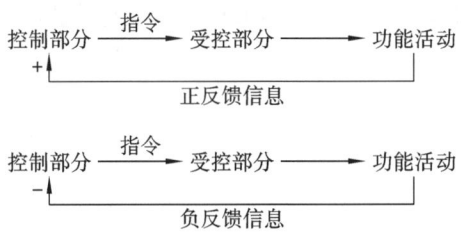

图1-4 正反馈和负反馈的示意图

2.负反馈 负反馈是指受控部分发出的信息反过来抑制或减弱控制部分活动的调节方式。它是正常生理功能调节中重要而又常见的方式,是可逆的过程。其意义在于使机体的某项生理功能保持相对稳定状态。例如,正常体温的调定点(set point)约为 37 ℃,当体温高于 37 ℃时,下丘脑内的温度感受器就会感受到体温的变化并发出传入冲动,从而改变体温调节中枢的活动,使产热减少、散热增多,体温回降到 37 ℃;而当体温低于 37 ℃时,则发生相反的变化,使体温回升到 37 ℃,从而维持了体温的相对恒定(见第七章能量代谢和体温)。内环境稳态的维持就是因为有许多负反馈控制系统的存在和发挥作用。例如体内多种激素正常水平的维持、动脉血压的相对稳定以及血液中葡萄糖、Ca^{2+} 等浓度的稳定都是负反馈调控作用的结果。因此,负反馈是维持机体稳态的最重要的调节方式。

(二)前馈控制系统

前馈控制(feed forward control)是指控制部分向受控部分发出信息的同时,通过另一途径向受控部分发出前馈信号,及时调控受控部分的活动,使其更加准确、适时和适度。人体内前馈控制的例子很多,条件反射就是一种前馈控制。如:进食前胃液的分泌,胃液分泌的时间比食物进入胃中直接刺激胃黏膜腺体分泌的时间要早得多;当人们进入冬泳场所但尚未开始游泳之前,游泳场的环境对人体产生的感官刺激,可反射性地发动人体的体温调控机制,从而对体温进行预见性的调节。前馈控制比反馈控制更为迅速,可避免负反馈的"波动"和"滞后"两项缺陷。因此,前馈更富有预见性,适应性更强,功能活动更准确。但前馈控制有时也可能失误,例如,人见到食物后并没有吃到食物,则唾液、胃液等的分泌就是一种失误。

小 结

生理学是研究正常人体及其细胞、组织、器官等组成部分的功能活动及其原理的一门学科。生理学研究的三个水平,一是完整机体各系统之间相互关系及完整机体与环境之间相互作用的研究(整体水平),二是各器官及系统功能的研究(器官和系统水平),三是从细胞及构成细胞的分子水平研究机体的生命活动(细胞或分子水平)。新陈代谢、兴奋性和适应性是各种生物体生命活动的基本特征。新陈代谢是指机体与环境之间进行物质和能量交换实现自我更新的过程。新陈代谢包括同化作用(合成代谢)和异化作用(分解代谢)。刺激是指能被机体所感知引起反应的内、外环境条件的变化。刺激要引起机体或组织产生兴奋反应必须具备三个条件:刺激的强度、刺激的持续时间和刺激强度对时间的变化率。如将刺激的持续时间和刺激强度对时间的变化率保持不变,能引起组织发生反应的最小刺激强度称为阈强度或阈值。反应是指机体或组织接受刺激后所出现的理化过程和生理功能的变化。反应有两种基本形式即兴奋和抑制。机体对刺激发生反应的能力或特性称为兴奋性。细胞外液是细胞直接生活的体内环境,称为机体的内环境。内环境的理化特性处于相对稳定的状态称为稳态。内环境的稳态是细胞进行正常生命活动的必要条件。人体生理功能的调节方式主要有神经调节、体液调节和自身调节,其中神经调节是人体功能调节中最主要的调节方式。神经调节的基本方式是反射。反射的结构基础是反射弧,它由感受器、传入神经、中枢、传出神经和效应器五个部分组成。反射可分为非条件反射和条件反射两大类。神经调节的特点是作用迅速、短暂而精确。体液调节的特点是作用缓慢、广泛而持久。自身调节的特点是准确、稳定,但调节幅度小、灵敏度较差。反馈调节有负反馈和正反馈两种方式。负反馈是指受控部分发出的信息反过来抑制或减弱控制部分活动的调节方式,其意义在于维持机体生理功能的相对稳定。正反馈是指受控部分发出的信息反过来促进与加强控制部分活动的调节方式。在人体内正反馈远不如负反馈多见,其意义在于促使某些生理功能一旦发动就迅速加强直至完成,是不可逆的过程。

能力检测

能力检测答案

一、名词解释

新陈代谢　兴奋性　稳态　反射　正反馈　负反馈

二、选择题

A 型题

1.关于反射,下述哪项是错误的?（　　　）

A.反射是机体在神经中枢参与下发生的反应

B.反射可分为条件反射和非条件反射两种

C.机体通过反射,对外界环境变化做出适应性反应

D.没有大脑,就不能发生反射

E.反射活动的结构基础是反射弧

2.神经调节的基本方式是（　　　）。

A.反射　　　　　　　　B.反应　　　　　　　　C.适应

D.正反馈　　　　　　　E.负反馈

3.维持机体稳态的重要途径是（　　　）。

A.神经调节　　　　　　B.体液调节　　　　　　C.自身调节

D.正反馈　　　　　　　E.负反馈

4.可兴奋细胞兴奋时,共有的特征是产生（　　　）。

A.收缩反应　　　　　　B.兴奋性　　　　　　　C.分泌

D. 电位变化　　　　　　　　E. 反射

5. 条件反射的特征是(　　　)。

A. 种族遗传　　　　　　B. 先天获得　　　　　　C. 数量较少

D. 个体在后天生活中形成

E. 反射弧固定不变

6. 以下不属于反射弧的环节是(　　　)。

A. 中枢　　　　　　　　B. 突触　　　　　　　　C. 效应器

D. 外周神经　　　　　　E. 感受器

7. 生命活动的最基本特征是(　　　)。

A. 对刺激发生反应　　　　　B. 能量的储备和释放

C. 新陈代谢　　　　　　　　D. 生长发育　　　　　　E. 心脏射血

8. 在自动控制系统中,从受控部分发出并能影响控制部分的信息称为(　　　)。

A. 控制信息　　　　　　B. 反馈信息　　　　　　C. 干扰信息

D. 参考信息　　　　　　E. 偏差信息

9. 正反馈调节的作用是使(　　　)。

A. 人体血压稳定　　　　　　　　　　B. 人体体液理化特性相对稳定

C. 生理活动不断加强　　　　　　　　D. 体内激素水平不致过高

E. 维持机体的稳态调节

10. 体液调节的特点是(　　　)。

A. 迅速　　　　　　　　B. 准确　　　　　　　　C. 持久

D. 短暂　　　　　　　　E. 调节敏感性强

B 型题

A. 正反馈　　　　　　　B. 负反馈　　　　　　　C. 条件反射

D. 非条件反射　　　　　E. 自身调节

1. 血液凝固过程为(　　　)。

2. 当血压升高时,机体通过一系列调节过程使血压降低,从反馈角度讲,属于(　　　),从反射角度讲,属于(　　　)。

3. 食物入口引起唾液分泌为(　　　)。

4. 望梅止渴为(　　　)。

5. 新生儿嘴唇触及乳头便会吸吮为(　　　)。

A. 神经调节　　　　　　B. 体液调节　　　　　　C. 自身调节

D. 神经-体液调节　　　　E. 负反馈

6. 强光照射眼睛引起瞳孔缩小为(　　　)。

7. 交感神经兴奋引起肾上腺髓质分泌肾上腺素使心血管活动加强为(　　　)。

8. 胰岛素对血糖的调节为(　　　)。

9. 动脉血压在80～180 mmHg范围之内,肾的血浆流量保持不变为(　　　)。

10. 心室舒张末期容积对心肌收缩力的调节为(　　　)。

三、简答题

1.刺激引起反应需要具备哪些条件？其相互关系如何？

2.何谓内环境稳态？有何重要意义？

3.人体生理功能的调节方式主要有哪些？各有何特点？

4.举例说明正、负反馈的生理意义。

（王光亮）

第二章
细胞的基本功能

学习目标

掌握：细胞的基本结构、细胞膜的物质转运方式；静息电位的概念和产生机制；动作电位的概念和产生机制；神经-肌肉接头的兴奋传递过程。

熟悉：细胞膜的结构、细胞膜物质转运的特点；动作电位的特点、动作电位在同一细胞上的传导过程和兴奋性变化的规律；骨骼肌细胞的微细结构、兴奋-收缩耦联。

了解：细胞的跨膜信号转导功能；局部反应的特点及其与动作电位之间的关系；肌肉收缩的原理，骨骼肌收缩的外部表现。

本章 PPT

细胞是构成人体结构和功能的基本单位。体内各器官、系统的生命活动都是以细胞及其产物为基础的。研究细胞的功能活动，经历了三个水平：细胞水平、亚细胞水平和分子水平。对细胞的研究有助于揭示生命活动的本质，理解整个人体及各器官、系统的基本生命活动的规律。尽管构成机体的每一种细胞主要执行一种或几种特定的功能，但许多基本的功能活动对所有细胞而言具有共同的规律，本章主要讨论细胞的这些具有普遍性的基本功能，包括细胞膜的基本结构和物质转运功能、细胞的信号转导功能、细胞的生物电现象及肌细胞的收缩功能。

第一节　细胞膜的基本结构和物质转运功能

细胞由细胞膜、细胞质和细胞核构成。细胞膜即质膜，是分隔细胞质与周围环境的膜性结构，通过这一层膜结构，细胞可以与周围环境进行物质、能量及信息的交换。

一、细胞膜的基本结构

细胞膜（cell membrane）是包绕于细胞的最外层界膜，又称质膜（plasma membrane）。细胞膜不仅作为细胞与环境之间的屏障将细胞内容物与细胞周围环境分隔开来，使细胞能

够独立于环境而存在，而且还是细胞与外界实现物质、能量和信息交换的门户和通道。此外细胞膜还与机体的免疫功能，细胞的分裂、分化以及癌变等生理和病理过程有着密切关系。

（一）液态镶嵌模型学说

1972 年 Singer 和 Nicholson 提出的液态镶嵌模型（fluid mosaic model）学说（图2-1）很好地解释了细胞膜的结构和组成，目前得到了大家的公认。这一模型学说的基本内容为：细胞膜是以液态的脂质双分子层为基架，其间镶嵌着许多结构不同、功能各异的蛋白质。

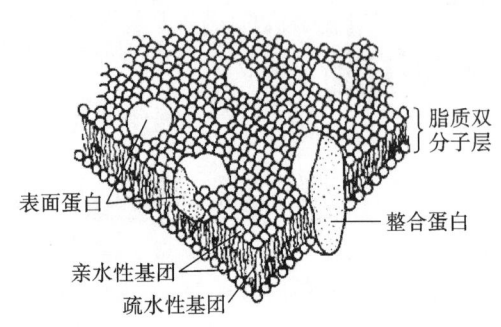

图 2-1 细胞膜的液态镶嵌模型

（标注：脂质双分子层、表面蛋白、整合蛋白、亲水性基团、疏水性基团）

构成细胞膜双分子层基架的脂质主要是磷脂类，约占膜脂质总量的 70%，包括磷脂酰胆碱（卵磷脂）、磷脂酰乙醇胺（脑磷脂）、磷脂酰丝氨酸和磷脂酰肌醇；其次是胆固醇，一般低于 30%。所有的膜脂质都是双嗜性分子，分子一端是由磷酸和碱基构成的亲水性极性基团，通常称作头部；另一端是由长烃链构成的疏水性非极性基团，称作尾部。由于脂质分子的这种特征，它们在膜中呈现出特殊的排列方式，即亲水的头端朝向膜的内、外两面，分别与细胞内液和细胞外液相接触，而疏水的尾端两两相对，朝向膜的内部，从而形成双分子层排列。脂质双分子层主要起屏障作用，以限制膜两侧水溶性物质的自由通过。胆固醇分子散布于磷脂分子之间，其意义在于稳固磷脂分子形成的双分子层，从而保持膜的稳定性。值得一提的是：磷脂酰肌醇在磷脂中的含量尽管是最少的，仅占磷脂的 5%～10%，但它可通过生成作为第二信使分子的三磷酸肌醇（IP3）和二酰甘油（DG）而在跨膜信号转导中发挥重要作用。IP3、DG 参与信号转导的事实，改变了"膜脂质只发挥屏障作用"的观点，并促使人们重新认识膜脂质的功能。细胞膜上的蛋白质主要是以 α-螺旋或球形结构分散镶嵌在膜的脂质双分子层之中。细胞膜的主要功能都是通过膜蛋白质来实现的。由于不同的蛋白质具有不同的 α-螺旋及不同的空间构型，因此膜结构及功能的差别又在很大程度上取决于膜蛋白的组成。根据蛋白质在膜上的分布位置及其与膜分离的难易程度，可将膜蛋白质分为整合蛋白和表面蛋白两大类，其中整合蛋白又称作跨膜蛋白或穿膜蛋白。不同的膜蛋白执行不同的功能，比如，有的膜蛋白作为受体接受细胞环境中特异的化学性刺激或信号；有的作为酶蛋白参与细胞代谢；有的起细胞标志的作用，供免疫系统或免疫物质辨认；还有的作为转运蛋白，与离子、营养物质和代谢产物有条件、有选择的跨膜转运有关，包括下面将要提到的载体、通道及离子泵等。细胞膜上糖类的含量极少，主要是一些寡糖和多糖链，它们以共价键的形式与膜脂质或膜蛋白结合，形成糖脂或糖蛋白。这些糖链中的绝大部分裸露于细胞膜的外表面，它们有些可以作为抗原决定簇，包含某种免疫信息，如红细胞膜上的凝集原是 A 型，还是 B 型，其本质差别仅在于膜糖脂的糖链中一个糖基的不同。还有些糖链作为膜受体的可识别部位，能特异地与某种递质、激素或其他化学信号分子相结合，成为信号转导中必不可少的环节。

（二）细胞膜的功能特性

1.流动性 细胞膜结构中的蛋白质和脂质都具有相对侧向流动性。膜脂质的熔点较低，在体温条件下呈液态，因而膜具有流动性。但脂质双分子层的流动性只允许脂质分子作侧向运动，形成某种二维流体。膜脂质的流动性使嵌入脂质双分子层中的蛋白质也可发生移动、聚集和相互作用。细胞的许多基本活动，如膜上功能蛋白的相互作用，入胞、出胞，细胞的运动、分裂，细胞间连接的形成等都有赖于细胞膜保持适当的流动性。

2.不对称性 膜脂质双分子层中的脂质构成是不对称的，含氨基酸的磷脂（磷脂酰丝氨酸、磷脂酰乙醇胺及磷脂酰肌醇）主要分布于近胞质的膜内层，而磷脂酰胆碱的大部分和全部的糖脂都位于膜的外层。膜的不对称性不仅体现在膜脂质种类、数量和分布上的不均匀，还包括膜蛋白质和糖类分子在方向上和分布上的不均匀。膜的不对称性决定了细胞膜功能的不对称性和方向性，从而保证了生命活动的高度有序性。

二、细胞膜的跨膜物质转运功能

细胞在代谢过程中所需的氧、营养物质和产生的代谢终产物，以及信息交换需要的各种离子、信号分子需要通过细胞膜这一屏障不停地进出细胞。根据进出细胞膜物质的性质、是否消耗能量及进出细胞膜的方式，将细胞膜的物质跨膜转运方式分为单纯扩散、易化扩散、主动转运及入胞和出胞四种。

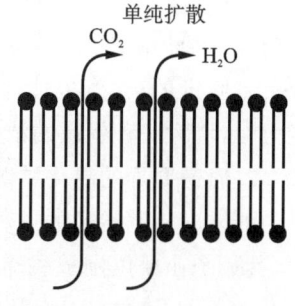

图 2-2 单纯扩散示意图

（一）单纯扩散

单纯扩散（simple diffusion）是指脂溶性物质由膜的高浓度一侧向低浓度一侧移动的过程（图 2-2）。由于细胞膜的基架是脂质双分子层，因此只有脂溶性物质或少数不带电荷的极性小分子物质才能以单纯扩散的方式通过细胞膜。如 CO_2、O_2、N_2、NH_3、乙醇和尿素等以单纯扩散的方式跨细胞膜移动。水因分子小，且不带电荷，尽管属于极性分子，也可以单纯扩散方式通过细胞膜，但脂质双分子层对水的通透性很低，故扩散速度很慢；葡萄糖、氨基酸等分子较大的非脂溶性物质很难直接通过脂质双分子层；各种带电离子，尽管其直径很小，也不能直接通过脂质双分子层。

单纯扩散的动力是某物质在细胞膜两侧的浓度差（又称浓度梯度或化学驱动力）。扩散速率与膜两侧该物质的浓度差和细胞膜对该物质的通透性有关。一般情况下，扩散通量与膜两侧溶质分子的浓度差成正比。所谓通透性（permeability）是指细胞膜对某物质通过的阻力大小或难易度。通透性越大，物质越容易通过，扩散通量就越大；反之，则扩散通量越小。

（二）易化扩散

非脂溶性或脂溶性甚小的小分子物质或带电离子，在膜上特殊蛋白质的帮助下，顺浓度梯度或电位梯度由膜的高浓度一侧向低浓度一侧转运的过程称为易化扩散（facilitated diffusion）。由于所借助的膜蛋白的结构、形态和作用不同，且转运的物质也不同，易化扩散可分为载体介导的易化扩散和通道介导的易化扩散两种类型。

1. 载体介导的易化扩散　细胞膜中的载体蛋白通过构型变化,将物质由膜的高浓度一侧向低浓度一侧转运的过程称为载体转运(carrier transport)。载体蛋白的一个或数个位点在高浓度一侧与被转运分子相结合,通过蛋白的构象变化,将该分子转运并释放到低浓度一侧,完成该物质的跨膜转运过程(图2-3),载体与被转运物质分离后即恢复其原来的构型。如葡萄糖、氨基酸等通过这种方式通过细胞膜。

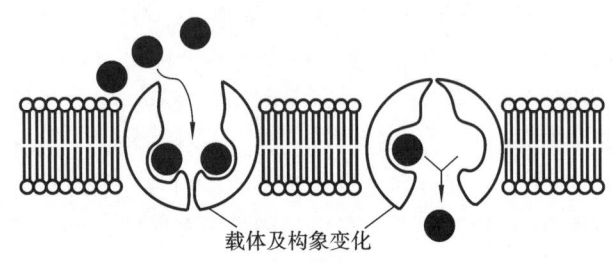

载体及构象变化

图 2-3　载体介导的易化扩散示意图

载体介导的易化扩散的特点:①特异性高:通常一种载体只转运一种物质,故具有高度的特异性;②饱和现象:载体蛋白转运物质的量在一定范围内与浓度梯度成正比,当浓度梯度增大到某一限度时,转运量将不再增加,即饱和现象,这是因为载体蛋白数量及结合位点数目是固定的;③竞争性抑制:当载体蛋白对两种或两种以上结构相似的物质都具有转运能力时,增大一种物质的浓度梯度会降低另一种物质的转运量。

2. 通道介导的易化扩散　物质借细胞膜中通道蛋白质的帮助,将物质从膜的高浓度一侧向低浓度一侧转运的过程称为通道转运(channel transport)。通道蛋白贯穿细胞膜全层,其数个亚单位围成一个水性孔道,当构象改变时通道开放,允许某种水溶性离子,如Na^+、K^+、Ca^{2+}或Cl^-等由高浓度一侧经此通道进入低浓度一侧(图2-4)。通道的特异性不如载体严格。一般不同的通道转运不同的离子,如K^+通道、Na^+通道等,少数离子如Ca^{2+}也可通过结构和功能不同的通道易化扩散。通道有备用(待激活)、激活(开放)和失活(关闭)等不同的功能状态。激活(开放)状态的通道允许离子顺浓度差或电位差进出细胞膜;备用或失活状态的通道则不能通透。通道的开放或关闭是通过"闸门"来调控的,故又称为门控通道。根据门控机制的不同,通道可分为三类:①电压门控通道(voltage-gated channel):指通道的开放或关闭受膜电位的控制,当膜电位变化到某一数值时可使通道开放。例如,神经纤维和肌细胞膜上的Na^+通道、K^+通道和Ca^{2+}通道等就属于电压门控通道,它们是可兴奋性细胞生物电活动的基础(图2-4)。②化学门控通道(chemically-gated channel):指通道的开放或关闭受某些化学物质(如激素或神经递质)的控制,当该物质与通道结合后可使通道开放。例如,骨骼肌细胞终板膜上的N_2型乙酰胆碱受体阳离子通道就是一个典型的化学门控通道。③机械门控通道(mechanically-gated channel):指通道的开放或关闭受机械刺激的控制,当细胞受到机械性牵拉时可使通道开放。例如,内耳毛细胞的细胞膜上就有这类通道。

单纯扩散和易化扩散时,被转运的分子或离子都是顺着浓度差或电位差进行的,利用的是势能储备,而不是直接分解ATP消耗能量,故属于被动转运(passive transport)的过程。

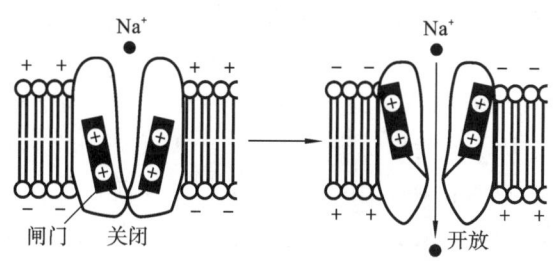

图 2-4　通道介导的易化扩散示意图

（三）主动转运

在膜蛋白的协助下，通过细胞代谢供能将物质逆浓度梯度和（或）电位梯度进行的跨膜转运称为主动转运（active transport）。根据膜蛋白是否直接耗能将主动转运分为原发性主动转运和继发性主动转运两种形式。

1. 原发性主动转运　原发性主动转运（primary active transport）是指细胞直接利用 ATP 或其他化学能源物质分解释放的能量进行的跨膜主动转运。以这种方式跨膜转运的物质多为带电离子，介导这一过程的膜蛋白或载体称为离子泵，如同时转运 Na^+、K^+ 离子的 Na^+-K^+ 泵，以及 Ca^{2+} 泵、H^+ 泵等。Na^+-K^+ 泵（sodium potassium pump）简称钠泵（sodium pump），是具有 ATP 酶活性的一种特殊膜蛋白，又称为 Na^+-K^+ 依赖式 ATP 酶，它每分解一分子 ATP，利用其释放的能量可逆浓度梯度将 3 个 Na^+ 泵出细胞，同时将 2 个 K^+ 泵入细胞（图 2-5），维持细胞膜两侧 Na^+、K^+ 的不均衡分布，即细胞内 K^+ 浓度约为细胞外的 30 倍，而细胞外的 Na^+ 浓度约为细胞内的 12 倍。这种 Na^+、K^+ 浓度差的形成和维持是神经元等可兴奋细胞生物电活动的基础。细胞内 Na^+ 浓度增加和细胞外 K^+ 浓度升高时，Na^+ 泵的活动增强。

数字资源　　　离子泵与通道的发现　　　　　　　　　　　

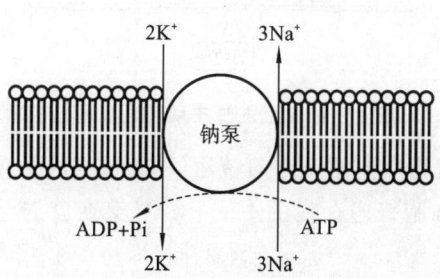

图 2-5　钠泵的主动转运示意图

钠泵的活动具有重要的生理意义：①钠泵活动造成的细胞内高 K^+ 是胞质内许多代谢反应的必需条件；②钠泵不断将进入细胞内的 Na^+ 转运到细胞外，以减少水进入细胞内，从而维持了细胞正常的容积和渗透压；③钠泵活动造成的细胞内外 Na^+ 和 K^+ 的浓度差，是细胞产生电活动的前提条件（见本章第三节）；④钠泵活动是生电性的，可使膜内电位的负值增大；⑤钠泵活动形成的 Na^+ 浓度差为继发性主动运转的物质提供势能储备。

除钠泵外，体内还有转运 Ca^{2+} 的钙泵、转运 I^- 的碘泵以及转运 H^+ 的质子泵等，这些离子泵都是以直接分解 ATP 为能量来源,对相关离子进行主动转运。

2.继发性主动转运 继发性主动转运(secondary active transport)是间接利用 ATP 分解释放的能量来进行的物质主动转运方式,多见于小分子非离子物质的跨膜转运。物质逆电-化学梯度跨膜转运所需的能量并不是直接来自 ATP 的分解,而是来自原发性主动转运所形成的离子浓度差,这种间接利用 ATP 能量的主动转运过程称为继发性主动转运。介导继发性主动转运的膜蛋白称为转运体(transporter),其通常可同时转运两种或更多物质。继发性主动转运又分为同向转运和反向转运两种形式。

(1)同向转运:被转运物质都向同一方向转运,称为同向转运,其转运体称为同向转运体。例如,葡萄糖在小肠黏膜上皮细胞的主动吸收就是一个典型的同向转运(图 2-6)。由于上皮细胞基侧膜上钠泵的活动,造成细胞内低 Na^+,并在上皮细胞顶端膜内、外形成 Na^+ 浓度差。顶端膜上的 Na^+-葡萄糖同向转运体则利用 Na^+ 的浓度差,将肠腔中的 Na^+ 和葡萄糖一起转运入细胞。这一过程中葡萄糖转运的能量并不直接来源于 ATP 的分解,而是来源于基侧膜上钠泵建立的 Na^+ 势能,是逆浓度差、间接利用钠泵分解 ATP 释放的能量完成的主动转运,故属于继发性主动转运。此外,氨基酸在小肠黏膜上皮的吸收也属于这种转运。

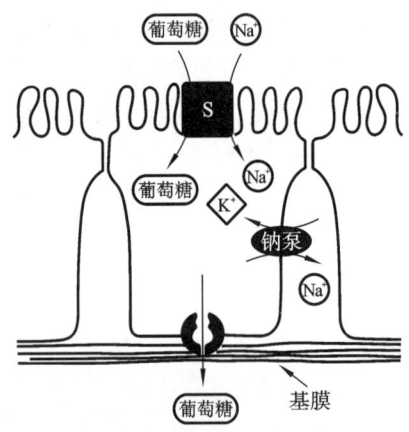

图 2-6 肠上皮细胞继发性主动转运葡萄糖的示意图

(2)反向转运:被转运物质向相反方向转运,称为反向转运或交换,其转运体称为反向转运体或交换体。例如,细胞普遍存在的 Na^+-Ca^{2+} 交换就属于反向转运,其交换体称为 Na^+-Ca^{2+} 交换体,它将 3 个 Na^+ 转运入细胞的同时,将 1 个 Ca^{2+} 排出细胞,而进入细胞的 Na^+ 则由钠泵排出细胞。

(四)入胞和出胞

进出细胞的物质中还涉及一些大分子物质,如多肽、蛋白质或物质团块等,这些大分子物质或团块状物质进出细胞时,除涉及膜机制外,还需通过细胞膜更为复杂的结构和功能变化才能实现。

1.入胞 细胞外大分子物质或物质团块(如细菌、异物)进入细胞的过程称为入胞(endocytosis)。固体物质进入细胞的过程称为吞噬(phagocytosis),而液体物质进入细的过程则称为吞饮(pinocytosis)。入胞进行时,首先是物质与细胞膜接触,引起该处的细胞膜内陷或伸出伪足,然后将物质包裹,再出现细胞膜的融合、破裂,使物质连同包裹它的细胞膜一起形成吞噬泡或吞饮泡并进入细胞质,随后吞噬泡或吞饮泡与溶酶体融合,溶酶体内的水解酶对吞入的物质进行消化分解(图 2-7(a))。在体内,白细胞吞噬细菌、血浆中的脂蛋白进入细胞等都属于入胞。

2. 出胞 细胞内大分子物质被排出细胞的过程称为出胞(exocytosis)。例如,内分泌腺细胞分泌激素,外分泌腺细胞分泌黏液和酶原颗粒,以及神经末梢释放递质等都属于出胞。上述分泌物首先在粗面内质网上合成,然后转移到高尔基复合体形成分泌囊泡,这些囊泡逐渐向细胞膜内侧移动,并与细胞膜发生融合、破裂,最后将分泌物排出细胞(图 2-7(b))。

入胞与出胞的过程均需要消耗能量,能量来源于细胞内的 ATP 的分解。

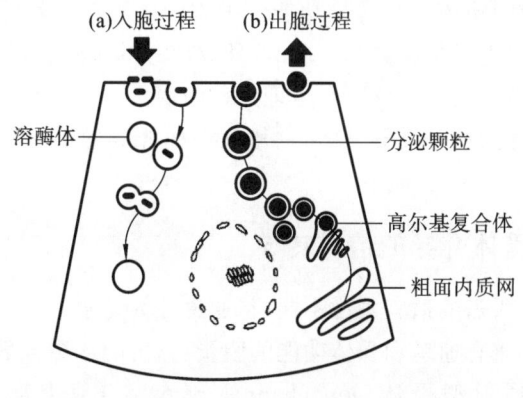

图 2-7 入胞和出胞示意图

知识链接

钠泵与强心苷

作为治疗心力衰竭的常用药,强心苷的作用机理主要是它可以特异性地阻断钠泵的活动。强心苷与心肌钠泵有很高的亲和力,治疗浓度时 $30\% \sim 40\%$ 的心肌钠泵分子被强心苷结合而抑制,使胞内 Na^+ 浓度升高,膜内外 Na^+ 浓度差减小,使 Ca^+ 经 Na^+-Ca^+ 交换外排的驱动力下降,胞内 Ca^+ 浓度升高,从而增强肌质网钙泵的活动,增加肌质网 Ca^+ 的储存,兴奋时肌质网释放 Ca^+ 增多,兴奋-收缩耦联加强,心肌收缩力增强;此外,强心苷还可抑制颈动脉窦压力感受器上钠泵的活动,使压力感受器细胞膜发生某种程度去极化,使其敏感性提高,加强迷走神经紧张性而减弱交感神经紧张性。这也是强心苷治疗心力衰竭的机制之一。

第二节　细胞的信号转导功能

存在于细胞膜或细胞内能与某些化学物质特异结合并引发特定生理效应的特殊生物分子称为受体，而能与受体特异性结合的这些化学物质即配体。受体的化学本质为特殊蛋白质，按其存在部位不同，可将受体分为细胞膜受体、细胞质受体和细胞核受体。受体与配体结合的主要特征有：①特异性。每种受体只能与对应的特定配体相结合，并引起特定的生理效应。②饱和性。由于细胞膜上的受体数量和能力有限，因此受体能结合的配体数量也有一定的限度，即饱和现象。③可逆性。受体与配体的结合是可逆的，既可结合，又能分离。

机体各种器官、组织和细胞的活动通过神经和体液调节彼此协调成为整体，实现这一过程的关键环节是细胞的跨膜信号转导功能。细胞的跨膜信号转导功能是指细胞膜表面或细胞内受体接受配体（主要是激素和递质）等外界信号的刺激后，细胞膜结构中各级膜蛋白发生反应，引发细胞内生物化学反应和生理过程的变化。细胞跨膜信号转导的方式主要有：离子通道型受体介导的信号转导、G蛋白耦联受体介导的信号转导和酶联型受体介导的信号转导。

一、离子通道型受体介导的信号转导

根据引起通道开放所需的适宜刺激不同，将通道分为化学、电压和机械门控通道等。

1. 化学门控通道　兼有通道和受体功能的膜蛋白，由配体结合部位和离子通道两部分组成，为经典的离子通道型受体（ion channel receptor）或促离子型受体（ionotropic receptor），其开放受化学信号分子调控。肌细胞终板膜上的ACh受体就是非选择性的ACh门控阳离子通道受体，由于该受体也可与烟碱相结合，又称N型ACh受体。当运动神经冲动到达末梢时，接头前膜释放乙酰胆碱（acetylcholine，ACh）分子，后者与终板膜上的ACh受体相结合，引起跨终板膜离子移动和膜电位变化，最后引起肌细胞兴奋和收缩，从而完成由神经到肌细胞的信号转导。此外，谷氨酸、γ-氨基丁酸和甘氨酸等递质，也主要通过类似的化学门控通道改变靶细胞的功能，如γ-氨基丁酸与神经元膜上的γ-氨基丁酸A受体结合后引起Cl^-内流使突触后神经元抑制。

2. 电压门控通道　细胞膜上的Na^+、K^+和Ca^{2+}等电压门控通道的分子结构中，含有对跨膜电位敏感的基团或亚单位，膜电位的变化可控制这些通道蛋白的开闭。

3. 机械门控通道　内耳毛细胞顶部的听毛受切向力作用而发生弯曲时，可激活附近膜中的机械门控通道，产生短暂的感受器电位。

尽管电压门控通道和机械门控通道并非受体，但它们能将物理刺激转换成膜电位的变化，与化学门控通道的信号转导功能相同，故也归为离子通道型受体介导的信号转导。

二、G蛋白耦联受体介导的信号转导

G蛋白耦联受体（G protein linked receptor）是指与配体结合后活化与之耦联的G蛋

白,激活系列信号蛋白分子而完成跨膜信号转导的一类受体。作为第一信使(first messenger)的激素或神经递质,与靶细胞膜上特异性 G 蛋白耦联的受体相结合,通过活化膜内的 G 蛋白(G protein),激活或抑制膜内的效应器酶,改变第二信使(second messenger)分子生成量,调节蛋白激酶的活性,改变细胞的生化反应或功能。常见的第二信使分子有环磷酸腺苷(cAMP)、环磷酸鸟苷(cGMP)、三磷酸肌醇(IP_3)、甘油二酯(DG)和 Ca^{2+} 等。这一信号转导通路中与第二信使产生有关的特殊蛋白质至少有三类,即受体、G 蛋白和效应器酶。其中的 G 蛋白是鸟苷酸结合蛋白的简称,是位于细胞膜内侧的一类蛋白质家族。不同受体耦联的 G 蛋白不同,如 G_0、G_t、G_P 等。G 蛋白为不均一的三聚体,由 α、β、γ 三个亚单位构成。α 亚单位为催化亚单位,静息时与一分子鸟苷二磷酸(GDP)相连,再与 β、γ 亚单位结合。当受体蛋白被配体激活时,α 亚单位释放 GDP 而与一分子鸟苷三磷酸(GTP)结合,同时与 β、γ 亚单位分离,此时的 α 亚单位才能活化或抑制膜内侧面的效应器酶,从而使胞质中第二信使分子生成增加或减少。

三、酶联型受体介导的信号转导

本身就具有酶活性或能与酶结合的膜受体称为酶联型受体(enzyme-linked receptor),酪氨酸激酶受体是其主要类型之一,涉及的配体有胰岛素和某些肽类生长因子。这类受体为跨膜糖蛋白,膜外侧较长的肽链是受体部位,与特定的化学分子结合后,其内侧的酪氨酸蛋白激酶被激活,可磷酸化下游的结构或功能蛋白的酪氨酸残基而直接改变细胞功能,也可使信号蛋白的酪氨酸残基磷酸化,引发下游信号转导过程,发挥生理效应。此外,体内的酶联型受体还有酪氨酸激酶结合型受体、鸟苷酸环化酶受体和丝氨酸/苏氨酸激酶受体,涉及神经营养性因子、生长激素和细胞因子,以及心房钠尿肽与转化生长因子等的生物学作用过程。

除了以上三种类型的跨膜信号转导方式外,在哺乳动物脑内某些部位的神经元、心肌细胞以及平滑肌组织相邻的两细胞之间存在缝隙连接,这是一种细胞间的特殊连接方式,可以通过交换小分子来实现代谢耦联或电耦联,实现细胞间的信息传递。这种形式的跨膜信号转导称为电耦联传递。

第三节 细胞的生物电现象

细胞在进行生命活动时都伴随着电现象,称为生物电(bioelectricity)。细胞的生物电现象是由细胞膜两侧不同离子跨膜扩散产生的,主要表现在细胞膜的两侧,故又称跨膜电位,简称膜电位。跨膜电位主要有两种形式,即安静状态下相对平稳的静息电位和受刺激时迅速发生并向远处传播的动作电位。临床诊断疾病常用的心电图、脑电图、肌电图、胃肠电图和视网膜电图等是单细胞生物电活动总和后在器官水平上引导出来并加以放大,描记在记录纸上得到的反映生物电活动变化的图形。可见,生物电现象在临床上已被广泛应用,对疾病的诊断和监控都具有重要的辅助作用。

知识链接

生物电的由来

尽管生物电现象一直伴随着人体和生物体而存在,但人们直至近代才真正发现生物电、了解生物电。尽管人类对生物电的本质长期缺乏认识,但人们对于生物电的应用却可追溯到 2000 年前的古罗马帝国时代。当时的罗马帝国流行一种奇怪的治疗头痛等症状的方法。医生将疼痛发作的患者带到海边潮湿的沙滩上,在患者脚底放一条大黑鱼(电鳐),此时患者就会感到脚底发麻,并一直麻到膝盖,如此反复进行,可以治愈疾病。据说,此疗法曾医好许多达官贵人。这种疗法的原理在以后的一千多年都是一个谜,直到 1758 年,英国科学家卡文迪许开始着手探究上述治病方法的奥秘。他把大黑鱼埋在潮湿沙滩里,上面连接一个莱顿瓶,结果莱顿瓶发出火花,由此证明大黑鱼放出的是电。在卡文迪许用实验证明了电鳐放电后不久,意大利科学家加伐尼在 1791 年发现在青蛙肌肉中也蕴藏着电能,他将这种电活动称为"生物电"。这便是生物电名字的由来。

一、静息电位

(一) 静息电位的概念及特点

静息电位(resting potential,RP)是指细胞在安静时存在于细胞膜两侧的电位差,也称跨膜静息电位,简称膜电位(membrane potential)。静息电位是一切生物电现象产生的基础。静息电位可用连接着内部充满导电液、尖端直径仅 $0.5~\mu m$ 的微型测量电极的示波器进行观察测量。将示波器的两个测量电极放置在神经细胞外表面任意两点(图 2-8(a))或均插入细胞膜内时,示波器上的光点均在零位线上做横向扫描,说明细胞膜外表面和内表面任意两点间不存在电位差。若将其中一个电极置于细胞膜外表面,另一个电极插入细胞膜内,在插入的瞬间,示波器光点则出现一个突然向下的跃变,即示波器光点立即从零电位向下移动,并停留在一个较稳定的水平上(图 2-8(b)),说明细胞膜上存在一个内负外正的电位差,也就是说,静息时膜内电位低于膜外电位。不同细胞的静息电位值不同。一般而言,大多数细胞的静息电位为 $-10\sim-100~mV$。如:枪乌贼巨大神经细胞轴突的静息电位为 $-50\sim-70~mV$;哺乳类动物的神经细胞和骨骼肌细胞的静息电位一般为 $-70\sim-90~mV$;平滑肌细胞的静息电位为 $-50\sim-60~mV$,红细胞则较低为 $-6\sim-10~mV$。需要强调的是,静息电位的数值是指膜内电位低于膜外电位,也可以理解为细胞膜内带有负电荷,细胞膜外面带有正电荷。若细胞不受任何刺激,保持安静状态,静息电位数值基本不变。这种细胞膜内带负电荷,细胞膜外带正电荷,膜两侧电位维持内负外正的稳定状态,称为极化(polarization)。极化状态与静息电位都是细胞处于安静状态的标志。

一般以细胞内的电位值来表示静息电位,它是一种稳定的直流电位。以静息电位为基础,当细胞接受刺激,膜内电位向负值增大的方向变化(如由 $-70~mV$ 变化为 $-90~mV$),称为超级化(hyperpolarization);若膜内电位向负值减小的方向变化(如由 $-90~mV$ 变化为

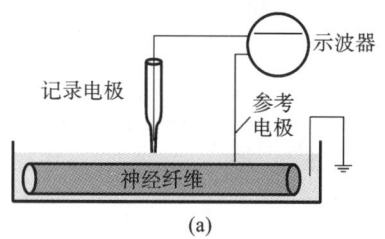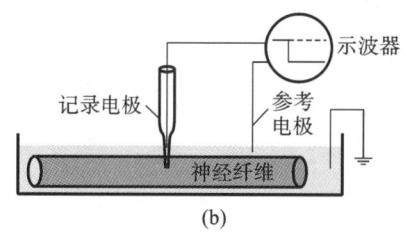

(a)　　　　　　　　　　　　　　　(b)

图 2-8　细胞内微电极记录法测定神经纤维静息电位示意图

－70 mV），称为去极化（depolarization）；去极化至零电位后若膜电位进一步上升变为正值，使膜两侧电位的极性与静息时的极化状态相反，则称为反极化（reverse polarization），膜电位高于零电位的部分称为超射（overshoot）；细胞膜去极化后，膜电位又恢复到原来静息时的极化状态，称为复极化（repolarization）。一个活的细胞，膜电位不会总是保持在静息电位水平，当可兴奋细胞接受一次有效刺激后，膜电位将在静息电位的基础上发生去极化、复极化等变化，这些内容将在动作电位及其产生机制中详细阐述。

（二）静息电位的产生机制

静息状态时存在于细胞膜两侧的电位差可用离子流学说来解释。该学说认为，膜电位的产生是由于细胞膜内、外两侧离子分布不均匀（表 2-1）及细胞膜对各种离子的通透性不同造成的。细胞膜两侧各种离子的不均匀分布和细胞膜对离子的选择性通透是产生静息电位的基本条件。钠泵活动使细胞膜两侧离子分布不均匀，细胞外液含较多的 Na^+ 和 Cl^-，而细胞内则含高浓度的 K^+ 和带负电荷的大分子蛋白。安静状态下，细胞膜对 K^+ 的通透性大（K^+ 通道处于开放状态），对 Na^+ 的通透性小（Na^+ 通道处于关闭状态），仅为 K^+ 的 $1/100 \sim 1/50$，而对蛋白质大分子则几乎不通透。由于细胞内 K^+ 浓度远高于细胞外（细胞内 K^+ 浓度是细胞外 K^+ 浓度的 28～30 倍）且细胞膜又对 K^+ 通透，因此 K^+ 在浓度梯度的推动下，由细胞内流向细胞外。K^+ 由细胞内顺浓度梯度向膜外扩散的结果，造成细胞膜外的正电荷增多，细胞内带负电荷的蛋白质（A^-）在电荷异性相吸的作用下，尽管有随同 K^+ 外流的倾向，但因 A^- 的相对分子质量大，膜对 A^- 不通透，A^- 被阻隔在膜的内侧面，膜内侧带负电荷的 A^- 与移至膜外侧带正电荷的 K^+ 使膜两侧出现内负、外正的电位差。但是 K^+ 外流并不是无限制地进行下去，随着 K^+ 外流的增多，所形成的外正内负的电场力会阻止带正电荷的 K^+ 继续外流。随着 K^+ 的外流，该电场力越来越大。当促使 K^+ 外流的浓度差和阻止 K^+ 外流的电场力达到平衡时，K^+ 外流就会停止，此时 K^+ 的跨细胞膜净移动为零。此时，由 K^+ 外流所造成的电位差也相对地稳定于某一数值，因此，静息电位主要是由 K^+ 外流产生的电-化学平衡电位形成的。K^+ 平衡电位（E_K）可通过 Nernst 公式计算：

$$E_K = \frac{RT}{ZF} \cdot \ln \frac{[K^+]_o}{[K^+]_i} (V)$$

上式中 R 是气体常数，T 是绝对温度，Z 是离子的价数，F 是法拉第常数，$[K^+]_o$ 和 $[K^+]_i$ 分别为细胞外和细胞内的 K^+ 浓度，当室温为 27 ℃时，则：

$$E_K = 59.51 \lg \frac{[K^+]_o}{[K^+]_i} (mV)$$

实际测得的静息电位数值略小于以 Nernst 公式计算得到的 E_K 数值，表明静息电位主

要由 K^+ 外流引起,但安静时尽管膜对 Na^+ 通透性很小,但仍有少量 Na^+ 内流,故抵消了部分 K^+ 外流引起的膜内负电位。

表 2-1　哺乳动物神经轴突膜内、外离子浓度(mmol/L)及比值

	K^+	Na^+	Cl^-
细胞内	140	10	4
细胞外	5	130	120
细胞内、外浓度比	28:1	1:13	1:30

通常,静息电位数值相对稳定。某些情况下,静息电位的水平会受到影响:①细胞内、外 K^+ 浓度差改变。例如,静脉补 K^+ 时,若浓度过高,速度过快,则细胞外 K^+ 浓度升高,可使静息电位减小;反之,低钾血症时,细胞外 K^+ 浓度降低,细胞膜内、外两侧 K^+ 浓度差增大,K^+ 外流增多,可使静息电位变大。②静息时膜对 K^+ 和 Na^+ 的相对通透性发生变化。膜对 K^+ 的通透性相对增大时,静息电位增大;膜对 Na^+ 的通透性相对增大时,则静息电位减小。③钠-钾泵的活动水平也对静息电位有一定程度的影响。

二、动作电位

(一)动作电位的概念

可兴奋细胞受到有效刺激后,在静息电位的基础上发生一次快速、可逆、可扩布的膜电位的倒转和复原变化过程,称为动作电位(action potential,AP)。动作电位和静息电位的主要区别在于:动作电位一旦产生将会向四周传播,而静息电位则不能;动作电位是细胞兴奋的标志,而静息电位是细胞处于安静状态的标志;动作电位的电位差变化是连续的过程,而静息电位是一个稳定的电位差。尽管神经、肌肉和腺体等可兴奋细胞兴奋时的表现各不相同,如神经纤维上的冲动、肌细胞的收缩、腺细胞的分泌等,但在这些功能性活动出现之前,它们的共同表现就是产生动作电位。

(二)动作电位的变化过程

采用微电极记录法可以测定单个神经细胞的动作电位(图 2-9(a))。动作电位是一个连续的膜电位变化过程,波形主要分为上升支和下降支两部分(图 2-9(b))。当神经细胞受到有效刺激时,膜电位从 -70 mV 逐渐去极化到达阈电位水平(见后文),此后迅速上升到 $+30$ mV,由静息时内负、外正的极化状态变成内正、外负的反极化状态,形成动作电位的上升支(去极化时相),0 mV 以上的部分,称为超射(overshoot),而动作电位的幅度可达 100 mV。此后,膜电位又快速下降至接近静息电位水平,构成动作电位下降支(复极化时相)。上升支和下降支持续时间都很短,呈尖峰状电位变化,即锋电位(spike potential),为动作电位的主要部分,是动作电位的标志。锋电位后膜电位缓慢、连续而微小的波动,称为后电位(after potential)。后电位中静息电位水平以上的部分称为后去极化电位或负后电位;静息电位水平以下的部分称为后超极化电位或正后电位。后电位持续时间较长,其结束后膜电位才能稳定于静息电位水平。

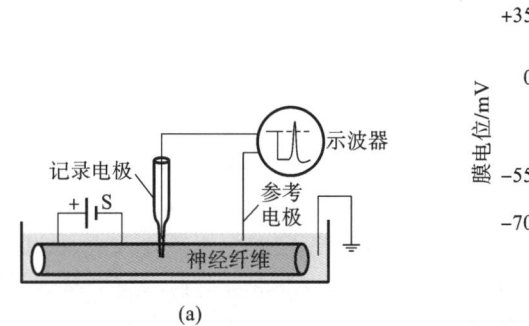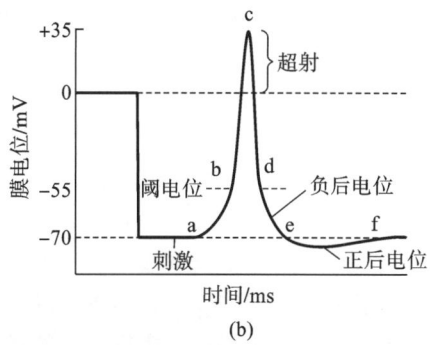

图 2-9　神经纤维动作电位模式图

注:ab,膜电位逐步去极化达到阈电位水平;bc,动作电位上升支;cd,动作电位下降支;bcd,锋电位;
de,负后电位;ef,正后电位。

(三)动作电位的产生机制

动作电位产生的机制与静息电位类似,也与细胞膜的通透性及离子的跨膜转运有关,也可以用离子流学说来解释。安静时,尽管细胞外 Na^+ 浓度远高于细胞内,但此时,膜对 Na^+ 的通透性很低,Na^+ 内流很少。当细胞受到一次有效刺激后,膜上部分电压门控 Na^+ 通道开放,少量 Na^+ 顺浓度差流入细胞,使膜电位升高,达一定数值(阈电位,见后文)后,使大量电压门控 Na^+ 通道快速开放,Na^+ 顺浓度梯度并在静息时形成的电场力作用下快速大量内流,使膜内负电位迅速消失并出现正电位,形成与静息时方向恰好相反的电场力。当膜内正电位形成的电场力增大到足以对抗由浓度梯度对 Na^+ 内流的驱动力时,Na^+ 的净内流停止,膜电位达最高值 $+30\ mV$,形成动作电位的上升支,其顶点相当于 Na^+ 的平衡电位。Na^+ 通道开放的时间十分短暂,很快就失活而关闭,Na^+ 内流停止,继而膜对 K^+ 的通透性开始增大,K^+ 顺浓度差和电位差快速外流,使膜电位快速恢复到原来的静息电位水平,形成动作电位的下降支,即动作电位的复极化时相。这时,尽管膜电位已恢复到静息电位水平,但细胞内 Na^+ 浓度和细胞外 K^+ 浓度都有所增加,这种细胞内、外离子浓度的改变,可以激活钠泵。钠泵运转,将动作电位形成过程中内流的 Na^+ 泵出,将细胞外多余的 K^+ 泵入,从而恢复静息时细胞内、外 Na^+、K^+ 的正常分布,以维持细胞的兴奋性,这也是后电位形成的机制。

总之,动作电位的上升支主要由 Na^+ 大量而迅速地内流形成;下降支主要由 K^+ 迅速外流所致;最后再由钠泵恢复细胞内、外 Na^+、K^+ 的不均衡分布。复极时迅速外流的 K^+ 蓄积在膜外侧附近,暂时阻碍了 K^+ 外流,是负后电位产生的原因;钠泵移出 3 个 Na^+、泵入 2 个 K^+,为生电性,是正后电位产生的机制。

(四)动作电位的特点

动作电位的特点有:①"全或无"现象:刺激强度和刺激持续时间只要达到阈值,细胞就能产生动作电位,一旦产生,其幅值即达到最大值,此后与刺激无关(全),否则就不会产生动作电位(无)。②不衰减传导:细胞膜某处产生动作电位后,可沿细胞膜迅速传导,使整个细胞膜都兴奋一次,其幅度和波形保持不变。③脉冲式发放:因存在不应期(见后文),连续刺激所产生的多个动作电位总有一定的间隔,不会融合,形成脉冲式发放。

高钾血症与心搏骤停

K^+ 是细胞内液中含量最多的阳离子,参与细胞的代谢活动。正常的血 K^+ 浓度及其在细胞膜两侧的正常分布,对细胞的静息电位水平以及动作电位的产生和传导都有重要作用。血钾高于 5.5 mmol/L 称为高钾血症。急速发生的高钾血症,机体往往来不及代偿,若得不到及时救治,可引起心搏骤停。高钾血症引起的心搏骤停,主要是因为细胞膜对膜外 K^+ 浓度升高特别敏感,膜外高 K^+ 使 K^+ 外流明显减少,静息电位数值减小,甚至消失,心肌细胞不能产生动作电位而停止收缩。

(五) 兴奋的引起及其在同一细胞上的传导

1. 兴奋的引起

(1) 阈电位和锋电位的引起:阈下刺激不能触发动作电位,只有阈刺激或阈上刺激使膜发生去极化并达到某一临界值时,细胞膜上的 Na^+ 通道才会大量开放而触发动作电位。这个能使 Na^+ 通道大量开放进而诱发动作电位的临界膜电位值即阈电位(threshold potential,TP)(图 2-10)。阈电位通常比静息电位值小 $10\sim20$ mV,静息电位去极化达到阈电位是产生动作电位的必要条件。细胞兴奋性的高低与静息电位和阈电位的差值呈反变关系,即阈电位越接近静息电位(差值变小),兴奋性就越高;反之,差值越大,兴奋性就越低。如在细胞处于超极化状态时,膜电位和阈电位的差值比正常静息电位时与阈电位的差值大,故不容易引发动作电位,此时细胞的兴奋性较低。阈刺激是指强度刚好能使膜去极化到阈电位水平的刺激。阈刺激使膜去极化达到阈电位水平时,较多 Na^+ 通道开放引起的去极化反应,已不能再被 K^+ 外流所抵消,而且能进一步激活 Na^+ 通道,使 Na^+ 内流进一步增加,形成正反馈,称为再生性循环,其结果是使膜迅速去极化,形成陡峭的动作电位升支,直至接近 Na^+ 平衡电位。

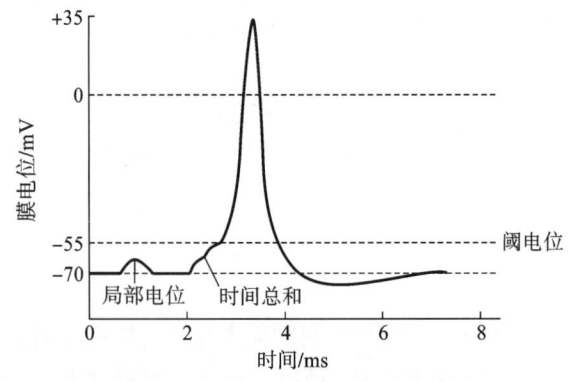

图 2-10　局部电位与动作电位的引起

(2) 局部反应及其特点:尽管阈下刺激不能使膜去极化达到阈电位水平,但也能激活少量 Na^+ 通道,少量 Na^+ 内流使膜的局部出现一个较小的去极化反应,称为局部反应或局部兴奋(local response),此时的膜电位称为局部电位(local potential)(图 2-10)。局部兴奋很快被外流的 K^+ 所抵消,不能引起再生性循环而诱发动作电位。

与动作电位相比较,局部反应的特点:①等级性电位:去极化幅度与刺激强度有关,随着阈下刺激强度增大而增大,非"全或无";②衰减性传导:局部反应以电紧张的方式向周围扩布,随距离增大而迅速减小以至消失;③无不应期:可以叠加总和。阈下刺激使膜的不同部位产生多个局部反应,其叠加总和即空间总和;膜的同一部位先后产生的多个局部反应也可叠加总和,称为时间总和。若总和后使膜去极化达到阈电位水平,则可诱发动作电位,也就是说,局部兴奋可转化为动作电位。

总之,要引起兴奋,达到上述两个条件之一就可以,即阈刺激或阈上刺激直接使膜去极化到阈电位或者多个阈下刺激引起的局部兴奋叠加、总和后达到阈电位,即可爆发动作电位。

2. 兴奋性及其变化 可兴奋细胞在一次兴奋后其兴奋性将出现一系列周期性的变化(图 2-11)。

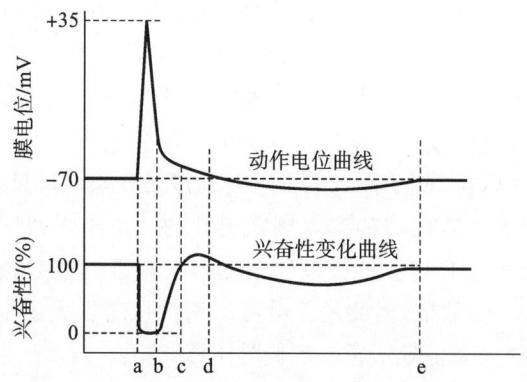

图 2-11 兴奋性变化与动作电位的时间关系
注:ab,绝对不应期;bc,相对不应期;cd,超常期;de,低常期。

(1)绝对不应期:在细胞受到刺激产生动作电位后一个较短的时间,相当于锋电位时期,无论施加多强的刺激,都不能使细胞产生新的动作电位,该时间段称为绝对不应期。在这一时期,膜上的 Na^+ 通道处于失活状态,不能被新的刺激活化,细胞的兴奋性为零。

(2)相对不应期:在绝对不应期之后的一段时间内,大于阈值的强刺激有可能使细胞产生新的兴奋,这一时期称为相对不应期。此期膜上的 Na^+ 通道开始复活,但复活的 Na^+ 通道数量较少,需要给予较强的阈上刺激才能诱发动作电位。该期细胞的兴奋性逐渐恢复,但仍低于正常。

(3)超常期:相对不应期后,细胞的兴奋性稍高于正常水平,称为超常期。此期膜上 Na^+ 通道基本复活,但膜电位尚未恢复到静息电位水平,距离阈电位近,阈下刺激就能使膜去极化到阈电位水平而产生新的兴奋。

(4)低常期:超常期后,细胞的兴奋性低于正常的阶段,称为低常期。此时膜上 Na^+ 通道已经完全复活,但膜电位处于轻度超极化状态,距阈电位远,较强的刺激才能使细胞再次兴奋。

不同组织细胞兴奋后的兴奋性变化规律大致相同,但各期长短略有差异。神经细胞和骨骼肌细胞的绝对不应期短，为 0.5～2.0 ms；而心肌细胞的绝对不应期可长达200～400 ms。绝对不应期的长短，取决于锋电位持续的时间。绝对不应期使细胞在兴奋时，不可能接受新的刺激而产生新的兴奋。因此，动作电位总是相互分离，不会发生融合叠加，表现为"脉冲式发放"的特点。

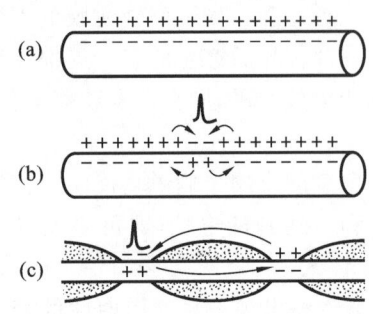

图 2-12　动作电位的传导示意图

注：(a)静息状态；(b)动作电位在无髓神经纤维上的传导（局部电流）；(c)动作电位在有髓神经纤维上的传导（跳跃式传导）。

3. 兴奋在同一细胞上的传导　细胞膜上任何一处受刺激而兴奋时，产生的动作电位将沿细胞膜不衰减地传遍整个细胞，从而完成兴奋在同一细胞上的传导（conduction）。动作电位的传导是以局部电流形式进行的（图 2-12）。

发生动作电位部位的膜两侧呈内正、外负的反极化状态，而邻近未兴奋的膜仍为内负外正的极化状态。这样，已兴奋处与未兴奋处细胞膜之间，不管在膜外还是膜内，均出现电位差，由此产生由正电位区流向负电位区的电流，即局部电流（local current）。局部电流在细胞膜内侧由兴奋区经细胞内液流向邻近的未兴奋区，然后向外穿过细胞膜，又经过细胞外液返回兴奋区，形成电流回路。局部电流使邻近未兴奋区域的膜电位减小，发生去极化，达阈电位水平时，则该处爆发新的动作电位，使动作电位由近及远传播开来。可见，动作电位在同一细胞上的传导是局部电流对未兴奋区域的有效刺激引起的。由于兴奋区域和未兴奋区域之间的电位差高达 100 mV（即动作电位的去极化幅度），是邻近的未兴奋区域去极化达到阈电位所需幅度（10～20 mV）的数倍，因此局部电流的刺激强度远大于细胞兴奋所需的刺激阈值，以局部电流为基础的兴奋传导不会出现传导阻滞。

在骨骼肌、心肌和无髓神经纤维的兴奋传导过程中，局部电流使细胞膜的相邻部位顺序爆发动作电位。而在有髓神经纤维，因绝缘的髓鞘间断包裹轴突，使轴突仅在裸露的郎飞结部位与细胞外液接触，当动作电位即神经冲动（nerve impulse）传播时，局部电流也只能在兴奋的郎飞结和邻近未兴奋的郎飞结之间产生，即仅在郎飞结处才能爆发动作电位，使动作电位在郎飞结之间呈跳跃式传导（saltatory conduction），其兴奋传导速度比无髓神经纤维快得多。跳跃式传导时，单位长度内每传导一次兴奋，所涉及的跨膜离子移动的总数要少得多，是一种节能的传导方式。

第四节　肌细胞的收缩功能

人体的肌细胞可分为骨骼肌、平滑肌、心肌三种，它们的基本功能是收缩。骨骼肌收缩产生随意运动，平滑肌调控内脏器官的功能，心肌通过泵血活动推动血液循环。三种肌细胞的收缩机制有很多共同之处。本节主要以骨骼肌为例介绍肌细胞的收缩功能。

骨骼肌约占体重的 40%。躯体运动通过骨骼肌的收缩和舒张完成。骨骼肌由大量肌纤维组成，每条肌纤维都是一个独立的结构和功能单位，至少接受一个运动神经末梢的支配。在体的骨骼肌纤维仅当支配它们的运动神经冲动到达时才能产生兴奋,继而发生收缩。

一、骨骼肌神经-肌接头处的兴奋传递

运动神经纤维末梢与骨骼肌膜相接触的部位称为神经-肌接头,是运动神经元与肌细胞之间进行兴奋传递的结构基础。

(一)骨骼肌神经-肌接头的功能结构

骨骼肌神经-肌接头由接头前膜、接头间隙和接头后膜三部分组成。如图 2-13 所示,运动神经纤维末梢失去髓鞘,末端嵌入肌细胞表面的凹陷中,形成神经-肌接头,其中靠近肌细胞的轴突末梢膜为接头前膜,与之相对的那部分肌细胞膜则称为接头后膜(也称终板膜)。接头前膜和终板膜之间隔以约 20 nm 宽的接头间隙,间隙内充满细胞外液。终板膜上含 N_2 型 ACh 受体阳离子通道(N_2-acetylcholine receptor cation channel),能与乙酰胆碱发生特异性结合引起通道开放。终板膜表面还存在大量能分解乙酰胆碱的胆碱酯酶。在轴突末梢的轴浆中,含有许多线粒体和大量的突触囊泡或突触小泡,囊泡内含有乙酰胆碱(acetylcholine,ACh)分子。安静状态时,仅有少数囊泡随机地释放其中所含的神经递质,对肌细胞不产生明显影响。

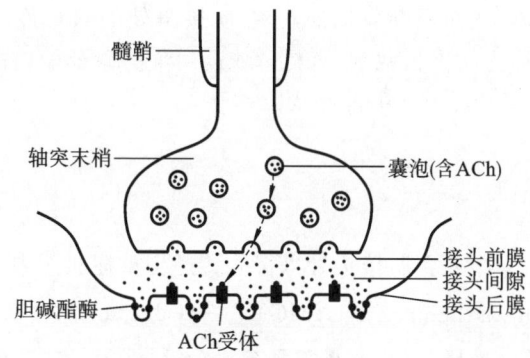

髓鞘

轴突末梢

囊泡(含ACh)

接头前膜
接头间隙
接头后膜

胆碱酯酶

ACh受体

图 2-13　骨骼肌神经-肌接头处的超微结构示意图

(二)骨骼肌神经-肌接头的兴奋传递过程

当动作电位传至运动神经纤维末梢时,末梢膜去极化,膜上的电压门控 Ca^{2+} 通道开放,Ca^{2+} 顺浓度差由细胞外液进入轴突末梢。轴浆中 Ca^{2+} 浓度升高使大量囊泡移向接头前膜内侧面,并与前膜融合,以出胞的方式将囊泡中的 ACh 分子释入接头间隙。这种以囊泡为单位"倾囊"释放 ACh 分子的方式,称为量子式释放。一次动作电位到达运动神经末梢时,有 $200\sim300$ 个囊泡共释放约 10^7 个 ACh 分子进入接头间隙。轴突末梢 Ca^{2+} 内流的量决定接头前膜释放 ACh 分子的数量。

当 ACh 通过接头间隙到达终板膜表面时,立即与膜上 N_2 型 ACh 受体阳离子通道的结合位点相结合,通道蛋白构象随即发生改变而使通道开放,出现以 Na^+ 内流为主的阳离子跨膜移动,其综合效应是使终板膜发生一次缓慢的去极化过程,这一电位改变称为终板电位。终板电位属于局部电位,具有局部反应的特征。终板电位以电紧张方式传播到邻旁的

肌细胞膜,通过叠加总和使肌膜去极化到阈电位,爆发动作电位并传遍整个肌细胞,完成一次神经元和肌细胞之间的兴奋传递。正常情况下,ACh 在与终板膜上的通道蛋白结合引起肌肉收缩后,迅速被接头间隙内的胆碱酯酶水解而消除,使肌肉在一次收缩后出现舒张。

（三）骨骼肌神经-肌接头处的兴奋传递特点

1. 化学性传递　兴奋的传递介质是 ACh 这种化学性神经递质。

2. 单向传递　兴奋只能由接头前膜传向接头后膜,而不能反向传递。这是因为 ACh 只存在于接头前的轴突末梢囊泡中,ACh 受体只存在于接头后膜的缘故。

3. 一对一传递　即运动神经纤维每有一次动作电位传到末梢,都能使骨骼肌细胞兴奋和收缩一次,并且仅此一次。这有两个原因:①一次兴奋释放的 ACh 所引起的终板电位的大小为引起肌细胞膜动作电位所需阈值的 3～4 倍。②一次兴奋释放的 ACh 在引起终板电位的同时能被胆碱酯酶迅速水解,从而使终板电位的持续时间极短。

4. 时间延搁　即兴奋在此处传递需要的时间相对较长,为 0.5～1 ms。这是因为整个传递过程比较复杂,涉及多种离子的流动,ACh 的释放、扩散以及与受体结合等多个环节。

5. 易受药物和环境因素影响　许多药物可以作用于神经-肌接头传递过程中的不同阶段,影响兴奋的正常传递和肌肉的收缩功能。例如,筒箭毒碱和 α-银环蛇毒可以同 ACh 竞争终板膜上的 ACh 受体,从而阻断骨骼肌神经-肌接头处的兴奋传递,使肌肉失去收缩能力,有类似作用的药物称为肌肉松弛剂;有机磷农药可使胆碱酯酶磷酰化而丧失活性,造成 ACh 在接头间隙内大量积聚,引起中毒症状。

知识链接

神经-肌接头处兴奋的传递与重症肌无力

重症肌无力（myasthenia gravis,MG）是一种由神经-肌接头处兴奋传递功能障碍所引起的自身免疫性疾病,临床表现为部分或全身骨骼肌无力、易疲劳,活动后症状加重,休息后症状减轻。研究证实,重症肌无力患者体内存在抗 AChR 抗体,使神经-肌接头处终板膜上的乙酰胆碱受体（AChR）数目减少,导致神经-肌接头处兴奋传递功能障碍,肌细胞膜不能产生动作电位,使受累肌肉收缩无力。

二、骨骼肌的收缩原理

（一）骨骼肌细胞的微细结构

骨骼肌细胞内含有大量肌原纤维和丰富的肌管系统,这些结构是骨骼肌进行机械收缩活动的基础。

1. 肌原纤维和肌小节　肌细胞中的肌原纤维平行排列,纵贯肌纤维全长。每条肌原纤维全长呈现出明暗交替的规则条纹,分别称为明带和暗带。明带中央有一条横向的暗线,称为 Z 线。每两条相邻 Z 线之间的区域称为肌小节。肌小节是肌肉收缩和舒张的基本单位(图 2-14)。安静时,肌小节的长度为 2.0～2.5 μm。肌小节的中间部分为暗带,暗带长度比较固定。暗带中央相对透明的区域,称为 H 带,H 带中央又有一条横向的暗线,称为 M 线。暗带两侧各有 1/2 明带,并与相邻肌小节的 1/2 明带组成一个完整的明带。明带的长度随肌肉的收缩或舒张而缩短或变长。肌小节内含有粗、细两种不同的肌丝。

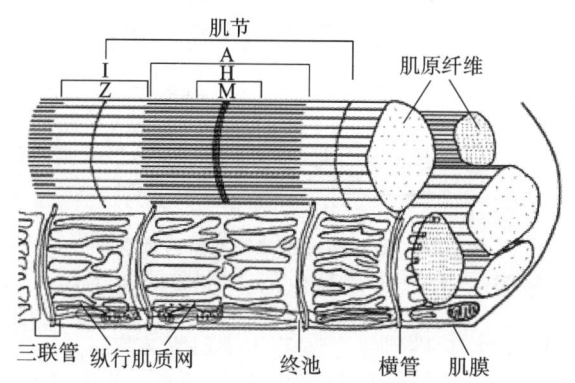

图 2-14 肌原纤维和肌小节结构示意图

粗肌丝是形成暗带的主要成分,由肌球蛋白(又称肌凝蛋白)分子组成。每个肌球蛋白由杆状的主干和球状的头部构成。肌球蛋白分子的尾部较长,与其他肌球蛋白分子的尾部聚合成束构成粗肌丝的主干,朝向暗带中央的 M 线;肌球蛋白分子的头部呈球状有规律地突出于粗肌丝主干的外表面而形成横桥(图 2-15(b))。横桥具有两方面作用:①横桥在一定条件下能与细肌丝上的位点可逆性结合,同时出现横桥向 M 线方向的摆动,使细肌丝向粗肌丝内滑行。②横桥具有 ATP 酶的活性,能分解 ATP 释放能量,用于横桥的摆动。

细肌丝由肌动蛋白(又称肌纤蛋白)、原肌球蛋白(又称原肌凝蛋白)和肌钙蛋白三种蛋白质分子组成。肌动蛋白分子单体呈球状,相互串联聚合成一个双螺旋结构,构成细肌丝的主干;原肌球蛋白分子呈细长丝状,也是由两条肽链形成的双螺旋分子,平行缠绕于肌动蛋白的双螺旋结构上。肌肉舒张时,原肌球蛋白分子正好位于肌动蛋白和横桥之间,隔离并阻碍二者的相互作用。肌钙蛋白分子呈小球状,间隔出现在原肌球蛋白的双螺旋结构上,由 T、C、I 三个亚单位组成。亚单位 T 将整个肌钙蛋白分子结合于原肌球蛋白上;亚单位 C 含有 Ca^{2+} 的结合位点,可与 Ca^{2+} 可逆性地结合;亚单位 I 调控原肌球蛋白和肌动蛋白的相互作用(图 2-15(c))。

2. 肌管系统 骨骼肌细胞有两套独立的肌管系统。

(1)横管:由肌细胞膜向内凹入胞质而形成(图 2-14)。横管走行方向与肌原纤维垂直,其穿行于肌原纤维之间,并在 Z 线水平形成环绕肌原纤维的管道,相互连通。在肌膜凹入处有小孔,与细胞外液相通。横管系统能迅速将肌细胞膜上的动作电位传到所有肌原纤维附近。

(2)纵管:即肌质网,其走行方向与肌小节平行(图 2-14)。纵管之间相互沟通,在接近肌小节两端的横管处管腔膨大,形成终池。终池与横管相互靠近的面积变大,横管与来自两侧肌小节的终池构成三联管(图 2-14)。肌细胞通过控制肌质网和终池内 Ca^{2+} 的储存、释放和再聚集,触发肌小节收缩和舒张的过程。

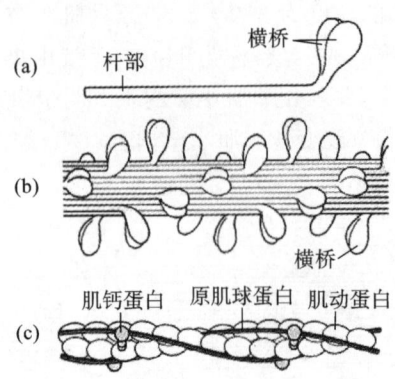

图 2-15　肌丝的分子结构和排列示意图

注:(a)肌球蛋白分子;(b)肌球蛋白分子构成的粗肌丝;(c)细肌丝。

(二)骨骼肌收缩的分子机制

骨骼肌收缩的机制一般用肌丝滑行理论来解释,即骨骼肌的收缩是因肌细胞内的肌原纤维缩短所致,每个肌小节中自 Z 线发出的细肌丝向暗带中央(M 线)移动,使相邻 Z 线相互靠近,即肌小节缩短,表现为整个肌细胞和整块肌肉的收缩。

肌质中 Ca^{2+} 浓度的变化是肌肉收缩与舒张的关键。当肌质中 Ca^{2+} 浓度升高时,Ca^{2+} 与肌钙蛋白亚单位 C 结合,使其构象改变,通过亚单位 I 改变原肌球蛋白的构象并使之侧向移位,使肌动蛋白上能与肌球蛋白横桥结合的位点暴露出来,使横桥与肌动蛋白相结合,横桥有 ATP 酶活性,立即水解 ATP,利用释放的能量,拖拽肌动蛋白向 M 线方向摆动,一次摆动完成后,横桥即与该位点脱离,再与肌动蛋白链上下一个结合位点结合(图 2-16)。如此,结合、摆动、脱离的过程重复进行,使肌小节逐渐缩短,该过程即横桥周期,其长短决定肌肉的缩短速度。

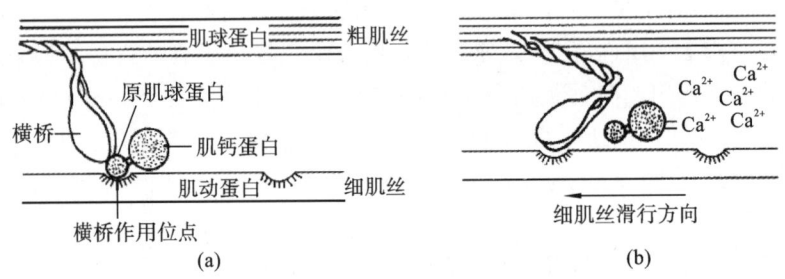

图 2-16　Ca^{2+} 引发的横桥摆动和肌丝滑行示意图

当胞质中 Ca^{2+} 浓度降低时,Ca^{2+} 与肌钙蛋白的结合被解除,肌钙蛋白和原肌球蛋白构象复原,肌动蛋白上横桥的结合位点重新被原肌球蛋白掩盖,横桥与肌动蛋白分离,细肌丝回归原位,肌肉舒张。

(三)骨骼肌细胞的兴奋-收缩耦联

连接肌细胞兴奋与肌丝滑行这两个过程的中间环节即兴奋-收缩耦联,其关键点是对肌质中 Ca^{2+} 浓度的调控。兴奋-收缩耦联的过程是这样的:肌细胞兴奋时,动作电位沿横管膜传到细胞深处,通过三联管处的信息传递使终池膜上钙释放通道开放,Ca^{2+} 由终池释入胞质,胞质中 Ca^{2+} 浓度升高引发肌丝滑行;胞质 Ca^{2+} 浓度升高又激活终池膜上的钙泵,后者是一种 Ca^{2+} 依赖式 ATP 酶,其分解 ATP 获能后逆浓度梯度将 Ca^{2+} 摄回肌质网,胞质 Ca^{2+} 浓度下降,横桥与肌动蛋白解离,肌肉舒张。可见,三联管是兴奋-收缩耦联的关键结构,而 Ca^{2+} 为耦联因子,它们在兴奋-收缩耦联的过程中起重要作用。

三、骨骼肌的收缩形式

(一)等长收缩和等张收缩

肌肉收缩表现为长度和张力的改变。只有肌肉张力增加而无肌肉长度缩短的收缩形式即等长收缩;而仅有肌肉长度缩短但张力保持不变时则为等张收缩。当用力上提某个重物时,在重物没有发生位移前,肌肉收缩仅表现为张力的增加,而肌肉长度并不缩短,这时即为等长收缩;当肌肉张力增加到足以提起该重物时,肌肉才开始缩短,但张力却不再增加,表现为等张收缩,这时肌肉的张力等于该重物的重量。

(二)单收缩和强直收缩

单收缩(single contraction)是指肌肉受到一次有效刺激时,先是产生一次动作电位,接着发生一次迅速的收缩。在动物实验中,肌肉接受一次短促的有效电刺激后,可发生一次兴奋,继而出现一次肌肉收缩和舒张,所记录到的收缩曲线为单收缩波,包括潜伏期、收缩期和舒张期三个时期。

当肌肉接受连续电脉冲刺激时,若频率较低,则每个刺激引起的肌肉收缩都出现在前一个刺激引发的收缩结束之后,记录到的是多个相互独立的单收缩。适当增加刺激频率,使后一次收缩与前一次收缩的波形相融合,则可记录到强直收缩曲线。强直收缩(tetanus)是指肌肉受到连续的有效刺激时,出现的强而持久的收缩。强直收缩又可分为不完全强直收缩(incomplete tetanus)和完全强直收缩(complete tetanus)。前者是指肌肉受到连续的有效刺激后,每一个新刺激落在前一收缩过程的舒张期,收缩曲线呈锯齿状;后者是指肌肉受到连续的有效刺激后,每一个新刺激都落在前一收缩过程的收缩期,各次收缩完全融合在一起,收缩曲线呈平滑的直线,且收缩幅度明显增大。强直收缩所产生的张力可达单收缩的 3～4 倍(图 2-17)。正常人体内,由于运动神经传到骨骼肌的兴奋冲动都是快速连续的过程,因此,体内骨骼肌的收缩都属于强直收缩,但持续时间长短不一。

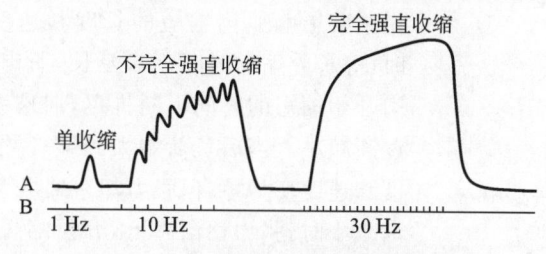

图 2-17　肌肉的单收缩和强直收缩

注:A,肌肉收缩曲线;B,刺激标记。

四、影响骨骼肌收缩的主要因素

（一）前负荷

前负荷是指肌肉收缩前已承受到的负荷。它使肌肉在收缩前处于一定的初长度。实验中发现，随着前负荷逐渐增大，肌肉的初长度随之增加，收缩时产生的张力逐渐增强；当前负荷增大到某一程度时，肌肉收缩张力达到最大值；此时若继续增大前负荷，肌肉收缩张力则逐渐减小。能使肌肉产生最大张力的前负荷，即最适前负荷。最适前负荷时的肌肉初长度，称为最适初长度。

研究表明，当肌肉处于最适初长度时，肌小节的长度是 $2.0 \sim 2.2~\mu m$。这样的肌小节长度恰好使粗肌丝和细肌丝处于最佳重叠状态，肌肉收缩时能发挥作用的有效横桥数目最多，故可取得最佳收缩状态。肌小节长度大于或小于 $2.0 \sim 2.2~\mu m$ 时，能发挥作用的有效横桥数目均减少，使收缩张力降低（图 2-18）。体内骨骼肌的自然长度即为它们的最适初长度。

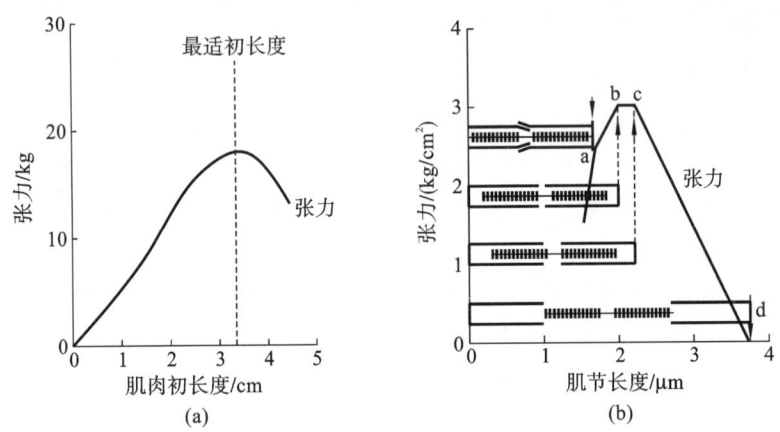

图 2-18　前负荷对肌肉收缩的影响

注：(a)肌肉的长度-张力关系曲线；(b)肌节长度对肌肉收缩产生张力的影响。

（二）后负荷

后负荷即肌肉开始收缩时才遇到的负荷，相当于肌肉收缩时遇到的阻力。后负荷的存在使肌肉收缩的最初阶段呈等长收缩状态，即长度不变，张力增加，只有当张力增加至与后负荷相等时，肌肉的长度才开始缩短。因此，后负荷的大小主要影响肌肉缩短的长度和速度。后负荷逐渐增大时，等长收缩的时间逐步延长，肌肉的张力随之增大，肌肉开始缩短的时间不断推迟，肌肉缩短的速度和长度也逐渐减小。当后负荷增大到某一数值时，肌肉缩短的长度和速度变为零，但张力却达到最大值。反之，后负荷逐渐减小时，张力逐渐降低，开始缩短的时间愈来愈早，缩短的速度和长度也愈来愈大。若后负荷为零，肌肉缩短的速度应达到最大值（图 2-19）。

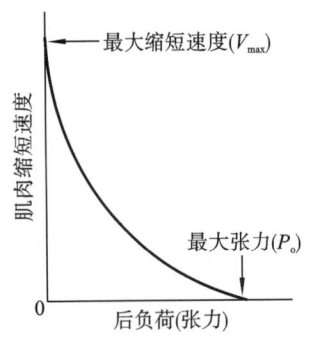

图 2-19　后负荷对肌肉收缩的影响

（三）肌肉收缩能力

肌肉收缩能力是指与前、后负荷无关的肌肉本身的功能状态和内在特性。缺氧、酸中毒、低 Ca^{2+} 及能源物质缺乏等许多因素可使肌肉收缩能力减弱；而 Ca^{2+} 和肾上腺素等增多，则能加强肌肉收缩能力。此外，肌肉收缩能力也受神经因素的影响，而体育锻炼能增强肌肉收缩能力。

小 结

细胞是构成人体结构和功能的基本单位。机体内的细胞种类很多、功能各异，但它们有着相似的结构，许多基本的功能活动具有共同的规律。细胞膜的结构以"液态镶嵌模型"来解释，即细胞膜以液态的脂质双分子层为基架，其中镶嵌着具有不同分子结构和生理功能的蛋白质。细胞膜的许多功能都由蛋白质分子介导，如物质跨膜转运有关的载体蛋白、通道蛋白和离子泵，以及跨膜信号转导相关的受体蛋白、G 蛋白、效应器酶等。氧、营养物质、代谢终产物，以及信息交换需要的各种离子和信号分子需要通过细胞膜的物质转运功能进出细胞。除少数脂溶性小分子可直接出入细胞膜外，其他大多数水溶性物质需要膜上特定蛋白质的协助才能通过细胞膜。跨细胞膜物质转运有单纯扩散、易化扩散、主动转运及出胞、入胞等方式。神经和体液调节通过离子通道型受体、G 蛋白耦联受体及酶联型受体等介导的跨膜信号转导使不同组织和细胞的功能彼此协调成为整体。在细胞的生命活动过程中都伴随着电现象，即生物电，主要表现为细胞膜两侧的跨膜电位。跨膜电位有两种形式，即安静状态下的静息电位和受刺激时迅速发生并向远处传播的动作电位。安静时细胞膜主要对 K^+ 通透，K^+ 外流形成的 K^+ 平衡电位是静息电位的主要机制。有效刺激使细胞膜去极化到阈电位时，大量电压门控 Na^+ 通道开放，Na^+ 大量而迅速内流形成动作电位的上升支，继而 K^+ 迅速外流构成下降支，钠泵的活动恢复静息时细胞内、外 Na^+、K^+ 的正常分布，是后电位形成的机制。能使 Na^+ 通道大量开放进而诱发动作电位的临界膜电位值即阈电位。阈刺激使膜去极化达到阈电位水平时诱发动作电位；阈下刺激能激活少量 Na^+ 通道，使膜的局部出现较小的去极化反应，称为局部反应或局部兴奋。在可兴奋细胞的一次兴奋过程中，其兴奋性的周期性变化分为绝对不应期、相对不应期、超常期和低常期四个阶段。兴奋在同一细胞上的传导是以局部电流形式进行的，局部电流使骨骼肌、心肌和无髓神经纤维相邻部位的细胞膜顺序爆发动作电位。而在有髓神经纤维，局部电流产生于相邻的郎飞结之间，使其兴奋传导速度加快。运动神经纤维末梢与骨骼肌膜相接触的部位称为神经-肌接头。当动作电位传至运动神经纤维末梢时，末梢膜去极化使电压门控 Ca^{2+} 通道开放，Ca^{2+} 内流引起的轴浆 Ca^{2+} 浓度升高诱发囊泡的量子式释放乙酰胆碱分子，后者与终板膜上 N_2 型 ACh 受体相结合，导致以 Na^+ 内流为主的阳离子跨膜移动，产生去极化的终板电位。终板电位传播时不断叠加总和使周围肌膜去极化到阈电位水平而爆发动作电位，完成神经元和肌细胞之间的一次兴奋传递。胆碱酯酶可水解乙酰胆碱，使肌肉在一次收缩后出现舒张。骨骼肌收缩的机制以滑行理论来解释，即骨骼肌的收缩是因从 Z 线发出的细肌丝向暗带中央（M 线）移动，使相邻 Z

线相互靠近,导致肌小节缩短的结果。肌质中 Ca^{2+} 浓度的变化是肌肉收缩与舒张的关键。连接肌细胞兴奋与肌丝滑行的中间环节是兴奋-收缩耦联,其关键点是对肌质中 Ca^{2+} 浓度的调控。骨骼肌的收缩形式包括等长收缩和等张收缩、单收缩和强直收缩。影响骨骼肌收缩的主要因素有前负荷、后负荷和肌肉收缩能力。

能力检测

能力检测答案

一、名词解释

易化扩散　极化　动作电位　等长收缩　阈电位　完全强直收缩　兴奋性　超射

二、选择题

A 型题

1. 细胞膜内、外正常的 Na^+、K^+ 浓度差的形成和维持是因为(　　　)。

A. 膜在安静时对 K^+ 通透性大
B. 膜在兴奋时对 Na^+ 通透性大
C. K^+ 易化扩散的结果
D. 膜上 Na^+-K^+ 泵的作用
E. Na^+ 易化扩散的结果

2. 静息电位的数值向膜内负值加大的方向变化称作膜的(　　　)。

A. 极化　　　　　　　B. 去极化　　　　　　C. 复极化
D. 反极化　　　　　　E. 超极化

3. 衡量组织兴奋性高低的指标为(　　　)。

A. 动作电位　　　　　B. 阈电位
C. 肌肉收缩强度或腺体分泌量
D. 阈强度　　　　　　E. 静息电位

4. 下列不属于原发性主动转运的是(　　　)。

A. 肌质网钙泵对 Ca^{2+} 的摄取
B. 壁细胞分泌 H^+
C. 钠-钾泵转运 Na^+
D. 钠-钾泵转运 K^+
E. 肾小管上皮细胞对葡萄糖的重吸收

5. 神经-肌接头兴奋传递的神经递质为(　　　)。

A. NE(去甲肾上腺素)　　B. ACh(乙酰胆碱)　　C. 5-HT(5-羟色胺)
D. 多巴胺　　　　　　　　E. 血管活性肠肽

6. 骨骼肌肌质网的终末池内储存有(　　　)。

A. Na^+　　　　　　　B. K^+　　　　　　　C. Ca^{2+}
D. Mg^{2+}　　　　　　E. ACh

7. 神经-肌接头处降解 ACh 的酶是(　　　)。

A. ATP 酶　　　　　　B. 单胺氧化酶　　　　C. 磷酸二酯酶
D. 腺苷酸环化酶　　　　E. 胆碱酯酶

8. 神经纤维上相邻两个锋电位间隔的时间至少应大于其(　　　)。

A. 相对不应期　　　　B. 绝对不应期　　　　C. 超常期
D. 低常期　　　　　　E. 绝对不应期＋相对不应期

9.骨骼肌细胞动作电位的幅度接近于( )。

A.钾平衡电位

B.钠平衡电位

C.静息电位绝对数值与钠平衡电位之和

D.静息电位绝对数值与钠平衡电位之差

E.超射值

10.肌丝滑行学说的直接证据是( )。

A.暗带长度不变,明带和 H 带缩短

B.暗带长度缩短,明带和 H 带不变

C.明带和暗带的长度均缩短

D.明带和暗带的长度均无明显变化

E.明带和暗带的长度均增加

B 型题

A.原发主动转运　　　　　B.单纯扩散　　　　　　　C.载体易化扩散

D.继发性主动转运　　　　E.通道易化扩散

1.葡萄糖进入红细胞膜是( )。

2.葡萄糖在肠腔被小肠上皮细胞吸收的过程属于( )。

3.安静时 K$^+$ 由细胞内向细胞外转运属于( )。

4.Na$^+$ 由细胞内向细胞外转运,同时伴有 K$^+$ 由细胞外转运到细胞内属于( )。

5.肌质网终末池内的 Ca^{2+} 进入胞质属于( )。

A.静息电位　　　　　　　B.动作电位　　　　　　　C.阈电位

D.局部电位　　　　　　　E.锋电位

6.引起神经纤维细胞膜 Na$^+$ 通道大量开放的临界膜电位是( )。

7.安静时存在于心肌细胞膜两侧的电位差是( )。

8.运动神经纤维上的神经冲动是( )。

9.神经-肌接头的终板膜电位是( )。

10.骨骼肌细胞受到有效刺激时,膜电位出现快速的反转和复原,其上升支和下降支呈尖峰状电位变化,称为( )。

三、简答题

1.物质跨膜转运形式有哪几种?

2.简述动作电位的产生机制。

3.简述 Na$^+$-K$^+$ 泵的功能和生理意义。

4.局部电位与动作电位的区别有哪些?

5.简述神经-肌接头兴奋传递的过程。

6.前负荷与后负荷是如何影响肌肉收缩的?

(李玉明)

第三章
血　液

本章 PPT

　　血液（blood）是存在于心血管系统内的红色流体组织。在心脏泵血活动的推动下，血液在心血管系统内不停地循环流动，起运输物质和沟通各部分组织液的作用。如果血液总量或流经体内组织器官的血流不足时，均可造成组织损伤或严重的代谢紊乱，甚至危及生命。许多疾病也可导致血液成分或性质发生特征性的变化。因此，血液通过发挥运输、缓冲、传递信息和防御、保护等功能，在维持机体内环境稳态中起着非常重要的作用。血液的特征性检查，在医学诊断中也具有重要价值。

第一节　概　　述

一、血液的组成

　　血液是由血浆（plasma）和悬浮于其中的血细胞（blood cells）组成。血浆是血液中的液体成分，由水和溶解于其中的血浆蛋白、电解质、小分子有机化合物和一些气体组成。血细胞是血液中的有形成分，可分为红细胞（erythrocyte 或 red blood cell，RBC）、白细胞（leukocyte 或 white blood cell，WBC）和血小板（platelet 或 thrombocyte）三类（图3-1）。将新采集的血液经抗凝处理，置于有刻度的比容管中，以每分钟3000转的速度离心30 min，可见管内的血液分为三层，上层的淡黄色液体为血浆，下层深红色为红细胞，中间是灰白色的一不透明薄层为白细胞和血小板。

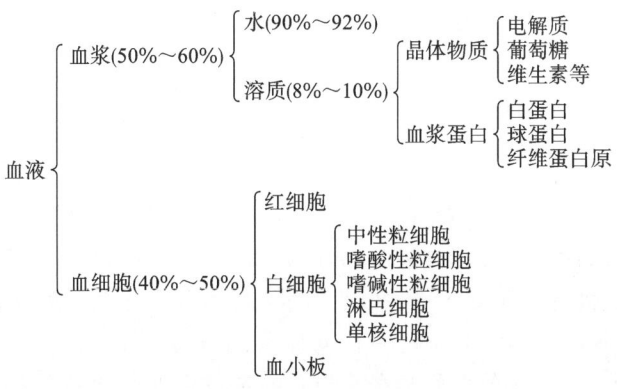

图 3-1 血液的组成

血细胞在全血中所占的容积百分比称为血细胞比容(hematocrit),正常成年男性的血细胞比容为 40%～50%,成年女性为 37%～48%。由于白细胞和血小板仅占全血总容积的 0.15%～1%,因此血细胞比容非常接近红细胞比容,其数值可反映全血中红细胞数量的相对值,贫血患者血细胞比容降低。

二、血液的理化特性

(一) 比重

正常人全血的比重(specific gravity)为 1.050～1.060,其高低取决于红细胞数量;红细胞的比重为 1.090～1.092,与红细胞内血红蛋白的含量呈正相关关系;血浆的比重为 1.025～1.030,其高低主要取决于血浆蛋白的浓度。利用血细胞和血浆比重的差异,可进行血细胞比容和红细胞沉降率的测定,亦可据此采用离心方法将血细胞和血浆进行分离,分别获取血液中的不同成分。

(二) 黏滞性

液体的黏滞性(viscosity)来源于液体内部分子或颗粒间的摩擦。血液或血浆的黏滞性通常用与水相比的相对黏滞性来表示。全血的相对黏滞性为 4～5。当温度不变时,全血的黏滞性主要取决于红细胞的数量和它在血浆中的分布状态;血浆的黏滞性则主要取决于血浆蛋白的含量。严重贫血者因红细胞减少,其血液黏滞性下降;大面积烧伤者,水分大量渗出,血液浓缩,其血液黏滞性增高。此外,血流速度小于一定限度时,红细胞在血管中发生叠连和聚集,血液黏滞性增高,使血流的阻力明显增大,从而影响血液循环的正常进行。

(三) 血浆 pH 值

正常人血浆 pH 值为 7.35～7.45,变动范围小。低于 7.35 即为酸中毒,高于 7.45 则为碱中毒。如果低于 6.9 或高于 7.8,将危及生命。血浆 pH 值的相对恒定主要依靠血浆中缓冲物质。血浆内的缓冲物质主要包括 $NaHCO_3/H_2CO_3$、蛋白质钠盐/蛋白质和 Na_2HPO_4/NaH_2PO_4 三个缓冲对,其中最重要的是 $NaHCO_3/H_2CO_3$。此外,红细胞内还有血红蛋白钾盐/血红蛋白、氧合血红蛋白钾盐/氧合血红蛋白、K_2HPO_4/KH_2PO_4、$KHCO_3/H_2CO_3$ 等缓冲对。

第二节 血 浆

一、血浆的成分及其功能

血浆是血液的液体成分,相对黏滞性为 1.6～2.4;比重为 1.025～1.030,其高低主要取决于血浆蛋白的浓度。血浆是血细胞的细胞外液,是机体内环境的重要组成部分,在沟通机体内、外环境之间起着重要作用。血浆由水和溶解于其中的各种溶质构成。水占血浆量的 90%～92%,其中溶解于其中的多种电解质、小分子有机化合物和一些气体,构成血浆的基本组成成分。由于这些溶质和水都很容易透过毛细血管壁与组织液中的物质进行交换,因此血浆中电解质的含量与组织液的基本相同(表 3-1)。临床检测循环血浆中各种电解质的浓度可大致反映组织液中这些物质的浓度。

表 3-1 人体各部分体液中电解质的含量   单位:mmol/(L·H_2O)

阳离子	血浆	组织液	细胞内液	阴离子	血浆	组织液	细胞内液
Na^+	142	145	12	Cl^-	104	117	4
K^+	4.3	4.4	139	HCO_3^-	24	27	12
Ca^{2+}	2.5	2.4	<0.001 (游离)[1]	蛋白质[2]	14	0.4	54
Mg^{2+}	1.1	1.1	1.6 (游离)[1]	其他	7.9	8.5	53.6
总计	149.9	152.9	152.6	总计	149.9	152.9	152.6

注:1,游离 Ca^{2+} 和 Mg^{2+} 的浓度;2,质以毫当量浓度(mEq/L)表示而不是毫摩尔浓度(mmol/L)。

血浆蛋白(plasma proteins)是血浆中多种蛋白的总称。用盐析法可将血浆蛋白分为白蛋白、球蛋白和纤维蛋白原;用电泳法可将球蛋白进一步分为 α_1、α_2、β 和 γ 球蛋白等。从表 3-1 中可以看出,血浆与组织液的主要差别是组织液中蛋白含量很少。正常成年人血浆蛋白含量为 65～85 g/L,其中白蛋白含量为 40～48 g/L,球蛋白含量为 15～30 g/L。白蛋白带负电荷,球蛋白和纤维蛋白原带正电荷。除 γ 球蛋白来自浆细胞外,白蛋白和大多数球蛋白主要由肝脏产生。肝病时常引起血浆白蛋白/球蛋白的比值下降。血浆蛋白的主要功能:①形成血浆胶体渗透压,调节和保持血管内、外水分的分布;②协助运输激素、脂质、离子、维生素等小分子物质,缓冲血液 pH 值的变化;③抵御病原微生物的入侵;④参与血液凝固、抗凝和纤溶等生理过程;⑤营养功能。

二、血浆渗透压

(一)渗透压的概念

渗透压(osmotic pressure)是指溶液中溶质分子通过半透膜吸引水的能力。水分子在渗透压差的作用下,由低浓度的溶液一侧通过半透膜向高浓度的溶液一侧移动,这一现象称为渗透(osmosis)。溶液渗透压的高低取决于溶液中溶质颗粒(分子或离子)数目的多少,而与溶质的种类和颗粒的大小无关。

（二）血浆渗透压的组成及正常值

血浆渗透压约为 300 mmol/L,即 300 mOsm/(kg·H$_2$O),相当于 5790 mmHg,由血浆晶体渗透压和血浆胶体渗透压组成。血浆晶体渗透压是指由血浆中的晶体物质(主要是 Na$^+$ 和 Cl$^-$)所形成的渗透压,其数值为 298.5 mmol/L,相当于 5765 mmHg;血浆胶体渗透压是指由血浆中的胶体物质(主要是白蛋白)所形成的渗透压,其数值为 1.3 mmol/L,相当于 25 mmHg。

临床上和生理实验中,凡渗透压与血浆渗透压相等的溶液称为等渗溶液,如 0.9% NaCl 溶液、5% 葡萄糖溶液等;凡渗透压高于或低于血浆渗透压的溶液称为高渗溶液或低渗溶液。

（三）血浆渗透压的作用

1.血浆晶体渗透压的作用 血浆中大部分晶体物质不易通过细胞膜,而水能自由通过,如果血浆晶体渗透压发生变化,只有通过水的转移来平衡细胞内、外的晶体渗透压。正常情况下,血浆晶体渗透压和红细胞内的晶体渗透压相等,且血浆中的电解质绝大部分不易透过细胞膜。如果某种原因使血浆晶体渗透压升高或降低,细胞内、外的水平衡就会被破坏,细胞就会脱水皱缩或肿胀、破裂。其中尤以红细胞最易受到血浆晶体渗透压变化的影响。当血浆晶体渗透压降低时,渗入红细胞的水分增多,红细胞体积增大,增大到一定程度,即发生破裂,红细胞破裂而使血红蛋白逸出,这种现象称为溶血;反之,当血浆晶体渗透压增高时,红细胞内的水分就向外渗出,使红细胞发生皱缩。因此,血浆晶体渗透压对于保持细胞内、外的水平衡和红细胞的正常形态具有重要作用。

通常以血浆的正常渗透压为标准,凡与血浆渗透压相等的溶液称为等渗溶液,如0.9% 氯化钠溶液(即生理盐水)或 5% 葡萄糖溶液等;凡高于血浆渗透压的溶液称为高渗溶液;凡低于血浆渗透压的溶液,则称为低渗溶液。临床上在给患者大量输液时,一般应输入等渗溶液,特殊情况需要输入高渗或低渗溶液时,输入量也不宜过多,以免影响细胞的形态和功能。

2.血浆胶体渗透压的作用 由于水和晶体物质可自由通过毛细血管壁,故血浆与组织液之间晶体渗透压基本相等。但是血浆蛋白的相对分子质量较大,不易通过毛细血管壁,使血浆中蛋白质含量高于组织液,因此,血浆胶体渗透压高于组织液胶体渗透压,这成为组织液中的水进入毛细血管的主要动力。如果血浆胶体渗透压降低,则血管内吸引水的力量减弱,过多的水分积聚在组织间隙,引起水肿。因此,血浆胶体渗透压对于维持血管内、外的水平衡和正常血浆容量具有重要作用。

第三节 血 细 胞

血液中的细胞成分包括红细胞、白细胞和血小板。各类血细胞的生成、发育以及成熟过程称为造血(hemopoiesis),各类血细胞均起源于造血干细胞(hemopoietic stem cell)。成人的各种血细胞均起源于红骨髓(red marrow)。血细胞生成部位(即造血中心)随着个体发育阶段的不同而不断发生变迁。胚胎时期的造血部位主要有卵黄囊、肝、脾和骨髓。

婴幼儿时期的造血部位以骨髓为主,但在机体造血需要增加时,肝、脾等骨髓外造血起代偿作用。4岁以后,部分骨髓被脂肪填充失去造血功能。到18岁左右,具有造血功能的红骨髓仅分布于脊椎骨、髂骨、肋骨、胸骨、颅骨和长骨近端骨骺处,除此以外的骨髓均无造血功能,若出现骨髓外造血已无代偿意义,而是提示造血功能紊乱。造血中心的迁移依赖于各种造血组织中造血微环境的形成。

一、红细胞

(一)红细胞的数量、形态和功能

1. 数量 红细胞是血液中数量最多的一种血细胞。我国成年男性红细胞的数量为$(4.0\sim5.5)\times10^{12}/L$,成年女性为$(3.5\sim5.0)\times10^{12}/L$。红细胞内的蛋白质主要是血红蛋白(hemoglobin,Hb)。我国成年男性血红蛋白浓度为$120\sim160$ g/L,成年女性为$110\sim150$ g/L。正常人的红细胞数量和血红蛋白浓度不仅有性别差异,还可因年龄、生活环境和机体功能状态不同而有差异。如儿童低于成年人(但新生儿高于成年人),高原居民高于平原居民,妊娠后期因血浆量增多而致红细胞数量和血红蛋白浓度相对减少。若血液中红细胞数量和血红蛋白浓度低于正常,则称为贫血(anemia)。

2. 形态 正常的成熟红细胞无细胞核,呈双凹圆碟形,直径为$7\sim8$ μm,周边较厚,中央较薄。红细胞通过其膜上钠泵的活动以保持正常双凹圆碟形。

3. 功能 红细胞的主要功能是运输O_2和CO_2,这是靠细胞内的血红蛋白来实现的。一旦红细胞破裂,血红蛋白溢出到血浆中(即溶血),红细胞将立刻丧失其运输气体的功能。另外,当血红蛋白与CO结合形成一氧化碳血红蛋白(HbCO),或血红蛋白中的Fe^{2+}被氧化成Fe^{3+}形成高铁血红蛋白时,其运输气体的功能也将丧失。其次,红细胞内含有多种缓冲对,对血液中的酸碱物质有一定的缓冲作用。

(二)红细胞的生理特性

红细胞具有较高的可塑变形性、悬浮稳定性和适度的渗透脆性,这些特性都与红细胞的双凹圆碟形有关。

1. 可塑变形性 正常红细胞在外力作用下具有变形的能力,红细胞的这种特性称为可塑变形性(plastic deformation)。外力撤销后,变形的红细胞又可恢复其正常的双凹圆碟形。红细胞在全身血管中循环运行时,须经过变形才能通过口径比它小的毛细血管和血窦孔隙。红细胞这一特性取决于红细胞的形状、红细胞内的黏度和红细胞膜的弹性,其中红细胞正常的双凹圆碟形的几何形状最为重要。球形红细胞、衰老红细胞以及血红蛋白变性或浓度过高均可降低红细胞的变形能力。

2. 悬浮稳定性 将经过抗凝处理的血液垂直静置于血沉管内时,因红细胞的比重大于血浆,红细胞会逐渐下沉,正常红细胞的沉降速率缓慢。红细胞较稳定地悬浮于血浆中不易下沉的特性,称为悬浮稳定性(suspension stability)。通常以红细胞在第一小时末下沉的距离来表示红细胞的沉降速率,称为红细胞沉降率(erythrocyte sedimentation rate,ESR),简称血沉。正常成年男性红细胞沉降率为$0\sim15$ mm/h,成年女性为$0\sim20$ mm/h。红细胞沉降率愈大,表示红细胞的悬浮稳定性愈小。

红细胞悬浮稳定性的形成与保持,主要是由于红细胞的表面积与体积的比值较大,与血浆的接触面较大,与血浆之间所产生的摩擦力较大,阻碍了红细胞的下沉。另外,正常情况下,红细胞膜表面存在带负电荷的唾液酸,使红细胞之间互相排斥而保持距离约 25 nm,使红细胞分散悬浮于血浆中缓慢下沉。

某些疾病(如活动性肺结核、风湿热、肿瘤和贫血等)可引起多个红细胞彼此较快地以凹面相贴而聚集在一起,称为红细胞叠连(rouleaux formation)。红细胞发生叠连后,团块的总表面积与总体积之比减小,与血浆的摩擦力相对减小,导致沉降率增大。决定红细胞叠连形成的快慢因素主要取决于血浆成分的变化,而不在于红细胞本身。若将正常人的红细胞置于红细胞沉降率大者的血浆中,红细胞也会较快发生叠连而使沉降率增大,而将红细胞沉降率大的红细胞置于正常人的血浆中,则红细胞沉降率正常。通常血浆中纤维蛋白原、球蛋白和胆固醇的含量增高时,可加速红细胞叠连,导致沉降率增大;而血浆中白蛋白、卵磷脂的含量增多时,则可延缓叠连的发生,使沉降率减小。

3. 渗透脆性　红细胞在等渗的 0.9%NaCl 溶液中可保持其正常形态和大小。当 NaCl 溶液的浓度降低时,水分将渗透入细胞内,使红细胞发生膨胀。当正常人的红细胞在 0.42%NaCl 溶液中时,部分红细胞开始破裂而发生溶血(hemolysis),当 NaCl 溶液浓度降至 0.35%时,则全部红细胞破裂。这一现象表明红细胞对低渗盐溶液具有一定的抵抗力,且同一个体的红细胞对低渗盐溶液的抵抗力并不相同。红细胞在低渗盐溶液中发生膨胀和破裂的特性称为红细胞渗透脆性(osmotic fragility),简称脆性。生理情况下,衰老红细胞比初成熟的红细胞对低渗盐溶液的抵抗力低,即脆性高。红细胞渗透脆性的高低主要取决于红细胞的表面积与体积之比。有些疾病(如遗传性球形红细胞增多症)患者的红细胞脆性变大,巨幼红细胞性贫血患者的红细胞脆性变小。故测定红细胞的渗透脆性有助于一些疾病的临床诊断。

知识链接

等渗溶液与等张溶液

在临床和医学实验使用的各种溶液中,凡是与血浆渗透压相等的溶液称为等渗溶液(iso-osmotic solution)。例如,临床常用的 0.9%NaCl 溶液(即生理盐水)和 5%葡萄糖溶液等。高于或低于此浓度的溶液,则相应地称为高渗溶液或低渗溶液。红细胞在等渗的 0.9%NaCl 溶液中能保持正常的形态和大小,但不是各种物质的等渗溶液均能使红细胞的形态和大小保持正常。如 1.9%尿素溶液虽然与血浆等渗,但将红细胞置于其中后,立即发生溶血。这是因为 NaCl 不易通过红细胞膜,而尿素分子却可以自由通过且顺浓度梯度进入红细胞,导致红细胞内渗透压增高,吸引膜外的水进入细胞内,促使红细胞肿胀以至破裂,发生溶血。临床上把能够使悬浮于其中的红细胞保持正常的形态和大小的溶液称为等张溶液(isotonic solution)。溶液的张力是指溶液中不能自由通过细胞膜的溶质所产生的渗透压。等张溶液是由不能自由通过细胞膜的溶质所形成的等渗溶液。因此,0.9%NaCl 溶液既是等渗溶液,也是等张溶液;1.9%尿素溶液只是等渗溶液,而非等张溶液。

(三)红细胞的生成与破坏

红细胞数量的维持是红细胞不断生成和不断破坏达到动态平衡的结果。

1.红细胞生成

（1）生成部位：红骨髓是成年人生成红细胞的唯一场所。骨髓内的造血干细胞首先分化成为红系定向祖细胞，再经过红系前体细胞，包括原红细胞、早幼红细胞、中幼红细胞、晚幼红细胞及网织红细胞各个阶段，最终发育为成熟红细胞。一些理化因素（如苯、γ 射线、X 射线），生物（某些病毒感染）或药物（如氯霉素、环磷酰胺）等因素均能引起骨髓造血干细胞及造血微循环损伤，导致机体骨髓造血功能异常，引发再生障碍性贫血。

（2）生成原料：成熟红细胞中的主要成分是血红蛋白，蛋白质和铁是合成血红蛋白的基本原料。蛋白质来源于肉类和豆类食物，铁来源于外源性铁和内源性铁。成人每天生成红细胞需要铁 $20 \sim 30$ mg，其绝大部分（95%）来自衰老红细胞在体内被破坏后释放出来的"内源性铁"再利用；另一部分是从食物中摄取吸收的"外源性铁" $1 \sim 2$ mg，以补充被排泄的铁。当铁的摄入不足或吸收障碍，或长期慢性失血以致机体缺铁时，可使血红蛋白合成减少，这种原因造成的贫血称为缺铁性贫血。其特征为红细胞色素淡，细胞体积小于正常，因此又称为低色素小细胞性贫血。

（3）成熟因子：在红细胞的发育和成熟过程中，叶酸（folic acid）是合成 DNA 必需的辅酶，维生素 B_{12} 具有增加叶酸在体内利用的作用。正常情况下，食物中叶酸和维生素 B_{12} 的含量能满足红细胞生成的需要，但维生素 B_{12} 的吸收需要内因子（intrinsic factor）的参与。当某种原因造成内因子缺乏，使维生素 B_{12} 吸收障碍，导致体内维生素 B_{12} 和叶酸缺乏，从而使红细胞体积增大、数目减少导致贫血，这种贫血称为巨幼红细胞性贫血。

（4）调节因素：红细胞生成主要受促红细胞生成素（erythropoietin，EPO）和雄激素的调节。

促红细胞生成素是一种由肾脏合成的糖蛋白，此外，肝细胞和巨噬细胞也可合成少量。其主要生理作用是促进骨髓红系祖细胞的增殖、分化以及幼红细胞的成熟，加速网织红细胞的成熟及释放，促进红细胞的生成。当 EPO 剂量增大时，其作用可能会进一步扩及红系细胞生成的全过程。由此可见，EPO 是红细胞生成的主要调节物。临床上常见双肾实质严重病变的晚期肾脏病患者，经常因为缺乏 EPO 而发生肾性贫血。当贫血、肺部疾病或肾血流量减少等因素造成组织缺氧时，体内 EPO 合成和分泌增多，可促进红细胞生成；而红细胞的数量增多时，EPO 分泌则减少，这一负反馈调节使血中红细胞的数量能保持相对稳定。目前临床上已将重组的人 EPO 应用于治疗肾性贫血、恶性肿瘤贫血和再生障碍性贫血等疾病，以促进红细胞的生成。

雄激素主要通过刺激 EPO 的产生而促进红细胞生成。此外，雄激素也可直接刺激骨髓，促进红细胞生成。雌激素可降低红系祖细胞对 EPO 的反应，抑制红细胞的生成。雄激素和雌激素对红细胞生成的不同效应，可能是成年男性红细胞数高于女性的原因之一。此外，还有一些激素，如甲状腺激素和生长激素等，也可促进红细胞生成。

2.红细胞的破坏　正常人红细胞的平均寿命为 120 天。每天约有 0.8% 的衰老红细胞被更新。其中 10% 的衰老红细胞在血管中受机械冲击而破损，此称为血管内破坏，所释放的血红蛋白立即与血浆中的触珠蛋白结合，进而被肝摄取；90% 的衰老红细胞因易滞留于肝、脾和骨髓中而被巨噬细胞所吞噬，这称为血管外破坏。若脾功能亢进，使红细胞破坏大于生成，可导致脾性贫血。巨噬细胞吞噬红细胞后，将血红蛋白消化，释出的铁、氨基酸可被重新利用,而胆红素则由肝排入胆汁,最后排出体外。

二、白细胞

(一)白细胞的数量和分类

1. 数量 白细胞是一类无色、有核的血细胞,在血液中一般呈球形。正常成年人白细胞总数为$(4.0 \sim 10.0) \times 10^9/L$。白细胞总数除了随着年龄发生改变外,人体不同状态也具有明显的生理波动性,如昼夜、餐后、剧烈运动、疼痛、情绪激动、月经期、妊娠及分娩期等都可使白细胞总数升高。

2. 分类 白细胞是一个不均一的细胞群,根据其细胞质中有无特殊染色颗粒分为粒细胞和无粒细胞。粒细胞又可根据胞质颗粒染色性质的不同,分为中性粒细胞、嗜酸性粒细胞和嗜碱性粒细胞。分别计算各类白细胞在白细胞总数中的百分比,即为白细胞分类计数(表3-2)。

表 3-2 我国健康成人血液白细胞正常值

类 型	正常值/($\times 10^9$/L)	百分比/(%)
中性粒细胞	2.0～7.5	50～70
嗜酸性粒细胞	0.0～1.0	0.5～5
嗜碱性粒细胞	0.02～0.5	0～1
单核细胞	0.12～0.8	3～8
淋巴细胞	0.8～4.0	20～40

(二)白细胞的功能

各类白细胞均参与机体的防御功能。白细胞具有变形运动、趋化性、吞噬和分泌等生理特性,是白细胞执行防御功能的生理基础。

1. 中性粒细胞 中性粒细胞是血液中主要的吞噬细胞,其主要功能是吞噬并杀灭入侵的病原微生物及血液中衰老的红细胞,是机体抵御病原微生物特别是化脓性细菌入侵的第一道防线。当细菌入侵时,中性粒细胞被趋化首先到达炎症部位吞噬细菌,其内的大量溶酶体酶将吞噬入细胞的细菌和组织碎片分解,使入侵的细菌被包围在组织局部,防止病原微生物在体内扩散。当中性粒细胞吞噬数十个细菌后,其本身即解体,释放的各种溶酶体酶又可溶解周围组织而形成脓液。炎症时,由于炎症产物的作用,可使骨髓内储存的中性粒细胞大量释放而使外周血液的中性粒细胞数目显著增高,有利于更多的中性粒细胞进入炎症区域。当血液中的中性粒细胞数减少到1×10^9/L时,机体的抵抗力就会明显降低,容易发生感染。

2. 嗜酸性粒细胞 缺乏溶菌酶,吞噬能力较弱,可选择性地吞噬抗原-抗体复合物,基本上无杀菌作用。嗜酸性粒细胞的主要作用:①限制嗜碱性粒细胞和肥大细胞在速发型过敏反应中的作用。②参与对蠕虫的免疫反应。当机体发生过敏反立和寄生虫感染时,常伴有嗜酸性粒细胞增多。③在某些情况下,嗜酸性粒细胞也可导致组织损伤。目前认为嗜酸性粒细胞是哮喘发生发展中组织损伤的主要效应细胞。

3. 嗜碱性粒细胞 成熟的嗜碱性粒细胞存在于血液中,只有在发生炎症时受趋化因子的诱导才迁移到组织中。嗜碱性粒细胞释放的肝素具有抗凝血作用,有利于保持血管的通畅,使巨噬细胞能够到达抗原入侵部位而将其破坏。此外,嗜碱性粒细胞被激活时释放的嗜酸性粒细胞趋化因子 A,可吸引嗜酸性粒细胞,使之聚集于局部,以限制嗜碱性粒细胞在过敏反应中的作用。近年来的研究还显示,嗜碱性粒细胞还在机体抗寄生虫的免疫应答中发挥重要作用。

4. 单核细胞 从骨髓进入血液的单核细胞仍是尚未成熟的细胞。单核细胞在血液中停留 2～3 天后迁移入组织中,继续发育成巨噬细胞(macrophage),此时具有比中性粒细胞更强的吞噬能力,可吞噬更多的细菌、更大的细菌和颗粒。激活了的单核-巨噬细胞对被肿瘤和病毒感染的细胞具有强大的杀伤能力,激活了的单核-巨噬细胞也能合成、释放多种细胞因子,参与其他细胞生长的调控。此外,单核-巨噬细胞在特异性免疫应答的诱导和调节中也起关键作用。

5. 淋巴细胞 淋巴细胞在免疫应答反应过程中起核心作用。据细胞生长发育的过程、细胞表面标志和功能的不同,可将淋巴细胞分成 T 淋巴细胞、B 淋巴细胞和自然杀伤细胞(natural killer,NK)三大类。T 淋巴细胞主要与细胞免疫有关,B 淋巴细胞主要与体液免疫有关,而 NK 细胞则是机体天然免疫的重要执行者。

(三)白细胞的生成与破坏

1. 生成 白细胞与红细胞一样,也起源于骨髓中的造血干细胞,经历定向祖细胞、可识别的前体细胞等阶段,然后成为具有多种细胞功能的成熟白细胞。白细胞的分化和增殖受到多种造血生长因子的调节,其中粒细胞的生成受集落刺激因子(colony stimulating factor,CSF)的调节。

2. 破坏 各种白细胞的寿命长短不一,较难准确判断。白细胞主要在组织中发挥作用,淋巴细胞还可往返于血液、组织液和淋巴液之间,并能增殖分化。白细胞在血液中停留的时间较短。一般来说,中性粒细胞在循环血液中停留 8 h 左右即进入组织,4～5 天后即衰老死亡,或经消化道排出。若有细菌入侵,中性粒细胞在吞噬过量细菌后,因释放溶酶体酶而发生"自我溶解",与破坏的细菌和组织碎片共同形成脓液。单核细胞在血液中停留 2～3 天,然后进入组织,并发育成巨噬细胞,在组织中可生存 3 个月左右。

三、血小板

(一)血小板的数量和形态

1. 数量 正常成年人血液中的血小板数量为 $(100～300)×10^9/L$。其生理变动范围如下:通常午后较清晨高,冬季较春季高,剧烈运动后和妊娠中、晚期升高,静脉血的血小板数量较毛细血管血的高。当循环血中的血小板数低于 $50×10^9/L$ 时,称为血小板过少,有出血倾向。

2. 形态 血小板是从骨髓中成熟的巨核细胞(megakaryocyte)胞质裂解脱落下来的具有生物活性的小块胞质,是体积最小的血细胞。血小板的体积小,无核,呈双面微凸的圆盘状。

（二）血小板的生理特性

循环中的血小板一般处于"静止"状态,当血管损伤时,血小板可被激活,在生理止血过程中起重要作用。

1.黏附　当血管内皮细胞受损时,暴露出内皮下的胶原纤维,血小板即可黏着在胶原纤维上而被激活。血小板与非血小板表面的黏着称为血小板黏附(platelet adhesion)。

2.聚集　血小板与血小板之间的相互黏着,称为血小板聚集(platelet aggregation),是形成血小板栓子的基础。血小板的聚集分为两个时相:第一聚集时相可由受损组织释放的二磷酸腺苷(ADP)引起,发生迅速,也能迅速解聚,为可逆性血小板聚集;第二聚集时相可由血小板释放的内源性 ADP 引起,发生缓慢,但不能解聚,为不可逆性血小板聚集。引起血小板聚集的生理性因素主要有 ADP、肾上腺素、5-羟色胺(5-HT)、组胺、胶原、凝血酶、TXA_2 等,病理性因素有细菌、病菌、免疫复合物、药物等。

3.释放　血小板受刺激后将储存在致密体、α-颗粒或溶酶体内的物质排出的现象,称为血小板释放(platelet release)或血小板分泌(platelet secretion)。释放物质主要有 ADP、ATP、5-羟色胺、儿茶酚胺、血小板因子 4(PF_4)等。此外,血小板被激活后还可及时合成和释放具有强烈聚集血小板和缩血管作用的血栓烷 A_2(thromboxane A_2,TXA_2)。阿司匹林可抑制环加氧酶而减少 TXA_2 的生成,具有抗血小板聚集的作用。正常情况下,血管内皮产生的前列腺环素(PGI_2)与血小板生成的 TXA_2 之间保持动态平衡,使血小板不致聚集。若血管内皮受损,局部 PGI_2 生成减少,将有利于血小板聚集的发生。血小板的黏附、聚集与释放几乎同时发生。

4.吸附　血小板表面可吸附血浆中多种凝血因子(如凝血因子Ⅰ、Ⅴ、Ⅺ、Ⅻ等)。这种特性可使发生血小板聚集的受损局部凝血因子浓度升高,有利于血液凝固和生理止血。

5.收缩　血小板活化后,胞质内 Ca^{2+} 浓度增高可引起血小板的收缩反应,可使血块回缩,从而形成牢固的止血栓,达到有效止血作用。若血小板数量减少或功能减退,可使血块回缩不良,影响止血效果。

（三）血小板的生理功能

1.维持血管内皮的完整性　血小板能随时黏附并融合到血管内皮中,以填补内皮细胞脱落留下的空隙,从而维持血管内皮的完整性。当血小板低于 $50×10^9/L$ 时,毛细血管脆性增大,微小创伤或仅血压增高也能使患者的皮肤和黏膜下出现淤点或淤斑,称为血小板减少性紫癜。

2.参与生理性止血和凝血　正常人小血管受损后引起的出血,在几分钟内就会自行停止的现象称为生理性止血(hemostasis)。生理性止血过程主要包括血管收缩、血小板血栓形成和血液凝固三个过程(图 3-2)。

当小血管受损后,除损伤局部和附近的小血管发生反射性收缩外,黏附于损伤处的血小板被激活释放 5-HT、TXA_2 等缩血管物质,使血管进一步收缩,使局部血流减少,并可在破损处形成松软的血小板血栓以堵塞创口。若血管破损不大,可使血管破口封闭,从而制止出血。同时,血管受损也可启动凝血系统,在局部迅速发生血液凝固,形成凝血块,并在血小板收缩蛋白的作用下,使血凝块回缩,形成坚实的止血栓。

生理性止血的三个过程相继发生并相互重叠,彼此密切相关,彼此相互促进,使生理性

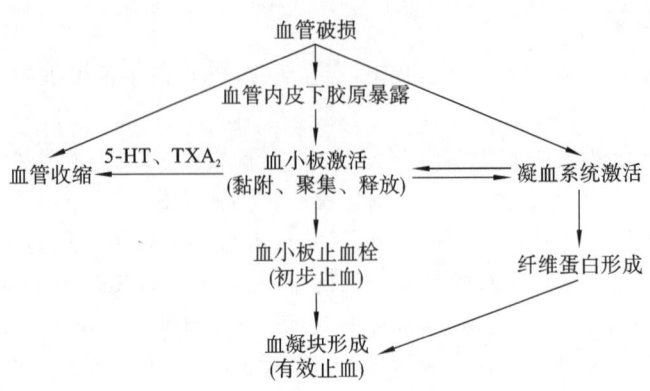

图 3-2　生理性止血过程示意图

止血能及时而快速地进行。血小板在生理性止血过程中居于中心地位。当血小板减少或功能降低时，出血时间就会延长。临床上常用小针刺破耳垂或指尖，使血液自然流出，然后测定出血延续的时间，这段时间称为出血时间（bleeding time），正常为 1～3 min。出血时间的长短可反映生理性止血功能的状态。生理性止血功能减退时，可有出血倾向，而生理性止血功能过度激活，则可导致血栓形成。

（四）血小板生成与破坏

血小板是从骨髓成熟的巨核细胞上裂解脱落下来的具有生物活性的小块细胞胞质。血小板的生成受血小板生成素（thrombopoietin，TPO）的调节。血小板进入血液后，其寿命为 7～14 天，但只在最初两天具有生理功能。衰老的血小板在脾、肝和肺组织中被吞噬破坏。此外，在生理性止血活动中，血小板聚集后，其本身将解体并释放出全部活性物质，表明血小板除衰老破坏外，还可在发挥其生理功能时被消耗。

第四节　血液凝固与纤维蛋白溶解

一、血液凝固

血液凝固（blood coagulation）是血液由流动的液体状态变成不能流动的凝胶状态的过程，简称凝血。其实质就是血浆中的可溶性纤维蛋白原转变为不溶性纤维蛋白的一系列复杂的酶促反应过程。血液凝固 1～2 h 后，血凝块收缩并释放出淡黄色的液体，即血清（serum）。血清与血浆的区别在于血清缺乏纤维蛋白原和参与凝血过程中被消耗掉的一些凝血因子，但增添了少量的在血液凝固过程中由血管内皮细胞和血小板释放的化学物质。

（一）凝血因子

血浆与组织中直接参与血液凝固的物质，统称为凝血因子（blood coagulation factor）。目前已知的凝血因子主要有 14 种，其中已按国际命名法按发现的先后顺序用罗马数字编号的有 12 种，此外，还有前激肽释放酶、高相对分子质量的激肽原等（表 3-3）。在这些凝血因子中，除 FⅣ是 Ca^{2+} 外，其余已知的凝血因子均为蛋白质，而且大部分是以无活性酶原形式存在的蛋白酶。凝血因子活化后能对特定的肽链进行有限水解,习惯在其代号的右下角加一个"a"表示其"活化型",如FⅡ被激活为FⅡa。除FⅢ外,其他凝血因子均存在于新鲜血浆中,且多数在肝内合成,其中FⅡ、FⅦ、FⅨ、FX的生成需要维生素K的参与。肝脏发生病变或维生素K缺乏,使这些凝血因子缺乏或不足,可引起凝血功能异常。

表 3-3 各种凝血因子的特性

因子	名称	合成部位	主要激活物	主要抑制物
Ⅰ	纤维蛋白原	肝细胞		
Ⅱ	凝血酶原	肝细胞(需 VitK)	凝血酶原激活物	抗凝血酶Ⅲ
Ⅲ	组织因子	内皮细胞和其他细胞		
Ⅳ	钙离子	—		
Ⅴ	前加速素	内皮细胞和血小板	凝血酶,FXa	活化的蛋白质C
Ⅶ	前转变素	肝细胞(需 VitK)	FXa	组织因子抑制物 抗凝血酶Ⅲ
Ⅷ	抗血友病因子	肝细胞	凝血酶,FXa	活化的蛋白质C
Ⅸ	血浆凝血激酶	肝细胞(需 VitK)	FXIa, Ⅶa-Ⅲ复合物	抗凝血酶Ⅲ
X	Stuart-Prower 因子	肝细胞	Ⅶa-Ⅲ复合物 FⅨa-Ⅷa复合物	抗凝血酶Ⅲ
XI	血浆凝血激酶前质	肝细胞	FⅨa、凝血酶	抗凝血酶Ⅲ
Ⅻ	接触因子	肝细胞	胶原、带负电异物表面	抗凝血酶Ⅲ
XⅢ	纤维蛋白稳定因子	肝细胞、血小板	凝血酶	
/	高相对分子质量的激肽原	肝细胞		
/	前激肽释放酶	肝细胞	FⅫa	抗凝血酶Ⅲ

(二)凝血过程

血液凝固过程是一系列凝血因子相继激活的级联反应过程。一般可分为凝血酶原激活物的形成、凝血酶的形成和纤维蛋白的生成三个基本阶段(图 3-3)。血液凝固可通过内源性凝血途径(intrinsic pathway)和外源性凝血途径(extrinsic pathway)形成(图 3-4)。两条途径的主要区别在于启动方式和参与的凝血因子有所不同,但两条途径中的某些凝血因子可以相互激活,故两者间相互密切联系,并不各自完全独立。

1.内源性凝血途径 内源性凝血途径是指参与凝血的因子全部来自血浆,通常血液与带负电荷的异物表面(如玻璃、白陶土、硫酸酯、胶原等)接触时,首先是FⅫ结合到异物表面,并被激活为FⅫa。FⅫa的主要功能是激活FXI成为FXIa,从而启动内源性凝血途径。此外,FⅫa还能通过使前激肽释放酶的激活而正反馈促进FⅫa的形成。从FⅫ结合于异

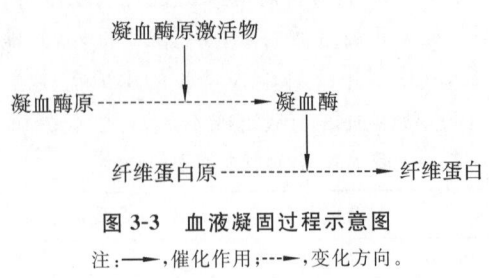

图 3-3　血液凝固过程示意图

注:——,催化作用;---,变化方向。

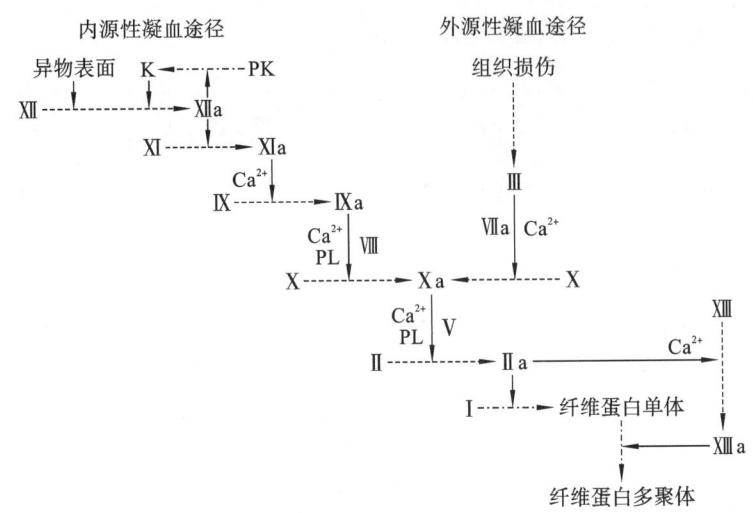

图 3-4　凝血的过程

注:——,催化作用;---,变化方向;PK,前激肽释放酶;K,激肽释放酶;PL,磷脂。

物表面到 FⅫa 形成的全过程称为表面激活。在 Ca^{2+} 的参与下,FⅪa 将 FⅨ 活化成 FⅨa,FⅨa 与 FⅧa、Ca^{2+} 和血小板磷脂(PF_3)形成复合物,从而激活 FⅩ 生成 FⅩa。在此过程中,FⅧa 作为辅助因子,使 FⅨa 对 FⅩ 的激活速度提高 20 万倍。缺乏 FⅧ、FⅨ 和 FⅪ 的患者,凝血过程缓慢,轻微外伤常可引起出血不止分别称为甲型、乙型和丙型血友病。

数字资源　*血友病——英国皇室病*

2.外源性凝血途径　由来自于血液之外的组织因子(FⅢ)与血液接触而启动的凝血过程,称为外源性凝血途径,又称组织因子途径。当组织损伤后,FⅢ 释放入血液,与血浆中的 Ca^{2+}、FⅦa 形成组织因子复合物,并在 PF_3 参与下迅速激活 FⅩ 生成 FⅩa。在此过程中,组织因子能使 FⅦa 催化 FⅩ 激活的效力增加 1000 倍,形成外源性凝血途径的正反馈效应。FⅢ 为磷脂蛋白,广泛存在于血管外组织中,尤其是在脑、肺和胎盘组织中特别丰富。

3.凝血共同途径　从 FⅩa 生成到纤维蛋白形成的过程是内源性凝血途径和外源性凝血途径的共同途径。①凝血酶原激活物的形成:在 Ca^{2+} 存在的情况下,FⅩa 可与 FⅤa 在磷脂膜表面形成 FⅩa-FⅤa-Ca^{2+}-磷脂复合物,即凝血酶原激活物;②凝血酶的形成:在凝血酶原激活物的作用下,凝血酶原转变为凝血酶;③纤维蛋白的形成:可溶性的纤维蛋白原在凝血酶的作用下,被激活形成纤维蛋白单体。凝血酶在 Ca^{2+} 的作用下使纤维蛋白单体相互聚合,形成不溶于水的交联纤维蛋白多聚体,网罗红细胞形成血凝块。

目前认为,外源性凝血途径在体内生理性凝血反应的启动中起关键作用,组织因子(FⅢ)被认为是启动者,内源性凝血途径则在凝血过程的放大和维持中起非常重要的作用。综上所述:①血液凝固过程是一种正反馈,一旦触发,就会加速、连续进行,如"瀑布"样反应,直至完成为止;②Ca^{2+} 是各种凝血途径的关键因子,易于处理,故临床上通过加 Ca^{2+} 或除 Ca^{2+} 起到促凝或抗凝效果;③血液凝固本质上是一系列酶促反应级联放大过程,一个环节受影响则整个凝血过程就会受干扰甚至会停止。

(三)抗凝与促凝

血浆富含凝血因子,但正常人血管内的血液能保持流动而不会发生凝固,即使是生理性止血时,凝血也仅限于受损局部,这可能与以下因素有关:①正常血管内皮光滑、完整,凝血因子缺乏激活条件;②血流的稀释作用及单核-巨噬细胞系统的吞噬作用,有助于防止凝血过程的扩散;③生理性抗凝物质在体内的抗凝中起重要作用;④凝血因子的激活局限于血管的受损部位;⑤血浆中存在纤维蛋白溶解系统;⑥血管内皮具有抗凝作用。

1. 体内因素

(1)丝氨酸蛋白酶抑制物:血浆中含有多种丝氨酸蛋白酶抑制物,主要有抗凝血酶Ⅲ、C_1 抑制物、肝素辅助因子Ⅱ等,其中最重要的是由肝细胞和血管内皮细胞合成分泌的抗凝血酶Ⅲ。它能抑制凝血酶和凝血因子 FⅨa、FⅩa、FⅪa、PⅫa 等的活性,实现抗凝作用。在与肝素结合后,其抗凝作用可增强 2000 倍。抗凝血酶Ⅲ缺乏是发生静脉血栓与肺栓塞的常见原因之一,但与动脉血栓形成关系不大。

(2)蛋白质 C 系统:蛋白质 C 系统主要包括蛋白质 C、凝血酶调节蛋白、蛋白质 S 和蛋白质 C 的抑制物。蛋白质 C 是需要维生素 K 参与并在肝脏合成的双链糖蛋白,以酶原的形式存在于血浆中。激活的蛋白质 C 可使 FⅧa 和 FⅤa 灭活,抑制 FⅩ 和凝血酶原的激活,从而有助于避免凝血过程向周围正常血管部位扩展。此外,活化的蛋白质 C 还有促进纤维蛋白溶解的作用。某些病理情况,造成血管内皮广泛损伤,使蛋白质 C 减少或活化受阻,从而增加了形成血栓的倾向。

(3)组织因子途径抑制物:组织因子途径抑制物(TFPI)是由血管内皮细胞产生的一种糖蛋白,是体内主要的生理性抗凝物质。其主要作用是直接抑制 FⅩa 的活性,在 Ca^{2+} 的参与下,灭活 FⅦa-组织因子复合物,发挥抑制外源性凝血途径的作用。

(4)肝素:肝素(heparin)是由肥大细胞和嗜碱性粒细胞产生的一种酸性黏多糖。在肺、心、肝、肌肉等组织中更为丰富,生理情况下血浆中几乎不含肝素。主要作用机制:①增强血浆中一些抗凝蛋白质的抗凝活性,如通过增强抗凝血酶的活性而发挥间接抗凝作用;②肝素还可刺激血管内皮细胞释放 TFPI 而抑制凝血过程,故肝素在体内的抗凝作用强于体外;③抑制单核细胞和血管内皮细胞表达 FⅢ,对预防炎症时微血栓的形成具有重要意义。肝素在体内、体外均能立即发挥抗凝作用,已被广泛应用于临床防治血栓形成。相对分子质量小的肝素更适合在临床上应用。

2. 体外因素

(1)加速凝血的因素:外科手术时常用温热盐水纱布等进行压迫止血。这主要是因为纱布是异物,可激活因子ⅩⅡ和血小板,又因凝血过程为一系列的酶促反应,适当加温可使凝血反应加速。

（2）延缓凝血的因素:若将血液置于光滑而又低温的环境中可延缓凝血过程。此外,临床检验或输血时通常用枸橼酸钠、草酸盐作为体外抗凝剂,通过与Ca^{2+}结合而除去血浆中的Ca^{2+},从而起抗凝作用。由于少量枸橼酸钠进入血液循环不致产生毒性,因此常用它作为抗凝剂来处理输血用血。维生素K拮抗剂(如华法林)可抑制FⅡ、FⅦ、FⅨ、FⅩ等维生素K依赖性凝血因子的合成,因而在体内也具有抗凝作用。

二、纤维蛋白溶解

纤维蛋白被分解、液化的过程称为纤维蛋白溶解(fibrinolysis),简称纤溶。纤溶系统主要包括纤维蛋白溶解酶原(plasminogen,简称纤溶酶原)、纤溶酶(又称血浆素,plasmin)、纤溶酶原激活物(plasminogen activator)与纤溶抑制物。纤溶系统的作用是清除在生理性止血过程中产生的纤维蛋白凝血块,防止永久性血栓的形成,保证血流通畅。此外,纤溶系统还具有参与组织修复、血管再生等多种作用。纤溶可分为纤溶酶原的激活与纤维蛋白(或纤维蛋白原)的降解两个基本阶段(图3-5)。

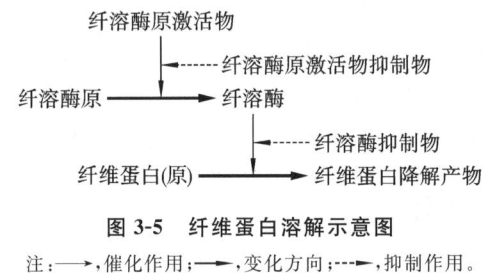

图 3-5 纤维蛋白溶解示意图

注:——►,催化作用;——►,变化方向;----►,抑制作用。

（一）纤溶酶原的激活

纤溶酶原主要由肝脏产生,在激活物的作用下被激活成纤溶酶。体内生理性纤溶酶原激活物主要有两种:由血管内皮细胞、单核细胞、巨核细胞等合成的组织型纤溶酶原激活物(t-PA)和由肾脏合成的尿激酶型纤溶酶原激活物(u-PA)。此外FⅫa、激肽释放酶等也可以激活纤溶酶原。目前,尿激酶型纤溶酶原激活物和组织型纤溶酶原激活物等已被作为溶栓药物,用于治疗血栓栓塞性疾病,如心肌梗死、脑血管栓塞等。

（二）纤维蛋白与纤维蛋白原的降解

纤溶酶是血浆中活性最强的蛋白酶。在纤溶酶作用下,纤维蛋白和纤维蛋白原可被分解为许多可溶性小肽,称为纤维蛋白降解产物(fibrin degradation products,FDP)。纤维蛋白降解产物通常不再发生凝固,其中部分小肽还具有抗凝血作用。

（三）纤溶抑制物

血浆和组织中存在有多种物质可抑制纤溶系统的活性,主要有纤溶酶原激活物抑制物和α-抗纤溶酶,二者分别在纤溶酶原的激活水平和纤溶酶水平抑制纤溶系统的活性。这样就能保证血栓形成部位既有适度的纤溶过程,又不致引起全身性纤溶亢进,维持凝血和纤溶之间的动态平衡。

综上所述,体内存在凝血和纤溶两个既对立又统一的功能系统,它们之间保持动态平衡,使人体在出血时既能有效止血,又可防止血块堵塞血管,从而维持血流的正常状态。当这种动态平衡被破坏时,可能会发生出血倾向或导致血栓形成等。

第五节　血量、血型与输血

一、血量

血量(blood volume)是指全身血液的总量。正常成人血量相当于自身体重的 7%~8%,即每千克体重有 70~80 mL 血液,其中大部分在心血管系统中快速循环流动,称为循环血量;小部分血液滞留在肝、肺、腹腔静脉和皮下静脉丛内,流动较慢,称为储存血量。在剧烈运动、情绪激动或大出血等其他应急状态下,储存血量可被动员释放出来以补充循环血量。

在正常情况下,通过神经、体液的调节,体内的血量保持相对恒定,以维持正常血压和各组织、器官正常血液的供应。血量不足时将导致血压下降、血流减慢,最终引起细胞、组织、器官的代谢障碍等功能损害。一般认为,少量失血(不超过全身血量的 10%),由于功能代偿,可无明显症状,中等失血(达全身血量的 20%)时,人体功能将难以代偿,会出现血压下降、脉搏加快、四肢冰冷、眩晕、口渴、恶心、乏力等现象,严重失血(超过全身血量30% 以上)时,如不及时抢救,就可危及生命。一次献血 200~300 mL ,对一个健康人不会带来损害。临床上急性大出血的患者,必须立即进行抢救,而抢救的最有效方法就是输血。

二、血型与输血

血型(blood group)是指红细胞膜上凝集原的类型。医学上较重要的血型系统是ABO、Rh、MNSs、Lutheran、Kell、Lewis、Duff 及 Kidd 等 30 个不同的红细胞血型系统,其中 ABO 血型系统和 Rh 血型系统与临床关系密切,是医学上最重要的两个血型系统。

白细胞和血小板除存在一些与红细胞相同的血型抗原外,还有它们自己特有的血型抗原。白细胞上最强的同种抗原是人类白细胞抗原(human leukocyte antigen,HLA)。HLA系统是一个极为复杂的抗原系统,在体内分布广泛,是引起器官移植后免疫排斥反应的最重要的抗原。由于在无关个体间 HLA 表型完全相同的概率极低,因此 HLA 的分型成为法医学上用于鉴定个体或亲子关系的重要手段之一。人类血小板表面也有一些特异的血小板抗原系统,如 PI、Zw、Ko 等。血小板抗原与输血后血小板减少症的发生有关。白细胞和血小板的抗原在输血时可引起发热反应。目前已知,除血细胞(包括红细胞、白细胞和血小板)有血型外,一般组织细胞也有"血型",而且这种抗原物质,还能以可溶性形式存在于唾液、精液、乳汁、尿液和汗液中。

知识链接

血型的发现

1900 年,奥地利病理学家 Karl Landsteiner(1868—1943)采集了他自己及其 5 名健康同事的血液,并分别混合其红细胞和血清,发现各个体的血清不与自身红细胞发生凝集反应,但同事 Pletsching 的血清可与同事 Sturly 的红细胞发生凝集反应,而 Sturly 的血清可以凝集同事 Pletsching 的红细胞。Landsteiner 根据当时已知的抗原和抗体相结合的理论推断,认为血清中至少存在两种不同的凝集素(抗体)分别与红细胞上相应凝集原(抗原)结合,他分别称为 α 凝集素(抗 A 抗体)和 β 凝集素(抗 B 抗体)。1902 年 Landsteiner 的学生 Decastello 和 Sturli 在更大的人群(155 例)中进一步证实 Landsteiner 的 A、B、C 三型外,还发现了 4 例例外血型,他们的血清与 A、B、C 型红细胞均不发生凝集反应,但其红细胞可被 A、B、C 型血清所凝集,表明红细胞上存在 A、B 两种凝集原,后被称为 AB 型。至此,ABO 血型系统的四种血型被全部发现。1930 年 Landsteiner 被授予诺贝尔生理学或医学奖。此后,Landsteiner 还先后发现了 MN 血型、P 血型和 Rh 血型。

(一) ABO 血型系统

在 ABO 血型系统的红细胞膜上含有 A 凝集原(抗原)和 B 凝集原;在血浆(或血清)中则含有抗 B 凝集素(抗体)和抗 A 凝集素。

1. ABO 血型的分型 ABO 血型系统是根据红细胞膜上凝集原的类型和有无而分型的。根据红细胞膜上是否存在 A 凝集原和 B 凝集原可将血液分为四型:红细胞膜上只含有 A 凝集原的为 A 型,其血浆中含有抗 B 凝集素;红细胞膜上只含有 B 凝集原者为 B 型,其血浆中含有抗 A 凝集素;红细胞膜上含有 A 和 B 两种凝集原者为 AB 型,其血浆中既不含有抗 A 凝集素也不含有抗 B 凝集素;红细胞膜上 A 和 B 两种凝集原均无者为 O 型,其血浆中含有抗 A 和抗 B 两种凝集素。ABO 血型系统还有亚型,其中最为重要的亚型是 A 型中的 A_1 和 A_2 亚型(表 3-4)。

表 3-4 ABO 血型系统的抗原和抗体

血型(含亚型)		红细胞上的抗原	血清中的抗体
A 型	A_1	$A+A_1$	抗 B
	A_2	A	抗 B+抗 A_1
B 型		B	抗 A
AB 型	A_1B	$A+A_1+B$	无抗 A、无抗 A_1、无抗 B
	A_2B	$A+B$	抗 A_1
O 型		无 A、无 B	抗 A+抗 B

2. ABO 血型系统的免疫反应 ABO 血型系统各种抗原的特异性取决于红细胞膜上的

寡糖链。A 抗原和 B 抗原的特异性取决于这些寡糖链的组成和顺序。正常人的 A 抗原和 B 抗原物质是先天遗传产生的,其抗原性终身不变。ABO 血型系统的抗体属于天然抗体,多属 IgM,相对分子质量大,不能通过胎盘。新生儿的血液尚无 ABO 血型系统的抗体,出生后2~8 个月开始产生,8~10 岁时达到高峰。因此,虽然人群中母婴 ABO 血型不合比较常见,但因 ABO 血型不合而发生新生儿溶血者仅为少数。

若将血型不相容的两个人的血液滴加在玻片上并使之混合,则红细胞可凝集成簇,经振荡也不会散开,这一现象称为红细胞凝集(agglutination)。在补体的作用下,可引起凝集的红细胞破裂,发生溶血。当给人体输入血型不相容的血液时,在血管内可发生红细胞凝集和溶血反应,会危及生命。因此,红细胞凝集的本质是红细胞膜上的抗原与血浆中的相应抗体相遇发生的免疫反应。

ABO 血型抗原在人群中的分布,按地域和民族的不同而异。在中欧地区人群中,40% 以上为 A 型,近 40% 为 O 型,10% 左右为 B 型,6% 左右为 AB 型。而美洲土著民族中则 90% O 型。在我国各民族中 ABO 血型的分布也不尽相同。我国汉族人中 ABO 血型的分布情况为:A 型约占 31%,其中 A1 亚型占 99% 以上,A2 亚型极少见;B 型为 28%;AB 型为 10% 左右;O 型约占 31%。

3. ABO 血型系统的鉴定　正确鉴定血型是保证输血安全的基础。临床上常规 ABO 血型的鉴定方法包括正向定型和反向定型。正向定型就是用已知血型的抗 A 抗体与抗 B 抗体(一般为标准血清)检测需鉴定 ABO 血型者的红细胞上有无 A 或 B 抗原,依据红细胞膜上所含的抗原来确定血型;反向定型是用已知血型的红细胞检测需鉴定 ABO 血型者的血清中有无抗 A 或抗 B 抗体,同时进行正向定型和反向定型是为了相互印证。由于血型是由遗传决定的,因此,血型鉴定还可以应用于临床器官移植、法医学及人类学等多个领域的研究。

人类 ABO 血型系统的遗传是由位于第 9 号染色体上的 3 个等位基因 A、B 和 O 来控制的。由于 A 和 B 基因为显性基因,O 基因为隐性基因,因此血型的表现型仅有四种。血型相同的人其遗传基因型不一定相同(表 3-5)。利用血型的遗传规律,可以推知子女可能有的血型和不可能有的血型,因此也就可能从子女的血型表现型来推断亲子关系。但必须注意的是,法医学上依据血型来判断亲子关系时,只能做出否定的判断,而不能做出肯定的判断。

表 3-5　ABO 血型的基因型和表现型

基 因 型	表 现 型
OO	O
AA、AO	A
BB、BO	B
AB	AB

(二)Rh 血型系统

1. Rh 血型的抗原和分型　Rh 血型抗原最先发现于恒河猴的红细胞膜上,取其学名的前两个字母命名,故称为"Rh"。后来发现大多数人的红细胞上具有与恒河猴红细胞同样的 Rh 抗原,因此将这种血型命名为 Rh 血型。Rh 血型系统是红细胞血型中最复杂的一个系统,目前已发现 40 多种 Rh 抗原,与临床关系密切的是 D、E、C、c、e 五种。Rh 血型的抗原性强度仅次于 ABO 血型系统的 A、B 抗原。在 5 种 Rh 血型的抗原中,D 抗原的抗原性最强,抗原性的强弱依次为 D、E、C、c、e。通常将红细胞上含有 D 抗原者称为 Rh 阳性;而红细胞上缺乏 D 抗原者称为 Rh 阴性。与 ABO 血型不同的是,Rh 抗原只存在于红细胞上,出生时已发育成熟。在其他细胞和组织中尚未发现存在 Rh 抗原。在我国各族人群中,汉族和其他大部分民族的人群中,Rh 阳性者约占 99%,Rh 阴性者约占 1%。在有些民族的人群中,Rh 阴性者较多,如塔塔尔族约占 15.8%,苗族约占 12.3%,布依族和乌孜别克族约占 8.7%。在这些民族居住的地区,Rh 血型的问题应受到特别重视。

2. Rh 血型的特点和意义　与 ABO 血型系统不同,人的血清中不存在抗 Rh 的天然抗体,只有当 Rh 阴性者接受 Rh 阳性的血液后,才会通过体液免疫产生抗 Rh 的免疫性抗体。因此,Rh 阴性受血者在第一次接受 Rh 阳性血液的输血后,一般不产生明显的输血反应,但在第二次或多次输入 Rh 阳性的血液时,即可发生抗原-抗体反应,输入的 Rh 阳性红细胞将被破坏而发生溶血。

此外,Rh 系统的抗体主要是 IgG,因其分子较小,易透过胎盘。当 Rh 阴性的孕妇怀有 Rh 阳性的胎儿时,则 Rh 凝集原有可能透过胎盘进入母体,使母体产生免疫性抗体,主要是抗 D 抗体(IgG)。这种抗体再透过胎盘进入胎儿的血液中,使胎儿的红细胞发生凝集反应而溶血,造成新生儿溶血性贫血,严重时可导致胎儿死亡。由于一般只有在妊娠末期或分娩时才有足量的胎儿红细胞进入母体,而母体血液中的抗体的浓度是缓慢增加的,故 Rh 阴性的母体怀第一胎 Rh 阳性的胎儿时,很少出现新生儿溶血的情况;但在第二次妊娠时,母体内的抗 Rh 抗体可进入胎儿体内而引起新生儿溶血。若在 Rh 阴性母亲生育第一胎后,及时输注特异性抗 D 免疫球蛋白,中和进入母体的 D 抗原,可避免 Rh 阴性母亲致敏,预防其第二次妊娠时新生儿溶血的发生。因此,对于多次怀孕均为流产或死胎的孕妇,特别少数民族妇女,应引起临床医生的高度注意。

三、输血原则

输血(blood transfusion)是一种抢救伤员生命、治疗某些疾病以及保证一些手术顺利进行的重要手段。由于人类血型的复杂性,若输血不当或发生差错,就会造成患者严重损害,甚至引起死亡。为了保证输血的安全、有效和节约,必须遵循输血原则。

(一)输血的原则

1. 检查和鉴定血型　在输血前应检查和鉴定血型,保证供血者和受血者的 ABO 血型相合,坚持同型输血。根据免疫学原理,只有当含有 A 凝集原的红细胞与含有抗 A 凝集素的血浆相遇,或 B 凝集原与抗 B 凝集素相遇并且凝集素的效价(或浓度)足够大时,才会发生凝集反应,故在血型相同的人之间进行输血是安全的。

2. 供血者和受血者的 Rh 血型相合　对于育龄妇女和需要反复输血的患者,还要求供血者和受血者的 Rh 血型必须相合,特别要注意 Rh 阴性受血者产生抗体的情况。

3. 交叉配血试验　每次输血(包括重复输同型血)前,必须做交叉配血试验(crossmatch test),可排除 ABO 血型系统中的亚型和 Rh 阴性患者已产生的抗体等可能引起的输血反应,如 A 型可分为 A_1、A_2 两个亚型,当 A_1 亚型的供血者把血输给 A_2 亚型的受血者时,有可能发生红细胞凝集反应。

4. 异型输血 在紧急情况下难以找到同型血时,可考虑采用少量异型血,需少量缓慢输入,保证供血者的红细胞不被受血者的血浆所凝集。

5. 成分输血和自体输血 提倡成分输血,可增强治疗的针对性,提高疗效,减少不良反应,还节约血源;可适当选择自体输血,可减少血源传播性疾病的传播,防止与输注异体血细胞有关的并发症,可刺激骨髓红系造血。

(二)交叉配血试验

由于人类血型的复杂性,临床上即使在 ABO 血型相同的人之间进行输血,每次输血前也必须进行交叉配血试验(图 3-6)。即把供血者的红细胞与受血者的血清进行配合试验称为交叉配血试验主侧;把受血者的红细胞与供血者的血清进行配合试验称为交叉配血试验次侧。在进行交叉配血试验时,应在 37 ℃下进行,以保证可能有的凝集反应

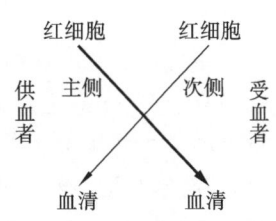

图 3-6 血型交叉配血试验示意图

得以充分显示。交叉配血试验的结果有三种:①主侧出现凝集反应为配血不合,绝对不能进行输血;②主侧、次侧均无凝集反应为配血相合,为同型输血,最为理想,输血安全高,不受血量限制;③主侧不发生凝集反应,而次侧发生凝集反应,为配血基本相合,一般情况下也不宜输血。但在缺乏同型血源的紧急情况下可少量(<400 mL)、缓慢输血,输血时必须遵循“一少二慢三观察”的原则,若发生输血反应则立即停止输血。

如将 O 型血少量缓慢地输给其他血型的患者,输入的 O 型血的红细胞表面无凝集原,不能被任何血型的血浆所凝集,输入的 O 型血浆中所含的抗 A、抗 B 凝集素,因输入的量少,速度又慢,可被受血者的血液所稀释,不足以与受血者的红细胞发生凝集反应。而 AB 血型的人能够接受其他血型的血液,是因为其血浆中不含抗 A、抗 B 凝集素。因此,在异型输血时,主要考虑供血者的红细胞不被受血者的血浆所凝集。但若输血量过多或速度过快时,凝集素来不及被稀释,或者有的输血者的凝集素的凝集效价较高,虽然能被受血者的血浆所稀释,但仍有可能发生凝集反应。故将 O 型血的人称为“万能给血者”,并不完全正确。

(三)输血的类型

根据供血者的来源,输血可分为异体输血(allogenetic transfusion)和自体输血(autologous transfusion);根据输注血液的成分可分为全血输血和成分输血(transfusion of blood component)。临床上通常所说的输血是指异体输血。近年来自体输血迅速发展。临床上在手术前预先抽取并保存患者自己的一部分血液,在手术中根据患者的需要,将血液回输给患者自身,称为自体输血。在给患者补充铁剂的情况下,可在 3 周内抽取 1000～1500 mL 血液保存备用。自体输血可减少艾滋病、病毒性肝炎等血源传播性疾病的发生,也可防止一些因异体输血引起的并发症。

数字资源 　　　　　　成分输血

随着医学和科学技术的发展与进步,血液成分分离技术的广泛应用以及成分血质量的不断提高,输血疗法已经从原来的单纯输全血发展为成分输血。根据临床上不同患者对输血的不同要求,将人血中的各种成分,如红细胞、粒细胞、血小板和血浆等,分别制备成高纯度或高浓度的制品,输注给不同需要的患者。例如,严重贫血者主要表现为红细胞不足,总血量不一定减少,故适宜输注浓缩的红细胞悬液;由于大面积烧伤患者主要表现为创面渗出使血浆大量丢失,因此适宜输入血浆或血浆代用品;对各种患出血性疾病的患者,可根据疾病的具体情况输入浓缩的血小板悬液或含凝血因子的新鲜血浆,以促进止血或凝血过程。

小 结

血液由血浆和血细胞组成。血细胞包括红细胞、白细胞和血小板。血浆占全血的 $50\%\sim60\%$,红细胞是数量最多的血细胞。正常人的血液总量占体重的 $7\%\sim8\%$。血浆渗透压包括血浆晶体渗透压和血浆胶体渗透压。血浆晶体渗透压对于保持细胞内、外的水平衡和红细胞的正常形态具有重要作用;血浆胶体渗透压对于维持血管内、外的水平衡和正常血浆容量具有重要作用。正常人血浆 pH 值为 7.35~7.45,血浆 pH 值小于 7.35 时为酸中毒,pH 值高于 7.45 时为碱中毒。血液的主要功能为运输、调节、缓冲、防御、免疫、营养等。

正常成人各类血细胞均起源于骨髓的造血干细胞。血细胞生成基本过程如下:造血干细胞→多系祖细胞→单系祖细胞→可识别的前体细胞→各种外周成熟血细胞。正常成年男性红细胞的数量为 $(4.0\sim5.5)\times10^{12}/L$,成年女性为 $(3.5\sim5.0)\times10^{12}/L$。正常的成熟红细胞无细胞核和细胞器,呈双凹圆碟形,具有可塑变形性、悬浮稳定性和渗透脆性等生理特性。红细胞的主要功能是运输 O_2 和 CO_2,还对血液 pH 值具有缓冲作用。蛋白质和铁(Fe^{2+})是造血原料,维生素 B_{12} 和叶酸是红细胞的成熟因子。当机体需要时,可以通过促红细胞生成素(EPO)和雄激素等因素调节红细胞的生成,从而维持平衡。正常成年人白细胞总数为 $(4.0\sim10.0)\times10^9/L$,白细胞的主要功能是吞噬侵入机体的微生物、异物、自身坏死组织和衰老的红细胞等,并参与机体的免疫功能。正常成年人血液中的血小板为 $(100\sim300)\times10^9/L$。血小板具有黏附、聚集、释放、吸附和收缩等生理特性。血小板的主要功能是维持血管内皮的完整性、参与生理性止血以及促进血液凝固。

血液凝固的实质是血浆中可溶性纤维蛋白原转变成不溶性纤维蛋白,其过程可分为凝血酶原激活物(有内源性凝血途径和外源性凝血两条途径)的形成,凝血酶原激活和纤维蛋白生成三个基本步骤。体内主要的抗凝物质包括:抗凝血酶Ⅲ、蛋白质 C 系统、肝素和组织因子途径抑制物(TFPI)等,其中肝素是通过增强抗凝血酶Ⅲ的活性而发挥作用。体外抗凝如临床上常使用抗凝剂草酸盐或柠檬酸盐。血液凝固过程中纤维蛋白的形成是触发纤溶的启动因素,通过纤溶酶溶解纤维蛋白,清除血凝块,保证了血管内血流畅通。

ABO 血型系统和 Rh 血型系统是两个重要的血型系统,其分型依据是红细胞膜上特异性凝集原的种类。ABO 血型分为 A 型、B 型、AB 型和 O 型,Rh 血型分为 Rh 阳性和 Rh 阴性。输血前必须鉴定血型、做交叉配血试验,提倡成分输血。

能力检测答案

能力检测

一、名词解释

血细胞比容　红细胞沉降率　生理性止血　血液凝固　血清　血型

二、选择题

A 型题

1. 血液的组成包括（　　）。

A. 血浆和血细胞　　　　　　B. 血清和血细胞　　　　　　C. 血浆和血清

D. 红细胞、白细胞和血小板　　　　　　　　　　　　　　　E. 水和血细胞

2. 血清与血浆的最主要区别在于血清中缺乏（　　）。

A. 纤维蛋白　　　　　　　　B. 纤维蛋白原　　　　　　　C. 血小板

D. Ca^{2+}　　　　　　　　　E. 凝血酶

3. 体重 60 kg 的正常成年人的血量为（　　）。

A. 2.8～4.0 L　　　　　　　B. 4.2～4.8 L　　　　　　　C. 5.0～7.0 L

D. 7.0～8.0 L　　　　　　　E. 10～20 L

4. 通常所说的血型是指（　　）。

A. 红细胞膜上的受体类型

B. 红细胞表面特异凝集原的类型

C. 红细胞表面特异凝集素的类型

D. 血浆中特异凝集素的类型

E. 血浆中特异凝集原的类型

5. 若将血沉增快患者的红细胞置于正常人血浆中,其红细胞沉降的速度将（　　）。

A. 增快　　　　　　　　　　B. 减慢　　　　　　　　　　C. 正常

D. 先增快后减慢　　　　　　E. 以上都不是

6. 已知受血者为 A 型,在交叉配血试验中,主侧不凝集,次侧凝集,供血者血型可能是（　　）。

A. A 型　　　　　　　　　　B. B 型　　　　　　　　　　C. O 型

D. AB 型　　　　　　　　　E. O 型、B 型都可能

7. 输血时下列哪一种血型的人最不易找到合适的供血者?（　　）

A. O 型,Rh 阳性　　　　　　B. A 型,Rh 阴性　　　　　　C. B 型,Rh 阳性

D. AB 型,Rh 阴性　　　　　E. AB 型,Rh 阳性

8. 肝硬化患者容易发生凝血障碍,主要是由于（　　）。

A. 血小板减少　　　　　　　　　　　　　　B. 某些凝血因子合成减少

C. 维生素 K 减少　　　　　　　　　　　　　D. 抗凝血酶Ⅲ减少

E. 血中抗凝物质增加

9. 红细胞生成的原料是（　　）。

A. 维生素 B_{12} B. 维生素 K   C. 叶酸

D. 铁和蛋白质   E. 内因子

10. 血浆胶体渗透压的形成主要是（   ）。

A. Na^+ B. K^+ C. 球蛋白

D. 白蛋白   E. 葡萄糖

11. 若某人的血清中含抗 A 与抗 B 两种凝集素，其血型是（   ）。

A. A 型   B. B 型   C. AB 型

D. O 型   E. Rh 阳性

12. 下列哪种凝血因子不属于蛋白质？（   ）

A. 因子 I   B. 因子 II   C. 因子 III

D. 因子 IV   E. 因子 X

13. 巨幼红细胞性贫血是由于缺少（   ）。

A. 铁   B. 蛋白质   C. 维生素 C

D. 维生素 K   E. 维生素 B_{12} 和叶酸

14. 机体患急性化脓性细菌感染时，血中明显增高的是（   ）。

A. 促红细胞生成素   B. 肝素   C. 淋巴细胞

D. 单核细胞   E. 中性粒细胞

15. 参与生理性止血全过程的血细胞是（   ）。

A. 红细胞   B. 白细胞   C. 单核细胞

D. 血小板   E. 淋巴细胞

16. 不同血型的血液相输时将发生红细胞的（   ）。

A. 凝结   B. 凝固   C. 叠连

D. 凝集   E. 凝聚

17. 维持红细胞正常形态的主要因素是（   ）。

A. 血浆晶体渗透压   B. 血浆胶体渗透压

C. 组织液胶体渗透压   D. 组织液晶体渗透压

E. 红细胞膜的通透性

18. 甲型血友病是因为体内缺乏因子（   ）。

A. VIII   B. IX   C. X

D. XI   E. XII

19. 外源性凝血的启动因子是（   ）。

A. XII   B. III   C. IV

D. PF_3 E. X

20. 输血时主要考虑供血者的（   ）。

A. 红细胞不被受血者的红细胞所凝集

B. 红细胞不被受血者的血浆所凝集

C. 血浆不与受血者的血浆发生凝固

D. 血浆不被受血者的红细胞凝集

E. 红细胞被受血者的血浆凝集

B 型题

A. $(4.0\sim5.5)\times10^{12}/L$　　　B. $(3.5\sim5.0)\times10^{12}/L$　　　C. $(4.0\sim10.0)\times10^{9}/L$

D. $(100\sim300)\times10^{9}/L$　　　E. $(1.0\sim3.0)\times10^{9}/L$

1. 正常人安静时的白细胞数为（　　　）。

2. 正常人血液中血小板计数为（　　　）。

3. 正常成年男性红细胞数为（　　　）。

A. 白蛋白　　　　　　　　　　B. 球蛋白　　　　　　　　　　C. 葡萄糖

D. Na^{+}　　　　　　　　　　E. K^{+}

4. 血浆晶体渗透压主要来源于（　　　）。

5. 血浆胶体渗透压主要来源于（　　　）。

A. 维生素 K　　　　　　　　　B. 维生素 B_{12}　　　　　　　C. Fe^{2+}

D. 维生素 B_{1}　　　　　　　　E. Ca^{2+}

6. 小细胞低色素性贫血缺少（　　　）。

7. 巨幼红细胞性贫血缺少（　　　）。

A. Ⅷ　　　　　　　　　　　　B. Ⅸ　　　　　　　　　　　　C. Ⅹ

D. Ⅺ　　　　　　　　　　　　E. Ⅻ

8. 乙型血友病是因为体内缺乏因子（　　　）。

9. 内源性凝血的启动因子是（　　　）。

10. 丙型血友病是因为体内缺乏因子（　　　）。

三、简答题

1. 简述血浆渗透压的组成和作用。

2. 根据红细胞生成、破坏以及调节的基本理论，分析导致贫血的各种原因。

3. 试述血小板的生理特性和生理功能。

4. 简述血液凝固的基本过程。

5. 简述 ABO 血型系统的分型原则。

（李　琳　覃小翠）

第四章
血液循环

 **学习目标**

掌握:心动周期的概念;心脏泵血过程中房内压、室内压、动脉压、瓣膜开闭、血流方向、心室容积等变化及其关系;心脏泵血功能评价及其影响因素;工作细胞和自律细胞的生物电现象及其形成机制;心脏起搏点;心肌兴奋性的周期性变化与心肌收缩张力的关系;心脏兴奋传导的途径和特点;动脉血压的概念、正常值、形成及影响因素。

本章 PPT

熟悉:影响心肌自律性、兴奋性、传导性、收缩性的因素;中心静脉压的概念及静脉回流的影响因素;微循环的组成、通路及主要功能;组织液的生成和影响因素;心血管的神经支配、调节中枢及颈动脉窦和主动脉弓压力感受性反射的过程及其意义;肾上腺素、去甲肾上腺素、肾素-血管紧张素-醛固酮系统的生理作用。

了解:心泵功能储备;心音的形成、特点和意义;正常体表心电图的基本波形及意义;动脉脉搏;血管的分类,血流量及血流速度;微循环的调节;淋巴循环;颈动脉体和主动脉体的化学感受性调节和其他调节;器官循环的血流特点和调节。

循环系统是个相对封闭的管道系统,包括心血管系统和淋巴系统,其中心血管系统由心脏和血管组成,心脏是血液循环的动力器官,血管是血液运行的管道和物质交换的场所。血液沿循环系统周而复始地定向流动称为血液循环(blood circulation)。血液循环的主要功能是物质运输,它不断地将 O_2、营养物质等运送到全身各组织器官,并将各组织器官所产生的 CO_2 及其他代谢产物运输到排泄器官排出体外,同时,由散在的内分泌细胞分泌的各种激素也能通过血液循环到达靶细胞,发挥其体液调节作用,从而维持机体内环境的稳态和新陈代谢的正常进行,并参与机体的免疫功能,一旦循环停止,就会导致新陈代谢紊乱和器官功能受损,甚至危及生命。淋巴系统由淋巴管和淋巴器官组成,淋巴液向心流动汇入静脉。

此外,心血管系统具有一定的内分泌功能,如血管内皮细胞可分泌内皮素和产生 NO,心房肌细胞能合成心房钠尿肽等,这些生物活性物质和激素参与心血管、呼吸、泌尿功能以及水盐代谢和血液凝固等的调节,在心血管疾病的发病中亦有重要意义。

第一节 心脏生理

心脏不停地、节律性地收缩与舒张是生命体征之一,它是血液循环的原动力,收缩时推动血液从心室射入动脉,舒张时从静脉抽吸血液回心,心脏瓣膜单向开闭,控制血液的单向流动。心脏的这种活动和水泵相似,故称为心泵或血泵。

一、心脏的泵血功能

(一)心动周期

心脏的一次收缩和舒张构成一个机械活动周期,称为心动周期(cardiac cycle)。在一个心动周期中,心房和心室的机械活动均可以分为收缩期和舒张期,由于心室在心脏泵血活动中起主要作用,因此心动周期通常是指心室的活动周期。

每分钟心跳的次数称为心率(heart rate),正常成年人安静状态下,心率为 60～100 次/分,可因年龄、性别及机体所处不同状态而有较大差异。心动周期与心率成反变关系。正常成人心率平均为 75 次/分,则一个心动周期持续 0.8 s。在一个心动周期中,心房和心室的活动按一定时程和次序进行,左右两侧心房或心室的活动几乎是同步的,先是两心房同时收缩,持续约 0.1 s,然后心房开始舒张,持续约 0.7 s;当心房开始舒张时,两心室同时收缩,持续约 0.3 s,然后心室舒张,持续约 0.5 s。心室舒张期的前 0.4 s,心房也处于舒张状态,这一时期称为全心舒张期(图 4-1)。可见,无论心房还是心室,其舒张期均比收缩期长,这有利于静脉血液的回流和心脏的充盈,既保证了心脏有效的射血,又使心肌得到充分的休息。当心率加快时,心动周期缩短,其中收缩期和舒张期均缩短,但舒张期缩短更为明显,使心肌的工作时间相对延长,休息时间相对缩短,不利于心脏持久活动。

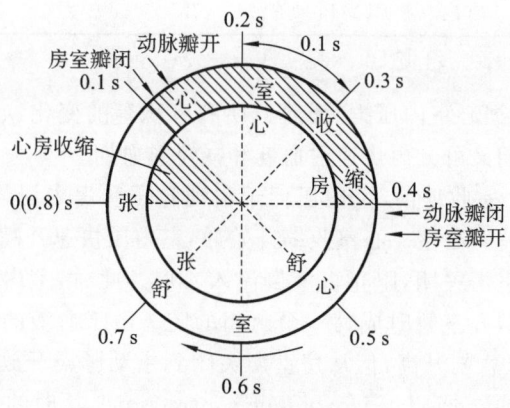

图 4-1 心动周期示意图

知识链接

量化实验解开血液循环的奥秘

威廉·哈维(William Harvey)是一位英国医生,实验生理学的创始人之一。他通过量化实验,发现一个人的心脏可容纳的血液约为 2 盎司(1 盎司＝28.35 克),设每分钟心脏跳动 72 次,则 1 h 心脏可输送 8640 盎司(约 245 千克)的血液入血管。按照盖伦的血液涨潮落潮理论,"潮水"居然比容纳它的人体还重,这显然是不对的,由此哈维判断,一定是血液在循环流动。为了搞清血液循环的路径,哈维研究了心脏的结构,发现人的心脏共分四个腔,腔与腔之间由一个只准单向通过的瓣膜隔开,因此,血液的循环肯定是单向的。根据严谨的实验,哈维提出了血液循环的正确学说,并于 1628 年出版了《心血运动论》。

(二)心脏泵血过程与机制

心室的舒缩在心脏的泵血过程中起主要作用,左心室和右心室的活动基本一致。现以左心室为例,说明一个心动周期中心室射血和充盈的过程(表 4-1),了解心脏泵血的机制(图4-2,图 4-3)。

表 4-1 心动周期中左心室泵血过程一览表

心动周期分期		时程/s	压力	房室瓣	主动脉瓣	血流	心室容积
心室收缩期	等容收缩期	0.05	$P_A < P_V < P_{AO}$	关	关	无	不变
	快速射血期	0.1	$P_A < P_V > P_{AO}$	关	开	V→AO	迅速减小
	减慢射血期	0.15	$P_A < P_V \leqslant P_{AO}$	关	开	V→AO	减到最小值
心室舒张期	等容舒张期	0.06～0.08	$P_A < P_V < P_{AO}$	关	关	无	不变
	快速充盈期	0.11	$P_A > P_V < P_{AO}$	开	关	A→V	迅速增大
	减慢充盈期	0.22	$P_A > P_V < P_{AO}$	开	关	A→V	增大
	心房收缩期	0.1	$P_A > P_V < P_{AO}$	开	关	A→V	增至最大

注:P_A,房内压;P_V,室内压;P_{AO},主动脉压;A,心房;V,心室;AO,主动脉。

1. 心室收缩期 根据心室内压力、瓣膜开闭和容积等的变化,心室收缩期可分为等容收缩期和射血期,射血期又可分为快速射血期和减慢射血期。

(1)等容收缩期:心室收缩前,室内压低于主动脉压和房内压,房室瓣开放,主动脉瓣关闭,血液不断由心房流入心室。心室收缩开始后,室内压快速升高,当室内压高于房内压时,心室内血液推动房室瓣关闭,阻止血液倒流入心房。此时,室内压尚低于主动脉压,主动脉瓣仍处于关闭状态,心室暂时成为一个封闭的腔。由于血液的不可压缩性,尽管心室肌的强烈收缩使室内压急剧升高,但从房室瓣关闭到主动脉瓣开放前的这段时间,心室容积不变,称为等容收缩期(period of isovolumic contraction),历时约 0.05 s。此期的长短与主动脉血压的高低及心肌收缩力的强弱有关。当主动脉血压升高或心肌收缩力减弱时,等容收缩期将延长。

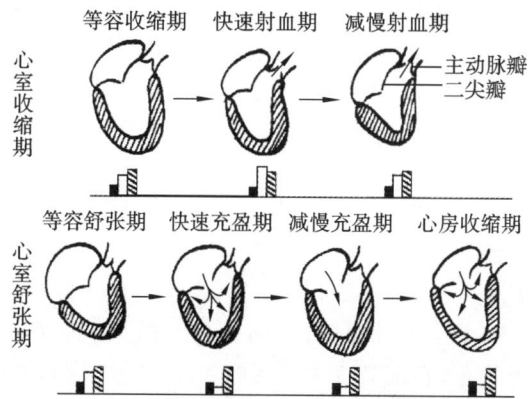

图 4-2　心脏泵血过程示意图（心内箭头表示血流方向）

注：■ 房内压；▯ 室内压；▨ 动脉压。

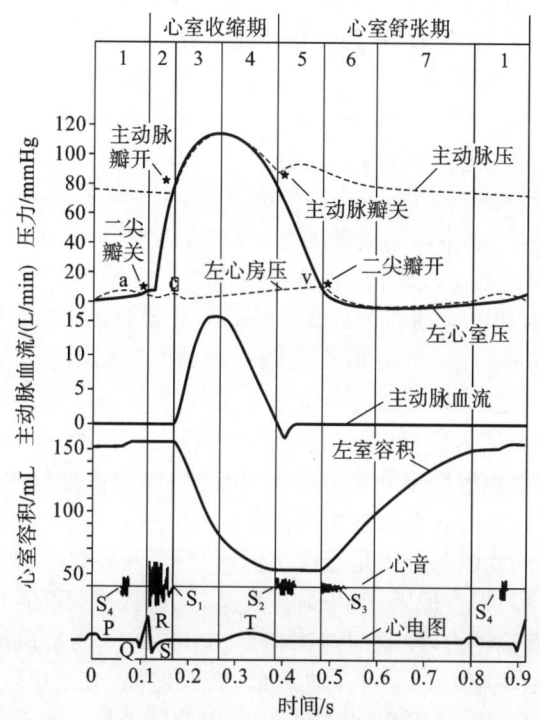

图 4-3　心动周期中各期左心室内压力、容积、瓣膜及主动脉血流、心音、心电图等的变化

注：1,心房收缩期；2,等容收缩期；3,快速射血期；4,减慢射血期；
5,等容舒张期；6,快速充盈期；7,减慢充盈期。

（2）快速射血期：随着心室肌的持续等长收缩，室内压急剧升高，当室内压上升超过主动脉压时，心室内的血液将主动脉瓣冲开，迅速射入主动脉，心室容积随之缩小，但由于心室肌强烈收缩，室内压可继续上升达峰值，主动脉压也随之进一步升高。此期血液射入动脉速度快，血量多（约占总射血量的 2/3），故称为快速射血期（period of rapid ejection），历时约 0.1 s。

（3）减慢射血期：快速射血期后，由于心室收缩强度减弱，室内压下降，与此同时大量血液进入主动脉，主动脉内压力上升，导致射血速度变慢，称为减慢射血期（period of reduced ejection），历时约 0.15 s。值得注意的是在减慢射血期的中期或稍后，室内压已略低于主动脉压，但因心室内血液仍具有较大的动能，依其惯性作用，可逆压力梯度继续流入主动脉。

2. 心室舒张期　心室舒张期可分为等容舒张期和充盈期，充盈期又可分为快速充盈期、减慢充盈期和心房收缩期三个时期。

（1）等容舒张期：减慢射血期后，心室开始舒张，室内压下降，明显低于主动脉压，主动脉内血液顺压力差返流，推动主动脉瓣关闭，防止血液回流入心室。此时房内压仍低于室内压，房室瓣仍处于关闭状态，心室又成为密闭腔，容积不变。从动脉瓣关闭到房室瓣开启前的这段时间，心室持续舒张，室内压急剧下降而容积不变，称为等容舒张期（period of isovolumic relaxation），历时 0.06～0.08 s。

（2）快速充盈期：随着心室继续舒张，室内压进一步下降，当室内压低于房内压时，心房内的血液顺压力差冲开房室瓣流入心室，由于室内压明显减低，甚至造成负压，这时心房和大静脉内的血液因心室的"抽吸"作用而快速流入心室，心室容积急剧增大，称为快速充盈期（period of rapid filling），历时约 0.11 s。此期进入心室的血液量约为心室总充盈量的 2/3。

（3）减慢充盈期：快速充盈期后，随着心室内血量的增多，静脉、心房和心室之间的压力差减小，血液进入心室的速度减慢，心室容积进一步缓慢增大，称为减慢充盈期（period of reduced filling），历时约 0.22 s。

（4）心房收缩期：对于心室活动周期而言，心房收缩（period of atrial systole）实际上是前一周期的舒张末期。心房收缩前，心脏处于全心舒张期，回流入心室的血液量占心室总充盈量的 70％。在减慢充盈期的最后 0.1 s，心房开始收缩，房内压稍上升，血液顺压力差进入心室，使心室进一步充盈。心房收缩期持续约 0.1 s。由于心房壁较薄、收缩力不强，心房收缩而增加的心室充盈量仅占心室总充盈量的 10％～30％。心房收缩时，房内压和室内压都轻度升高，但因为大静脉进入心房的入口处的环形肌也收缩，再加上血液向前的惯性，所以虽然静脉和心房交接处没有瓣膜，但心房内的血液很少会返流入大静脉。心室充盈完成后，开始下一次的收缩与射血的过程。

综上所述，心室肌的收缩与舒张是造成室内压变化，并导致心房与心室之间、心室与主动脉之间产生压力梯度的根本原因，而压力梯度又是引起瓣膜开闭，推动血液在心房、心室及主动脉之间流动的直接动力，瓣膜的结构特点和有序的开闭是血液呈单向流动的关键。心脏的泵血过程是在心室活动的主导下进行的，在收缩期，心室肌收缩产生的压力增高和血流惯性是心脏射血的动力，而在舒张早期，心室主动舒张是心室充盈的主要动力，在舒张晚期，心房肌的收缩可进一步充盈心室、心房而起初级泵的作用。临床上心房颤动时，心室充盈量仅有少量减少，尚不足以影响心脏的泵血功能。但是，如果心室颤动，不能正常射血，则心脏的泵血功能立即发生障碍，将危及患者生命。

右心室的泵血过程和机制与左心室基本相同，但由于肺动脉压仅为主动脉压的 1/6，因此在射血过程中右心室内压的变化幅度明显小于左心室内压。

需要强调的是：在一个心动周期中，等容收缩期，左心室内压上升最快，此期末，主动脉压力最低；快速射血期，左心室内压最高，主动脉血流速度最快；心房收缩期末，左室容积最大；等容舒张期末，左室容积最小；左心室充盈的最主要力量是心室舒张的抽吸作用（图 4-3）。

知识链接

心肺复苏术是当心搏、呼吸骤停和意识丧失等意外情况发生时,通过迅速而有效的人工呼吸与心脏按压使呼吸循环重建并积极保护大脑,最终使大脑功能完全恢复的一种急救技术。徒手心肺复苏术的操作流程如下:①评估意识。②求救。③检查及畅通呼吸道。④人工呼吸:压额抬颏,捏住患者鼻孔,张口罩紧患者口唇吹气,同时用眼角注视患者的胸廓,胸廓膨起为有效。⑤胸外心脏按压:按压部位是胸骨下半部、胸部正中央,两乳头连线中点。双肩前倾在患者胸部正上方,腰挺直,以臀部为轴,用整个上半身的重量垂直下压,双手掌根重叠,手指互扣,以掌根按压,手臂要挺直,手肘不能打弯。一般来说,心脏按压与人工呼吸的比例为 30∶2。

(三)心脏泵血功能的评价

心脏的主要功能是泵血,正确评价心脏的泵血功能具有重要的生理学意义和临床应用价值,以下介绍几种常用的评价心脏泵血功能的指标。

1. 每搏输出量和射血分数 一侧心室一次收缩所射出的血量,称为每搏输出量(stroke volume),简称搏出量,相当于心室舒张末期容积与收缩末期容积之差。安静状态下,正常成人左心室舒张末期容积约 125 mL,收缩末期容积约 55 mL,则搏出量约为 70 mL(60~80 mL)。可见心室射血后,心室腔内仍剩余一部分血液。搏出量占心室舒张末期容积的百分比,称为射血分数(ejection fraction,EF)。安静时,正常成人的射血分数为 55%~65%。正常情况下,心室舒张末期容积与搏出量是相适应的,即心室舒张末期容积增加时,搏出量也相应增加,而射血分数基本保持不变。当心交感神经兴奋时,心肌收缩力增强,搏出量增大,射血分数增大。当心室出现病理性扩大或心功能减退时,心室舒张末期容积增大,虽然患者的搏出量与正常人差别不大,但是射血分数已明显下降。可见与搏出量相比,射血分数作为评价心功能的指标,对早期发现心脏泵血功能异常更有意义。

2. 每分输出量和心指数 一侧心室每分钟射出的血量,称为每分输出量,又称心输出量(cardiac output),等于搏出量与心率的乘积。如果正常成人搏出量为 60~80 mL,心率为 75 次/分,则心输出量为 4.5~6.0 L/min,平均约为 5 L/min。左、右心室的心输出量基本相等。心输出量与机体新陈代谢水平相适应,并可因性别、年龄、体型等差异而不同。青年时期的心输出量高于老年时期,成年女性的心输出量比同体重男性约低 10%。剧烈运动或重体力劳动时,心输出量可比安静时提高 5~7 倍,情绪激动时心输出量可增加 50%~100%,麻醉时则可下降到 2.5 L/min 左右。

身材瘦小者与身材高大者新陈代谢水平不同,对心输出量的需求也不同,若用心输出量作为指标进行比较是不合适的。调查资料表明安静时人的心输出量与体表面积成正比。以单位体表面积(m^2)计算的心输出量,称为心指数(cardiac index)。我国中等身材的成年人体表面积为 1.6~1.7 m^2,安静和空腹时心输出量为 4.5~6.0 L/min,故心指数为 3.0~3.5 $L/(min \cdot m^2)$。心指数是分析比较身材不同个体静息时心功能的评定指标之一,可以因不同年龄段或生理条件而异。一般 10 岁左右的儿童,静息时心指数最大,可达 4 $L/(min \cdot m^2)$以上,以后随年龄增长逐渐下降,到 80 岁时,静息心指数降到接近于 2 $L/(min \cdot m^2)$。运动、妊娠、情绪激动、进食等情况下,心指数均有不同程度的增大。

3. 心脏做功量 血液在心血管内流动过程中所消耗的能量是由心脏做功供给的。心脏所做的功可分为两类:一类是由心室收缩而产生和维持一定压力,并推动血液流动的机械功,另一类是心脏活动用于完成离子跨膜主动转运,产生兴奋和收缩,克服黏滞阻力所消耗的能量。心室收缩一次所做的功,称为每搏功。心室每分钟所做的功,称为每分功或分功,等于每搏功乘以心率。左心室每搏功可以用下式计算:

$$左心室每搏功(J)=搏出量(L)\times(平均动脉压-平均左心房压)(mmHg)$$
$$\times 13.6(kg/L)\times 9.807(N/mg)\times(1/1000)$$

上式中每搏功单位为焦耳(J),搏出量单位为升(L),汞的密度单位为 kg/L,乘以 9.807(N/mg)将力的单位 kg 换算为牛顿(N),乘以 1/1000 将高度单位由 mm 换算为 m。若按搏出量70 mL,平均动脉压 92 mmHg,平均心房压 6 mmHg,则每搏功为 0.803 J。

由此可见,心脏做功不仅与心输出量有关,还与血压有关。当动脉血压升高时,射血阻力加大,心肌必须增加其收缩强度才能使搏出量保持不变,心脏做功量必定增加。因此,用心脏做功量来评价心脏的泵血功能要比单纯用心输出量更为全面,特别是在动脉压不相等的情况下。例如:正常情况下,左、右心室的搏出量基本相等,但肺动脉平均压仅为主动脉平均压的 1/6,因此右心室做功量只有左心室的 1/6。

(四) 影响心输出量的因素

心输出量等于搏出量和心率的乘积,凡能影响搏出量和心率的因素均可影响心输出量(图 4-4)。

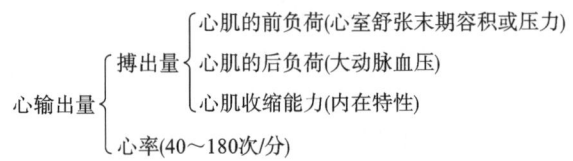

心输出量 $\begin{cases} 搏出量 \begin{cases} 心肌的前负荷(心室舒张末期容积或压力) \\ 心肌的后负荷(大动脉血压) \\ 心肌收缩能力(内在特性) \end{cases} \\ 心率(40\sim180次/分) \end{cases}$

图 4-4 影响心输出量的因素

搏出量取决于心室收缩的强度和速度,受心肌的前负荷、后负荷、心肌收缩能力和心率的影响。

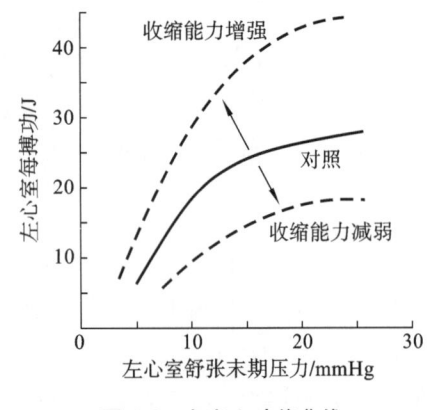

图 4-5 左室心功能曲线

1. 前负荷 心室肌收缩前所承受的负荷,称为前负荷,它决定着心肌的初长度,常用心室舒张末期容积或压力来表示。以左心室每搏功为纵坐标,左心室舒张末期压力为横坐标绘成坐标图,称为心室功能曲线(图 4-5)。

从曲线上看,左心室舒张末期压力为 12～15 mmHg 时是人体左心室的最适前负荷,这时心室肌细胞的长度为最适初长度,心肌的收缩力最大;最适前负荷左侧的一段曲线显示在左心室舒张末期压力为 5～12 mmHg 时,每搏功随心肌初长度的增加而增加,这种通过心肌本身初长度的改变引起的心肌收缩强度变化,继而影响搏出量的调节称为异常自身调节,又称 Starling 机制,主要生理意义是对搏出量的微小变化进行精细调节,使心室射血量与静脉回心血量之间保持平衡,从而使心室舒张末期容积和压力保持在正常范围内;当左心室舒张末期压力超过最适前负荷后,为 16~20 mmHg 时,心室功能曲线逐渐平坦,说明前负荷对搏出量的影响不大;左心室舒张末期压力为大于 20 mmHg 后,曲线无明显的降支,这是因为心肌细胞外的间质内含有大量有韧性的胶原纤维,心室壁多层肌纤维交叉排列,使心室肌伸展性较小,对抗被拉长的力量较大,所以心室肌达到最适初长度后,其长度便不再随充盈压的增加而显著增加,心肌的每搏功也就不会随之而明显减小,这对于心脏完成正常泵血功能具有重要的生理意义。只有当心肌发生严重的病理变化时,心室功能曲线才会出现明显的降支。

在整体情况下,心室的前负荷主要取决于心室舒张末期充盈的血液量,是心脏射血后的剩余血量和静脉回心血量之和,静脉回心血量取决于静脉回流的速度和心室充盈期的长短。在一定范围内,心率慢时,充盈时间长,静脉回心血量多;外周静脉压与心房、心室内压之差越大,静脉回流速度越快,心室舒张末期容量越大,其搏出量越多。

总之,在一定范围内,随着心肌前负荷的增大,心肌初长度增加,心肌的收缩力增强,搏出量增多。对某些慢性心脏病患者,当心脏过度扩张时,心功能曲线可出现降支,表明心肌的收缩功能已严重受损,在输血或补液时,应严格控制输血、补液的量和速度,以防发生急性心力衰竭。

2. 后负荷 心室收缩必须克服大动脉血压的阻力,才能冲开动脉瓣将血液射入动脉,因此,大动脉血压是心室收缩时所承受的后负荷。若其他条件不变,大动脉血压增高,可延长心室的等容收缩期而缩短射血期,导致射血期时心室肌缩短程度和速度都减小,搏出量减少;反之,大动脉血压降低,则有利于心室射血。

在整体条件下,正常人主动脉血压为 80~170 mmHg 时,心输出量一般并不发生明显变化。当动脉血压突然增高而使搏出量暂时减少时,心室内剩余血量将增多,导致心室舒张末期容积增大(即前负荷增加),心肌初长度增加,通过心肌的异长自身调节能使心肌收缩力量增强,搏出量可逐渐恢复到原先水平。然而长期的动脉血压增高,会使心肌收缩力持续增强,引起心室肌肥厚等病理性变化,导致心力衰竭。反之,其他条件不变,降低动脉血压,搏出量将增大,故临床上常用舒血管的药物来降低动脉血压,从而改善患者心脏的泵血功能。

3. 心肌收缩能力 心肌收缩能力是指心肌不依赖于前负荷和后负荷而改变其力学活动(包括收缩的强度和速度)的内在特性。心肌细胞兴奋-收缩耦联过程中肌球蛋白头部 ATP 酶的活性和活化的横桥数目是影响心肌收缩能力的主要环节。活化的横桥在全部横桥中所占的比例取决于兴奋时胞质内 Ca^{2+} 的浓度和(或)肌钙蛋白对 Ca^{2+} 的亲和力。

心肌收缩能力受神经和体液因素的影响,如:甲状腺激素可以提高肌球蛋白头部 ATP 酶的活性,增强心肌收缩能力;交感神经兴奋、肾上腺素分泌增多或使用洋地黄等强心药物时,心肌收缩能力增强,搏出量增加,心室功能曲线向左上移位;而迷走神经兴奋、乙酰胆碱增多时,心肌收缩能力减弱,搏出量减少,心室功能曲线向右下移位(图 4-5)。这种通过改变心肌收缩能力而与初长度无关的心脏泵血功能调节,称为等长自身调节。

4. 心率 心率是决定心输出量的基本因素之一。正常人安静状态下,心率为 60~100

次/分,可随年龄、性别和不同生理状态而发生波动。新生儿心率较快,老年人较慢;女性心率略快于男性;经常运动的人平时心率较慢;同一个人睡眠时心率慢,运动或情绪激动时心率快等等。

在一定范围内,心率加快虽然使心室充盈时间缩短,但由于静脉回心血量大部分在快速充盈期回心,搏出量减少不明显,因此心率增加可使心输出量增多。但心率过快,超过180 次/分,心室舒张期将明显缩短,导致心室充盈量不足,前负荷减小,搏出量和心输出量相应减少。反之,如果心率过慢,低于 40 次/分,则心室舒张期过长,心室充盈已达极限,再延长心室舒张期已不能进一步增加充盈量和搏出量,故心输出量也将减少。可见,心率只有在最适宜时,心输出量才最大。

(五)心脏泵血功能的储备

心输出量随机体代谢需要而增加的能力,称为心泵功能储备或心力储备(cardiac reserve)。健康成人安静时心输出量约为 5 L/min,重体力劳动或剧烈运动时心输出量可增加到 25～35 L/min,说明健康人的心脏具有一定的储备能力。心力储备的大小可反映心脏泵血功能对机体代谢需求的适应能力,包括搏出量储备和心率储备两部分。

1.搏出量储备 搏出量储备包括收缩期储备和舒张期储备。

收缩期储备是通过提高心肌收缩能力和射血分数来实现的。安静时左心室射血期末,心室内剩余血量约为 55 mL,当心室做最大限度收缩时,心室内剩余血量减少到 15～20 mL,可见,动用收缩期储备,可使搏出量增加 35～40 mL。

舒张期储备是通过增加舒张末期容积而获得的。安静时心室舒张末期容积约为125 mL,运动或激动时回心血量增加,心室容积增大,但由于心肌的伸展性很小,加之心包的限制,心室容积最大只能达到 140 mL 左右,因此舒张期储备仅为 15 mL 左右。

2.心率储备 健康成人心率平均为 75 次/分,剧烈运动时可增加到 160～180 次/分,使心输出量增加 2～2.5 倍。一般情况下,动用心率储备是提高心输出量的主要途径。

心力储备在很大程度上反映心脏的功能状况。缺乏锻炼或患有心脏疾病的人,虽然在安静状态下心输出量能够满足代谢需要,但因心力储备较小,当体力活动增加(如上楼、爬山等)时,心输出量不能相应增加,因而出现头晕目眩、心慌气短等供血不足的现象。经常进行体育锻炼的人,心力储备增大,心脏的射血能力增强,运动员的最大心输出量可为安静状态下的 8 倍。可见,加强体育锻炼是提高心力储备的有效途径。

二、心肌细胞的生物电现象

心脏有节律的收缩和舒张活动是心脏实现泵血功能的基本保证,而心脏的节律性舒缩是在心肌细胞的生物电活动的基础上产生的,归根到底是由心肌细胞动作电位的规律性发生与扩布而引起的。因此,了解心肌细胞的生物电活动规律对于掌握心肌的生理特性和心脏的泵血功能具有重要意义。

根据组织学特点和电生理特性及功能上的区别,可将心肌细胞分为两类:一类是普通的心肌细胞,包括心房肌和心室肌,它们具有稳定的静息电位,不具有自动产生节律性兴奋的能力,因富含肌原纤维,主要执行收缩功能,故又称工作细胞或非自律细胞;另一类是特殊分化的心肌细胞,主要包括窦房结 P 细胞、房室交界的房结区、房室束以及浦肯野细胞,它们构成心脏的特殊传导系统(图 4-6),大多没有稳定的静息电位,具有自动产生节律性兴奋的能力,称为自律细胞。此类细胞中肌原纤维含量甚少,基本丧失了收缩能力。

根据心肌细胞动作电位去极化速度的快慢和产生机制不同,又可将心肌细胞分为快反应细胞和慢反应细胞两类。快反应细胞是指主要由钠通道开放,Na^+ 快速内流而引发动作电位的心肌细胞,其去极化的速度快,幅度大,复极化过程复杂,时程长,兴奋传导速度快,包括心房肌细胞、心室肌细胞和浦肯野细胞等。慢反应细胞是指主要由钙通道开放,Ca^{2+} 缓慢内流而引发动作电位的心肌细胞,其去极化的速度慢,幅度小,兴奋传导速度慢,包括窦房结 P 细胞和房室结细胞等。

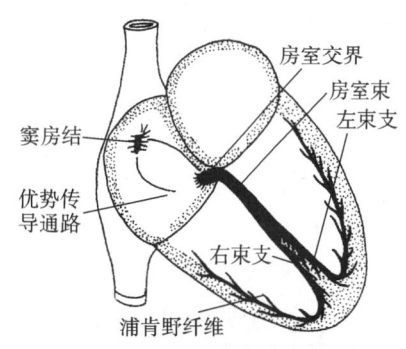

图 4-6 心脏的特殊传导系统

(一)工作细胞的跨膜电位及其形成机制

属于工作细胞的心房肌和心室肌细胞的跨膜电位及其形成机制基本相同,以下重点介绍心室肌细胞的跨膜电位及形成机制。

1. 静息电位 人和哺乳动物的心室肌细胞的静息电位约为 -90 mV,其形成机制与神经细胞和骨骼肌细胞相似,主要是由于安静状态下心肌细胞膜对 K^+ 通透性较高(I_{K1} 通道),细胞膜内 K^+ 浓度高于细胞膜外,则 K^+ 顺浓度差外流而形成 K^+ 平衡电位。

2. 动作电位 与神经细胞和骨骼肌细胞明显不同,心室肌细胞的动作电位的主要特征是升支和降支明显不对称,复极化过程复杂,持续时间长($200 \sim 300$ ms),可分为 0、1、2、3、4 共 5 个时期(图 4-7)。

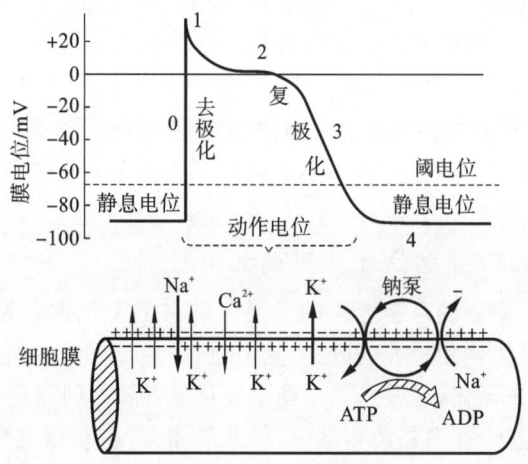

图 4-7 心室肌细胞动作电位和主要离子活动示意图

(1)0 期(去极化期):在适宜刺激下,心室肌细胞膜内电位由静息状态下的 -90 mV 迅速上升到约 $+30$ mV,形成动作电位的上升支。此期特点:去极化速度快(最大速率可达 $200 \sim 400$ mV/s),持续时间短(仅 $1 \sim 2$ ms),去极化幅度大(约 120 mV)。产生的机制:刺激引起心室肌细胞膜上电压依赖性 Na^+ 通道(I_{Na} 通道)部分开放,而心肌细胞膜外 Na^+ 浓度高于膜内,使少量 Na^+ 内流,当膜去极化达到阈电位水平(约 -70 mV)时,通过 I_{Na} 通道激活的正反馈效应,即 Na^+ 的内向电流超过 K^+ 的外向电流使膜进一步去极化,引起更多的 I_{Na} 通道被激活,细胞膜对 Na^+ 的通透性急剧升高,形成很强的再生性 Na^+ 内流,使膜内电位迅速上升到约 $+30$ mV,接近 Na^+ 的平衡电位,这也是心室肌细胞动作电位 0 期去极化速度快,升支陡峭的原因。需要指出的是,虽然河豚毒(TTX)可以阻断心室肌细胞 I_{Na} 通道,但其敏感性仅为骨骼肌细胞 I_{Na} 通道的 $1/100 \sim 1/1000$。

(2) 1 期(快速复极化初期):此期仅发生部分复极,膜内电位由 $+30$ mV 快速下降到 0 mV 左右,历时约 10 ms。此期形成原因:细胞膜上的快 Na^+ 通道失活关闭,而一过性 K^+ 通道(I_{to} 通道)被激活, K^+ 顺浓度差迅速外流。0 期与 1 期膜电位变化速度都很快,构成锋电位。

(3) 2 期(平台期):1 期复极膜电位达 0 mV 左右后,复极化速度变慢,持续 $100 \sim 150$ ms,形成平台状,故称为平台期,这是心室肌细胞动作电位区别于神经细胞和骨骼肌细胞动作电位的主要特征之一。此期的形成是由于 Ca^{2+} 内流和 K^+ 外流同时存在,且两者跨膜电荷量相当,从而使膜电位下降缓慢,维持在 0 mV 左右。其中, Ca^{2+} 缓慢而持续的内流是形成平台期的主要原因,由电压依赖性 L 型钙离子通道调控,与快 Na^+ 通道相比,L 型钙离子通道激活、失活和复活过程都较缓慢,故称为慢 Ca^{2+} 通道,其阻断剂为维拉帕米。 K^+ 外流主要是由 I_K 通道调控的。

(4) 3 期(快速复极化末期):此期复极化速度加快,膜内电位由 0 mV 快速复极化至 -90 mV,历时 $100 \sim 150$ ms。3 期复极化是由于 L 型 Ca^{2+} 通道失活关闭, Ca^{2+} 内流停止,而 I_K 通道仍处于开放状态,膜对 K^+ 的通透性增高, K^+ 外流进行性增加所致。

(5) 4 期(静息期):此期膜内电位稳定在静息电位水平,故称静息期。但由于在形成动作电位过程中有一定量的 Na^+、Ca^{2+} 内流和 K^+ 外流,以致细胞内外的原有离子浓度有所改变,因此,此期细胞膜上的钠泵活动增强,以 3:2 的比例完成 K^+ 的内运和 Na^+ 的外运,同时膜中的 Na^+-Ca^{2+} 交换体将 3 个 Na^+ 转入细胞,1 个 Ca^{2+} 转出细胞, Na^+ 再由钠泵外运。此外,少量的 Ca^{2+} 可直接由钙泵主动排出细胞,从而将内流的 Na^+、Ca^{2+} 泵出细胞,并摄回外流的 K^+,使细胞内外的离子分布逐渐恢复到兴奋前的状态,从而保证心肌细胞正常的兴奋性。

(二) 自律细胞的跨膜电位及其形成机制

自律细胞与心室肌细胞的跨膜电位的最大区别在于没有稳定的静息电位。当自律细胞在动作电位 3 期复极化达到最大值(最大复极电位)后,4 期的膜电位并不稳定在这一水平,而是立即开始自动去极化,这种 4 期自动去极化具有随时间而递增的特点,当去极化达到阈电位水平时,即爆发一次新的动作电位,如此周而复始,动作电位就不断产生。4 期自动去极化是自律细胞产生自动节律性兴奋的基础。不同类型的自律细胞,4 期自动去极化的速度和机制各不相同,以下主要讨论窦房结 P 细胞和浦肯野细胞的跨膜电位。

1. 窦房结 P 细胞 窦房结 P 细胞属于慢反应细胞,其动作电位分为 0、3、4 共 3 个时期(图 4-8)。与心室肌细胞动作电位相比(表 4-2),窦房结 P 细胞的动作电位具有以下特点:①0 期去极化速度慢、幅度小,膜内电位仅上升到 0 mV 左右;②无明显的复极化 1 期和平台期;③3 期复极化时,最大复极电位较小,约为 -70 mV;④4 期膜电位不稳定,由最大复极电位开始自动去极化,当去极化达到阈电位水平(约-40 mV)时,爆发一次动作电位;⑤4期自动去极化速度快。

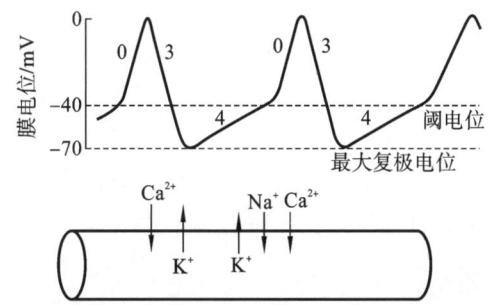

图 4-8 窦房结 P 细胞动作电位及主要离子活动示意图

表 4-2 心室肌细胞和窦房结 P 细胞跨膜电位的比较

	心室肌细胞	窦房结 P 细胞
静息电位或最大复极电位	静息电位值-90 mV	最大复极电位-70 mV
阈电位	-70 mV	-40 mV
0 期离子通道	快钠通道	慢钙通道
通道阻断剂	河豚毒	维拉帕米、Mn^{2+}
0 期去极化速度	迅速	缓慢
0 期结束时膜电位	+30 mV(出现反极化)	0 mV(不出现反极化)
0 期去极化幅度	大(120 mV)	小(70 mV)
4 期膜电位	稳定	不稳定(自动去极化)
膜电位分期	0、1、2、3、4 期	0、3、4 期
平台期	有	无
细胞分类	快反应工作细胞	慢反应自律细胞

窦房结 P 细胞的 0 期去极化是由于 L 型 Ca^{2+} 通道开放,Ca^{2+} 缓慢内流引起的,受细胞外 Ca^{2+} 浓度影响明显,可被钙通道阻断剂维拉帕米阻断。3 期复极化主要依赖开放的 I_K 通道,使膜对 K^+ 通透性增高,K^+ 迅速外流。4 期自动去极化的机制比较复杂,I_K 通道在动作电位复极化到-50 mV 左右时逐渐失活,K^+ 外流减小速率与窦房结细胞 4 期自动去极化速率基本同步,提示 K^+ 外流进行性衰减在窦房结 4 期自动去极化的过程中发挥了重要作用。同时另一种电压依赖性 Na^+ 通道(I_f 通道)逐渐激活,Na^+ 顺浓度差内流逐渐增强,这是产生窦房结 4 期自动去极化的另一因素,但由于 I_f 通道被充分激活的电位约为-100 mV,而窦房结的最大复极电位约为-70 mV,因此 I_f 通道激活的速度缓慢,内流的 Na^+ 较少,对窦房结 4 期自动去极化的作用仅为 I_K 通道衰减的 1/6。I_f 通道的阻断剂是铯(Cs)。在窦房结 4 期自动去极化后期,T 型 Ca^{2+} 通道开放,Ca^{2+} 顺浓度差内流,使窦房结 P 细胞进一步去极化达到能使 L 型 Ca^{2+} 通道激活的阈电位水平。T 型 Ca^{2+} 通道的阻断剂是镍(Ni)。其

中 K^+ 外流进行性衰减是 4 期自动去极化最重要的离子基础。

2. 浦肯野细胞 浦肯野细胞属于快反应细胞,其动作电位可分为 0、1、2、3、4 共 5 期,除 4 期外,其他各期的波形、形成机制与心室肌细胞基本相同,不同的是浦肯野细胞动作电位 0 期去极化的速率比心室肌细胞快,3 期末最大复极电位较心室肌静息电位更负,而 4 期膜电位不稳定,产生自动去极化是浦肯野细胞与心室肌细胞动作电位的最显著不同之处。浦肯野细胞 4 期自动去极化机制以 I_f 通道充分激活引起的 Na^+ 内流逐渐增强为主,而 I_K 通道逐渐失活引起的 K^+ 外流进行性衰减也起一定作用。浦肯野细胞 4 期自动去极化的速度比窦房结 P 细胞慢,因而它的自动节律性比窦房结 P 细胞低。

三、心肌细胞的生理特性

心肌细胞的生理特性包括自律性、兴奋性、传导性和收缩性。前三者属于电生理特性,以心肌细胞的生物电活动为基础,而收缩性为机械特性,以心肌细胞内的收缩蛋白的功能活动为基础。心肌细胞的收缩性受电生理特性的影响,心肌细胞收缩前先产生动作电位,再通过兴奋-收缩耦联引起肌丝滑行,肌小节缩短。

（一）自动节律性

心肌细胞在没有外来刺激的情况下能够自动产生节律性兴奋的能力或特性,称为自动节律性(autorhythmicity),简称自律性,其形成原因在于自律细胞动作电位的 4 期自动去极化过程。自律性高低的衡量指标是自动兴奋的频率。

1. 心脏起搏点 心脏特殊传导系统(除结区外)都具有自律性,但其自律性高低存在差异。窦房结 P 细胞的自律性最高,约为 100 次/分;房室交界次之,约为 50 次/分;浦肯野纤维的自律性最低,约为 25 次/分。生理情况下,心脏的节律性舒缩活动受自律性最高的窦房结控制,故窦房结是主导心脏产生兴奋和收缩的正常起搏点(normal pacemaker)。以窦房结为起搏点形成的心脏节律,称为窦性节律(sinus rhythm)。正常情况下,心脏的其他自律组织并不表现出自身的自律性,而仅起传导兴奋的作用,故称为潜在起搏点(latent pacemaker)。当窦房结自律性降低、兴奋传导受阻或潜在起搏点的自律性提高时,潜在起搏点可取代窦房结成为异位起搏点(ectopic pacemaker)。由异位起搏点控制的心脏节律,称为异位心律。

2. 影响心肌自律性的因素

（1）4 期自动去极化的速度:在最大复极电位不变的情况下,4 期自动去极化的速度越快,膜电位从最大复极电位上升到阈电位所需要的时间越短,单位时间内产生的兴奋次数越多,即自律性增高;反之,如图 4-9(a)所示,4 期自动去极化速度由 a 减小到 b 时,自律性降低。4 期自动去极化的速度是影响自律性高低的主要因素。

（2）最大复极电位:在 4 期自动去极化的速度不变的条件下,最大复极电位的绝对值减小,则与阈电位之间的差距减小,4 期自动去极化达阈电位所需时间就短,单位时间内产生的兴奋次数就会增多,即自律性增高;反之,如图 4-9(b)所示,最大复极电位由 c 超极化到 d 时,心肌自律性降低。

（3）阈电位水平:在 4 期自动去极化的速度不变的条件下,阈电位水平下移,与最大复极电位的差距减小,4 期自动去极化达阈电位所需时间就短,因而自律性增高;反之,如

图 4-9(c)所示,阈电位水平由 1 升到 2 时,心肌自律性降低。

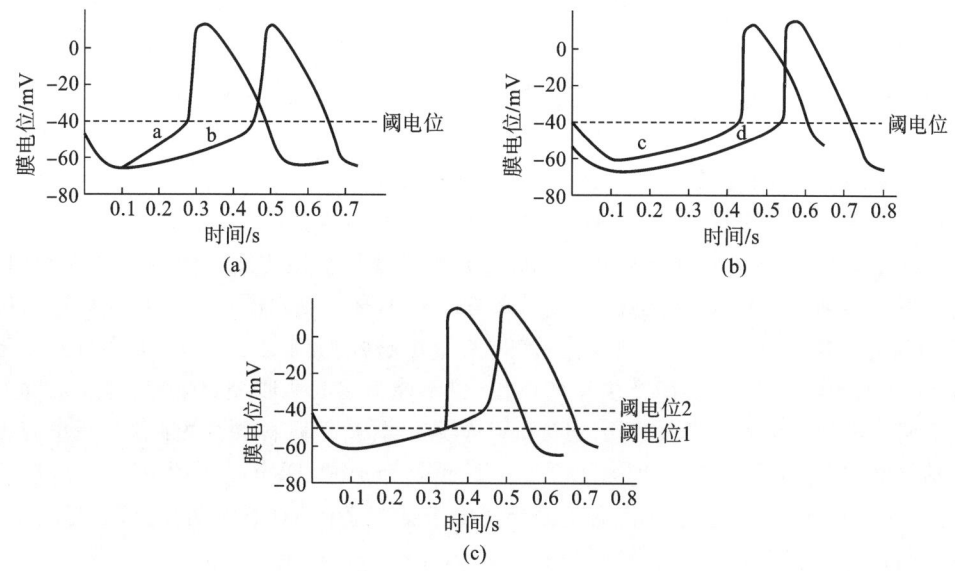

图 4-9　影响心肌自律性的因素

(二)兴奋性

心肌属于可兴奋组织,受到适宜刺激后,具有产生兴奋(动作电位)的能力,即具有兴奋性(excitability),阈值是衡量心肌细胞兴奋性高低的指标,阈值高表示兴奋性低,阈值低则表示兴奋性高。

1. 影响心肌兴奋性的因素　心肌兴奋性的产生包括细胞的膜电位去极化达到阈电位水平以及 0 期去极化的离子通道的激活两个环节,凡能影响这两个环节的因素均可改变心肌细胞的兴奋性。

(1)静息电位(或最大复极电位)与阈电位之间的差距:静息电位(或最大复极电位)的绝对值减小,或阈电位水平下移时,两者之间的差距减小,引起兴奋所需的阈强度减小,兴奋性增高;反之,则兴奋性降低(图 4-10)。

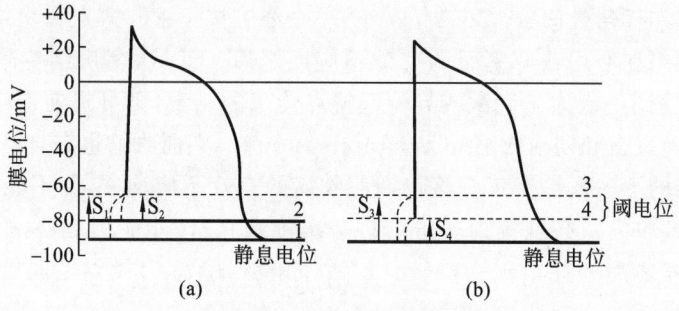

图 4-10　影响兴奋性的因素

注:(a)静息电位 1 的阈刺激 S_1 大于静息电位 2 的阈刺激 S_2;(b)阈电位 3 的阈刺激 S_3 大于阈电位 4 的阈刺激 S_4。

(2)引起 0 期去极化的离子通道状态:分别引起快反应细胞和慢反应细胞产生 0 期去

极化的 Na^+ 通道和 Ca^{2+} 通道都是电压依赖性门控通道,均具有备用、激活和失活三种功能状态(见第二章),这些通道处于何种状态取决于当时的膜电位水平和产生动作电位后的时间进程,具有一定的时间依赖性。因此,Na^+ 通道或 Ca^{2+} 通道是否处于备用状态,是该心肌细胞当时是否具有兴奋性的前提。兴奋性的高低取决于 Na^+ 通道或 Ca^{2+} 通道当时的可利用率。

2. 心肌细胞兴奋性的周期性变化 心肌细胞的兴奋性不是一成不变的,在受刺激而发生可传导的动作电位过程中,其兴奋性会发生周期性的变化(图 4-11)。

(1) 有效不应期:心肌细胞从 0 期去极化开始到 3 期复极化至 $-55\ mV$ 的期间内,不论给予多大的刺激,都不能引起任何反应,兴奋性为 0,称为绝对不应期。从 3 期膜电位由 $-55\ mV$ 复极化到 $-60\ mV$ 的期间内,如果给予足够强的刺激,可引起局部的去极化反应,但达不到阈电位水平,不能产生动作电位,也不能引起心肌收缩,称为局部反应期。由于从 0 期去极化开始到 3 期复极至 $-60\ mV$ 这段时间内,任何刺激均不能使心肌细胞再次产生动作电位,称为有效不应期(effective refractory period,ERP)。产生有效不应期的原因是这段时间内膜电位过低,Na^+ 通道处于完全失活状态(绝对不应期)或仅少量复活(局部反应期),其激活产生的内向电流仍不足以使膜电位去极化至阈电位。

(2) 相对不应期:有效不应期后,膜电位从 $-60\ mV$ 复极化到 $-80\ mV$ 的期间内,给予阈上刺激时可以使心肌细胞产生新的动作电位,称为相对不应期(relative refractory period,RRP),此期膜电位负值进一步增大,钠通道虽已逐渐复活,但开放能力尚未达到正常状态,细胞的兴奋性仍低于正常,只有给予阈上刺激才能引起细胞兴奋,并且产生的动作电位 0 期去极化的速度和幅度均小于正常,兴奋的传导速度也比较慢。

(3) 超常期:在 3 期复极化膜电位从 $-80\ mV$ 恢复到 $-90\ mV$ 的期间内,钠通道已基本恢复到备用状态,加之膜电位与阈电位的差距小于正常,引起兴奋所需的开放的钠通道数目比静息状态少,给予单个阈下刺激也可以使心肌细胞产生新的动作电位,表明心肌兴奋性高于正常,称超常期(supranormal period,SNP)。

与神经细胞和骨骼肌细胞相比,心肌细胞的有效不应期特别长,一直延续到心肌舒张早期(图 4-11)。这一特点使心肌不会像骨骼肌那样发生完全强直收缩,而是始终进行收缩与舒张的交替活动,从而保证心脏的泵血功能。

3. 期前收缩和代偿性间歇 正常情况下,整个心脏按正常起搏点窦房结产生的兴奋节律进行活动。如果在心房或心室肌的有效不应期之后、下一次窦房结传来的兴奋到达之前,心房或心室受到一次人工刺激或异位起搏点传来的刺激,则可提前产生一次兴奋和收缩,分别称为期前兴奋和期前收缩(premature systole)。期前收缩也有自己的有效不应期,如果来自窦房结的下一次兴奋正好落在期前收缩的有效不应期中,便不能引起心室兴奋,即出现一次兴奋"脱失",必须等到窦房结再一次传来兴奋,才能引起心室的兴奋和收缩。因此,在期前收缩之后往往出现一段较长的心室舒张期,称为代偿性间歇(compensatory pause)(图 4-12)。

(三) 传导性

心肌细胞具有传导兴奋的能力或特性,称为传导性。窦房结产生的兴奋以形成局部电流的形式在心肌细胞间传导。通常用兴奋的传导速度来衡量传导性的高低。

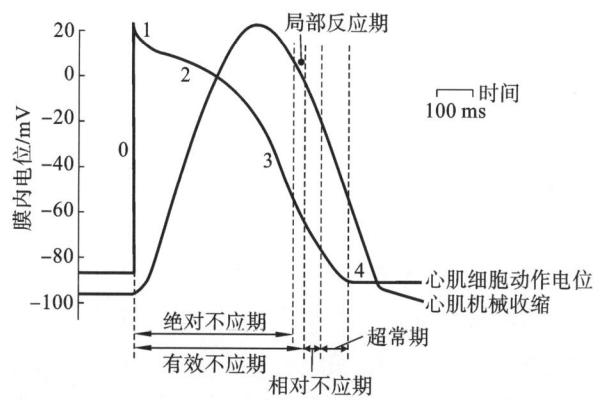

图 4-11 心肌细胞动作电位、心肌机械收缩与兴奋性周期性变化的关系

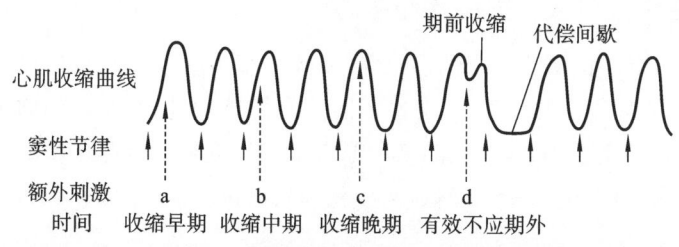

图 4-12 期前收缩与代偿间歇示意图

1. 心脏内兴奋传导的途径 兴奋在心脏内的传播是通过特殊传导系统有序进行的。正常情况下,窦房结细胞产生的动作电位首先通过心房肌传导到整个右心房和左心房,同时,兴奋沿着心房肌组成的"优势传导通路"迅速传到房室交界,再经房室束和左、右束支传到浦肯野纤维网,引起心室肌兴奋(图 4-13)。

窦房结(P细胞) ⟶ 心房肌、结间束(优势传导通路) ⟶ 房室交界(房室结区) ⟶
房室束(希氏束)、左右束支 ⟶ 浦肯野纤维 ⟶ 心室肌

图 4-13 心脏兴奋传导途径示意图

2. 心脏内兴奋传导的特点 不同部位心肌细胞形态和功能不同,造成传导速度差异,表现为"两快一慢"。

(1)心房肌的传导速度约为 0.4 m/s,窦房结的兴奋通过由心房肌组成的"优势传导通路"以 1.0~1.2 m/s 的速度迅速传播到房室交界区。

(2)房室交界区是兴奋由心房传入心室的唯一通路,但其传导速度很慢,尤以结区最慢,约为 0.02 m/s,因此兴奋由心房传导至心室需经一个时间延搁,约需 0.1 s,这种现象称为房-室延搁。房-室延搁具有重要意义,可使心房收缩完毕后心室再收缩,保证心房和心室的收缩在时间上不会发生重叠,使心室得以充分充盈,有利于射血。也正因为如此,房室交界区成为传导阻滞的好发部位,房室传导阻滞是临床常见病。

(3)心室内特殊传导组织的传导速度快,其中浦肯野纤维直径大,肌原纤维含量少,缝隙连接数量多,传导速度最快,为 4 m/s。因此,只要兴奋传到浦肯野纤维,兴奋将几乎立

刻传到左、右心室肌,引起两心室同步兴奋和收缩,有利于提高心室射血能力。兴奋从窦房结传到心室肌总共约需 0.22 s。

3.影响传导性的因素 心肌的传导性的高低取决于心肌细胞自身的结构特点和电生理特性。

1) 结构因素 心肌细胞的直径与细胞内的电阻呈反变关系,结区细胞直径小,细胞内的电阻大,它产生的局部电流就小,传导速度就慢;浦肯野细胞直径最大,传导速度最快。此外,细胞间的缝隙连接数目越多,电阻越小,传导性越好。

2) 电生理因素 心肌细胞的电生理特性是影响心肌传导性的主要因素。

(1)动作电位 0 期去极化的速度和幅度:0 期去极化的速度愈快,则局部电流形成愈快,使邻近未兴奋部位细胞膜去极化达阈电位所需的时间愈短,因而兴奋传导愈快;0 期去极化的幅度愈大,使兴奋与未兴奋部位之间的电位差愈大,则形成的局部电流愈强,扩布愈远,因而兴奋传导愈快。

(2)邻近未兴奋部位膜的兴奋性:兴奋的传导是细胞膜依次兴奋的过程。因为只有邻近未兴奋部位膜的兴奋性正常时,兴奋性才能正常传导,所以前面讲到的影响兴奋性的因素也是影响传导性的重要因素。例如,某种原因造成邻近未兴奋部位膜的静息电位与阈电位之间的差距增大,则膜的兴奋性降低,去极化到阈电位所需的时间延长,将导致传导速度减慢。

(四)收缩性

心肌在结构和电生理特性方面与骨骼肌不完全相同,心肌收缩也有其自身的特点,两者比较见表 4-3。

表 4-3 心肌与骨骼肌收缩特点的比较

	心　　肌	骨　　骼　　肌
共同点	功能单位是肌小节,含粗细两种肌丝,可用滑行理论解释机制,具有最适初长度	
不同点	肌质网不发达,储存 Ca^{2+} 少	肌质网发达,储存 Ca^{2+} 多
	有闰盘	无闰盘
	同步性收缩	等级性收缩
	不发生强直收缩	可强直收缩
	有绞拧作用	无绞拧作用

1. 心肌收缩的特点

(1)不发生完全强直收缩:如前所述,心肌细胞兴奋性周期性变化的主要特点是有效不应期特别长,相当于整个收缩期和舒张早期。在此期间无论多大刺激都不能引起心肌细胞再次兴奋而收缩,因此,生理条件下,心肌不会像骨骼肌那样发生完全强直收缩,而始终保持收缩与舒张交替进行的节律性活动,以保证心脏有序的充盈与射血。

(2)对细胞外 Ca^{2+} 依赖性大:Ca^{2+} 是兴奋-收缩耦联的耦联因子。由于心肌细胞的肌质网不发达,Ca^{2+} 储存量少,而且,心肌细胞肌质网内 Ca^{2+} 的释放依赖于细胞外 Ca^{2+} 内流的触发,因此,心肌的收缩对细胞外 Ca^{2+} 有明显的依赖性。在一定范围内,细胞外 Ca^{2+} 浓度升高,细胞兴奋时 Ca^{2+} 内流增多,心肌收缩力增强;反之,心肌收缩力减弱。当细胞外 Ca^{2+} 浓度显著降低到一定程度时,心肌虽仍然可以产生动作电位,但不发生收缩,称为兴奋-收缩脱耦联。

（3）同步收缩：由于心肌细胞之间的闰盘部分电阻很小,加之心房和心室内特殊传导组织的传导速度快,因此,可以把心房和心室看作是两个功能合胞体。心肌一旦兴奋后,整个心房肌细胞或心室肌细胞要么同时收缩,要么完全不收缩,称为同步收缩或"全或无"式收缩。这种收缩方式保证了心脏各部分之间的协同工作,收缩力量大,有利于提高心脏泵血的效率。

（4）绞拧作用：心室肌较厚,尤以左心室为甚,一般分为浅、中、深三层。部分心肌纤维呈螺旋状走行,当它收缩时产生绞拧作用,收缩合力使心尖做顺时针方向旋转,能够最大限度地减少心室的容积,更有效地将血液射入动脉。

2. 影响心肌收缩的因素 前文已述,影响搏出量的因素,如前负荷、后负荷和心肌收缩能力,以及细胞外 Ca^{2+} 浓度等,都能影响心肌的收缩。

四、心音与心电图

（一）心音

心音(heart sound)是指在心动周期中由心肌舒缩、瓣膜开闭、血液撞击心室壁及大动脉壁和血液流速改变形成的涡流等引起机械振动而产生的声音。心音图机可将心音的机械振动转换成电信号并记录下曲线,即为心音图。正常心音图有 4 个振动波,按其出现的顺序分别称为第一、第二、第三和第四心音。通常用听诊器在胸壁上只能听到清晰的第一心音和第二心音,对某些青年人和健康儿童也可听到第三心音。

1. 第一心音 第一心音发生在心室收缩早期,标志着心室收缩期的开始,它主要由房室瓣快速关闭、心室肌收缩以及心室射出的血液冲击大动脉壁引起的振动而产生,其特点：音调较低,响度较大,持续时间较长(为 0.12～0.14 s),在心尖部(左锁骨中线第五肋间)听诊最清楚。第一心音可反映房室瓣的功能状态和心室肌收缩力的强弱。

2. 第二心音 第二心音发生在心室舒张期,标志着心室舒张期的开始,它是由主动脉瓣和肺动脉瓣快速关闭、血液冲击主(大)动脉根部引起的振动而产生,其特点：音调较高,响度较小,持续时间较短(为 0.08～0.10 s),在心底部(胸骨左、右两旁第二肋间)听诊最清楚。第二心音可反映动脉瓣的功能状态和动脉压力的高低。

3. 第三心音 对部分健康儿童和青年人,偶尔可听到第三心音,它是一种低频、低幅的振动,发生在心室快速充盈期末,是由于此时室壁和乳头肌突然伸展及充盈血流突然减速引起的振动而产生的。

4. 第四心音 也称心房音,出现在心室舒张晚期,是与心房收缩有关的一组发生在心室收缩前的振动,一般情况下听不见。

心脏发生某些病变或心瓣膜开闭发生障碍时,可以产生杂音或异常心音,因此听取心音或记录心音图有助于心脏疾病的诊断,是临床医生重要的基本功之一。

知识链接 ·············· ●

听诊器的发明

1816 年的一天,巴黎医学院教授雷奈克在为一位患心脏病的年轻妇女检查时,由于患者太胖和羞怯,将耳朵靠近她的胸部,也听不到心跳声。机智的雷奈克突然想起声音经过空中管道时会变大,于是他用一张纸卷成管状,将纸管的一端放在患者心脏部位,然后倾听纸管的另一端,结果他不仅听见了心跳声,而且该声音比过去听过的要更清晰。为了更方便地使用这种方法诊断病情,在多次试验的基础上,他自制了一个木质的听诊器。雷奈克的听诊器后来经过奥地利人斯科达的改进,变成非常好用的双耳听诊器,今天已普遍用于世界各地,成了诊断疾病的一种重要工具。

·············· ●

(二)体表心电图

心脏兴奋过程中产生的生物电活动,可通过心脏周围的导电组织和体液传到体表,将测量电极置于体表的一定部位,用心电图机记录出来的心脏电变化曲线,称为心电图(electro cardiogram,ECG)。心电图是反映整个心脏兴奋的产生、传导和恢复过程中电位变化的综合波形,不代表心脏的机械收缩活动,它不但与单个心肌细胞动作电位曲线有明显不同,而且因测量电极的安放部位和连接方式不同而有所差异。

1. 正常心电图的波形及其意义　心电图记录纸上由横线和纵线画出边长为 1 mm 的小正方形,纵线代表电压,灵敏度设为 1 mV/cm 时,每 1 mm 为 0.1 mV;横线代表时间,标准纸速为 25 mm/s 时,每 1 mm 为 0.04 s。根据记录纸可测量出正常心电图各波的电位值和时程。在人体不同部位放置电极,并通过导线与心电图机电流计的正负极相连,这种记录心电图的连线方式称为心电图导联。临床上检查心电图时,常用导联有 12 个,包括Ⅰ、Ⅱ、Ⅲ三个标准导联(双极肢体导联),aVR、aVL、aVF 三个加压单极肢体导联和 $V_1 \sim V_6$ 六个单极胸导联。由于导联不同,记录到的心电图波形可不完全相同,但是每一个心电图都包含几个基本波形。下面以标准Ⅱ导联心电图为例,介绍各波和间期的形态及其意义(图 4-14)。

(1) P 波:左、右两心房的去极化波,反映兴奋在心房传导过程中的电变化,其波形小而圆钝,波幅不超过 0.25 mV,历时 0.08~0.11 s,当心房肥厚时,P 波时间和波幅超过正常。

(2) QRS 波群:反映左、右两心室的去极化过程的电变化。典型的 QRS 波群包括三个紧密相连的电位波动,先是向下的 Q 波,接着是向上的高而尖锐的 R 波,然后是向下的 S 波。正常 QRS 波群历时 0.06~0.10 s,代表兴奋在心室扩布的时间,波幅在不同导联中变化较大。在心室肥厚或心室内兴奋传导异常时,QRS 波群将发生改变。

(3) T 波:反映心室的复极化过程的电变化,其波幅为 0.1~0.8 mV,历时 0.05~0.25 s。正常 T 波方向与 QRS 波群的主波方向一致。如果 T 波低平、双向或倒置,常提示心肌缺血。

(4) PR 间期(或 PQ 间期):指从 P 波起点到 QRS 波群起点之间的这段时间。它代表由窦房结产生的兴奋,经过心房、房室交界、房室束及其分支到心室肌开始去极化所需的时

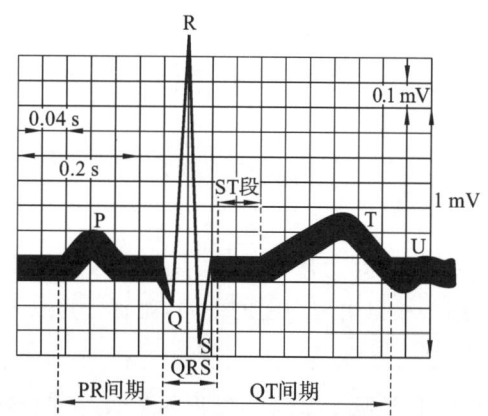

图 4-14　正常人心电图模式图

间。历时 0.12～0.20 s，若时间延长，就表示有房室传导阻滞。

（5）QT 间期：指从 QRS 波群起点到 T 波终点之间的这段时间。它表示从心室去极化开始到复极化至静息状态所经历的时间，正常值为 0.36～0.44 s。QT 间期的长短与心率成反变关系。心肌炎、心功能不全以及血 Ca^{2+} 浓度过低时，QT 间期可延长。

（6）ST 段：指从 QRS 波群终点到 T 波起点之间的线段。它表示心室肌细胞全部处于去极化状态，彼此之间无电位差存在，故正常时与基线平齐，一般上移不超过 0.1 mV，下移不超过 0.05 mV。若 ST 段偏离超过正常范围，常提示有心肌损伤或冠状动脉供血不足。

在上述心电图波形中，没有反映心房肌复极化过程的波形，这是由于心房复极化电位波幅很低，可被 QRS 波群等所掩盖。

2. 心电图与心肌细胞动作电位的关系　心电图的产生是以心肌细胞的生物电变化为基础的，但心脏在一个心动周期中记录到的心电图波形与单个心肌细胞的动作电位曲线具有明显差异，这是由于心电图是整个心脏在兴奋过程中的综合电变化，由细胞外记录的方法获得，而心肌细胞动作电位是单细胞的膜电位变化，由细胞内记录的方法获得。尽管如此，因为它们都反映心脏的同一兴奋过程，所以两者在时间上必有明确的对应关系（图 4-15）。如：心电图上的 P 波对应心房肌细胞动作电位的 0 期去极化；心房肌细胞的复极化被重叠于 PR 间期和 QRS 波群内，通常看不到；QRS 波群与单个心室肌细胞动作电位的 0 期基本对应；心电图上的 ST 段对应单个心室肌细胞动作电位的平台期；心电图上的 T 波对应单个心室肌细胞动作电位的 3 期，此时心室肌处于舒张状态，冠状动脉向心肌供血。

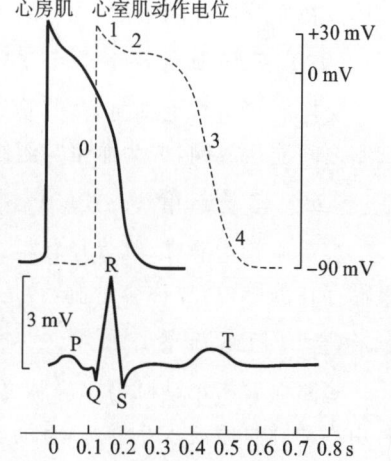

图 4-15　心肌细胞动作电位与心电图关系的示意图

第二节 血管生理

一、各类血管的功能特点

血管是血液流动的管道,可分为动脉、毛细血管和静脉三大类,在血液运输、血液分配和物质交换方面起重要作用。根据生理功能的不同,血管分为以下几类。

(一)弹性储器血管

弹性储器血管指主动脉、肺动脉主干及其发出的最大分支。这些血管管壁厚,富含弹性纤维,具有较大的弹性和可扩张性,称为弹性储器血管。心室收缩时,一方面推动血液向前流动,另一方面使大动脉扩张,暂时储存部分血液。心室舒张时,被扩张的大动脉管壁发生弹性回缩,将弹性势能转变为动能,将其血液继续推向外周,其生理意义是使心脏节律性舒缩引起的间断性射血转化为血管系统中的连续血流,并能减小每个心动周期中血压的波动幅度。

(二)分配血管

分配血管指中动脉,其功能是将血液输送到各器官组织,称为分配血管。

(三)阻力血管

阻力血管指小动脉、微动脉和微静脉。这类血管管径小,对血流的阻力大,称为阻力血管。前两者管壁富含平滑肌,在生理状态下保持一定的紧张性收缩,它们的舒缩活动可明显改变血管口径,影响血流阻力和血流量,以维持动脉血压,是血管系统中阻力最大的部分,又称为毛细血管前阻力血管。微静脉的舒缩也可产生一定阻力,改变毛细血管血压,影响体液在血管内外的分配,称为毛细血管后阻力血管。

(四)交换血管

交换血管指真毛细血管,其管壁薄,通透性好,血流速度慢,且数量多,分布广,深入到细胞之间连接成网,成为血浆与组织液之间进行物质交换的场所,故称为交换血管。

(五)容量血管

容量血管指静脉,其管径较粗、管壁薄、易扩张、容量大。安静时 $60\%\sim70\%$ 的循环血量储存在静脉内,故称容量血管,是血液的储存库。

(六)短路血管

短路血管指小动脉与小静脉之间的吻合支,当短路血管开放时,血液可不经过毛细血管由小动脉直接流入小静脉,有助于体温的调节,常分布在体表皮肤中。

二、血流量、血流阻力和血压

(一)血流量和血流速度

1. 血流量 单位时间内流过血管某一横截面的血量,称为血流量(blood flow),也称容积速度,其单位通常以 mL/min 或 L/min 来表示,按照流体力学理论,液体在某段管道中的流量(Q)与该段管道两端的压力差(ΔP)成正比,与管道对液体的阻力(R)成反比,即:

$$Q = \Delta P/R$$

在封闭的管道系统中,每一截面的流量是相等的。因此,血管中各个截面的血流量都应当相等,即等于心输出量。以体循环为例,上式中的 Q 就是心输出量,R 为血流阻力,ΔP 为主动脉压与右心房压之差。由于右心房压接近于零,ΔP 则接近于主动脉压(P_A),因此上式可写成:

$$Q=P_A/R$$

对于某个器官来讲,上式中的 Q 即为器官血流量,ΔP 为灌注该器官的动脉压和静脉压之差,R 为该器官内的血流阻力。正常情况下,静脉压很低,供应各器官血液的动脉血压基本相同,因此决定器官血流量的主要因素是器官内的血流阻力。

2. 血流速度 血流速度(blood velocity)是指血液中的一个质点在血管内移动的线速度。血流速度与血流量成正比,与血管的横截面积成反比。主动脉的总横截面积最小,而毛细血管的总横截面积最大,因此,血流速度在主动脉内最快,在毛细血管内最慢(图 4-16)。

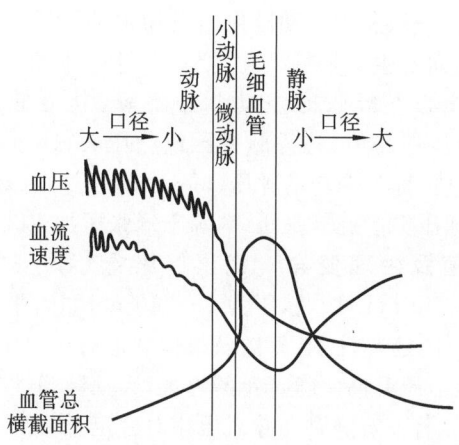

图 4-16 各段血管的总横截面积与血流速度的关系示意图

(二)血流阻力

血液在血管中流动时所遇到的阻力,称为血流阻力(R),来源于血液成分之间以及血液与管壁之间的摩擦力。血流阻力与血管长度(L)和血液黏滞度(η)成正比,与血管半径(r)的 4 次方成反比,即:

$$R = 8\eta L/\pi r^4$$

生理情况下,血管长度和血液黏滞度很少有变化,因此,血流阻力主要取决于血管口径,血管直径越小,则血流阻力越大,血流量越小。

在体循环总血流阻力中,主动脉及大动脉约占 9%,小动脉约占 16%,微动脉约占 41%,毛细血管约占 27%,静脉约占 7%,可见小动脉和微动脉是产生外周血流阻力的主要部位。

（三）血压

血压（blood pressure，BP）是指血管内流动的血液对单位面积血管壁的侧压力，亦即压强。各部分血管都有血压，通常所说的血压是指动脉血压，其计量单位常用毫米汞柱（mmHg）或千帕（kPa）来表示，1 mmHg 等于 0.133 kPa，大静脉和心房压较低，常用厘米水柱（cmH_2O）来表示，1 cmH_2O 等于 0.098 kPa。

在循环系统中，各类血管的血压均不相同，具有如下几个特点（图 4-16）：①整个血管系统存在着压力差，即动脉血压＞毛细血管血压＞静脉血压，这个压力差是推动血液流动的基本动力。②动脉血压在心动周期呈周期性波动，心室收缩期血压上升，心室舒张期血压下降。③血液从大动脉流向心房的过程中，由于要克服血流阻力而不断消耗能量，故血压逐渐下降，血压的下降幅度与该段血管的血流阻力成正比，因此流经小动脉和微动脉时的血压降落幅度最大，约为 55 mmHg，到腔静脉时血压已接近于 0 mmHg。

三、动脉血压和动脉脉搏

（一）动脉血压的概念和正常值

1. 动脉血压的概念　动脉内流动的血液对单位面积血管壁的侧压力，称为动脉血压（arterial blood pressure）。一般所说的动脉血压是指主动脉压。在每一个心动周期中，动脉血压随心脏的舒缩活动而发生周期性变化，心室收缩时主动脉压上升，其最高值称为收缩压（systolic pressure）。心室舒张时主动脉压下降，其最低值称为舒张压（diastolic pressure）。收缩压与舒张压的差值，称为脉搏压或脉压（pulse pressure）。一个心动周期中各瞬间动脉血压的平均值，称为平均动脉压（mean arterial pressure），由于心动周期中舒张期长于收缩期，平均动脉压更接近舒张压，约等于舒张压加 1/3 脉压。

2. 动脉血压的正常值及生理变异　我国健康青年人安静时的收缩压为 100～120 mmHg，舒张压为 60～80 mmHg，脉压为 30～40 mmHg，平均动脉压为 100 mmHg。动脉血压除存在个体差异外，还与性别、年龄及机体状态有关。肥胖者动脉血压稍高，男性略高于女性，更年期后女性血压升高。随着年龄增大，大动脉弹性下降，动脉血压逐渐升高，且收缩压比舒张压升高更显著。安静时动脉血压相对稳定，体力劳动或情绪激动时，交感神经活动增强，血压特别是收缩压可暂时升高。动脉血压还表现为日周期性，凌晨 2～3 时最低，晨起后升高，6～10 时及 16～20 时各有一个高峰期，而后缓慢下降，表现为"双峰双谷"现象，老年人和高血压患者尤为明显，高峰时段也是临床上高血压患者监测血压和给药的最佳时段。

稳定的动脉血压是推动血液循环和保持各器官有足够血流量的必要条件。如果成年人安静时的收缩压持续高于 140 mmHg，舒张压持续高于 90 mmHg，可视为高血压，其分类见表 4-4。如果收缩压持续低于 90 mmHg，舒张压持续低于 60 mmHg，则视为低血压。

表 4-4　高血压类别

类别	正常血压	正常高值	高血压 1 级（轻度）	高血压 2 级（中度）	高血压 3 级（重度）	单纯收缩期高血压
收缩压/mmHg	＜120	120～139	140～159	160～179	≥180	≥140
舒张压/mmHg	＜80	80～89	90～99	100～109	≥110	＜90

（二）动脉血压的形成

循环系统内有足够的血液充盈是动脉血压形成的前提。血液的充盈程度用循环系统平均充盈压(mean circulatory filling pressure)表示，其大小取决于循环血量和血管容积之间的相对关系，如：失血性休克时循环血量减小，平均充盈压降低；大量输液时循环血量增多，此值增高。正常情况下，受神经、体液因素调节，血管总是处于一定程度的收缩状态，循环血量略大于血管容积，使血管处于被动扩张状态，保持一定的充盈压。实验中，将狗麻醉后给予其电刺激造成心室颤动，使心室射血暂停，此时在循环系统各部位测得的压力相同，约为 7 mmHg，即为循环系统平均充盈压。

心室肌的收缩是动脉血压形成的能量来源，是形成动脉血压的基本条件之一，可分为推动血液向前流动的动能和对血管壁形成侧压力的势能。如果不存在外周阻力，心室射入动脉的血液将全部流至外周，即心室收缩时所释放的能量将全部表现为血液的动能，而不对动脉血管壁产生侧压力，也就不能形成动脉血压，可见外周阻力是动脉血压形成的另一基本条件。正常时，由于外周阻力的存在，心室收缩射出的血液只有约 1/3 流至外周，其余约 2/3 暂时储存在富含弹性纤维的主动脉和大动脉内，使管壁的弹性扩张，收缩压上升，但不致过高。心室舒张时射血停止，动脉血压下降，同时被扩张的主动脉和大动脉弹性回缩，将心室收缩期储存的势能转化为动能，继续推动血液向外周流动，并维持舒张压保持一定高度(图 4-17)。

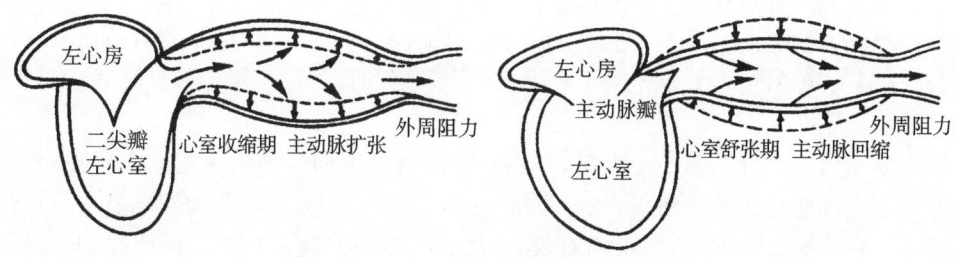

图 4-17　主动脉的弹性储器作用示意图

简言之，动脉血压是在循环系统有足够血量充盈的前提下，由心肌收缩射血和外周阻力两个基本条件同时作用于血液，而形成的血流对血管壁的侧压力。主动脉和大动脉的弹性储器作用是重要的调节因素，能缓冲收缩压、维持舒张压，并能保持血流的连续。

（三）影响动脉血压的因素

凡能影响动脉血压形成的各因素(图 4-18)，均可影响动脉血压，以下讨论先假定其他条件不变，然后单独分析某一因素对动脉血压的影响(表 4-5)。

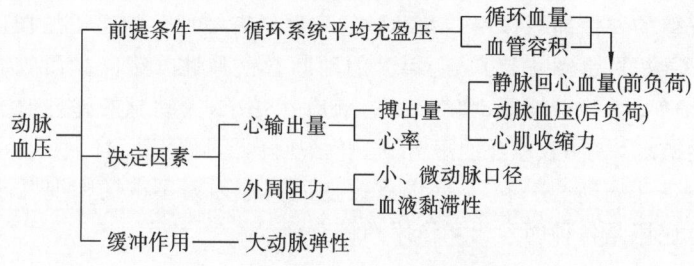

图 4-18　动脉血压的形成及影响因素

表 4-5　影响动脉血压的因素

影响因素	收缩压	舒张压	脉压	主要影响
每搏输出量↑	↑↑	↑	↑	收缩压
心率(40～180 次/分)↑	↑	↑↑	↓	舒张压
外周阻力↑	↑	↑↑	↓	舒张压
大动脉弹性↑	↑	↓	↑↑	脉压
循环血量与血管容量的比例↓	↓	↓	↓	平均充盈压

1. 每搏输出量　如果搏出量增加,心室收缩期射入主动脉的血量增多,血液对单位面积动脉管壁的侧压力增大,收缩压明显升高。同时因为动脉血压升高,血流速度加快,流向外周的血量增多,到心室舒张末期大动脉内存留的血量并无明显增多,所以舒张压升高幅度较小,故脉压增大。反之,如果搏出量减少,则主要使收缩压降低幅度比舒张压更显著,脉压减小。可见收缩压的高低主要反映每搏输出量的多少。

2. 心率　当心率加快时,心动周期缩短,心室舒张期缩短比心室收缩期更明显,在心室舒张期流向外周的血液减少,心室舒张末存留在大动脉内的血量增多,使舒张压明显升高。心室舒张期末存留在大动脉内的血量增多,使下一个收缩期动脉内的血量增多,收缩压也相应升高,但由于血压升高可使血流速度加快,在心室收缩期亦有较多的血液流向外周,因此收缩压升高较少,故脉压减小。反之,心率减慢时,舒张压降低幅度比收缩压更大,故脉压增大。

3. 外周阻力　当外周阻力增大时,心室舒张期血液流向外周的速度减慢,使心室舒张期末存留在大动脉中的血量增多,故舒张压升高幅度较大。在心室收缩期动脉血压升高使血流速度加快,动脉内增多的血量相对较少,故收缩压的升高不如舒张压明显,脉压减小。可见舒张压的高低主要反映外周阻力的大小。外周阻力过高是引发高血压的主要因素之一。临床上常见的原发性高血压病多是由于小动脉、微动脉弹性降低,管腔变窄,使外周阻力增大,故以舒张压增高为主。

4. 循环血量与血管容积　正常机体的循环血量略高于血管容积,两者相适应是维持体循环平均充盈压的前提。如果大失血造成循环血量迅速减少,而血管容积变化不大,可导致体循环平均充盈压降低,动脉血压急剧下降,甚至危及生命,故对大失血患者的急救措施主要是补充血量。而中毒性休克或过敏性休克表现为血管容积增大而循环血量不变,也可使体循环平均充盈压降低,回心血量减少,心输出量减少,导致血压急剧下降。

5. 大动脉管壁的弹性储器作用　大动脉的弹性具有缓冲动脉血压的作用,使收缩压不致过高,舒张压不致过低(图 4-17)。老年人的动脉管壁弹性纤维减少而胶原纤维增多,组织可发生纤维化、钙化,管壁增厚、弹性减退,顺应性变小,大动脉的弹性储器作用降低,对血压的缓冲作用减弱,故使收缩压明显升高,舒张压降低,脉压增大。

在不同的生理和病理情况下,某一因素改变而其他因素不变的情况几乎不存在,因此实际测得的动脉血压是各种因素相互作用的综合结果。

(四) 动脉脉搏

在每个心动周期中,动脉血压随着心肌的收缩舒张而发生周期性的波动,这种周期性的压力变化可引起的动脉血管的扩张与回缩的搏动,称为动脉脉搏(arterial pulse),简称脉搏。脉搏可沿动脉管壁向外周血管传播,其传播速度远较血流速度快,动脉管壁的弹性越好,脉搏的传播速度越慢,主动脉传播速度仅为 $3\sim5$ m/s,而小动脉传播速度可达 $15\sim35$ m/s。在一些浅表动脉(如桡动脉等)用手指能摸到动脉搏动,这是中医"切脉"的主要部位。脉搏的强弱取决于血管内血液的充盈度和脉压的大小,脉搏的频率和节律能反映心率和心律,因此,脉搏在一定程度上可反映心血管的功能状态。

四、静脉血压和静脉回心血量

静脉血管是血液回流入心脏的通道,有瓣膜,容量大,起储存血液的作用。静脉的收缩与舒张可有效地调节回心血量和心输出量以适应不同生理状态的需要。

(一)静脉血压

静脉血压通常可分为中心静脉压和外周静脉压。

1. 中心静脉压 当体循环血液通过毛细血管汇集到微静脉时,血压已降到 $15\sim20$ mmHg,右心房作为体循环的终点,血压已接近于 0 mmHg。通常把右心房和胸腔内大静脉的血压,称为中心静脉压(central venous pressure,CVP),正常波动范围为 $4\sim12$ cmH$_2$O。中心静脉压的高低取决于心脏射血能力和静脉回心血量之间的相互关系。如果心脏射血能力较强,能及时将回心血量射出,则中心静脉压较低;另一方面,当心脏射血能力不变时,静脉回心血量过多,或静脉回流速度过快,则中心静脉压升高。可见中心静脉压能反映心脏射血能力和静脉回心血量,是临床上判断心血管功能的重要指标之一,也是控制补液量和补液速度的监测指标。临床上输液治疗危重患者时,中心静脉压升高提示输液过多、过快或心脏射血功能不全,中心静脉压下降常提示输液量不足。

2. 外周静脉压 各器官的静脉血压称为外周静脉压,通常以人体平卧时的肘静脉压为代表,正常值为 $5\sim14$ cmH$_2$O。当心功能减弱导致中心静脉压升高时,静脉血回流将减慢,血液会滞留于外周静脉内,出现外周静脉压增高的现象。因此,外周静脉压也可作为判断心功能的参考指标。

(二)影响静脉回心血量的因素

单位时间内的静脉回心血量取决于外周静脉压与中心静脉压之间的压力差,以及静脉对血流的阻力。凡能改变两者之间压力差及静脉阻力的因素,都能影响静脉回心血量。此外,由于静脉管壁薄、易扩张,静脉血流还易受到体位和重力的影响。

1. 体循环平均充盈压 体循环平均充盈压是反映循环系统充盈程度的指标,取决于循环血量和血管容积之间的相对关系,当输液或补液使循环血量增加,或容量血管收缩时,循环系统平均充盈压升高,静脉回心血量增多;反之,严重的脱水或大失血使循环血量减少,或过敏性休克导致容量血管舒张时,循环系统平均充盈压降低,静脉回心血量减少。

2. 心脏收缩力 心脏收缩力愈强,搏出量愈多,心室排空愈充分,剩余血量愈少,心室舒张末期压力愈低,中心静脉压愈低,对心房和大静脉血液的"抽吸"力量也愈大,静脉回流速度愈快,回心血量愈多。相反,右心衰竭时,右心室收缩力减弱,搏出量减少,血液淤积于右心房和腔静脉内,中心静脉压升高,使静脉回心血量减少,患者可出现颈静脉怒张、肝肿大、下肢水肿等体征。如左心衰竭时,左心房和肺静脉压升高,常出现肺淤血和肺水肿。

3.呼吸运动　吸气时,胸腔容积增大,胸膜腔负压值增大,牵引胸腔内薄壁的心房和大静脉扩张,降低中心静脉压,加速静脉血液回心;相反,呼气时,胸膜腔负压值减小,静脉回心血量减少。可见,呼吸运动对静脉血回流起着"呼吸泵"的作用。

4.骨骼肌的挤压作用　大多数外周静脉内有控制血液向心流动的静脉瓣,骨骼肌收缩时,挤压肌肉内和肌肉间的静脉,增大外周静脉压,促进静脉血液回流;骨骼肌舒张时,静脉内血压降低,又促使毛细血管和微静脉血液流入静脉。于是骨骼肌和静脉瓣膜一起,对静脉血液回心起着"泵"的作用,称为"肌肉泵"。经常步行或跑步可使肌肉泵作用得到很好的发挥,对心脏的泵血起辅助作用,而长期站立工作的人(如教师、营业员等),肌肉泵的作用不能充分发挥,易引起下肢静脉淤血、下肢水肿,乃至形成下肢静脉曲张。需要指出的是如果肌肉不做节律性舒缩,而是维持在紧张收缩状态(如站军姿),则静脉持续受压,静脉回流反而减少。

5.重力和体位　平卧位,全身静脉与心脏基本处于同一水平,重力对静脉回心血量影响不大。当人体由平卧位变为直立位时,由于受重力影响,心脏水平以下部位的静脉扩张、充血,因而静脉回心血量减少,心输出量随之减少(图 4-19)。在健康人,这种变化由于神经系统的迅速调节而不易被察觉。而长期卧床或体弱久病的人,因静脉管壁的紧张性较低,更易扩张,加上肌肉无力,抗重力的挤压作用减弱,故由平卧位或蹲位突然转为直立位时,血液淤积于下肢,使静脉回心血量减少,心输出量减少,动脉血压骤降,引起眼前发黑(视网膜缺血),甚至晕厥(脑缺血)。

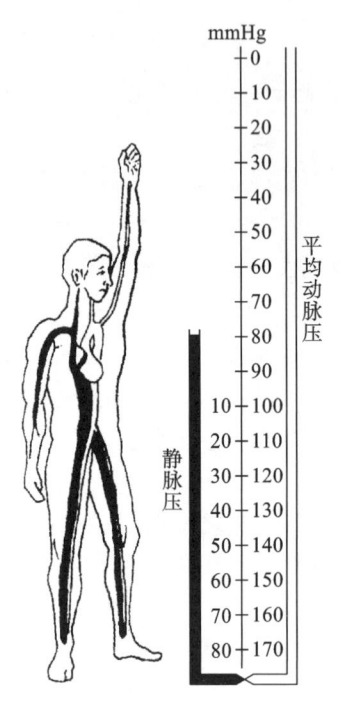

图 4-19 直立体位时重力对平均动脉压和静脉压的影响示意图

五、微循环

微循环(microcirculation)是指微动脉与微静脉之间的血液循环。微循环的基本功能是进行血液与组织液之间的物质交换,调节组织血流量,维持内环境稳态。微循环的组成在不同的器官有所差异。典型的微循环由微动脉、后微动脉、毛细血管前括约肌、真毛细血管、通血毛细血管、动-静脉吻合支和微静脉七部分组成(图 4-20)。

微动脉管壁有完整的平滑肌层,其收缩和舒张可控制微循环血流量,是微循环的"总闸门"。后微动脉是微动脉的分支,其平滑肌纤维不完整,每根后微动脉向一根甚至数根真毛细血管供血。真毛细血管入口部位有环形平滑肌,即毛细血管前括约肌,控制每根真毛细血管的血量,起"分闸门"的作用。毛细血管的血液经微静脉进入静脉。微静脉的舒缩状态可影响毛细血管血压以及微循环的血液流出量,起"后闸门"的作用。

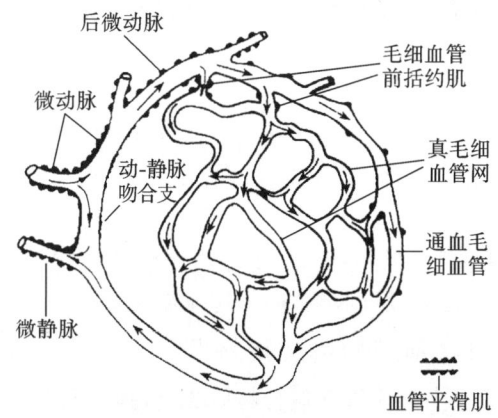

图 4-20 微循环示意图

（一）微循环的血流通路

血液流经微循环有三条结构和功能不同的通路。

1. 迂回通路 血液经微动脉→后微动脉→毛细血管前括约肌→真毛细血管网→微静脉。由于真毛细血管交织成网，迂回曲折，穿行于细胞之间，血流缓慢，加之真毛细血管管壁薄，通透性又好，是血液和组织进行物质交换的主要场所，又称为营养通路。真毛细血管是交替开放的。

2. 直捷通路 血液经微动脉→后微动脉→通血毛细血管→微静脉，称为直捷通路。通血毛细血管是后微动脉的直接延伸，经常处于开放状态，血流速度较快，在物质交换上意义不大。直接通路的主要功能是使部分血液及时通过微循环经静脉回流入心脏，以保证静脉回心血量。常见于骨骼肌微循环。

3. 动-静脉短路 血液经微动脉→动-静脉吻合支→微静脉，这条通路称为动-静脉短路。此路压差大，血流速度快，加之动-静脉吻合支管壁较厚，几乎不进行物质交换，多见于皮肤，一般情况下处于关闭状态，主要参与体温调节。当人体需要大量散热时，皮肤内的动-静脉短路开放，使皮肤血流量增加，有利于体热散发（表 4-6）。

表 4-6 微循环的主要通路及生理功能

通路分类	血流主要途径	开放状态	血流特点	分布部位	生理功能
迂回通路	真毛细血管	交替开放	血流慢	全身	物质交换
直接通路	通血毛细血管	经常开放	血流较快	骨骼肌	加速血液回静脉
动-静脉短路	动-静脉吻合支	必要时开放	血流最快	皮肤	调节体温

（二）微循环血流量的调节

微循环血流量主要受局部代谢产物的经常性调节，神经和体液因素的调节作用相对较小。

1. 局部代谢产物的调节 同一器官、组织中不同部位的真毛细血管网是轮流开放的而同一毛细血管也是开放和关闭交替进行的，正常安静状态下约有 20% 的毛细血管开放。后微动脉和毛细血管前括约肌交替性、间歇性的舒缩活动控制着真毛细血管网的开闭，主要受局部代谢产物的影响。当它们收缩时，真毛细血管网关闭，周围组织中乳酸、CO_2、组胺等代谢产物积聚,氧分压降低,都可引起后微动脉和毛细血管前括约肌舒张,导致真毛细血管网开放,血流量增加,于是局部组织内积聚的代谢产物被血流清除,使真毛细血管网再次关闭,如此反复,每分钟交替收缩和舒张 5～10 次。

2. 神经调节 交感神经兴奋时,通过交感缩血管神经纤维,引起微动脉、后微动脉血管平滑肌收缩,毛细血管前阻力增加,导致微循环血流量减少。交感神经抑制时,微动脉舒张,微循环血流量增多。

3. 体液调节 血管平滑肌的舒缩活动,受缩血管活性物质的调节。如肾上腺素、去甲肾上腺素、血管紧张素等可使微动脉收缩,微循环血流量减少。

（三）血液和组织液之间的物质交换方式

血液和组织液之间通过毛细血管壁进行物质交换,其交换方式主要有以下三种。

1. 扩散 扩散是血液和组织液之间进行物质交换的最主要方式,是顺浓度梯度进行的不耗能的过程。脂溶性物质,如 O_2 和 CO_2 等,可直接通过内皮细胞进行扩散。水溶性小分子物质,如 Na^+、Cl^-、葡萄糖等,可通过毛细血管壁上的孔隙进行扩散。

2. 滤过和重吸收 在毛细血管管壁两侧的静水压和胶体渗透压的作用下,液体由毛细血管内向组织间隙的移动称为滤过,液体向相反方向的移动称为重吸收。血液和组织液之间通过滤过和重吸收方式发生的物质交换仅占很小一部分,但在组织液的生成与回流中起重要的作用。

3. 胞饮 直径大于毛细血管壁孔隙的血浆蛋白等溶质分子通过毛细血管时,首先在毛细血管内皮细胞一侧被内皮细胞膜包围并摄入细胞内,形成小的囊泡,囊泡被运送至细胞的另一侧,并被排出至细胞外。

六、组织液

存在于组织间隙的细胞外液称为组织液,绝大部分呈胶冻状,不能自由流动,因此不会因重力作用而流至身体的低垂部位。除蛋白质含量低外,组织液的成分与血浆基本相同。

（一）组织液的生成与回流

组织液是血浆滤过毛细血管壁而生成的,液体通过毛细血管壁的移动方向取决于毛细血管血压、组织液静水压、血浆胶体渗透压和组织液胶体渗透压这四种因素（图 4-21）。其中,前两者是促进组织液滤过的力量,后两者是促进组织液重吸收的力量。滤过的力量与重吸收的力量之差值称为有效滤过压（effective filtration pressure, EFP）,即:

有效滤过压＝（毛细血管血压＋组织液胶体渗透压）－（血浆胶体渗透压＋组织液静水压）

当有效滤过压为正值时,液体由毛细血管滤出,即生成组织液;当有效滤过压为负值时,液体重吸收入毛细血管内。人体毛细血管动脉端的血压平均为 30 mmHg,组织液胶体渗透压约为 8 mmHg,血浆胶体渗透压约为 25 mmHg,组织液静水压约为 1 mmHg。按上式可算出,毛细血管动脉端的有效滤过压约为 12 mmHg,促使血浆中的一部分液体滤过而生成组织液。当血液由毛细血管的动脉端流到静脉端时,其中毛细血管血压下降到约 10 mmHg,而其他三个因素变化不大,故毛细血管静脉端的有效滤过压约为 －8 mmHg,这就促使滤过的约 90% 组织液又重吸收回血液,其余约 10% 进入组织间隙中的毛细淋巴管,形成淋巴液。

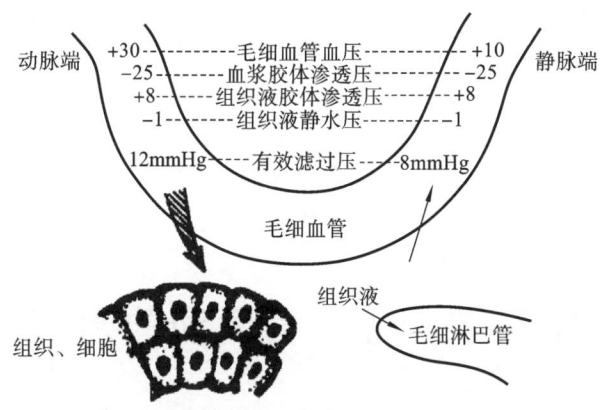

图 4-21 组织液生成与回流示意图

（二）影响组织液生成的因素

在正常情况下,组织液生成和回流总是保持动态平衡,以维持体液的正常分布。一旦组织液重吸收减少或滤过过多,平衡被破坏,液体将潴留在组织间隙,形成水肿。凡能影响有效滤过压、毛细血管壁通透性以及淋巴循环的因素,都能影响组织液的生成。

1. 毛细血管血压 毛细血管血压是促进组织液生成的主要因素。如右心衰竭时,中心静脉压升高,静脉回流受阻,引起毛细血管血压增高,有效滤过压增大,组织液生成增多,可引起全身水肿,身体低垂部位尤为明显。

2. 血浆胶体渗透压 决定血浆胶体渗透压的关键因素是血浆蛋白的浓度,血浆蛋白大都在肝脏合成,当患肝脏疾病时,血浆蛋白合成减少,或营养不良时,蛋白质摄入过少,可引起血浆胶体渗透压下降,有效滤过压增大,组织液生成增多,产生腹水。正常时尿中无蛋白,在某些肾脏疾病时,大量血浆蛋白随尿排出,也可使血浆蛋白含量减少,血浆胶体渗透压下降,常见晨起眼睑和颜面部水肿。

3. 淋巴液回流 从毛细血管滤出的组织液约有 10% 经淋巴管回流。当丝虫病、肿瘤压迫等情况引起局部淋巴管病变或阻塞时,淋巴液回流受阻,组织液积聚而出现局部水肿。

4. 毛细血管壁通透性 正常时,毛细血管壁不能滤过蛋白质。当过敏、烧伤、感染等情况使毛细血管壁通透性异常增大时,部分血浆蛋白渗出进入组织液,使病变部位组织液胶体渗透压升高,有效滤过压增大,组织液生成过多而发生局部水肿。

七、淋巴液的生成与回流

淋巴管系统是组织液向血液回流的重要辅助系统。在毛细淋巴管的起始端,内皮细胞的边缘像瓦片状相互覆盖,形成向管腔内开放的单向活瓣(图 4-22)。组织液可以通过这种活瓣进入毛细淋巴管而不能返回组织液。生理条件下,组织液的压力大于毛细淋巴管中淋巴液的压力,组织液顺压力梯度进入毛细淋巴管形成淋巴液。淋巴液由毛细淋巴管汇入淋巴管,途中要经过淋巴结并在这里获得淋巴细胞,最后由胸导管

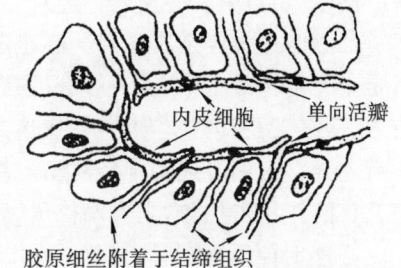

图 4-22 毛细淋巴管起始端结构示意图

和右淋巴导管流入静脉。

正常人每天生成的淋巴液为 2～4 L，大约相当于全身的血浆总量。淋巴液经淋巴系统回流入静脉，因此，淋巴循环可被视为血液循环的一个侧支，参与调节血管内、外液体平衡。另外，通过淋巴循环还可以将组织液中逸出的蛋白质运回血液，使组织液的蛋白质保持较低水平，以维持血管内、外胶体渗透压及水平衡；可以运输脂肪及其他营养物质，并能清除从组织间隙进入淋巴液的红细胞、细菌等异物。由此可见，淋巴循环具有重要的生理意义。

第三节　心血管活动的调节

人体在复杂多变的环境中从事各项活动，各器官组织的代谢水平不同，对于血流量的需求也不断变化。机体通过神经、体液和自身调节，使心血管活动发生相应的改变，为全身各组织器官提供足够数量的血液，以保证其新陈代谢的正常进行。

一、神经调节

心肌和血管平滑肌均接受交感神经和副交感神经的双重支配，通过各种心血管反射调节心血管活动。

（一）心脏的神经支配

支配心脏的传出神经主要为心交感神经和心迷走神经（表 4-7）。

1. 心交感神经及其作用　心交感神经的节前纤维来自位于脊髓第 1～5 胸段（T_1～T_5）中间外侧柱的神经元，其轴突末梢释放的递质为 ACh，激活节后神经元膜上的 N_1 型胆碱能受体。心交感神经的节后神经元的胞体位于星状神经节或颈交感神经节内，其轴突组成心脏神经丛，进入心脏后支配窦房结、房室交界、房室束、心房肌和心室肌。支配窦房结的交感纤维主要来自右侧心交感神经，支配房室交界和心室肌的交感纤维主要来自左侧心交感神经。

当心交感神经兴奋时，其节后纤维末梢释放去甲肾上腺素，可与心肌细胞膜上的 β_1 肾上腺素能受体结合，激活腺苷酸环化酶，使 cAMP 的浓度升高，进而激活蛋白激酶和细胞内蛋白质的磷酸化过程，增加 Ca^{2+} 的内流，促进肌质网释放 Ca^{2+}，导致心率加快，心肌收缩力加强，房室交界传导速度加快，即正性变时、正性变力、正性变传导作用。β 受体阻断剂（如普萘洛尔等）可阻断心交感神经对心脏的兴奋作用。

2. 心迷走神经及其作用　心迷走神经的节前纤维起源于延髓的迷走神经背核和疑核，行走于迷走神经干中，进入心脏后在心内神经节换元，节后纤维支配窦房结、心房肌、房室交界、房室束及其分支，也有少量迷走神经纤维支配心室肌。两侧心迷走神经对心脏的支配有差异。右侧心迷走神经对窦房结的影响占优势，主要调控心率；左侧心迷走神经对房室交界的作用占优势，主要调控房室传导速度。

心迷走神经兴奋时，其节后纤维末梢释放乙酰胆碱，可与心肌细胞膜上的 M 型胆碱能受体结合，使细胞膜对 K^+ 的通透性增大，导致 K^+ 外流增多，引起心率减慢、心房肌收缩力减弱、房室交界处的传导速度减慢，即负性变时、负性变力、负性变传导作用。阿托品是 M

型胆碱能受体阻断剂,能阻断心迷走神经对心脏的抑制作用。

表 4-7 心脏的神经支配及其作用

	心交感神经	心迷走神经
节前神经元	$T_1 \sim T_5$	延髓迷走神经背核和疑核
节后神经元递质	去甲肾上腺素	乙酰胆碱
受体	β_1受体	M受体
关键离子	Ca^{2+}	K^+
收缩力	激活 Ca^{2+} 通道,Ca^{2+} 内流	肌质网 Ca^{2+} 释放减少
窦房结	促进 4 期内向电流	开放 K^+ 通道,K^+ 外流
房室交界	开放 Ca^{2+} 通道,Ca^{2+} 内流	抑制 Ca^{2+} 通道
效应	正性变时、正性变力、正性变传导	负性变时、负性变力、负性变传导

知识链接

梦中的设计发现了神经递质

1920 年的一天,德国科学家奥托·洛维(Otto Loewi)在梦中获得了实验设计,便立即起床,奔赴实验室,用蛙心完成了简单的实验:将两个蛙心分离出来,第一个带有神经,第二个没带神经。两个蛙心都装上蛙心插管,并充以少量任氏液。刺激第一个心脏的迷走神经几分钟,心跳减慢,随即将其中的任氏液转移到第二个心脏内,后者的跳动也慢了下来。同样,刺激心脏的交感神经,而后将其中的任氏液转移至第二心脏,后者的跳动也加速起来。这些结果证明神经并不直接影响心脏,而是在其末梢释放出特殊的化学物质,引起了众所周知的刺激神经所特有的心脏功能的改变。1926 年他确定迷走神经递质为乙酰胆碱。

(二)血管的神经支配

除真毛细血管外,其他血管的血管壁内都有平滑肌分布,小动脉和微动脉较多。绝大多数血管平滑肌均接受自主神经的支配。支配血管平滑肌的神经纤维,可分为缩血管神经纤维和舒血管神经纤维两大类。体内绝大多数血管只接受交感缩血管神经纤维的单一支配,仅有一小部分血管兼由舒血管神经纤维支配。

1. 缩血管神经纤维 目前所知的缩血管神经纤维都是交感神经纤维,又称为交感缩血管神经纤维。它的节前纤维来自位于脊髓胸 1~腰 3 节段($T_1 \sim L_3$)的中间外侧柱,在椎旁和椎前神经节内换元,节后纤维末梢释放去甲肾上腺素,可与血管平滑肌细胞膜上的 α 和 β_2 受体结合,α 受体兴奋,血管平滑肌收缩,β_2 受体兴奋,血管平滑肌舒张。由于去甲肾上腺素与 α 受体的结合能力强于 β_2 受体,因此缩血管纤维兴奋主要引起血管收缩效应。

人体内多数血管只接受交感缩血管神经纤维的单一支配,不同部位血管中交感缩血管神经纤维分布密度不同:皮肤＞骨骼肌和内脏＞冠状动脉和脑血管,微动脉高于微静脉。

正常安静状态下,交感缩血管神经纤维持续发放 $1\sim3$ 次/秒的低频神经冲动,即维持一定程度的持续活动,这种紧张性活动使血管平滑肌保持一定程度的收缩状态,称为交感缩血管紧张。当交感缩血管神经纤维紧张性增强时,血管平滑肌的收缩增强,血管口径变小,血流阻力增大,血压增高;反之,血压降低。

2. 舒血管神经纤维 体内有少部分血管除接受缩血管神经纤维的支配外,还接受舒血管神经纤维的支配。舒血管神经纤维主要有以下两种。

(1)交感舒血管神经纤维:支配骨骼肌血管,其节后纤维末梢释放乙酰胆碱,与血管平滑肌细胞膜上的 M 型胆碱能受体结合,使血管舒张。在安静状态下,此类神经纤维无紧张性活动,只在情绪激动、恐慌或准备做剧烈运动时才发放冲动,使骨骼肌血管预先舒张,血流量增加。人受到强烈精神刺激时产生晕厥可能与此类纤维紧张性增强有关。

(2)副交感舒血管神经纤维:主要分布于脑、唾液腺、胃肠道外分泌腺和外生殖器等少数器官的血管平滑肌,其节后纤维末梢释放乙酰胆碱,与血管平滑肌细胞膜上的 M 型胆碱能受体结合,使血管舒张,增加该器官的血流量,其活动只对所支配组织器官的局部血流起调节作用,对循环系统总外周阻力的影响甚小。

(三)心血管中枢

在中枢神经系统内,与调控心血管活动有关的神经元集中的部位,称为心血管中枢(cardiovascular center),它广泛地分布在从脊髓至大脑皮层的各级水平。各级中枢互相联系,密切配合,从而保证心血管系统的活动协调一致,并与整个机体的需要相适应。

1. 脊髓心血管神经元 脊髓胸、腰段灰质外侧角中有支配心脏和血管的交感节前神经元,骶段还有支配血管的副交感节前神经元,它们的活动完全受延髓和延髓以上神经元控制。

2. 延髓心血管中枢 从动物实验可以观察到,如果从中脑向延髓方向逐段横断脑干,只要保存延髓与脊髓的正常神经联系,动物的动脉血压和心率基本上可以保持在切断前的水平。如果在延髓下 1/3 水平横断脑干,即使没有离断延髓和脊髓之间的联系,动脉血压也将降低到近似脊动物的水平,由此说明延髓是调节心血管活动的基本中枢。

延髓的迷走神经背核和疑核存在心迷走中枢,发出心迷走神经节前纤维;在延髓腹外侧部存在心交感中枢和交感缩血管中枢,分别发出神经纤维控制脊髓内心交感神经和交感缩血管神经的节前神经元。

需要指出的是,在整体情况下,各种心血管反射并不是由延髓心血管中枢独立完成,而是在延髓以上各有关中枢的参与下共同完成的。

3. 延髓以上的心血管中枢 在延髓以上的脑干、下丘脑、小脑和大脑中均存在与心血管活动有关的神经元和神经结构。它们对心血管活动的调节作用更加高级,主要表现为与人体其他功能之间更加复杂的整合作用。如:电刺激下丘脑的"防御反应区",可立即使实验动物进入警觉状态,骨骼肌张力增加,表现出一系列准备防御的行为反应;与此同时,心血管活动也发生相应的反应,如心跳加快、皮肤内脏血管收缩、骨骼肌血管舒张、血压略升高等。心血管的上述反应是防御、搏斗或逃跑时所必需的。这说明下丘脑对心血管的活动有整合作用。

4. 心血管中枢的紧张性活动 心迷走中枢、心交感中枢和交感缩血管中枢经常发放一定频率的冲动,通过各自的传出神经调节心脏和血管的活动,这种现象称为心血管中枢的紧张性活动。心迷走中枢和心交感中枢的紧张性活动对心脏的作用有交互抑制现象,即心迷走中枢兴奋性增强时,心交感中枢活动被抑制。安静状态下,心迷走中枢和心交感中枢之间,心迷走中枢紧张性占优势,通过心迷走神经抑制窦房结(100 次/分)活动,使心率减慢,平均为 75 次/分。在剧烈运动、情绪紧张、疼痛、大出血等情况下,心交感中枢紧张性占优势,表现为正性变时、正性变力、正性变传导作用。交感缩血管中枢的紧张性活动,通过交感缩血管神经纤维传出冲动,使血管处于适当的收缩状态,维持一定的外周阻力。

总之,心迷走神经、心交感神经和交感缩血管神经的紧张性活动起源于延髓的心血管中枢,而延髓心血管中枢的紧张性活动受高级中枢下传信息的调控和外周感受器上传冲动的影响。可见,心血管活动的调节是由上起大脑,下至脊髓的一个完整统一的神经系统完成的。

(四)心血管反射

神经系统对心血管活动的调节是通过各种心血管反射来实现的,使心血管反射活动时刻随人体的功能状态、运动强度、环境变化以及心理状况的不同而调整,其意义在于维持人体内环境的相对稳定并适应外环境的各种变化。

1. 颈动脉窦和主动脉弓压力感受性反射 颈动脉窦和主动脉弓血管壁的外膜下存在丰富的感觉神经末梢,其分支末端膨大,能感受突发的血压升高对血管壁的机械牵张刺激,分别称为颈动脉窦压力感受器和主动脉弓压力感受器(图 4-23)。

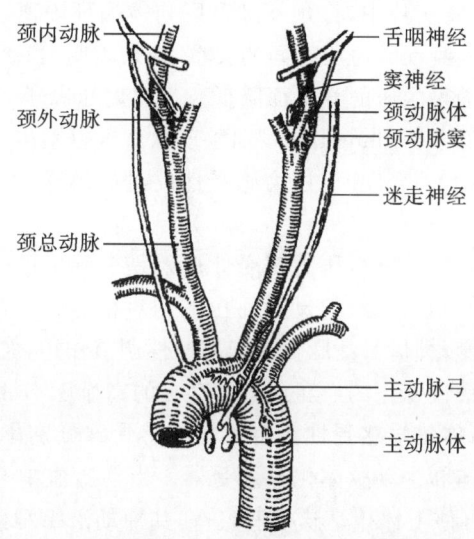

图 4-23 颈动脉窦区和主动脉弓区的压力感受器与化学感受器

当动脉血压使管壁扩张、外膜下的神经末梢受到机械牵张时,压力感受器兴奋发出传入冲动。实验表明,在一定范围(60～180 mmHg)内,压力感受器的传入冲动频率与动脉血压、血管壁的扩张程度成正比,而且颈动脉窦压力感受器对搏动性的压力刺激要比持续性压力刺激更加敏感,这一特征是和正常机体动脉血压随心动周期而波动的特点相适应的。

颈动脉窦压力感受器的传入神经为颈动脉窦神经,窦神经加入舌咽神经,进入延髓,人的主动脉弓压力感受器的传入神经行走于迷走神经干内,然后进入延髓,二者经常发放一定数量的传入冲动到达孤束核,换元后投射到延髓心血管中枢,使心迷走中枢兴奋、心交感中枢和交感缩血管中枢抑制。压力感受性反射的传出神经为心迷走神经、心交感神经和交感缩血管神经纤维,效应器为心脏和血管。

当动脉血压升高时,颈动脉窦和主动脉弓管壁受到牵张刺激而兴奋,通过窦神经和迷走神经传入延髓心血管中枢的冲动频率增加,使心迷走中枢的紧张性活动增强,心交感中枢和交感缩血管中枢的紧张性活动减弱,心迷走神经纤维传出冲动增多,心交感神经纤维和交感缩血管神经纤维传出冲动减少,作用于心脏和血管,导致心率减慢,心肌收缩力减弱,心输出量减少,血管舒张,外周阻力降低,总的结果是血压下降,接近正常水平。因此,颈动脉窦和主动脉弓压力感受性反射又称为降压反射(depressor reflex)。尤需强调的是所谓降压反射具有双向调节能力,当动脉血压降低时,压力感受器传入冲动减少,将最终使血压上升,恢复正常水平,其过程如图 4-24 所示。

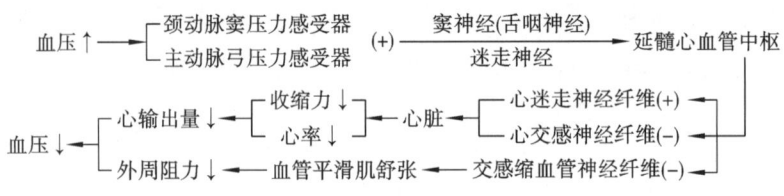

图 4-24　降压反射示意图

在颈动脉窦灌流的动物实验中,将颈动脉窦区与体循环隔离,但保留窦神经与中枢的联系,可以观察窦内压与全身动脉血压之间的关系,结果表明,当窦内压在 $80\sim160$ mmHg 范围内变动时,动脉血压随窦内压的升高而降低。当窦内压高于 180 mmHg 左右时,动脉血压不再下降;当窦内压低于 60 mmHg 左右时,动脉血压也不再升高;而窦内压在正常平均动脉压水平(约 100 mmHg)变动时,压力感受性反射最敏感,即纠正偏离正常水平的血压的能力最强。

综上所述,颈动脉窦和主动脉弓压力感受性反射是一种负反馈调节,其生理意义是对动脉血压进行快速准确的调节,以维持动脉血压的相对稳定。通常此反射在心输出量、外周阻力、血量等发生突然变化时,对动脉血压起即时性调节作用,尤其对动脉血压骤降时的缓冲作用更为重要,而对缓慢变化的血压或持续存在的高血压不敏感。

2. 颈动脉体和主动脉体化学感受性反射　　化学感受器分别位于颈总动脉分叉处和主动脉弓区域,称为颈动脉体和主动脉体化学感受器。当动脉血中 O_2 分压降低、CO_2 分压增高和 H^+ 浓度增高时,均可使上述化学感受器兴奋,其冲动沿窦神经和迷走神经传入延髓,影响延髓内呼吸神经元和心血管神经元的活动,主要效应是引起呼吸加深加快,同时引起除心、脑以外的其他部位血管收缩,由于呼吸加深加快本身可反射性地引起心率加快,从而掩盖了化学感受器传入冲动对心迷走中枢的兴奋作用。

正常情况下,颈动脉体和主动脉体化学感受性反射主要对呼吸具有经常性调节作用,以维持血中 O_2 和 CO_2 含量的相对稳定。而对心血管的调节作用不明显,只有在机体缺氧、窒息、失血、动脉血压过低、酸中毒等异常情况下,通过提高延髓心血管中枢的紧张性,使心率加快,心输出量增加,血压升高,血液重新分配,从而保证心、脑的血液供应,以维持其正常功能。

3. 心肺感受器引起的心血管反射 许多存在于心房、心室和肺循环大血管壁内的感受器,总称为心肺感受器,其传入纤维主要走行于迷走神经干内。引起心肺感受器兴奋的适宜刺激有两类。一类是机械牵张刺激。当心房、心室或肺循环大血管内压力升高或血容量增大时,可使心脏或血管壁受到牵张,心肺感受器发生兴奋。生理条件下,心房壁的牵张主要是由血容量增多而引发的,故心房壁的牵张感受器也叫容量感受器。另一类是化学物质刺激,如前列腺素、缓激肽等。

大多数心肺感受器兴奋时引起的效应是使心交感和交感缩血管神经紧张性降低,心迷走神经紧张性增强,导致心率减慢,心输出量减小,外周阻力下降,血压降低。心肺感受器兴奋时,对肾交感神经活动的抑制作用特别明显,同时还具有抑制抗利尿激素释放等作用,使肾脏排水和排钠量增多,表明此类反射在调节体液总量及成分方面具有一定意义。

此外,其他感受器也可引起心血管反应。疼痛可引起心率加快,血压升高,但长时间剧烈疼痛可能引起心率减慢、血管舒张和晕厥。胃、肠、膀胱等空腔器官受到扩张,睾丸受到挤压时,常可引起心率减慢和外周血管舒张的效应。压迫眼球可反射性地引起心率变慢称为眼-心反射。脑血流量减少时,可引起交感缩血管神经纤维紧张性显著加强,外周血管强烈收缩,血压明显升高,从而恢复脑干的血流,称为脑缺血反应。这些反应说明循环系统的活动与各器官、系统之间有密切联系。

二、体液调节

体液中一些生物活性物质也对心血管的活动具有调节作用,它们有些通过血液运输,广泛作用于心血管系统,有些则主要作用于局部血管,调节局部组织的血流量。

(一)肾上腺素和去甲肾上腺素

血液中的肾上腺素(epinephrine,E)和去甲肾上腺素(norepinephrine,NE 或 noradrenaline,NA)都属于儿茶酚胺类激素,主要来自肾上腺髓质,其中肾上腺素约占80%,去甲肾上腺素约占20%,两者比较见表4-8。交感神经节后纤维释放的去甲肾上腺素一般均在局部发挥作用,只有极少量进入血液循环。

表 4-8 肾上腺素与去甲肾上腺素的比较

	肾上腺素	去甲肾上腺素
来源	肾上腺髓质	肾上腺髓质、交感神经末梢
数量	约80%	约20%
受体	可与 α、β_1、β_2 受体结合	与 α、β_1 受体结合
对心肌作用	与 β_1 受体结合产生正性作用(强)	与 β_1 受体结合产生正性作用(弱)
对血管作用	结合 α 受体收缩血管,结合 β_2 受体舒张血管	可与 α 受体结合(主要)收缩血管
生理效应	强心	升压

肾上腺素可与 α 和 β 两类受体结合。在心脏,肾上腺素与 β_1 受体结合后,引起心率加快,房室传导加速,心肌的收缩力增强,导致心输出量增多,临床上常作为"强心"药用于心脏复苏。而对血管的作用则因 α 和 β_2 受体的分布不同而异,肾上腺素引起 α 受体占优势的

腹腔血管、皮肤血管收缩;同时使 β_2 受体占优势的冠状血管、肝脏、骨骼肌血管舒张,小剂量的肾上腺素以兴奋 β_2 受体为主,这种舒血管作用超过对其他部位的缩血管作用,故全身总外周阻力降低。大剂量的肾上腺素则引起体内大多数血管收缩,总外周阻力增大,血压升高。

去甲肾上腺素主要与 α 受体和 β_1 受体结合,而与 β_2 受体的结合能力很弱,故对全身的血管平滑肌普遍具有收缩作用,使外周阻力增大,动脉血压升高,临床上常将去甲肾上腺素作为缩血管的升压药物。去甲肾上腺素与 β_1 受体结合力比肾上腺素弱,虽然用去甲肾上腺素灌流离体心脏,可使心率加快,但在整体条件下,由于去甲肾上腺素使血管平滑肌强烈收缩,外周阻力增大,血压明显升高,可引起压力感受性反射活动加强,并超过去甲肾上腺素对心脏的直接作用,反而导致心率减慢。

在一般情况下,肾上腺髓质分泌肾上腺素和去甲肾上腺素的量是很少的,但在运动、劳动、情绪激动、失血、窒息、疼痛等情况下分泌量增多,这有利于促进血液循环,以适应机体的需要。

(二) 肾素-血管紧张素-醛固酮系统

肾素(renin)是由肾球旁细胞合成并分泌的一种蛋白水解酶,经肾静脉进入血液循环后,使血浆中的由肝脏合成的血管紧张素原水解,产生一个十肽,为血管紧张素 I,后者在肺组织中的血管紧张素转换酶的作用下,水解为一个八肽,为血管紧张素 II。血管紧张素 II 还可在血浆和组织中的氨基肽酶的作用下进一步水解为七肽,即血管紧张素 III。其中血管紧张素 II 对循环系统的作用最强,主要表现为:①直接促进全身小动脉、微动脉收缩,使血压升高,也可促进静脉收缩,使回心血量增加;②作用于交感神经节后纤维,使其释放递质去甲肾上腺素增多;③作用于中枢神经系统内的一些神经元,使中枢对压力感受性反射敏感性降低,交感缩血管中枢的紧张性加强,并可引起渴觉,导致饮水行为;④与血管紧张素 III 一起促进肾上腺皮质释放醛固酮。醛固酮可促进肾小管对 Na^+、水的重吸收,使循环血量增加。因此,血管紧张素 II 总的作用是使血压升高。由于肾素、血管紧张素和醛固酮三者关系密切,故将它们联系起来称为肾素-血管紧张素-醛固酮系统(见第八章)。这一系统对动脉血压的长期调节具有重要意义。

正常情况下,血中血管紧张素形成不多,而且易被血管紧张素酶分解失活,故平时对血压调节作用不大。但当机体因某种原因(如大失血)引起血压显著下降、肾血流量减少,血浆中 Na^+ 浓度降低、交感神经兴奋时,可刺激肾球旁细胞分泌大量肾素,使血中血管紧张素增多,从而促使血压回升,血量增多。这有利于改善心、脑、肾等重要器官的血液供应,是机体对抗低血压的一种机制。某些肾脏疾病因肾组织长期缺血,可使肾素和血管紧张素长期增多,导致肾性高血压。

(三) 血管升压素

血管升压素(vasopressin,VP)在下丘脑的视上核和室旁核的一些神经元合成,这些神经元发出轴突,经下丘脑-垂体束运输到神经垂体储存,需要时释放入血。生理情况下,主要作用于肾脏,与远曲小管和集合管上皮细胞的 V_2 受体结合,促进远曲小管和集合管对水的重吸收,使尿量减少,故又称为抗利尿激素(antidiuretic hormone,ADH)。血管升压素对于血压不起经常性调节作用,但在人体大量失血、严重失水等情况下,血管升压素大量释放,浓度高于正常血浆浓度的 100 倍时,可以与全身血管平滑肌上 V_1 受体结合并使血管平滑肌收缩,引起血压升高,对维持体液量及使血压回升具有重要作用,是目前已知的最强的缩血管物质之一。

(四)心房钠尿肽

心房钠尿肽(atrial natriuretic peptide,ANP)又称为心钠素或心房肽,是由心房肌细胞合成和释放的多肽类激素。心房壁受牵拉可引起 ANP 释放,ANP 主要作用于肾脏,抑制 Na^+ 的重吸收,具有强大的利钠和利尿作用;ANP 有较强的舒血管作用,使外周阻力降低,还可使心率减慢,心输出量减少。此外,ANP 还能抑制肾素、血管紧张素、醛固酮、血管升压素的释放。以上作用都可导致体内细胞外液量减少,血压降低。

(五)血管内皮生成的血管活性物质

血管内皮细胞能生成和释放多种血管活性物质,引起血管平滑肌的舒张或收缩。

1.血管内皮生成的舒血管物质 血管内皮生成和释放的舒血管物质主要有 NO 和前列环素。NO 能激活血管平滑肌细胞内的可溶性鸟苷酸环化酶,使 cGMP 浓度升高,游离 Ca^{2+} 浓度降低,引起血管舒张;与此同时,它还可减弱缩血管物质对血管平滑肌的直接收缩效应。前列环素也称前列腺素 I_2,它通过降低血管平滑肌细胞内的 Ca^{2+} 浓度,使血管舒张。

数字资源 一氧化氮、伟哥与 1998 年诺贝尔奖历史回顾

2.血管内皮生成的缩血管物质 内皮素是由 21 个氨基酸残基组成的多肽,是目前已知的最强烈的缩血管物质之一,其作用机制是与血管平滑肌细胞膜上的特异受体结合,促进肌质网释放 Ca^{2+},从而使血管平滑肌收缩加强。给动物注射内皮素可引起持续时间较长的升压效应,但在升血压前常先出现短暂的降压过程。

(六)其他体液因素

1.激肽释放酶-激肽系统 血浆激肽释放酶和组织激肽释放酶可以将血浆中的蛋白质底物激肽原水解,分别生成缓激肽和胰激肽(血管舒张素),缓激肽能够通过内皮释放 NO,使血管平滑肌舒张和毛细血管的通透性增高,增加局部血流量。缓激肽和胰激肽是目前已知最强的舒血管活性物质,也参与动脉血压的调节,通过引起全身血管舒张而使外周阻力减小,血压降低。

2.组胺 组胺具有强烈的舒血管作用,并使毛细血管壁和微静脉的通透性增加,形成局部组织水肿,严重时造成血管容量增大,循环血量相对减少,致使血压下降,甚至引起休克。组织损伤、炎症或过敏反应都可引起组胺的释放。皮肤、肺和肠系膜的肥大细胞中含有大量的组胺。

3.前列腺素 不同类型的前列腺素对于血管平滑肌的作用不同,前列腺素 E_2 具有较强的舒血管作用、前列腺素 $F_{2\alpha}$ 则可使静脉收缩。

第四节 重要器官的血液循环特点

安静状态下,体内各个器官的平均血流量和耗氧量不同,其中血流量取决于该器官的动、静脉压差和阻力血管的舒缩状态,具有各自的特征。本节仅讨论心、肺、脑几个主要器官的血液循环特点与调节。

一、冠状动脉循环

(一)冠状动脉循环的解剖特点

冠状动脉循环是营养心脏自身的血液循环。心脏的血液供应来自左、右冠状动脉,其主干走行于心脏表面,小分支常以垂直于心脏表面的方向穿入心肌,在心内膜下分支成网。这种分支方式使冠状动脉小分支容易在心肌收缩时受到压迫。心脏的毛细血管网分布极为丰富,毛细血管数和心肌纤维数的比例为1∶1。当心肌发生病理性肥厚时,心肌纤维直径增大,但毛细血管数量并无相应增加,因此肥厚的心肌容易发生血液供应不足。冠状动脉的侧支细小,血流量少,当冠状动脉突然发生阻塞时,侧支循环往往需要经过相当长的时间才能建立,因此极易导致心肌梗死。但如果冠状动脉阻塞是缓慢形成的,则侧支可逐渐扩张而形成有效的侧支循环,起到代偿作用。冠脉造影是临床上诊断冠心病的金标准。

> **知识链接**
>
> #### 心脏导管介入技术
>
> 1929年,德国医生 Werner Forssmann 在自己身上实施了第一例心导管介入术,他当时的目的是想找到往心内注射药物的新方法,但他的上级医师认为他在作秀,禁止他在任何人身上实施心导管手术。1941年,美国纽约哥伦比亚大学贝尔维尤医院的 Andre Cournand 和他的同事 Dickinson Richards 系统全面地观察了每一例心脏病患者的血流动力学,他们三人分享了1956年的诺贝尔生理学或医学奖。1960年,心血管导管介入术得到广泛开展,催生了经导管心律失常的治疗、起搏器、冠脉造影、体内心律转复除颤器等一系列重大的诊断与治疗技术,从而使心血管导管介入术逐渐成为不可或缺的心脏病诊断工具。

(二)冠状动脉循环的生理特点

1. 血压较高,血流量大 足够的冠状动脉血流量是心脏泵血功能的基本保证。冠状动脉直接开口于主动脉根部,循环途径短,血压高,血流快,血流量大。中等体重的正常成人安静时,其总冠状动脉血流量约为225 mL/min,占心输出量的4%～5%,而心脏仅占人体重的0.5%左右。冠状动脉血流量的多少取决于心肌的活动,故左心室心肌血流量大于右心室。当剧烈运动使心肌活动增强时,冠状动脉血流量可增至安静状态时的4～5倍。这一特点可适应心脏工作量大,耗氧量多的需要。

2. 血流量受心肌收缩的影响显著 由于冠状动脉的分支垂直穿行于心肌组织之中,因此,心肌节律性收缩对冠状动脉血流量的影响较大,尤其对左冠状动脉血流的影响更为显著(图4-25)。左心室收缩时可压迫肌纤维之间的小血管,使冠状动脉血流阻力增大,血流量明显减少;而左心室舒张时,小血管受压减轻,血流阻力减小,血流量增多,并且心室舒张期较心室收缩期长,因而心室舒张期左冠状动脉血流量明显多于心室收缩期。由于右心室肌肉较薄弱,故右冠状动脉血流量在心室收缩期和心室舒张期差不多。如果主动脉舒张压增高,冠状动脉血流量将显著增加。心率加快时,由于心室舒张期明显缩短,冠状动脉血流量将减少,可见影响冠状动脉血流量的重要因素是主动脉舒张压的高低和心室舒张期的长短。

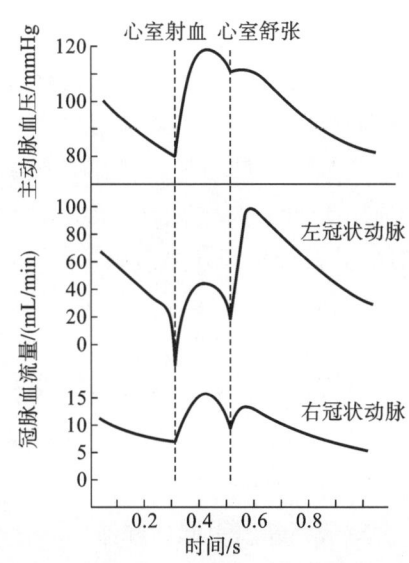

图 4-25 心动周期中左、右冠状动脉血流变化示意图

3. 摄氧率高,耗氧率大 心肌富含肌红蛋白,摄氧能力远高于其他组织,动、静脉血氧差可达 14 mL/100 mL,同时因为心肌做功大,所以耗氧量大。心肌对缺血、缺氧很敏感。冠心病患者,可因冠状动脉痉挛,使心肌血液供给不足,引发心绞痛。如果冠状动脉发生急性阻塞,来不及建立足够的侧支循环,可造成急性供血不足而引起心肌梗死,严重者数小时内心脏即停止跳动而死亡。

(三)冠状动脉循环的调节

冠状动脉血流量可受神经和体液因素的调节,但最重要的是受心肌自身代谢产物的调节。

1. 心肌代谢水平的影响 实验证明,心肌收缩的能量来源几乎只依靠有氧代谢。冠状动脉血流量与心肌代谢水平成正比。当心肌代谢增强,耗氧量增多时,心肌代谢产物如 H^+、CO_2、乳酸、缓激肽、腺苷增多,都可引起冠状动脉舒张,冠状动脉血流量明显增多,其中腺苷具有强烈的舒张冠状动脉的作用。

2. 神经调节 冠状动脉受交感神经和迷走神经支配,前者对冠状动脉的直接作用是使其收缩,后者使其舒张。但在整体条件下,神经因素对冠状动脉血流的影响很快被代谢改变引起的血流变化掩盖。

3. 体液调节 肾上腺素和去甲肾上腺素,一方面直接作用于冠状动脉上的 α 和 β 受体,引起冠状动脉的收缩或舒张,另一方面通过增强心肌代谢水平,加大心肌耗氧量使冠状动脉血流量增加。血管紧张素 Ⅱ 和大剂量的血管升压素则可使冠状动脉收缩,血流量减少。甲状腺激素通过增强心肌代谢,可以使冠状动脉舒张,血流量增大。

二、肺循环

肺循环是指血液从右心室经肺动脉、肺泡周围毛细血管、肺静脉回到左心房的循环过程。肺循环的全部血管都位于胸腔内,易受胸膜腔负压的影响,从而形成了自身的特点。

(一)肺循环的生理特点

1. 路径短、阻力小、血压低 由于肺动脉及其分支短而粗,管腔大,管壁较主动脉薄,顺应性大,对血流的阻力小,因此肺循环是一个低压系统,易受心功能的影响。

2. 有效滤过压是负值 正常情况下,肺毛细血管血压平均仅为 7 mmHg,远低于血浆胶体渗透压(25 mmHg),组织液生成的有效滤过压是负值,故肺组织无组织液生成。但左心衰竭时,左室舒张末期压力增大,肺静脉和肺毛细血管血压升高,可生成组织液,形成肺水肿。

3. 血容量较大、变化范围大 肺的血容量约为 450 mL,约占全身血量的 9%。由于肺组织和肺血管的顺应性大,故肺血容量的变动范围较大,深吸气时则可增加到 1000 mL,是机体的储血库之一。

(二)肺循环的调节

1. 肺泡气氧分压的调节 急、慢性缺氧引起的肺泡气氧分压过低,能使肺泡周围的微动脉收缩,血流阻力增大,局部的血流量减少,使血液流经氧含量较高的肺泡,使肺内气体交换得以充分进行,避免影响体循环血液的氧含量。长期居住在高海拔地区的人,由于空气中氧气稀薄,肺动脉高压常因此引发右心室肥厚。

2. 神经和体液调节 肺循环血管接受交感神经和迷走神经支配,交感神经兴奋使肺血管收缩,血流阻力增大,迷走神经兴奋使肺血管轻度的舒张。

肾上腺素、去甲肾上腺素、血管紧张素Ⅱ,均能引起肺循环血管收缩;组胺、5-羟色胺能使肺循环的微静脉收缩,而乙酰胆碱则使肺血管舒张。

三、脑循环

脑的血液供应来自颈内动脉和椎动脉,在脑底部形成脑底动脉环,由此发出分支,供给脑的不同部位。脑静脉血先汇入静脉窦,再经颈内静脉回流入腔静脉。

(一)脑循环的特点

1. 血流量大、耗氧量多 正常成人在安静状态下,脑血流量约占心输出量的 15%,耗氧量占全身总耗氧量的 20% 左右,而脑的重量只占体重的 2% 左右,因此,脑组织对缺氧、缺血的耐受性很低。在正常体温条件下,停止脑部供血数秒钟,意识即丧失,停止供血 5~6 min,则大脑功能将出现不可逆性的损伤,因此在应激状态下,血液将重新分配,优先保证脑的血液供给非常重要。

2. 血流量变化小 脑位于颅腔内,由于颅腔的壁是骨性的,其容积较为固定,因此脑组织、脑血管和脑脊液三者容积之和必须相对固定。而脑组织和脑脊液均不可压缩,故限制了脑血管的舒缩程度,其血流量的变化较其他器官小。

3. 存在血-脑脊液屏障和血-脑屏障 在毛细血管血液和脑脊液之间存在限制某些物质自由扩散的屏障,称为血-脑脊液屏障。在毛细血管血液和脑组织之间也存在类似的屏障,称为血-脑屏障。脂溶性物质如 O_2、CO_2、某些麻醉药物、乙醇等容易通过,但对水溶性物质来说,如葡萄糖、氨基酸的通透性大,而甘露醇、蔗糖和许多离子的通透性则很低,甚至不能通过。两种屏障的存在,对保持脑组织内环境的稳态和防止血液中的有害物质进入脑内具有重要意义。

（二）脑循环的调节

1. P_{CO_2} 增高、P_{O_2} 的影响 P_{CO_2} 增高和 P_{O_2} 降低都有直接的舒血管效应。但在整体情况下,P_{CO_2} 增高和 P_{O_2} 降低引起的化学感受性反射可引起血管收缩。由于化学感受性反射对脑血管的缩血管效应很小,因此,P_{CO_2} 增高和 P_{O_2} 降低对脑血管的直接舒血管效应非常明显。因此,在脑力劳动时,脑代谢增强,CO_2 增多,使整个脑血流量增大,使活动最多的脑局部组织得到更多的血液供给;反之,过度通气使 CO_2 呼出过多时,脑血流量减少,可引起头晕。

2. 脑血流的自身调节 脑血流量取决于脑平均动脉压和脑血管的血流阻力的大小,当平均动脉压在 60～140 mmHg 的范围内变动时,脑血管可通过其自身调节机制使脑血流量保持稳定。在这一范围内,平均动脉压升高时,脑内微动脉收缩,血流阻力增大,脑血流量不会增多;反之,当平均动脉压降低时,脑内微动脉舒张,血流阻力减小,脑血流量不会减小。平均动脉压低于 60 mmHg,脑血流量明显减少,可引起脑功能障碍。若平均动脉压高于 140 mmHg,脑血流量增加,脑毛细血管血压过高,可导致脑水肿。

3. 神经调节 脑血管接受交感缩血管神经纤维和副交感舒血管神经纤维的支配,分别引起轻度的脑血管收缩和舒张,对脑血流量的调节作用甚小。

小 结

心血管系统由心脏和血管组成,心脏是血液循环系统的动力源,它的节律性收缩与舒张是推动血液在心脏和血管中周而复始地定向流动的原动力,血管是血液运行的通道和物质交换的场所,分为动脉、毛细血管和静脉三大类。

血液循环是血液沿循环系统周而复始地定向流动,其原动力来自心脏的泵血功能。心脏的泵血过程就是心脏进行节律性的收缩与舒张的过程。心脏的一次收缩和舒张,构成一个心动周期。在一个心动周期中,心室的收缩与舒张是造成室内压变化,并导致心房与心室之间、心室与动脉之间产生压力差的根本原因,而压力差又是引起瓣膜开闭的直接动力。瓣膜的开闭是保证血液呈单向流动的关键。心脏的泵血功能常用搏出量、射血分数、心输出量、心指数和心脏做功量来评价。心输出量取决于搏出量和心率,凡影响心率和搏出量的因素（前负荷、后负荷、心肌收缩能力）均影响心输出量。

心脏泵血功能的实现是以心肌细胞的生物电活动为基础的。根据组织学和电生理学特点,可将心肌细胞分为两类:一类是构成心脏的特殊传导系统的自律细胞;另一类是构成心房壁和心室壁的普通心肌细胞,即非自律细胞或工作细胞。心室肌细胞的动作电位分为五个分期,即 0、1、2、3、4 期,其中 2 期是心室肌细胞动作电位的主要特征。窦房结细胞的动作电位分为 0、3、4 三个期,其最大的特点是 4 期膜内电位自动去极化,一旦达到阈电位(约 -40 mV),便产生一个新的动作电位。4 期自动去极化是自律性产生的电生理基础。

心肌细胞的生理特性包括自律性、兴奋性、传导性和收缩性。心脏自律组织中窦房结的自律性最高,因而是主导心脏产生兴奋和收缩的正常起搏点,以窦房结为起搏点的心脏节律,称为窦性心律。心肌细胞每发生一次兴奋,其兴奋性会发生周期性的变化,即经历有效不应期、相对不应期和超常期,然后恢复到原来状态。心肌细胞的有效不应期特别长,相当于整个收缩期和舒张早期,因而心肌不会产生完全强直收缩,这对心脏的泵血功能具有重要意义。

血压是指血管内流动的血液对单位面积血管壁的侧压力。动脉血压形成的前提是足够的血液充盈、心室收缩射血和外周阻力。影响动脉血压的因素包括搏出量、心率、外周阻力、大动脉管壁的弹性、循环血量与血管容量之比,其中影响收缩压的主要是搏出量,影响舒张压的是外周阻力和心率。静脉是血液回心的管道,中心静脉压通常指右心房和胸腔内大静脉的血压,其高低与心脏射血能力和静脉回心血量有关。静脉回心血量受循环系统平均充盈压、心肌收缩力、重力与体位改变、骨骼肌的挤压、呼吸运动等多种因素影响。微循环是指微动脉与微静脉之间的血液循环,包括三个通路,迂回通路是物质交换的场所,动-静脉短路分布于皮肤调节体温,直接通路分布于骨骼肌,促进部分血液回静脉。组织液是血浆滤过毛细血管壁而生成的,其滤过和重吸收取决于有效滤过压,有效滤过压=(毛细血管压+组织液胶体渗透压)-(血浆胶体渗透压+组织静水压),组织液过多将产生水肿。

心血管活动主要受神经和体液的调节。延髓是调节心血管活动的基本中枢,心交感神经起正性变时、正性变力、正性变传导作用,心迷走神经与之拮抗,并在平静状态下占优势。颈动脉窦和主动脉弓压力感受性反射是最为重要的心血管反射,通过双向调节,维持动脉血压稳定在正常范围内,在对动脉血压进行快速调节的过程中起重要作用。心血管活动的体液调节主要包括肾上腺素(强心)和去甲肾上腺素(升压)、肾素-血管紧张素-醛固酮系统、血管升压素等。

冠状动脉是心脏的营养血管,冠状动脉循环具有血压高、血流量大、受心肌收缩影响显著、摄氧量高、耗氧率大等特点。主要受心肌自身的代谢水平调节。肺循环是一个低压系统,其血容量较大且变化范围大。肺循环血流量主要受肺泡气氧分压的调节。脑循环血流量大但变化小,耗氧量多,且存在血-脑脊液屏障和血-脑屏障,主要通过自身调节保持脑血流相对稳定,脑血管的舒缩活动主要受血液中化学因素如 CO_2、O_2 和 H^+ 等的影响,其中 CO_2 起着主导作用。脑组织对缺血、缺氧耐受性差,在应激状态下,血液重新分配,优先保证脑的血液供给。

能力检测

一、名词解释

心动周期　搏出量　射血分数　心输出量　心指数　期前收缩　代偿间期
房-室延搁　血压　中心静脉压　有效滤过压　平均动脉压　收缩压　舒张压

二、选择题

A 型题

1.心动周期中从房室瓣关闭到开放的时间约相当于（　　　）。

A. 心房收缩期＋心室等容收缩期 　　　　　　B. 心房舒张期

C. 心室收缩期 　　　　　　D. 心室舒张期

E. 心室收缩期＋等容舒张期

2.心动周期中,在下列哪个时期主动脉压最低?（　　　）

A. 等容收缩期末 　　　B. 等容舒张期末 　　　C. 心房收缩期末

D. 快速充盈期末 　　　E. 减慢充盈期末

3.心动周期中,在下列哪个时期左心室内压最高?（　　　）

A. 等容收缩期末 　　　B. 等容舒张期末 　　　C. 快速射血期末

D. 快速充盈期末 　　　E. 心房收缩期末

4.心动周期中,在下列哪个时期左心室内容积最小?（　　　）

A. 等容收缩期末 　　　B. 等容舒张期末 　　　C. 快速射血期末

D. 快速充盈期末 　　　E. 心房收缩期末

5.心动周期中,心室血液充盈主要是由于（　　　）。

A. 血液依赖地心引力而回流

B. 骨骼肌的挤压作用加速静脉回流

C. 心房收缩的挤压作用

D. 心室舒张的抽吸作用

E. 胸内负压促进静脉回流

6.心室功能减退患者代偿期射血分数下降的原因是（　　　）。

A. 每分输出量减少 　　　B. 心室腔异常扩大 　　　C. 心肌细胞增生肥大

D. 每搏输出量减少 　　　E. 心率减慢

7.比较不同个体之间的心泵功能,宜选用的评定指标是（　　　）。

A. 每搏输出量 　　　B. 每分输出量 　　　C. 射血分数

D. 心指数 　　　E. 心脏做功量

8.高血压患者较正常人明显增高的心泵功能指标是（　　　）。

A. 心输出量 　　　B. 射血分数 　　　C. 心指数

D. 心脏做功量 　　　E. 搏出量

9.生理情况下,能代表心室肌前负荷的指标是（　　　）。

A. 收缩末期容积或压力   B. 舒张末期容积或压力

C. 等容收缩期容积或压力   D. 等容舒张期容积或压力

E. 收缩中期容积或压力

10. 动脉血压突然升高时,将引起( )。

A. 左心室射血速度增快

B. 心输出量增加

C. 左心室收缩末期容积增加

D. 左心室射血时达到最高室压的时间缩短

E. 左心室射血时的最高室压下降

11. 正常人心率超过 180 次/分时,心输出量减少的原因主要是( )。

A. 心室充盈期缩短   B. 快速射血期缩短

C. 减慢射血期缩短   D. 心室肌氧气供应不足

E. 经减压反射调节后心缩力减弱

12. 心室肌细胞动作电位平台期,主要是由哪些离子跨膜运动形成的( )。

A. Na^+ 内流, Cl^- 外流   B. Na^+ 内流, K^+ 外流   C. Na^+ 内流, Cl^- 内流

D. Ca^{2+} 内流, K^+ 外流   E. K^+ 内流, Ca^{2+} 外流

13. 窦房结细胞动作电位的特征是( )。

A. 0 期去极速度快   B. 4 期自动去极化速度快

C. 2 期平台期长   D. 0 期去极化幅度高

E. 1 期外向离子流主要是 K^+

14. 心室肌细胞在相对不应期和超常期内产生动作电位的特点是( )。

A. 0 期去极化速度快   B. 动作电位时程短   C. 兴奋传导速度快

D. 0 期去极化幅度大   E. 不具有"全或无"特点

15. 心肌细胞不会发生完全强直收缩的原因是( )。

A. 肌质网 Ca^{2+} 储存少   B. 受自动节律性控制

C. 有效不应期特别长   D. "全或无"式收缩

E. 传导的房-室延搁

16. 心房和心室收缩在时间上不重叠,后者必定落在前者完毕后的原因是( )。

A. 窦房结到心房距离近,而到心室距离远

B. 心房肌传导速度快,心室肌传导速度慢

C. 房室交界处传导速度慢而形成房-室延搁

D. 窦房结分别通过不同传导通路到达心房和心室

E. 心房肌细胞兴奋性高,心室肌细胞兴奋性低

17. 衡量心肌自律性高低的主要指标是( )。

A. 动作电位的幅值   B. 心肌细胞膜的兴奋性

C. 4 期自动去极化速度   D. 0 期去极化速度

E. 静息电位水平

18. 阻力血管主要指( )。

A. 大动脉   B. 小动脉及微动脉   C. 毛细血管

D. 小静脉   E. 大静脉

19. 关于静脉,下列叙述中哪一项是错误的?(　　)

A. 接受交感缩血管神经纤维的支配

B. 管壁平滑肌在静脉被扩张时发生收缩

C. 容纳全身血量的一半以上

D. 回心血量不受体位变化的影响

E. 静脉有较高的可扩张性,对血流阻力较小

20. 影响收缩压最主要的因素是(　　)。

A. 心率的变化   B. 每搏输出量的变化

C. 外周阻力的变化   D. 大动脉管壁弹性的变化

E. 循环血量

21. 一般情况下,动脉舒张压主要反映(　　)。

A. 心脏搏出量   B. 心率   C. 外周阻力

D. 大动脉顺应性   E. 循环血量

22. 关于急性失血引起的变化,下列哪一项是错误的?(　　)

A. 动脉血压下降   B. 红细胞的比容升高

C. 心率加快   D. 中心静脉压下降

E. 皮肤苍白湿冷

23. 决定微循环营养通路周期性开闭的主要因素是(　　)。

A. 血管升压素   B. 肾上腺素   C. 去甲肾上腺素

D. 血管紧张素   E. 局部代谢产物

24. 交感缩血管神经纤维分布最密集的血管是(　　)。

A. 皮肤血管   B. 骨骼肌血管   C. 内脏血管

D. 脑血管   E. 冠状动脉

25. 静脉注射去甲肾上腺素时(　　)。

A. 心率加快、血压升高   B. 心率加快、血压降低

C. 心率减慢、血压降低   D. 心率减慢、血压升高

E. 心率和血压不变

26. 在人体处于安静状态时,下列哪个器官的动脉血和静脉血含氧量差值最大?(　　)

A. 脑   B. 心脏   C. 肾脏

D. 皮肤   E. 骨骼肌

27. 窦房结的兴奋由心房到达心室,表现在心电图上的相应部分是(　　)。

A. P-P 间期   B. P-R 间期   C. Q-T 间期

D. S-T 段   E. QRS 波群

28. 右心衰竭时组织液生成增加而致水肿,主要原因是(　　)。

A. 毛细血管血压增高   B. 血浆胶体渗透压降低

C. 组织液静水压降低   D. 组织液胶体渗透压增高

E.毛细血管壁通透性增加

29.心血管活动的基本中枢在（　　　）。

A.脊髓　　　　　　　　　B.延髓　　　　　　　　　C.下丘脑

D.大脑皮层　　　　　　　E.小脑

30.心肌缺氧时引起冠状动脉舒张,主要通过下列哪一因素引起的?（　　　）

A.氢离子　　　　　　　　B.组胺　　　　　　　　　C.腺苷

D.乳酸　　　　　　　　　E.CO_2

B型题

A.压力感受性反射　　　　　　　　　　　B.化学感受性反射

C.心肺感受器反射　　　　　　　　　　　D.肾-体液控制机制

E.肌源性自身调节机制

1.能有效缓冲血压快速波动的心血管反射是（　　　）。

2.在血压过低时,为保证心、脑供血而重新分配血量的心血管反射是（　　　）。

3.能抑制下丘脑释放血管升压素,调节机体血容量的心血管反射是（　　　）。

4.动脉血压的长期调节主要依靠（　　　）。

A.左冠状动脉血流不变　　　　　　　　　B.左冠状动脉血流急剧减少

C.左冠状动脉血流缓慢增加　　　　　　　D.左冠状动脉血流急剧增加

E.左冠状动脉血流达最大值

5.左心室舒张期的早期时（　　　）。

6.左心室等容收缩期时（　　　）。

A.等容收缩期　　　　　　B.等容舒张期　　　　　　C.射血期

D.充盈期　　　　　　　　E.心房收缩期

7.在一次心动周期中,冠状动脉血流量急剧增加的时相是（　　　）。

8.在一次心动周期中,冠状动脉血流量急剧降低的时相是（　　　）。

A.动脉血压升高　　　　　B.中心静脉压降低　　　　C.两者都有

D.两者都无　　　　　　　E.动脉血压降低

9.外周小动脉收缩时（　　　）。

10.心脏射血功能力增加时（　　　）。

三、简答题

1.请以左心室为例说明一个心动周期中心房、心室、主动脉压力、瓣膜开闭、血流方向和心室容积的变化。

2.试述心输出量的影响因素及作用机制。

3.请说明心室肌细胞和窦房结细胞的区别。

4.简述影响自律性的因素。

5.试述正常心脏内兴奋传导的途径、特点和房-室延搁的生理意义。

6.简述第一心音与第二心音的产生机制、听诊部位、特点及临床意义。

7.动脉血压是如何形成的? 影响动脉血压的因素有哪些?

8.影响静脉回心血量的因素有哪些?

9.何为微循环? 试述微循环的组成、血流通路及其生理功能。

10.影响组织液生成的因素有哪些? 举例说明心源性水肿的特点及产生机制。

11.试述心交感神经和心迷走神经在心脏活动中的作用及其机制。

12.试述减压反射的反射弧及生理意义。

13.试述肾上腺素和去甲肾上腺素在心血管活动中的生理作用。

（杨智航）

第五章
呼　吸

 **学习目标**

掌握：实现肺通气的动力；肺通气评价指标；P_{O_2}、P_{CO_2}、pH 值变化对呼吸运动的调节及影响；化学感受性呼吸反射；呼吸中枢。

熟悉：呼吸的三个环节；呼吸运动类型；气体交换的过程；胸膜腔负压的生理意义；O_2 与 CO_2 在血液中运输的形式；肺牵张反射。

了解：气体交换的原理；呼吸肌本体感受性反射；防御性呼吸反射。

本章 PPT

为了维持生命活动，机体需要不断地从外界摄取 O_2 以供器官组织代谢需要，同时将器官组织产生的代谢产物 CO_2 排出体外。这种机体与外界环境之间进行的气体交换过程，称为呼吸（respiration）。呼吸是机体维持正常代谢和生命活动所必需的基本功能之一，一旦呼吸停止，就意味着生命的终结。因此，呼吸在临床上是重点监测的四大生命体征之一。

呼吸的全过程由外呼吸、气体在血液中的运输和内呼吸三个相互衔接的连续环节来完成（图 5-1）。①外呼吸：肺毛细血管血液与外界环境之间的气体交换过程，包括肺通气和肺换气。肺通气是肺泡与外环境之间的气体交换过程，而肺换气则是肺泡与肺毛细血管血液之间的气体交换过程。②气体在血液中的运输：通过血液循环把 O_2 从肺运送到组织，并将 CO_2 由组织运送到肺的过程，是衔接内呼吸和外呼吸的中间环节。③内呼吸：组织换气，是

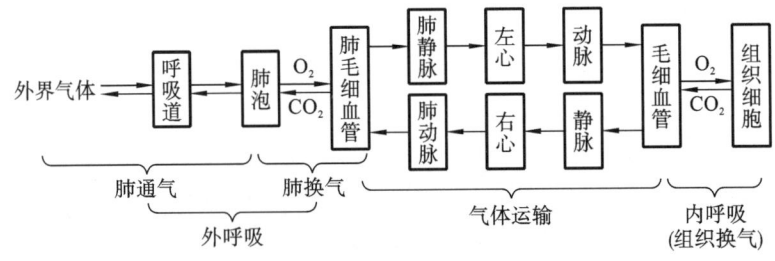

图 5-1　呼吸的全过程示意图

组织毛细血管内的血液与组织、细胞之间的气体交换过程。呼吸过程的任何一个环节发生障碍,均可导致组织缺O_2和CO_2堆积,影响新陈代谢的正常进行和内环境的稳定,甚至危及生命。由于肺通气是整个呼吸过程的基础,而肺通气的动力来源是呼吸运动,因此,狭义的呼吸通常仅指呼吸运动。

第一节 肺 通 气

肺通气(pulmonary ventilation)是肺与外环境之间的气体交换,即气体经呼吸道进出肺泡的过程。实现肺通气的结构基础包括呼吸道、肺泡、胸廓和胸膜腔等。呼吸道包括鼻、咽、喉、气管、支气管,一直到终末细支气管。肺泡是气体交换的主要场所,气体通过呼吸膜(肺泡-毛细血管膜)进行交换。胸廓的节律性呼吸运动是实现肺通气的动力。胸膜腔位于胸廓和肺之间起耦联作用。

一、肺通气的原理

气体进出肺泡取决于两方面因素的影响:一是推动气体流动的动力,另一个是阻止其流动的阻力。前者必须克服后者,才能实现肺通气。

(一)肺通气的动力

根据流体力学的原理,气体总是从压力高的地方流向压力低的地方,因此,气体进出肺泡取决于肺与大气之间的压力差。肺扩张时,肺内压下降,当低于大气压时,气体进入肺内,称为吸气;肺回缩时,肺内压升高,当高于大气压时,气体流出肺外,称为呼气。肺本身并没有主动的张缩能力,肺的扩张与缩小需要由胸廓来带动,而胸廓的扩大和缩小又是通过呼吸肌的舒缩活动来实现的。可见,肺与大气之间的压力差是实现肺通气的直接动力,而呼吸肌收缩和舒张造成的胸廓扩大与缩小则是肺通气的原动力。

1. 呼吸运动 由呼吸肌收缩和舒张所引起的胸廓节律性扩大和缩小称为呼吸运动(respiratory movement)(图 5-2),包括吸气运动和呼气运动。

1)呼吸肌 参与呼吸运动的肌肉,称为呼吸肌,包括吸气肌、呼气肌和呼吸辅助肌。凡是使胸廓扩大,肺内压下降,产生吸气运动的肌肉称为吸气肌,主要有膈肌和肋间外肌;凡是使胸廓缩小,肺内压升高,产生呼气运动的肌肉称为呼气肌,主要有肋间内肌和腹壁肌群。此外,还有一些肌肉如斜角肌、胸锁乳突肌等只是在用力呼吸时才参与呼吸运动,称为呼吸辅助肌。

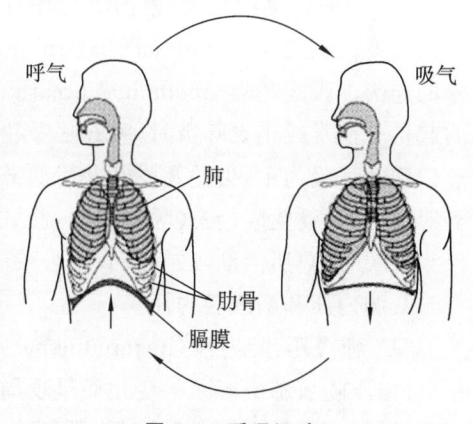

图 5-2 呼吸运动

2)呼吸运动的过程 根据呼吸深度的不同,呼吸运动有平静呼吸和用力呼吸两种不同的呼吸状态,此时参与呼吸运动的呼吸肌也不同。

（1）平静呼吸：安静状态下的呼吸称为平静呼吸（eupnea），它是机体的一种均匀而和缓的自然呼吸，正常成年人平静呼吸的频率为12～18次/分。参与平静呼吸的呼吸肌是膈肌和肋间外肌。

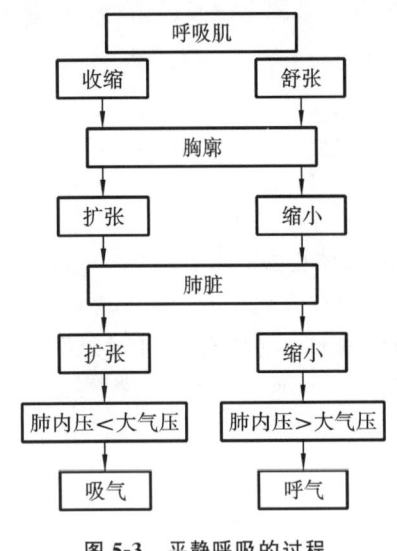

图 5-3 平静呼吸的过程

膈肌呈圆顶状，静止时向上隆起，构成胸腔的底；肋间外肌起自上一肋骨的下缘，斜向前下方走行，止于下一肋骨的上缘。吸气时，膈肌收缩，横膈下降，胸廓上下径增大；肋间外肌收缩，肋骨和胸骨上提，且肋弓外展，胸腔前后、左右径增大，胸廓容积扩大，带动肺被动扩张，肺容积增大，肺内压降低。当肺内压低于外界大气压时，气体进入肺泡，形成吸气。呼气时，膈肌和肋间外肌舒张，膈肌、肋骨、胸骨回位，胸廓和肺容积减小，肺内压升高。当肺内压高于外界大气压时，气体排出体外，形成呼气。由此可见，平静呼吸时，吸气过程是由膈肌和肋间外肌收缩引起的，肌肉需要做功，因此吸气是主动过程，而呼气过程则是吸气肌舒张，胸廓回位引起，肌肉不需要做功，是被动过程（图5-3）。

（2）用力呼吸：机体活动加强时，呼吸用力而加深，称为用力呼吸（forced breathing）或深呼吸。用力吸气时，除膈肌、肋间外肌收缩外，斜角肌、胸锁乳突肌等辅助吸气肌也参与收缩，使胸廓和肺容积进一步增大，吸气量增加。用力呼气时，除吸气肌舒张外，还有呼气肌如肋间内肌和腹肌的收缩，使胸廓和肺容积进一步缩小，呼气量增加。由此可见，用力呼吸时，除吸气肌收缩做功外，辅助吸气肌和呼气肌都参与了呼吸运动，因而吸气和呼气均为主动过程。在某些病理情况下（如缺氧或通气阻力增大时），可表现为呼吸运动显著增强，即使用力呼吸仍不能满足机体需求，此时患者主观感觉空气不够，严重时出现鼻翼扇动等现象，临床上称为呼吸困难。

（3）呼吸运动的形式：根据参与呼吸运动的主要肌群不同，呼吸运动分为胸式呼吸和腹式呼吸。胸式呼吸（thoracic breathing）是以肋间外肌舒缩为主的呼吸运动，呼吸时有胸壁的起伏。腹式呼吸（abdominal breathing）是以膈肌舒缩为主的呼吸运动，呼吸时有腹壁的起伏。正常成年人呼吸时，胸式呼吸和腹式呼吸同时存在，是一种混合式呼吸，但女性一般以胸式呼吸为主，男性及婴幼儿以腹式呼吸为主。当患者有胸部疾病如胸腔积液、气胸等时，胸廓活动受限，胸式呼吸减弱，腹式呼吸加强。当患者有腹部疾病如大量腹水、腹腔巨大肿块时，膈肌活动限制，腹式呼吸减弱，胸式呼吸加强。

2.肺内压和胸膜腔内压

（1）肺内压：肺内压（intrapulmonary pressure）是指肺泡内的压力。在呼吸运动过程中，肺内压随着肺泡容积的变化而呈现周期性的变化（图5-4）。平静吸气初，肺容积随胸腔容积的增大而增大，肺内压降低，低于大气压1～2 mmHg，外界气体经呼吸道进入肺泡。随着肺泡内气体逐渐增多，肺内压也逐渐升高，当肺内压与大气压相等时，吸气停止；呼气开始时，肺容积随着胸廓的回缩而减小，肺内压升高，高于大气压1～2 mmHg，肺泡内气体流向外界，随着肺内气体的呼出，肺内压降低，当肺内压与大气压相等时，呼气停止。呼运动过程中,肺内压的变化幅度与呼吸运动的深浅、缓急和呼吸道是否通畅等因素有关。平静呼吸或呼吸道通畅时,肺内压变化幅度较小,而用力呼吸或呼吸道阻塞时,肺内压的变化幅度较大。

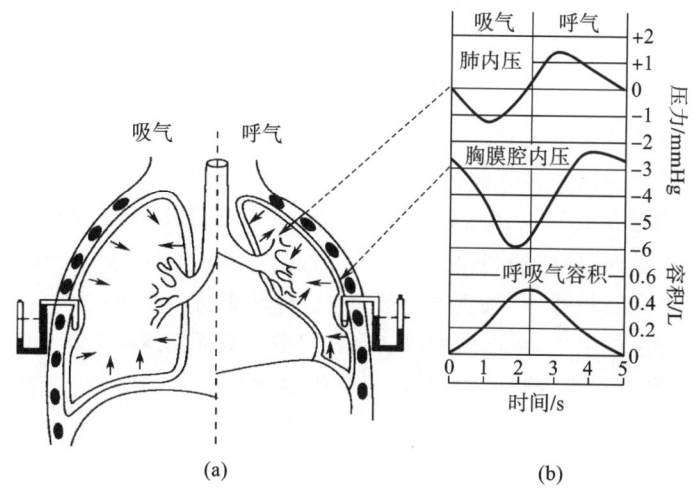

图 5-4　吸气和呼气时,肺内压、胸膜腔内压及呼吸气容积的变化和胸膜腔内压直接测量示意图

注:(a)胸膜腔内压直接测量;(b)肺内压、胸膜腔内压及呼吸气容积的变化。

呼吸过程中肺内压变化的程度,视呼吸运动的缓急、深浅和呼吸道是否通畅而定。若呼吸浅慢,呼吸道通畅,则肺内压变化较小;若呼吸深快,呼吸道不够通畅,则肺内压变化较大。

由此可见,肺内压和大气压之间的压力差是推动气体流动的直接动力。如果呼吸停止,可采用人工的方法改变肺内压,重新建立肺内压和大气压之间的压力差,来维持肺通气,称为人工呼吸(artificial respiration)。常用的人工呼吸方法有两类:一类是人工地使胸廓节律性地扩大和缩小,从而实现肺通气,即负压呼吸法,如提臂压胸法、压背法等;另一类是利用高压向肺内送入气体,使肺扩张,然后停止输气,肺自然回缩,实现呼气,即正压呼吸法,如人工呼吸机辅助呼吸及口对口人工呼吸等。在实施人工呼吸时,首先要保证呼吸道通畅,否则抢救是无效的。

(2)胸膜腔内压:胸膜腔是由脏层胸膜和壁层胸膜形成的一个密闭、潜在的腔隙。正常胸膜腔内仅有少量浆液,没有气体。浆液有两种作用:一是润滑,减轻呼吸运动时两层胸膜间的摩擦;二是液体分子间产生的内聚力,使两层胸膜紧紧相贴,不易分开,保证肺能随胸廓的运动而扩大和缩小。

胸膜腔内压(intrapleural pressure)是指胸膜腔内的压力,简称为胸内压,可用直接法与间接法两种方法测定。直接法是将连接检压计的针头刺入胸膜腔内直接测得(图 5-4);间接法是通过测定食管内压来间接反映。测量表明,胸内压低于大气压,若设定大气压为零,则胸内压为负值,因此习惯上称为胸膜腔负压。肺之所以能随胸廓的运动而运动就是由胸膜腔内负压的作用实现的。

胸膜腔负压的形成与作用于胸膜腔的两种力有关:一是肺内压,使肺泡扩张;二是肺的弹性回缩压,使肺泡缩小。胸膜腔内压就是这两种方向相反的作用力的代数和,即:胸膜腔内压＝肺内压－肺弹性回缩压。在平静吸气末和呼气末,肺内压等于大气压。若以大气压为0,则胸膜腔内压＝－肺弹性回缩压。可见,胸膜腔负压的形成是由肺的弹性回缩力造成的,其大小随呼吸运动而发生周期性的波动。吸气时,肺扩张,肺弹性回缩压增大,胸膜腔负压也增大,平静吸气末为－10 mmHg～－5 mmHg;呼气时,肺扩张程度减小,肺弹性回缩压减小,胸膜腔负压亦减小,平静呼气末为－5 mmHg～－3 mmHg。呼吸运动越强,胸膜腔负压变化幅度越大。

胸膜腔负压的存在以胸膜腔的密闭性为前提,具有重要的生理学意义:①胸膜腔负压的牵拉作用可使肺总是处于扩张状态而不至于萎缩,并使肺能随胸廓的扩张而扩张;②胸膜腔负压可降低心房、腔静脉和胸导管的压力,促进静脉血和淋巴液的回流。若胸膜破裂,胸膜腔就会与外界大气相通,空气进入胸膜腔,这种现象称为气胸(pneumothorax)。气胸可使胸膜腔负压减小或消失,从而使肺因自身的弹性回缩而塌陷,难以扩张,患者出现不同程度的呼吸困难,严重时导致呼吸、循环功能障碍而危及生命。

知识链接 ·····························

气胸的临床类型及治疗

气体进入胸膜腔,造成积气状态,称为气胸。可由于疾病自发地发生,亦可由外伤、手术、诊断或治疗性操作不当等引起,较常见的是自发性气胸。临床上分为闭合性气胸、开放性气胸和张力性气胸三种类型,其中以张力性气胸最为严重,需要紧急抢救,否则危及生命。发生气胸后,胸膜腔内压力升高,胸膜腔负压变成正压,肺回缩,致使静脉回心血流受阻,产生程度不同的心、肺功能障碍。闭合性气胸是由于胸膜的破裂口自然闭合,胸膜腔压力不会持续升高而处于一定的稳定状态,患者有轻中度的呼吸困难。如果肺的萎陷程度不重,一般采用安静卧床休息的保守治疗,如果肺的萎陷程度较重,则先行胸腔穿刺抽气,然后采取安静卧床休息的保守治疗,胸膜腔内气体会被逐渐吸收,胸膜腔恢复负压。开放式气胸是由于胸膜粘连等原因,胸膜的破裂口无法闭合,致使胸膜腔通过支气管与外界大气相通,胸膜腔内压等于外界大气压,患者有中等程度的呼吸困难。此时肺萎陷的程度不会危及生命,但由于胸膜腔与外界大气相通,胸膜腔内可因感染而导致脓胸。因此,开放性气胸应尽早在胸腔穿刺抽气后行胸腔闭式引流术,使开放性气胸转变成闭合性气胸,胸膜腔内气体逐渐被吸收,恢复胸膜腔内负压状态。张力性气胸是由于胸膜的破裂口处形成活瓣样运动,胸膜腔内压力持续不断升高,导致肺呈进行性萎陷。患者有极度的呼吸困难、发绀,可发生急性呼吸、循环功能障碍等而导致死亡。因此,张力性气胸是最为危重的一种类型,需要紧急行胸腔穿刺抽气,然后行胸腔闭式引流术,使胸膜破裂口尽早闭合转变为闭合性气胸。如果胸膜破裂口无法闭合,则需开胸修补破口。一般经过正确有效治疗后,气胸的愈后良好。

（二）肺通气的阻力

肺通气过程中，气体在进出肺时遇到的各种阻止其流动的力，统称为肺通气的阻力。肺通气的阻力包括弹性阻力（elastic resistance）和非弹性阻力（inelastic resistance）。平静呼吸时，弹性阻力约占总阻力的 70%，非弹性阻力约占 30%。临床上肺通气阻力增大是引起肺通气功能障碍最常见的原因。

1. 弹性阻力　弹性阻力是指弹性组织在外力作用下变形时所产生的对抗变形的力。肺和胸廓都是弹性组织，因此，肺通气的弹性阻力应包括肺弹性阻力和胸廓弹性阻力，肺通气的总弹性阻力等于肺弹性阻力和胸廓弹性阻力之和。

弹性阻力的大小通常用顺应性来表示。顺应性（compliance）是指在外力作用下弹性组织的可扩张性。顺应性与弹性阻力呈反变关系，弹性组织越容易扩张则顺应性越大，弹性组织越不容易扩张则顺应性越小。肺和胸廓弹性阻力的大小可以用肺顺应性和胸廓顺应性表示。肺和胸廓顺应性（C）的大小可用单位跨壁压的变化（ΔP）所引起的腔内容积的变化（ΔV）来表示，即

$$C = \Delta V / \Delta P$$

1) 肺弹性阻力　肺弹性阻力包括肺泡表面张力和肺自身的弹性回缩力。前者约占肺弹性阻力的 2/3，后者约占 1/3。由于肺的弹性阻力总是指向肺泡的中心，有使肺泡缩小的倾向。因此，肺的弹性阻力只阻碍吸气过程，是吸气的阻力，但却是呼气的动力。

（1）肺泡表面张力：肺泡内壁覆盖着一层极薄的液体，与肺泡气之间形成液-气界面。因为液体分子间的吸引力大于液体与气体分子之间的吸引力，所以产生了使液体表面积趋于缩小的力，这种力称为表面张力（surface tension）。肺泡表面张力可使肺泡趋向于缩小，降低肺的顺应性，增加吸气阻力。

肺泡表面活性物质（pulmonary surfactant）是主要由肺泡 II 型上皮细胞细胞合成和分泌的一种复杂的脂蛋白混合物（图 5-5）。主要成分是二棕榈酰卵磷脂，其作用是降低肺泡表面张力，有以下生理意义：①降低吸气阻力，减少吸气做功，有利于肺的扩张。②有助维持肺泡的稳定性。由于肺泡表面活性物质在肺泡内液-气界面的密度可随肺泡半径的变小而增大，也随肺泡半径的增大而减小。因此，在呼气时，肺泡缩小，表面活性物质的密度增大，肺泡表面张力减小，因而可以防止肺

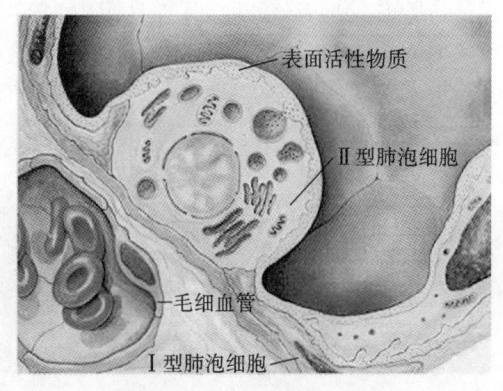

图 5-5　肺泡表面活性物质

泡萎陷；而在吸气时，肺泡扩大，表面活性物质的密度减小，肺泡表面张力增大，因此可以防止肺泡过度膨胀。这样，不同大小肺泡的稳定性得以维持。③防止肺水肿。肺泡表面张力对肺毛细血管血浆和肺组织间液可产生"抽吸"作用，使肺组织液生成增多，可导致液体在肺泡内聚集形成肺水肿。肺泡表面活性物质可降低肺泡表面张力，使上述"抽吸"作用减弱，肺组织液生成减少，从而防止肺水肿的发生。

生理条件下，肺泡表面活性物质不断更新，维持着动态平衡。若病理因素导致表面活

性物质减少,则肺泡表面张力增大,肺弹性阻力增大,吸气阻力增大,可能导致肺不张和肺水肿。例如,当成年人患肺炎、肺梗死等疾病时,可因表面活性物质减少而产生肺不张。

(2)肺自身的弹性回缩力:肺自身的弹性回缩力来自弹性纤维和胶原纤维等成分。一般情况下,肺越扩张,弹性回缩力就越大,肺弹性阻力就会增加。病理情况下,如肺充血或发生组织纤维化时,肺自身的弹性回缩力增大,表现为吸气困难;而肺气肿时,弹性成分被破坏,肺自身的弹性回缩力便减小,不利于气体呼出,则表现为呼气困难。

2)胸廓弹性阻力　胸廓弹性阻力即胸廓的弹性回位力。因胸廓是一个双向弹性体,其弹性回位力的方向随胸廓的位置而改变(图5-6)。当胸廓处于自然位置(平静吸气末,肺容量占肺总量的67%)时,其弹性阻力为零。当胸廓小于自然位置时,其弹性阻力向外,是吸气的动力、呼气的阻力。当胸廓大于自然位置时,其弹性阻力向内,是吸气的阻力、呼气的动力。可见,与肺的弹性阻力不同,胸廓的弹性阻力既可能是吸气或呼气的动力或阻力,又可能是吸气或呼气的动力。

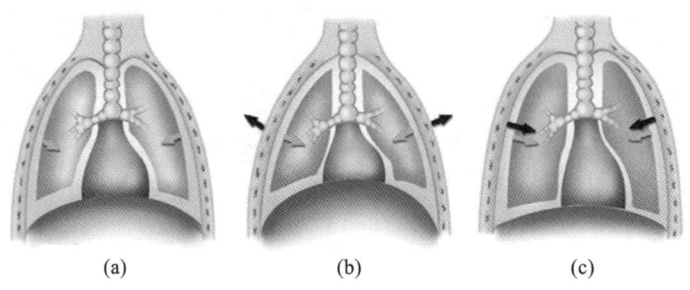

(a)　　　　　　(b)　　　　　　(c)

图 5-6　不同状态下肺与胸廓弹性阻力的关系

注:(a)平静吸气末;(b)平静呼气末;(c)深吸气末。

2. 非弹性阻力　非弹性阻力包括惯性阻力、黏滞阻力和气道阻力。惯性阻力是气流在发动、变速和换向时,因气流惯性所产生的阻力。平静呼吸时惯性阻力可忽略不计。黏滞阻力是来自呼吸时肺、胸廓等组织发生相对位移所发生摩擦的力,占非弹性阻力的10%～20%。气道阻力是气流通过呼吸道时,气体分子间和气体与呼吸道管壁间的摩擦力,是非弹性阻力的主要成分,占80%~90%。气道阻力增加是临床上肺通气障碍最常见的病因。

影响气道阻力的因素有气流速度、气流形式和气道口径。①气流速度:气道阻力与气流速度成正变,若其他条件不变,气流速度越快,阻力就越大。②气流形式:呼吸道内气流有层流和湍流两种形式,层流阻力小,湍流阻力大。当气道内有黏液、渗出物或肿瘤、异物等造成狭窄时,可产生湍流,加大气道阻力。因此,临床上可用排痰、清除异物等方法减少湍流,降低气道阻力。③气道口径:气道口径是影响气道阻力的主要因素,气道阻力(R)的大小与气道半径(r)的4次方成反比,即$R \propto 1/r^4$。因此,气道口径减小时,气道阻力显著增加。呼吸道平滑肌的舒缩是影响气道口径的主要因素。当副交感神经兴奋时,末梢释放乙酰胆碱,作用于气道平滑肌上的M受体,引起支气管平滑肌收缩,气道口径变小,气道阻力增大;当交感神经兴奋时,末梢释放去甲肾上腺素,作用于气道平滑肌上的β_2受体,引起支气管平滑肌舒张,气道口径变大,气道阻力减小。临床上常见的支气管哮喘,就是由于支气管平滑肌痉挛,气道阻力大大增加,导致呼吸困难,可用支气管解痉药物缓解症状。

二、肺通气功能的评价

肺通气过程受呼吸肌的收缩活动、肺和胸廓的弹性特征以及气道阻力等多种因素的影响。肺通气功能障碍分为限制性通气功能障碍和阻塞性通气功能障碍两种类型。限制性通气功能障碍是由于呼吸肌麻痹、肺和胸廓的弹性变化和气胸等引起肺的扩张受限而导致;阻塞性通气功能障碍是由于支气管平滑肌痉挛、气道内异物、气管和支气管分泌物过多,以及气道外肿瘤压迫等引起气道口径减小或呼吸道阻塞而导致。对患者肺通气功能的测定,不仅可以明确是否存在肺通气功能障碍及其障碍的程度,还能鉴别肺通气功能障碍的类型。

(一)肺容积和肺容量

1.肺容积　不同状态下肺所能容纳的气体量称为肺容积(pulmonary volume)。在肺通气过程中,肺容积随呼吸运动而变化,可分为潮气量、补吸气量、补呼气量和余气量四种(图5-7)。它们互不重叠,全部相加后等于肺总量。除余气量之外,其余指标均可用肺量计测定并描记变化曲线。

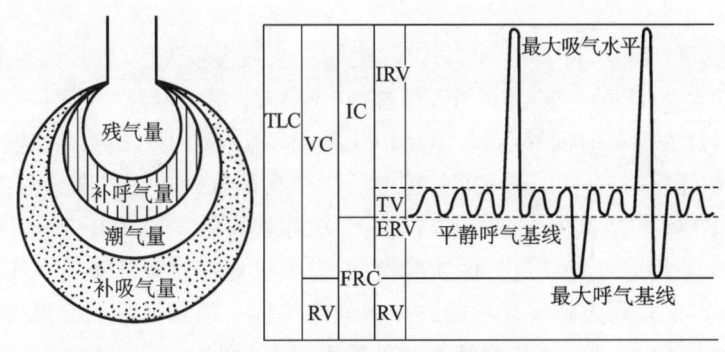

图 5-7　肺容积和肺容量图解

(1)潮气量:每次吸入或呼出的气体量称为潮气量(tidal volume,TV)。因呼吸交替导致潮气量似潮水涨落,故称潮气量。正常成人为400~600 mL,平均为500 mL。潮气量的大小取决于呼吸肌收缩的强度、胸和肺的机械特性以及机体的代谢状态。

（2）补吸气量：平静吸气末，再尽力吸气所能吸入的气量称补吸气量（inspiratory reserve volume，IRV）。正常成人为 1500～2000 mL。补吸气量反映吸气的储备量。

（3）补呼气量：平静呼气末，再尽力呼气所能呼出的气量称补呼气量（expiratory reserve volume，ERV）。正常成人为 900～1200 mL。补呼气量反映呼气的储备量。

（4）余气量：最大呼气末，尚留存于肺内不能呼出的气量称余气量（residual volume，RV），又称残气量。正常成年人为 1000～1500 mL。余气量的存在，可避免肺泡在低肺容积条件下发生塌陷。老年人肺弹性减弱和呼吸肌力量减退，余气量比青壮年大。支气管哮喘和肺气肿患者因呼气性呼吸困难而使余气量增加。

2. 肺容量 肺容量（pulmonary capacity）是肺容积中两项或两项以上的总和，包括深吸气量、功能余气量、肺活量和肺总量（图 5-7）。

（1）深吸气量：从平静呼气末做最大吸气时所能吸入的气体量，称为深吸气量（inspiratory capacity，IC）。它是补吸气量与潮气量之和，是衡量最大通气潜力的重要指标。当胸廓、胸膜、肺组织和呼吸肌发生病变时，可因深吸气量减少而使最大通气潜力降低。

（2）功能余气量：平静呼气末，肺内尚留存的气量称为功能余气量（functional residual capacity，FRC）。它等于余气量和补呼气量之和，正常成人约为 2500 mL。功能余气量的生理意义是能缓冲呼吸过程中肺泡气 P_{O_2} 和 P_{CO_2} 的变化幅度，使肺泡气和动脉血 P_{O_2} 和 P_{CO_2} 不会随呼吸而发生大幅波动，从而有利于肺换气。肺气肿患者功能余气量增加，肺实变患者的功能余气量减小。

（3）肺活量、用力肺活量和用力呼气量：肺活量（vital capacity，VC）是指最大吸气后，尽力呼气所能呼出的最大气量，即潮气量、补吸气量与补呼气量之和。正常成年男性约为 3500 mL，女性约为 2500 mL。肺活量个体差异较大，只适宜做自身比较。其测定方法简单，重复性好，是肺功能测定的常用指标。但由于测定时不限定呼出时间，故作为肺通气功能指标时有其不足之处，例如在某些通气功能障碍疾病（如肺弹性降低或气道狭窄）时，肺通气功能已受到明显影响，呼气时间延长，但肺活量仍可在正常范围。因此，肺活量难以充分反映肺通气功能的状况。为更好地反映肺通气功能，提出了用力肺活量和用力呼气量这两个概念。

用力肺活量（forced vital capacity，FVC）是指一次最大吸气后，以最大力量和最快速度所能呼出的最大气体量。正常时 FVC 略小于 VC。用力呼气量（forced expiratory volume，FEV），过去又称时间肺活量（timed vital capacity，TVC），是指一次最大吸气后，以最大力量和最快速度将气呼出，分别测定前 3 s 末呼出的气量占用力肺活量的百分比。正常人的 FEV_1/FVC、FEV_2/FVC 和 FEV_3/FVC 分别为 83%、96% 和 99%，其中第 1 s 用力呼气量最有意义。用力呼气量是一种动态指标，它不仅能反映肺活量的大小，还能反映呼吸阻力的变化，因此是衡量肺通气功能的一项理想指标。肺弹性降低或阻塞性肺疾病时，用力呼气量可显著降低，第 1 s 用力呼气量可低于 60%（图 5-8）。

（4）肺总量：肺总量（total lung capacity，TLC）指肺所能容纳的最大气量。肺总量由潮气量、补吸气量、补呼气量、余气量四部分组成（图 5-7）。肺总量受性别、年龄、身材、运动锻炼情况和体位改变等影响，成年男性约为 5000 mL，女性约为 3500 mL。

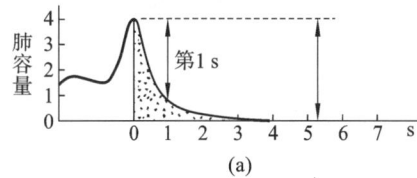 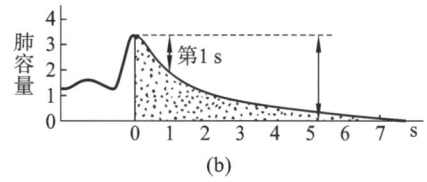

图 5-8 正常时间肺活量和气道狭窄的时间肺活量示意图

(a)正常时间肺活量;(b)气道狭窄的时间肺活量

(二)肺通气量和肺泡通气量

1.肺通气量 每分钟吸入或呼出肺的气体总量称为肺通气量(pulmonary ventilation volume),又称每分通气量。计算公式为:肺通气量=潮气量×呼吸频率。正常成人平静呼吸时,潮气量是 500 mL,呼吸频率为 12~18 次/min,则肺通气量为 6~9 L。肺通气量因性别、年龄、身材和活动量的不同而有所差异。剧烈活动时,肺通气量增大。人体最大限度地尽力做深快呼吸时,每分钟所能吸入或呼出的气量,称最大随意通气量。正常成年男性为 100~120 L,女性为 70~80 L。最大随意通气量代表发挥最大通气功能潜力时所能达到的通气量,是用来判定一个人的通气储备能力的一项重要指标,可用来评估一个个体能进行多大运动量。最大随意通气量减小,则通气储备量小,意味着个体不能从事剧烈运动。临床上常用通气储量百分比来表示通气储备能力,其计算公式为:通气储备百分比=(最大通气量-每分平静通气量)/最大通气量 ×100%。正常值等于或大于 93%,若小于 70%,则表示通气储备功能不良。

2.无效腔 在呼吸过程中,吸入的气体总有一部分留在鼻、咽、喉、气管、支气管等处,这部分气体对气体交换来说是无效的,故将这部分呼吸道容积称为解剖无效腔(anatomical dead space),其容积约为 150 mL。即使进入肺泡的气体也可因血流在肺内分布不均而未能都参与气体交换,把这部分肺泡容量称为肺泡无效腔(alveolar dead space)。解剖无效腔和肺泡无效腔合称为生理无效腔(physiological dead space)。正常人的肺泡无效腔接近于零,因此,健康人平卧时,生理无效腔等于或接近于解剖无效腔。由于无效腔的存在,每次吸入的新鲜空气中只有部分进入肺泡内参与气体交换。因此,每次呼吸过程中真正有效的气体交换量等于潮气量(500 mL)减去无效腔气量(150 mL),为 350 mL。

3.肺泡通气量 每分钟吸入肺泡的实际与血液进行气体交换的有效气体量称为肺泡通气量(alveolar ventilation),是反映肺通气效率的重要指标。计算公式为:肺泡通气量=(潮气量-无效腔气量)×呼吸频率。

如果某人的呼吸频率为 12 次/min,潮气量为 500 mL,无效腔气量为 150 mL,则肺通气量为 6000 mL,而肺泡通气量则为 4200 mL,相当于肺通气量的 70%。当潮气量加倍而呼吸频率减半,或呼吸频率加倍而潮气量减半时,肺通气量不变,而肺泡通气量却发生了很大变化(表 5-1)。由此可以看出,在一定的呼吸频率范围内,保持肺通气量不变,深慢呼吸比浅快呼吸时肺泡气体更新率更高,呼吸效果更好。因此,肺泡通气量是反映肺通气效率的重要指标,也是临床上用于鉴别阻塞性通气功能障碍与限制性通气功能障碍的常用指标。

数字资源 高频通气的产生及临床应用

表 5-1　不同潮气量和呼吸频率时的肺通气量和肺泡通气量

	潮气量 /mL	呼吸频率 /(次/分)	肺通气量 /(mL/min)	肺泡通气量 /(mL/min)
平静呼吸	500	12	6000	4200
浅快呼吸	250	24	6000	2400
深慢呼吸	1000	6	6000	5100

第二节　气体的交换

一、气体交换的原理

呼吸气体的交换包括肺换气和组织换气。前者是指肺泡与肺泡毛细血管之间 O_2 和 CO_2 的气体交换,后者指组织毛细血管血液与组织细胞之间进行的 O_2 和 CO_2 的气体交换。虽然两种换气的地点不同,但换气的原理基本相同,都是以物理扩散的方式透过生物膜来实现的。

根据物理学原理,气体不论是处于气体状态还是溶解于液体当中,气体分子总是由分压高处向分压低处移动,直至两处压力相等,这种过程称为扩散。单位时间内气体扩散的量称为气体扩散速率(diffusion rate,D)。气体扩散速率与分压差有关,还与气体的相对分子质量和溶解度有关。

(一)气体的分压差

气体的分压是指在混合气体中,某种气体组分所产生的压力。气体的分压差是指两个区域之间某种气体分压的差值,是气体扩散的动力。分压差越大,扩散越快,扩散速率也越大;分压差越小,扩散越慢,扩散速率也越小。气体的分压差也决定了体内气体扩散的方向,每种气体的扩散总是顺着各自分压差的方向进行,与其他气体的分压高低无关。下表是安静状态下肺泡气、血液、组织中的 P_{O_2} 和 P_{CO_2} (表 5-2)。

表 5-2　肺泡气、血液和组织中的 P_{O_2} 和 P_{CO_2}　　　　　　　　　　单位:mmHg

	肺泡气	动脉血	静脉血	组织
P_{O_2}	104	100	40	30
P_{CO_2}	40	40	46	50

(二)气体的相对分子质量和溶解度

气体扩散速率与该气体的相对分子质量的平方根成反比,相对分子质量越小,扩散速率越大。气体扩散速率还与该气体的溶解度成正比,溶解度越大,扩散速度越快。当 P_{O_2} 和 P_{CO_2} 相同时,CO_2 的扩散速率是 O_2 的 21 倍。在肺泡与静脉血之间,O_2 的分压差比 CO_2 的分压差大 10 倍。因此,综合结果是 CO_2 的扩散速率比 O_2 的扩散速率大 2 倍。由于 CO_2 比 O_2 更容易扩散,因此临床上缺氧比 CO_2 潴留更常见,呼吸困难的患者往往先出现缺氧。

此外,气体扩散速率还与温度和扩散面积成正比,与扩散距离成反比。

二、气体交换的过程

（一）肺换气过程

由于肺泡气的 P_{O_2} 总是高于静脉血的 P_{O_2}，而 P_{CO_2} 总是低于静脉血的 P_{CO_2}（表5-2），因此当静脉血流经肺时，在分压差的驱动下，O_2 由肺泡向血液扩散，CO_2 从血液向肺泡扩散，结果使静脉血变为动脉血（图5-9）。通常一次心动周期中，血液流经肺毛细血管的时间平均约需 0.7 s，而肺换气仅需 0.3 s 即可完成。当静脉血流经肺毛细血管全长的 1/3 时，气体交换已基本完成。因此，肺换气功能具有很大的潜力。

（二）组织换气过程

组织细胞在代谢过程中不断消耗 O_2 和产生 CO_2。当动脉血流经组织时，由于组织中 P_{O_2} 低于动脉血的 P_{O_2}，P_{CO_2} 高于动脉血的 P_{CO_2}（表5-2），因此，在分压差的驱动下，O_2 由动脉血向组织扩散，CO_2 从组织向血液扩散，结果使动脉血变为静脉血（图5-9）。

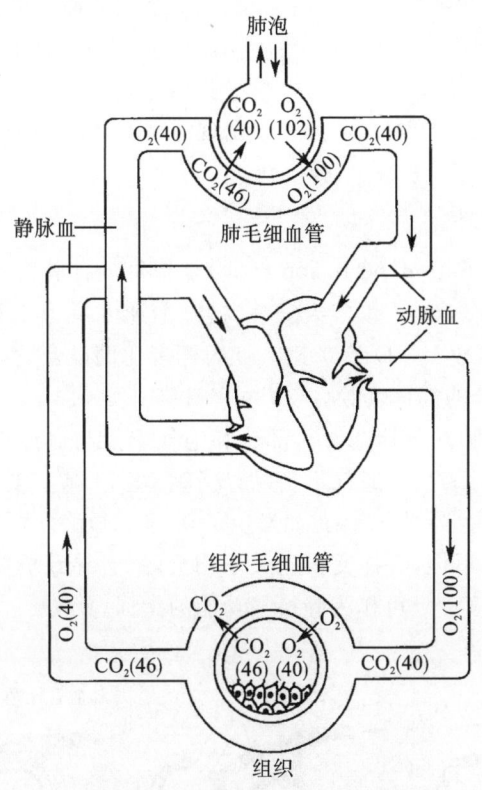

图5-9　肺换气和组织换气示意图

注：图中数字为气体分压（mmHg）。

三、影响气体交换的因素

肺换气和组织换气过程原理相似，气体交换主要受气体分压差的影响，但此外，还受到呼吸膜厚度和面积以及通气/血流比值的影响。

（一）呼吸膜的厚度和面积

呼吸膜（respiratory membrane）是肺泡与肺毛细血管血液之间进行气体交换的膜性结构，由六层结构组成（图 5-10）：含肺表面活性物质的液体层、肺泡上皮细胞层、肺泡上皮基底膜、肺泡上皮细胞层和毛细血管基膜之间的间隙（基质层）、毛细血管基膜和毛细血管内皮细胞层。气体扩散速率与呼吸膜厚度成反比。虽然呼吸膜有六层结构，却很薄，厚度不到 $0.6~\mu m$，因此气体扩散速率很高。气体扩散速率还与呼吸膜面积成正比。正常成人肺总扩散面积约 $100~m^2$，约为体表面积的 50 倍。但在安静状态下，肺毛细血管并不完全开放，呼吸膜的有效扩散面积为 $40~m^2$，剧烈运动时可增加到 $70~m^2$。呼吸膜良好的通透性和相当大的面积储备保证了气体的迅速交换。病理条件下，如肺水肿、肺纤维化时，呼吸膜增厚，单位时间内气体交换量减少，患者出现呼吸困难；肺不张、肺气肿、肺实变或肺毛

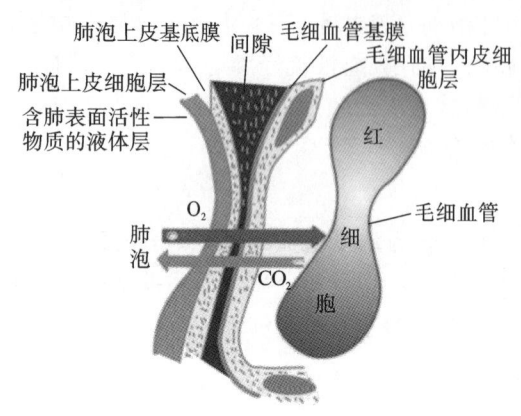

图 5-10　呼吸膜结构示意图

细血管阻塞均可造成呼吸膜面积减少，肺换气量降低。

（二）通气/血流比值

通气/血流比值（ventilation/perfusion ratio）是指每分钟肺泡通气量（V_A）与每分钟肺血流量（Q）之间的比值（V_A/Q）。正常人安静时，肺泡通气量为 $4.2~L/min$，肺血流量等于心输出量，约为 $5~L/min$，故 V_A/Q 为 0.84。此时两者比例最合适，流经肺毛细血管的血液与肺泡气之间进行最充分的气体交换，换气效率最高。如果 V_A/Q 比值增大，意味着通气过多或血流相对不足（如肺动脉栓塞时），部分肺泡气未能与血液交换，导致肺泡无效腔增大；反之，V_A/Q 比值减小，表明肺通气不足（如支气管痉挛、肺实变、肺不张时）或血流相对过多，使得部分静脉血未能得到更新，犹如发生了动-静脉短路。可见，V_A/Q 比值无论增大或减小，都表示两者匹配不佳，气体交换的效率均会降低，导致机体缺氧或 CO_2 潴留，尤其是缺氧（图 5-11）。因此，V_A/Q 可作为肺换气功能的指标。

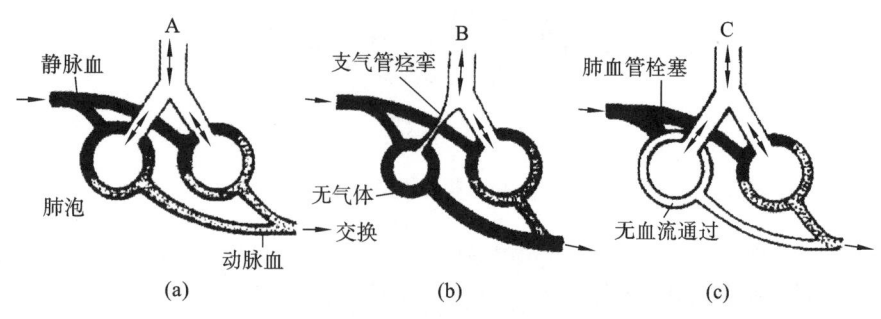

图 5-11　肺通气/血流比值（V_A/Q）及其变化示意图

注：(a)V/Q 正常；(b)V/Q 减小；(c)V/Q 增大。

第三节 气体在血液中的运输

在呼吸过程中,从肺泡扩散入血液的 O_2 和从组织扩散入血液的 CO_2,都必须经过血液循环来运输。O_2 和 CO_2 在血液中的运输有物理溶解和化学结合两种形式,其中以化学结合形式运输为主(表 5-3)。物理溶解的气体量虽然很少,但却非常重要,是实现化学结合所必需的中间环节。气体必须首先经物理溶解形式溶入血液,才能形成化学结合形式进行运输;结合状态的气体,也必须先解离成溶解状态,才能逸出血液。物理溶解和化学结合两者之间存在动态平衡。

表 5-3 血液中的 O_2 和 CO_2 的含量   单位:mL/100 mL 血液

气体	动脉血			混合静脉血		
	物理溶解	化学结合	合计	物理溶解	化学结合	合计
O_2	0.31	20.0	20.31	0.11	15.2	15.31
CO_2	2.53	46.4	48.93	2.91	50.0	52.91

一、氧的运输

(一)物理溶解

气体的物理溶解量与气体的分压和溶解度成正比,与温度成反比。血液中氧的溶解度极低,以物理溶解形式存在于血液中的 O_2 量,仅占血液总 O_2 含量的 1.5% 左右。

(二)化学结合

氧在血液中的结合形式是与红细胞内血红蛋白(hemoglobin,Hb)结合形成氧合血红蛋白(HbO_2),化学结合的 O_2 量占血液总 O_2 含量的 98.5% 左右。

1. Hb 与 O_2 结合的特征   Hb 分子由一个珠蛋白和四个血红素组成,每个血红素含有一个 Fe^{2+},每个 Fe^{2+} 可以结合一个分子的 O_2,因而每个 Hb 可与 4 分子的 O_2 结合。O_2 和 Hb 结合是一种亲和力很强的可逆性结合,称为氧合(oxygenation)。O_2 与 Hb 氧合后形成氧合血红蛋白(HbO_2),并以此形式进行运输。氧合的多少取决于血液中 P_{O_2} 的高低。当血液流经肺时,O_2 从肺泡扩散入血液,使血中 P_{O_2} 升高,促使 O_2 与 Hb 氧合,形成 HbO_2;当血液流经组织时,组织处 P_{O_2} 低,O_2 从血液扩散入组织,使血液中 P_{O_2} 降低,从而导致 HbO_2 解离,释放出 O_2 后成为去氧血红蛋白(Hb)。以上过程可用下式表示:

$$Hb + O_2 \xrightleftharpoons[P_{O_2} 低(组织)]{P_{O_2} 高(肺)} HbO_2$$

氧合血红蛋白呈鲜红色,去氧血红蛋白呈暗红色,故当体表表浅毛细血管床血液中去氧血红蛋白量达 50 g/L 以上时,皮肤黏膜可出现青紫色,称为发绀(cyanosis),最容易出现在口唇、甲床等部位。发绀一般标志着机体缺氧,但缺氧时不一定都出现发绀,发绀时不一定都存在缺氧。例如,某些严重贫血的患者,机体 HbO_2 总量太少,毛细血管床血液中去氧血红蛋白量达不到 50 g/L,故虽有严重缺氧但不出现发绀;CO 中毒时生成 HbCO,

此时机体缺氧,也不出现发绀;高原地区居民体内红细胞增多,血红蛋白总量很多,毛细血管床血液中去氧血红蛋白量也相应增多,当达 50 g/L 时即可出现发绀,但没有缺氧(表 5-4)。

表 5-4　临床发绀和缺氧的关系的鉴别

疾病状态	去氧 Hb 含量	有无发绀	有无缺氧
严重贫血	<50 g/L	无	有
红细胞增多症	>50 g/L	有	无
CO 中毒	CO+Hb→HbCO	樱桃红色	有

知识链接

一氧化碳中毒

　　煤气中毒是含碳物质燃烧不完全时产生的一氧化碳(CO)经呼吸道吸入引起的中毒,故又称一氧化碳中毒。常为煤气管道泄漏,或冬季生火取暖而室内通风不良所致,同室人也有中毒表现,使用煤气热水器也是煤气中毒的重要原因。中毒机理是 CO 和 O_2 均能与血红蛋白(Hb)结合,但 CO 与 Hb 的亲和力比 O_2 与 Hb 的亲和力高 200~300 倍,更易与 Hb 结合。进入人体的 CO 竞争性地与 Hb 结合,形成碳氧血红蛋白(HbCO),从而使氧合血红蛋白(HbO_2)大大减少。HbCO 不能携带 O_2,且不易与 Hb 解离,从而导致机体全身组织处于缺氧状态,造成组织窒息,尤其对大脑皮质的影响最为严重。当发生煤气中毒后,轻度中毒者一般神志尚清醒,出现头痛、眩晕、心悸、恶心、呕吐、四肢无力等症状,迅速脱离中毒环境,吸入新鲜空气后,症状迅速消失,一般不留后遗症。中度中毒者在轻型症状的基础上,可出现虚脱或昏迷,皮肤和黏膜呈现煤气中毒者特有的樱桃红色。如抢救及时,可迅速清醒,数天内完全恢复,一般无后遗症状。重度中毒者往往因发现时间过晚,吸入煤气过多,或在短时间内吸入高浓度的一氧化碳,血液 HbCO 浓度常在 50% 以上。患者呈现深度昏迷,各种反射消失,大小便失禁,四肢厥冷,血压下降,呼吸急促,会很快死亡。一般昏迷时间越长,预后越严重,常留有痴呆、记忆力和理解力减退、肢体瘫痪等后遗症。

2. Hb 的氧合能力　血液含氧量的多少通常用血氧饱和度表示。在足够的 P_{O_2}(≥100 mmHg)下,1 g Hb 最多可结合 1.34 mL 的 O_2。一般将每升血液中的 Hb 能结合 O_2 的最大量称为 Hb 氧容量(oxygen capacity)或血氧容量。血氧容量主要受 Hb 浓度的影响,若 Hb 浓度为 120 g/L,则血氧容量为 160.8 mL/L。但实际上,血液中的含氧量并不一定都能达到最大值。一般将每升血液中 Hb 实际结合 O_2 的量称为 Hb 氧含量(oxygen content)或血氧含量。血氧含量主要受 P_{O_2} 的影响。正常情况下,动脉血 P_{O_2} 高,血氧含量约为 194 mL/L,静脉血 P_{O_2} 低,血氧含量只有 144 mL/L。Hb 氧含量占 Hb 氧容量的百分比称为 Hb 氧饱和度(oxygen saturation)或血氧饱和度。通常,安静状态下,动脉血氧饱和度为 98%,静脉血氧饱和度为 75%。

3. 氧解离曲线 反映 P_{O_2} 和血氧饱和度关系曲线,称为氧解离曲线(oxygen dissociation curve)(图 5-12)。氧解离曲线呈"S"形,说明在一定范围内,血氧饱和度与 P_{O_2} 呈正相关,但并非完全的线性关系。根据氧解离曲线的"S"形变化趋势和功能意义,可人为将曲线分为三段。

（1）氧解离曲线的上段:相当于 P_{O_2} 在 $60\sim100$ mmHg 范围之间时的血氧饱和度。该段曲线较平坦,表明 P_{O_2} 对血氧饱和度的影响不大。例如,P_{O_2} 为 100 mmHg 时,血氧饱和度为 97.4%;当 P_{O_2} 下降到 60 mmHg 时,血氧饱和度却下降不明显,仍然可达 90%。这种特点的意义就在于当人体处于高原、高空或由于某些肺通气或肺换气功能障碍性疾病而致轻度呼吸功能不全时,只要 P_{O_2} 不低于 60 mmHg,Hb 氧饱和度便可维持在 90% 以上,保证血液仍可携带足够量的 O_2,不至于出现明显的低氧血症。

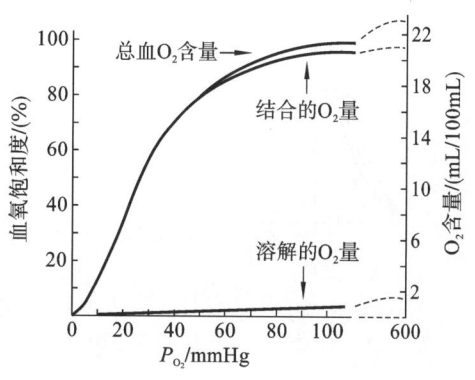

图 5-12　氧解离曲线

（2）氧解离曲线的中段:相当于 P_{O_2} 在 $40\sim60$ mmHg 范围之间的血氧饱和度。该段曲线较陡,表明 P_{O_2} 轻度下降,就可引起血氧饱和度明显下降。例如,P_{O_2} 为 60 mmHg 时,血氧饱和度为 90%;当 P_{O_2} 下降为 40 mmHg,血氧饱和度已下降至 75%。由此可看出,氧解离曲线中段的血氧饱和度下降速度明显快于上段,此段每 100 mL 血液约释放 5 mL 的 O_2。这种特点可使 HbO_2 释放较多的 O_2,有利于组织利用。因此,氧解离曲线的中段反映安静状态下机体的供 O_2 情况。

（3）氧解离曲线的下段:相当于 P_{O_2} 在 $15\sim40$ mmHg 之间的血氧饱和度。该段曲线最陡峭,表明 P_{O_2} 稍有下降,血氧饱和度就会发生大幅度下降,即有较多的 O_2 从 HbO_2 中解离出来。其意义是,保证组织在活动加强时有足够的 O_2 供组织细胞摄取。如剧烈运动时,组织耗氧量增加,P_{O_2} 可降至 15 mmHg。血液流经这样的组织时,Hb 氧饱和度可降到 22% 左右,Hb 氧含量只有 44 mL/L,这样每 1 L 血液可为组织释放 150 mL 的 O_2,为安静时的 3 倍,保证了组织活动加强时仍有足够的 O_2 利用。可见,该段曲线反映血液供 O_2 的储备能力。

氧解离曲线的"S"形特点还说明,当动脉血 P_{O_2} 较低时,只要吸入少量的 O_2,就可以明显提高血氧饱和度,这是临床上患慢性阻塞性肺疾病低氧血症的患者在治疗中进行持续性低流量吸氧的理论依据。

4. 影响氧解离曲线的因素 氧解离曲线可受到 P_{CO_2}、pH、温度及红细胞内 2,3-二磷酸甘油酸(2,3-DPG)含量的影响而使之发生位置偏移,意味着 Hb 对 O_2 的亲和力发生了变化。Hb 对 O_2 亲和力通常用 P_{50} 表示。P_{50} 是血氧饱和度为 50% 时的 P_{O_2},正常约为 26.5 mmHg。当氧解离曲线右移时 P_{50} 增大,表明 Hb 和 O_2 亲和力降低,需要更高的 P_{O_2} 才能使血氧饱和度达到 50%,这有利于血液流经组织时释放 O_2;当氧解离曲线左移时 P_{50}

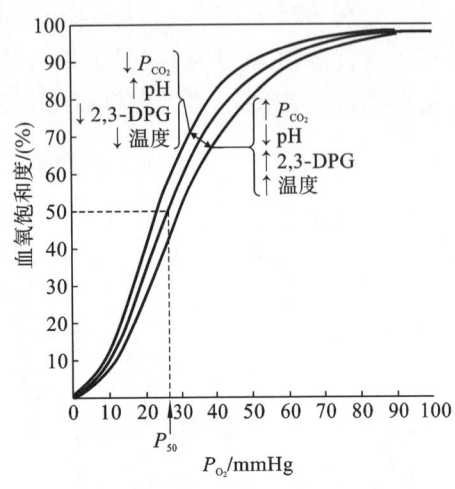

图 5-13　影响氧解离曲线的主要因素

降低,表明 Hb 和 O_2 亲和力增加,血氧饱和度达到 50% 时需要的 P_{O_2} 降低,这有利于血液流经肺泡时摄取 O_2。当血液中 P_{CO_2}、H^+ 浓度、温度及红细胞内 2,3-二磷酸甘油酸(2,3-DPG)增加时,可使 P_{50} 增高,氧解离曲线右移;反之,则使 P_{50} 降低,氧解离曲线左移(图 5-13)。

二、二氧化碳的运输

(一)物理溶解

血液中 CO_2 的溶解度比 O_2 大,但 100 mL 血液中 CO_2 的溶解量也不超过 3 mL,以物理溶解形式存在于血液中的 CO_2 量仅占血液总含量的 5%。

(二)化学结合

血液中的 CO_2 约 95% 以化学结合的形式运输,其化学结合形式有两种:一是碳酸氢盐,占总量的 88%,是 CO_2 运输的主要形式;二是氨基甲酰血红蛋白,约占总量的 7%。

1. 碳酸氢盐　组织细胞代谢后产生的 CO_2 扩散入血后,首先溶解于血浆,然后绝大部分再扩散进入红细胞。由于红细胞中含有丰富的碳酸酐酶(carbonic anhydrase,CA),故进入红细胞的 CO_2 能迅速与 H_2O 结合生成 H_2CO_3,H_2CO_3 再解离为 H^+ 和 HCO_3^-(图 5-14)。H_2CO_3 解离所生成的 H^+ 与去氧血红蛋白(Hb)结合形成酸性血红蛋白(HHb),H^+ 被缓冲,因此,血液 pH 值无明显变化。H_2CO_3 解离所生成的 HCO_3^-,小部分与 K^+ 结合,以 $KHCO_3$ 的形式运输 CO_2,大部分则通过红细胞膜扩散进入血浆,并与血浆中的 Na^+ 结合,以 $NaHCO_3$ 的形式运输 CO_2。因此,CO_2 主要是以血浆中 $NaHCO_3$ 的形式来运输的。当 HCO_3^- 通过红细胞膜扩散进入血浆后,红细胞内负离子减少,此时 Cl^- 便由血浆扩散进入红细胞,以维持细胞内外的正负离子平衡,这种现象称为 Cl^- 转移。Cl^- 转移会减少 HCO_3^-

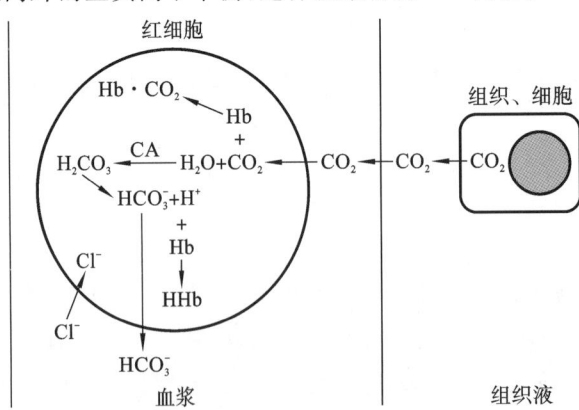

图 5-14　CO_2 在血液中的运输示意图

在红细胞内的堆积,有利于上述反应的进行和CO_2的运输。在肺部,上述反应向相反方向进行,CO_2从红细胞扩散溶解于血浆,最终进入肺泡被呼出。

2. 氨基甲酰血红蛋白　进入红细胞的CO_2中,有少部分可与血红蛋白的自由氨基结合形成氨基甲酰血红蛋白($HHbNHCOOH$)。如下式所示:

$$HbNH_2O_2 + H^+ + CO_2 \underset{\text{肺}}{\overset{\text{组织}}{\rightleftharpoons}} HHbNHCOOH + O_2$$

这一过程无须酶的催化,反应迅速、可逆,主要调节因素是血红蛋白的氧合作用。去氧血红蛋白(Hb)酸性低,容易与CO_2直接结合;而氧合血红蛋白(HbO_2)酸性高,不易与CO_2直接结合。因此,当血液流经组织时,HbO_2解离释放出O_2形成Hb,之后Hb迅速与CO_2结合形成$HHbNHCOOH$运输CO_2;当血液流经肺部时,Hb与O_2结合成HbO_2,CO_2被释放出来呼出体外。虽然以氨基甲酰血红蛋白形式运输的CO_2仅占CO_2运输总量的7%,但在肺部排出的CO_2总量中,有17.5%是由氨基甲酰血红蛋白释放的,说明这种运输形式效率较高。

（三）CO_2解离曲线

CO_2解离曲线(carbon dioxide dissociation curve)是表示血液中CO_2含量与P_{CO_2}关系的曲线(图 5-15)。从图 5-15 中可以看出,与氧解离曲线不同,CO_2解离曲线接近线性关系而不呈 S 形,无饱和点。血液中的CO_2含量随P_{CO_2}的升高而增加,且在相同的P_{CO_2}下,动脉血携带的CO_2比静脉血少。影响CO_2运输的主要因素是Hb是否与O_2结合。当O_2与Hb结合时,可促使CO_2释放;而释放O_2后的去氧Hb则容易与CO_2结合,这一现象称为何尔登效应(Haldane effect)。当血液流经组织时,由于HbO_2释放出O_2而成为去氧Hb,何尔登效应可促使血液摄取并结合CO_2;当血液流经肺时,则因Hb与O_2结合形成HbO_2而促使CO_2释放。可见,O_2和CO_2的运输不是孤立进行的,而是相互影响的。

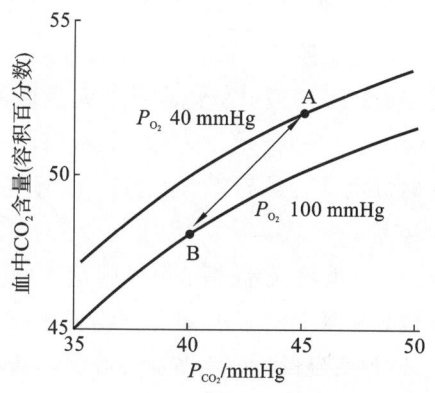

图 5-15　CO_2解离曲线
注:A,静脉血;B,动脉血。

第四节　呼吸运动的调节

呼吸运动是由许多呼吸肌协同活动实现的一种节律性运动,其深度和频率随体内、外环境的改变而改变。当人体代谢增强时(如劳动或运动),呼吸则加深加快,肺通气量加大,吸入更多的O_2,呼出更多的CO_2,以适应人体代谢需求。然而呼吸肌如同其他骨骼肌一样没有自动节律性,呼吸节律的形成及其与机体代谢水平的适应,需要通过神经系统的活动来调控,即正常呼吸节律的产生以及呼吸的深度和频率要靠呼吸中枢的作用来实现。

一、呼吸中枢与呼吸节律的形成

(一) 呼吸中枢

呼吸中枢(respiratory center)是指在中枢神经系统内产生和调节呼吸运动的神经元群(图 5-16)。这些神经元群广泛分布在大脑皮质、间脑、脑桥、延髓和脊髓等中枢神经系统的各级部位。但各级中枢的作用和地位有所不同,它们密切联系、相互协调,共同完成节律性呼吸运动的形成和调控。

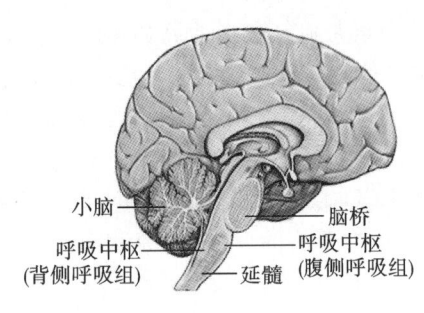

1. 脊髓 脊髓中有支配呼吸肌的运动神经元,其胞体位于第 3~5 颈段脊髓前角(支配膈肌)和胸段脊髓前角(支配肋间肌和腹肌等)。呼吸肌在这些前角运动神经元的支配下,完成节律性呼吸运动。

小脑
脑桥
呼吸中枢 (背侧呼吸组)
呼吸中枢 (腹侧呼吸组)
延髓

图 5-16　呼吸中枢

但动物实验观察到,若在脊髓和延髓之间切断脑干只保留脊髓时,呼吸运动立即停止,不再恢复,这表明脊髓并不是产生节律性呼吸的中枢,而只是联系上位中枢和呼吸肌之间的中继站。

2. 低位脑干 低位脑干指延髓和脑桥。正常呼吸节律的维持有赖于延髓和脑桥的共同完成。采用微电极记录神经元放电的方法可以记录到低位脑干的某些部位有较多与呼吸有关的神经元。在吸气相放电的为吸气神经元,在呼气相放电的为呼气神经元,吸气时放电并延续到呼气的为吸气-呼气神经元,呼气时放电并延续到吸气的为呼气-吸气神经元。

(1)延髓:延髓是调节呼吸运动的基本中枢。在延髓和脑桥之间横断动物脑干,如果保留延髓以下的部分,动物则出现呼吸节律不规则,呈喘息样呼吸;而若破坏延髓则呼吸停止,这说明延髓是产生节律性呼吸的基本中枢。延髓的呼吸神经元主要集中分布在背内侧和腹外侧两个区域,两侧对称,分别称为背侧呼吸组(dorsal respiratory group,DRG)和腹侧呼吸组(ventral respiratory group,VRG)。DRG 主要含吸气神经元,兴奋时使吸气肌收缩引起吸气。VRG 含有吸气神经元和呼气神经元,主要作用是加强吸气并使呼气肌收缩引起主动呼气。

(2)脑桥:在动物的中脑和脑桥之间横切脑干,保留脑桥、延髓和脊髓,动物呼吸节律无明显变化;在脑桥上、中部之间横断脑干,动物的呼吸将变深变慢,若再切断双侧迷走神经,吸气时间将大大延长。这一结果表明脑桥存在有抑制吸气的作用,可调整呼吸的频率和深度,因此将脑桥称为呼吸调整中枢(pneumotaxic center)。脑桥主要为呼气神经元,集中在臂旁内侧核及其外侧,主要作用是抑制延髓吸气神经元,使吸气动作向呼气动作转换,防止吸气过深过长。

3. 高位中枢 呼吸运动除受以上中枢控制外,还受到大脑皮层、边缘系统、下丘脑等高位中枢的影响,其中尤以大脑皮层对呼吸运动的控制作用显著。大脑皮层对呼吸的调节属随意性调节,而低位脑干的调节则属于不随意的自主调节。

知识链接

潮式呼吸和间停呼吸

潮式呼吸又称陈-施呼吸（Cheyne-Stokes respiration），是一种由浅慢逐渐变为深快，再由深快转为浅慢，随之出现一段呼吸暂停后又开始如上变化的周期性呼吸，周而复始，呼吸呈潮水涨落样。潮式呼吸周期可长达 30 s～2 min，暂停期可持续 5～30 s，需要较长时间才可观察到这种周期性呼吸。间停呼吸又称 Biots 呼吸（Biots breathing），表现为有规律的呼吸几次后，突然停止一段时间，又开始呼吸，周而复始。

这两种呼吸的发生机制是由于呼吸中枢的兴奋性降低，此时只有在 CO_2 积聚到一定量的时候，才能有效刺激呼吸中枢，促使呼吸恢复和加强。当积聚的 CO_2 呼出后，呼吸中枢又失去有效的刺激，使呼吸再次减弱，进而暂停。这种呼吸节律的变化多发生于中枢神经系统疾病，如脑炎、脑膜炎、颅内高压以及某些中毒如糖尿病酮症酸中毒、巴比妥中毒等。间停呼吸的呼吸暂停时间比潮式呼吸长，呼吸次数也明显减少，呼吸中枢抑制比潮式呼吸者更重、病情更严重，预后不良，常发生在临终前。

（二）呼吸节律的形成

呼吸节律源于低位脑干，主要在延髓，但其形成的机制，尚未完全阐明。目前比较公认的是神经元网络学说。该学说认为，在延髓有吸气运动发生器和吸气切断机制作用的神经元（图 5-17）。当中枢吸气活动发生器自发地兴奋时，其冲动传至脊髓吸气肌运动神经元，引起吸气动作。与此同时，发生器的兴奋可通过三条途径使吸气切断机制兴奋：①加强脑桥呼吸调整中枢的活动；②增加肺牵张感受器的传入冲动；③直接兴奋吸气切断机制。吸气切断机制被激活后，以负反馈形式终止吸气活动发生器的活动，使吸气停止，转为呼气。当吸气切断机制活动减弱时，吸气活动再次发生，如此周而复始。

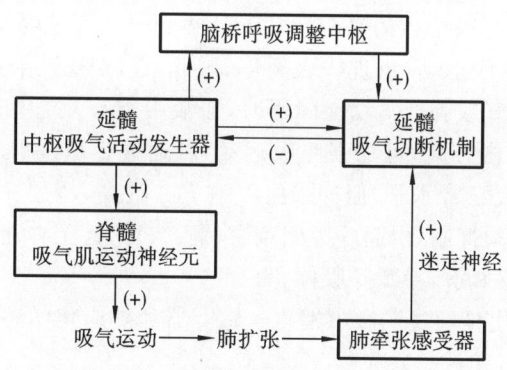

图 5-17 呼吸节律形成机制示意图

二、呼吸运动的反射性调节

节律性呼吸虽然起源于脑，但可受来自呼吸器官本身以及血液循环等其他器官系统感受器传入冲动的反射性调节，主要包括化学和机械两类感受器的反射性调节。

（一）化学感受性呼吸反射

动脉血、组织液或脑脊液中的 O_2、CO_2 和 H^+ 等化学因素对呼吸运动的调节，称为化学感受性反射。这些化学因素可通过化学感受器反射性地引起呼吸运动的改变，影响肺通气量，以保持内环境中 O_2、CO_2 和 pH 值的相对稳定。

1. 化学感受器 适宜刺激为 O_2、CO_2 和 H^+ 等化学物质的感受器，称为化学感受器 (chemoreceptor)。按其部位的不同分为外周化学感受器(peripheral chemoreceptor)和中枢化学感受器(central chemoreceptor)两大类。

（1）外周化学感受器：位于颈动脉体与主动脉体，可感受动脉血 P_{O_2}、P_{CO_2} 和 H^+ 浓度的变化。当动脉血 P_{O_2} 降低、P_{CO_2} 升高或 H^+ 浓度升高时，外周化学感受器受到刺激而兴奋，冲动沿窦神经（舌咽神经的分支，分布于颈动脉体）和迷走神经（分布于主动脉体）传入延髓，兴奋延髓呼吸中枢，反射性地引起呼吸加深加快。其中颈动脉体对呼吸调节的作用较主动脉体的大。

（2）中枢化学感受器：位于延髓腹外侧的表浅部位，对脑脊液和局部组织中的 H^+ 浓度变化极为敏感。当血液中 P_{CO_2} 升高，CO_2 能迅速透过血脑屏障进入脑脊液，在脑脊液中碳酸酐酶的作用下，CO_2 与 H_2O 生成 H_2CO_3 并进一步解离出 H^+，从而刺激中枢化学感受器，兴奋延髓呼吸中枢，反射性地引起呼吸加深加快，肺通气量增加。所以，外周血中的 CO_2 能兴奋中枢化学感受器。由于外周血中的 H^+ 不易通过血脑屏障，故外周血 pH 值的变动对中枢化学感受器的作用不大。

中枢化学感受器与外周化学感受器不同，它不感受缺氧的刺激，但对 H^+ 浓度的敏感性比外周化学感受器高。中枢化学感受器的功能可能是通过影响肺通气量来调节脑脊液的 H^+ 浓度，使中枢神经系统有稳定的 pH 环境。而外周性化学感受器的作用则主要是在机体缺氧时驱动呼吸运动，以改善缺氧状态。

2. CO_2、H^+ 和低氧对呼吸运动的调节

（1）CO_2 对呼吸运动的影响 CO_2 是调节呼吸运动最重要的生理性化学因素，血液中一定水平的 P_{CO_2} 对维持呼吸中枢的兴奋性是十分必要的。当过度通气使血液中 P_{CO_2} 降低到一定水平时，可抑制呼吸运动，出现呼吸暂停，因此，在临床上给患者吸氧时应注意混入一定量的 CO_2。当肺通气或肺换气功能障碍时，血液中 P_{CO_2} 增加，出现高碳酸血症。如果血液中 P_{CO_2} 在一定范围内升高，可加强呼吸运动，肺通气量增加（图 5-18），使 CO_2 排出增加，从而使血液 P_{CO_2} 恢复正常水平；但如果血液中 P_{CO_2} 过高，超过一定限度时，可致中枢神经系统包括呼吸中枢活动抑制，引起呼吸困难、头痛、头昏，甚至昏迷，这种现象称为 CO_2 麻醉，严重时可致呼吸中枢麻痹，导致呼吸停止。

CO_2 兴奋呼吸的作用是通过刺激中枢化学感受器和外周化学感受器两条途径实现的，其中以前一条途径为主，约占总效应的 80%。

（2）H^+ 对呼吸运动的影响 因为 H^+ 不易通过血脑屏障，所以 H^+ 对呼吸运动的影响主要是通过刺激外周化学感受器实现的。当血液中 H^+ 浓度升高（如呼吸性或代谢性酸中毒）时，兴奋外周化学感受器，传入延髓冲动增多，呼吸中枢兴奋，呼吸运动加深加快，肺通气量增加。相反，血液中 H^+ 浓度降低（如呼吸性或代谢性碱中毒）时，呼吸运动减弱，肺通气量减少（图 5-18）。

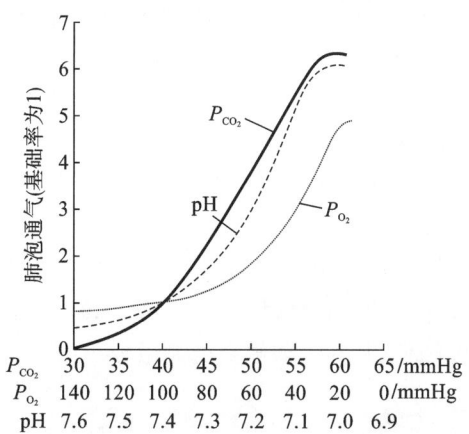

图 5-18 改变动脉血 P_{O_2}、P_{CO_2} 和 pH 值三因素之一，而维持另外
两个因素正常时的肺泡通气反应

（3）缺氧对呼吸运动的影响 吸入气 P_{O_2} 降低时，肺泡气、动脉血 P_{O_2} 都随之降低。当动脉血中 P_{O_2} 降低到 80 mmHg 以下时，可引起呼吸加深加快，肺通气量增加（图 5-18）。可见动脉血 P_{O_2} 对正常呼吸的调节作用不大，只有当机体严重缺氧时才有重要意义。

切断动物外周化学感受器的传入神经后，急性缺氧对呼吸运动的刺激效应完全消失。由此可证明，缺氧对呼吸运动的影响完全是通过刺激外周化学感受器而实现的。缺氧对呼吸中枢的直接作用是抑制。轻度缺氧可以通过刺激外周化学感受器而兴奋呼吸中枢，对抗缺氧对呼吸中枢的直接抑制作用，使呼吸运动加强，机体吸入更多的 O_2 来纠正缺氧。但当严重缺氧（$P_{O_2} < 40$ mmHg）时，来自外周化学感受器的刺激作用不足以对抗缺氧对呼吸中枢的抑制作用，因而使呼吸运动减弱，甚至呼吸停止。

知识链接

慢性呼吸衰竭的氧疗原则

慢性呼吸衰竭是由慢性阻塞性肺疾病、重症肺结核、肺间质纤维化等疾病引起的肺通气和（或）换气功能障碍，导致缺氧伴或不伴有 CO_2 潴留，从而引起一系列生理功能和代谢紊乱的临床综合征。临床上最常见的是缺氧（$P_{O_2} < 60$ mmHg），同时伴有 CO_2 潴留（$P_{CO_2} > 50$ mmHg），即 II 型呼衰。这种患者的氧疗必须遵守持续低流量、低浓度吸氧的原则。这是由于 II 型呼衰患者长时间的 CO_2 潴留，能使中枢化学感受器对 CO_2 的刺激作用产生适应，而外周化学感受器对缺氧刺激的适应很慢，在这种情况下，缺氧对外周化学感受器的刺激就成为驱动呼吸运动的主要刺激因素。因此，如果 II 型呼衰患者吸入高浓度氧，就可能由于解除了缺氧的刺激作用而引起呼吸抑制，使呼吸运动减弱，CO_2 呼出减少，造成 CO_2 潴留，严重时产生 CO_2 麻醉，最终出现肺性脑病而死亡。

3. CO_2、H^+ 和缺氧在呼吸运动调节中的相互作用 当血液 P_{CO_2} 升高、P_{O_2} 降低、H^+ 浓

度升高时,分别都有兴奋呼吸的作用,但在整体情况下,往往是以上一种因素的改变引起其余因素相继改变或几种因素同时改变,三者相互影响、相互作用,既可发生总和而加大,也可相互抵消而减弱。图 5-19 是改变动脉血液 P_{O_2}、P_{CO_2} 和 pH 值三因素之一而不控制另外两个因素时的肺泡通气反应,从中可以看出,对呼吸的刺激从强到弱依次为 P_{CO_2}、pH 值和 P_{O_2},而且 P_{CO_2} 对呼吸的刺激比其单一因素作用时更强。当 P_{CO_2} 升高时,H^+ 浓度随之升高,两者协同作用于呼吸中枢,使肺通气反应比单纯 P_{CO_2} 升高时更强。H^+ 浓度升高时,因肺通气量增加而使 CO_2 呼出增多,导致 P_{CO_2} 下降,H^+ 浓度随之降低,抵消部分 H^+ 的刺激作用,使肺通气量的增加比单纯 H^+ 升高时小。P_{O_2} 降低时,也因肺通气量增加而呼出较多的 CO_2,使 P_{CO_2} 和 H^+ 浓度降低,从而减弱缺氧的刺激作用。

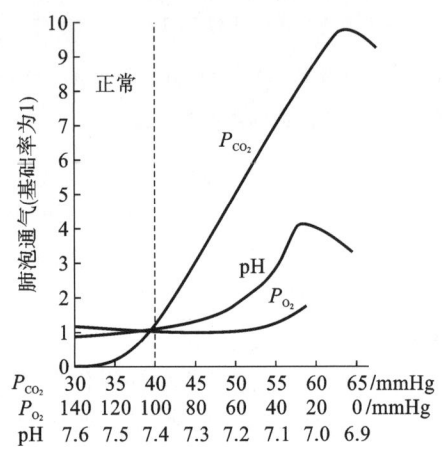

图 5-19　改变动脉血液 P_{O_2}、P_{CO_2} 和 pH 值三因素之一,而不控制
另外两个因素时的肺泡通气反应

(二) 机械感受性呼吸反射

1. 肺牵张反射　由肺扩张或肺缩小而引起的呼吸反射称为肺牵张反射(pulmonary stretch reflex),又称黑-伯反射(Hering-Breuer reflex),其感受器位于气管到细支气管的平滑肌中,对牵拉刺激敏感,阈值低,且适应慢。肺牵张反射包括肺扩张反射和肺萎陷反射。

(1) 肺扩张反射:肺扩张时抑制吸气活动的反射称为肺扩张反射(pulmonary inflation reflex)。当吸气时,肺扩张,牵拉支气管和细支气管,使牵张感受器受到刺激而产生兴奋。冲动经迷走神经传入延髓,通过兴奋吸气切断机制而抑制吸气神经元,促使吸气向呼气转化。

(2) 肺萎陷反射:肺萎陷时增强吸气活动或促进呼气向吸气转化的反射称为肺萎陷反射(pulmonary deflation reflex)。当呼气时,肺缩小,牵张感受器放电频率降低,经迷走神经传入延髓的冲动减少,从而解除对延髓吸气神经元的抑制,吸气神经元再次兴奋,转为吸气。

肺牵张反射是一种负反馈调节,其生理意义是使吸气不致过深过长,促进吸气转为呼气,与脑桥呼吸调整中枢共同调节呼吸的频率和深度。

2. 呼吸肌本体感受性反射　由呼吸肌本体感受器传入冲动所引起的反射性呼吸变化,

称为呼吸肌本体感受性反射。此反射的感受器是肌梭,存在于骨骼肌内部。当气道阻力增加时,呼吸肌收缩阻力增加,肌梭受刺激而产生兴奋。冲动传入脊髓,结果使吸气肌收缩加强,呼吸运动加强。在平静呼吸时,这一反射活动不明显。这一反射意义在于随着呼吸肌负荷的增加而相应地加强呼吸运动,该反射对于克服气道阻力有重要作用。

（三）防御性呼吸反射

防御性呼吸反射是呼吸道黏膜受到机械或化学刺激时,引起以去除激惹物为目的的反射性呼吸运动变化。主要的防御性呼吸反射包括咳嗽发射和喷嚏发射。

1. 咳嗽反射 咳嗽反射是重要的防御性呼吸反射,感受器位于喉、气管和支气管黏膜内。其生理意义是清除呼吸道内的分泌物,保护和维持呼吸道的通畅。但若频繁或剧烈咳嗽,会导致肺内压长期升高形成肺气肿;还可因胸膜腔内压显著升高,阻碍静脉血回流,使静脉压和脑脊液压上升,对机体不利。

2. 喷嚏反射 喷嚏反射是因鼻黏膜受刺激而引起的反射活动。生理意义是清除鼻腔中的异物。

小 结

呼吸是重要的生命体征,肺通气是整个呼吸过程的基础,其原动力是呼吸运动,直接动力是肺内压与大气压之差。呼吸运动可引起胸廓节律性的扩大和缩小,肺亦随之扩张和回缩,肺内压发生变化,与外界大气压之间形成差值而产生肺通气。

呼吸是机体与外界环境之间进行气体交换的过程,包括外呼吸、气体在血液中的运输和内呼吸三个环节。胸膜腔负压是肺被动扩张的条件。肺通气的动力必须克服阻力才能实现肺通气。肺通气的阻力分为弹性阻力和非弹性阻力两类。弹性阻力又包括肺的弹性阻力和胸廓的弹性阻力两部分。肺的弹性阻力来源于肺泡液-气界面的表面张力(为主)和肺的弹性回缩力,肺表面活性物质能降低表面张力,减小吸气的阻力。胸廓的弹性阻力与肺的弹性阻力不同,可以是吸气或呼气的阻力,也可以是吸气或呼气的动力。非弹性阻力包括气道阻力、黏滞阻力和惯性阻力,其中最重要的是气道阻力。气道口径是影响气道阻力的最重要因素。

肺通气功能的评价指标中,反映肺通气功能较好的是用力肺活量,其中以 FEV_1/FVC 的价值最大,在鉴别阻塞性肺疾病和限制性肺疾病中具有重要意义;反映肺通气效率较好的是肺泡通气量,肺泡通气量是指每分钟吸入肺泡实际与血液进行气体交换的有效气体量,肺泡通气量＝(潮气量－无效腔气量)×呼吸频率。

呼吸气体的交换包括肺换气和组织换气。气体交换的方向、速率与气体的分压差、溶解度、温度和呼吸膜的面积成正比,与呼吸膜的厚度及气体的相对分子质量的平方根成反比。影响气体交换的因素主要有气体分压差、呼吸膜厚度和面积以及通气/血流比值(V_A/Q),其中以 V_A/Q 最为重要。正常时 V_A/Q 为 0.84,换气效率最高,无论 V_A/Q 比值增大或减小,气体交换的效率均会降低,导致机体缺氧或 CO_2 潴留,尤其是缺氧。

气体在血液中的运输有物理溶解和化学结合两种方式。物理溶解是 O_2 和 CO_2 出入血液的必经形式,化学结合是 O_2 和 CO_2 运输的主要形式,O_2 化学结合运输的形式是 HbO_2,CO_2 化学结合的主要形式是碳酸氢盐。血液含氧量的多少通常用血氧饱和度表示。反映 P_{O_2} 和血氧饱和度的关系曲线,称为氧解离曲线,呈 S 形,说明在一定范围内,血氧饱和度与 P_{O_2} 呈正相关,但并非完全的线性关系。

正常的节律性呼吸运动是在各级呼吸中枢相互协调和相互配合下实现的。呼吸的基本中枢在延髓。呼吸运动的反射性调节主要包括化学感受性反射和机械感受性反射(肺牵张反射)。化学感受性反射是一种经常发挥作用的调节活动,对维持血液中 P_{O_2}、P_{CO_2} 及 H^+ 水平有着十分重要的作用。化学感受性反射的感受器分为外周和中枢化学感受器,动脉血中 P_{CO_2} 升高、P_{O_2} 降低或 H^+ 浓度升高时可兴奋外周化学感受器,CO_2 还可兴奋中枢化学感受器,使呼吸加深加快。CO_2 是呼吸的生理性刺激物,是调节呼吸运动最重要的化学因素。由肺扩张或肺缩小而引起的呼吸反射称为肺牵张反射,包括肺扩张反射和肺缩小反射。肺牵张反射的传入神经是迷走神经,其意义是促使吸气向呼气转换,防止过深吸气。

能力检测

能力检测答案

一、名词解释

呼吸运动　胸内压　肺泡表面活性物质　肺泡通气量　用力呼气量
通气/血流比值　血氧饱和度　解剖无效腔　化学感受器　肺牵张反射

二、选择题

A 型题

1.关于平静呼吸的描述,错误的是(　　　)。

A. 吸气时肋间外肌收缩　　　　　　　　　　B. 吸气时膈肌收缩

C. 呼气时呼气肌收缩　　　　　　　　　　　D. 呼气时膈肌和肋间外肌舒张

E. 呼气时胸骨和肋骨回复原位

2.在下列哪一时相中,肺内压等于大气压?(　　　)

A. 吸气初和呼气初　　　　B. 吸气末和呼气初　　　　C. 呼气初和呼气末

D. 呼气末和吸气初　　　　E. 呼气末和吸气末

3.肺换气的动力是(　　　)。

A. 气体的分压差　　　　　B. 呼吸运动　　　　　　C. 肺内压与大气压之差

D. 肺内压与胸内压之差　　E. 胸内压与大气压之差

4.有关胸内压的叙述正确的是(　　　)。

A. 胸腔内有少量的气体

B. 呼气时胸内压等于大气压

C. 用力吸气时胸内压是正压

D. 胸内压在平静吸气和平静呼气时均为负压

E. 气胸时胸内压为负

5. 对肺泡表面活性物质的叙述,错误的是( )。

A. 由肺泡Ⅱ型细胞合成和分泌　　　　　　　　　　　B. 增多时可引起肺不张

C. 主要成分是二棕榈酰卵磷脂　　　　　　　　　　　D. 减少时可引起肺水肿

E. 减少时可增大肺弹性阻力

6. 能引起肺的顺应性增加的是( )。

A. 呼吸道阻力增加　　　　　B. 呼吸道阻力减小　　　　　C. 肺弹性阻力增加

D. 肺弹性阻力减小　　　　　E. 肺泡表面活性物质减少

7. 胸廓回缩的弹性阻力见于( )。

A. 开放性气胸时　　　　　B. 胸廓的自然位置时　　　　　C. 平静呼气末

D. 深呼气末　　　　　E. 深吸气末

8. 肺活量等于( )。

A. 潮气量与补呼气量之和

B. 潮气量与补吸气量之和

C. 潮气量与余气量之和

D. 潮气量与补吸气量和补呼气量之和

E. 肺容量与补吸气量之差

9. 正常人无效腔容量约占潮气量的( )。

A. 70％　　　　　B. 50％　　　　　C. 30％

D. 10％　　　　　E. 5％

10. 每分肺通气量和每分肺泡通气量之差为( )。

A. 潮气量×呼吸频率　　　　　　　　　　　B. 功能余气量×呼吸频率

C. 余气量×呼吸频率　　　　　　　　　　　D. 无效腔容量×呼吸频率

E. 肺活量×呼吸频率

11. 关于通气/血流比值的描述,错误的是( )。

A. 安静时正常值是0.84,即$V/Q=0.84$

B. 通气/血流比值减少,反映生理无效腔减小

C. 通气/血流比值增大,反映生理无效腔增大

D. 肺动脉栓塞时,比值增大

E. 通气/血流比值是衡量肺换气功能的指标

12. CO_2在血液中运输的主要形式是( )。

A. $KHCO_3$　　　　　B. H_2CO_3　　　　　C. $NaHCO_3$

D. $HbNHCOOH$　　　　　E. 物理溶解

13. 二氧化碳分压由高到低的顺序一般是( )。

A. 呼出气,肺泡气,组织细胞,静脉血

B. 静脉血,呼出气,肺泡气,组织细胞

C. 肺泡气,静脉血,组织细胞,呼出气

D.组织细胞,静脉血,肺泡气,呼出气

E.呼出气,组织细胞,静脉血,肺泡气

14.血液的氧解离曲线左移(　　)。

A.不利于氧从血液进入组织　　　　　　　　B.发生在机体贫血时

C.发生在血液 pH 降低时　　　　　　　　　D.发生在温度升高时

E.发生在红细胞中 2,3-DPG 含量增加时

15.下列哪种情况使血液氧解离曲线右移?(　　)

A.P_{CO_2} 增高　　　　　B.P_{CO_2} 降低　　　　　C.pH 值升高

D.温度降低　　　　　E.红细胞中 2,3-DPG 含量降低

B 型题

A.外呼吸　　　　　B.肺通气　　　　　C.肺换气

D.血液气体运输　　　　　E.内呼吸

1.组织细胞与血液之间的气体交换属于(　　)。

2.肺泡气与大气之间的气体交换称为(　　)。

3.肺泡气与肺泡毛细血管血液之间的气体交换为(　　)。

A.肺内压与胸膜腔内压之差　　　　　　　　B.肺内压与大气压之差

C.肺回缩力　　　　　　　　　　　　　　　D.呼吸肌的舒缩

E.大气压与肺回缩力之差

4.肺通气的原动力来自(　　)。

5.肺通气的直接动力来自(　　)。

A.潮气量　　　　　B.肺活量　　　　　C.时间肺活量

D.通气/血流比值　　　　　E.肺扩散容量

6.测定肺换气效率的较好指标是(　　)。

7.测定肺通气功能的较好指标是(　　)。

A.血红蛋白能结合氧的最大量　　　　　　　B.血红蛋白实际结合的氧量

C.血液氧含量占氧容量的百分比　　　　　　D.血氧扩散的总量

E.血浆中溶解的氧量

8.血液氧含量是指(　　)。

9.血液氧容量是指(　　)。

10.血液氧饱和度是指(　　)。

三、简答题

1.何谓肺换气? 影响肺换气的主要因素是什么?

2.简述胸膜腔内压的形成原理及其生理意义。

3.肺泡表面活性物质有哪些生理作用?

4.为什么深而慢的呼吸比浅而快的呼吸效率高?

5.为什么通气/血流比值增大或减小都会使肺换气效率降低?

6. 简述红细胞在运输氧气和二氧化碳过程中的作用。

7. 试述缺氧时机体呼吸运动的变化及作用机制。

8. 简述 CO_2 增多时对呼吸运动的影响。

9. 动物实验中,切断家兔双侧迷走神经后对呼吸有何影响?为什么?

10. 试述氧解离曲线的特点和生理意义。

（张新志）

第六章
消化与吸收

 **学习目标**

本章 PPT

掌握：消化和吸收的概念以及消化的两种方式；胃液、胰液和胆汁的作用；胃的排空及其控制；消化器官的神经支配及其作用。

熟悉：胃和小肠的运动形式；几种主要的胃肠激素的作用；小肠吸收的有利条件；排便反射。

了解：唾液、小肠液和大肠液的作用；咀嚼、吞咽、呕吐以及大肠的运动形式；大肠内细菌的活动；主要营养物质的吸收过程。

第一节　概　　述

人的消化器官由长 8～10 m 的消化道及与其相连的许多大、小消化腺组成。消化器官的主要生理功能是对食物进行消化和吸收，从而为机体新陈代谢提供必不可少的物质和能量来源。食物中的小分子营养物质如水、无机盐和维生素等可以直接通过消化道管壁进入血液，而大分子营养物质如多糖、蛋白质、脂肪和核酸等不能直接被吸收，必须先在消化道内被加工分解成相应的小分子营养物质形式，才能被吸收进入血液。大分子营养物质在消化道内被加工分解成相应的可被吸收的小分子营养物质形式的过程称为消化（digestion）。经消化后形成的小分子营养物质通过消化道管壁进入血液和淋巴液的过程称为吸收（absorption）。消化和吸收是两个同时进行且紧密联系的过程。

消化是通过消化道管壁的运动和消化腺分泌的消化液来完成的，因此，消化分为机械性消化和化学性消化两种方式。机械性消化（mechanical digestion）是指通过消化道肌肉的舒缩活动，将食物磨碎，并使之与消化液充分混合，以及将食物不断地向消化道的远端推送的过程。化学性消化（chemical digestion）是指通过消化腺分泌的消化液中的各种消化酶，将食物中的蛋白质、脂肪和糖类等营养物质分解成可被吸收的小分子营养物质的过程。机械性消化是一种不彻底的消化方式，只能使食物的物理性状发生变化。化学性消化则是一种彻底的消化方式,可使食物中的大分子分解成小分子。在整个消化过程中,两种消化方式同时进行,相辅相成。

一、消化道平滑肌的生理特性

消化道肌肉除口腔、咽、食管上段以及肛门外括约肌为骨骼肌外,其他部分均为平滑肌。消化道平滑肌具有肌肉组织的一般特性。

(一)消化道平滑肌的一般特性

消化道平滑肌具有肌组织的共同特性,如兴奋性、自律性、传导性和收缩性,但这些特性的表现均有其自己的特点。

1.兴奋性低,舒缩缓慢 消化道平滑肌的兴奋性较骨骼肌低,收缩的潜伏期、收缩期和舒张期所占的时间比骨骼肌的长得多,而且变异很大。

2.具有节律性 消化道平滑肌在离体后置于适宜的环境内,仍能进行良好的节律性运动,但其收缩很缓慢,节律性远不如心肌规则。

3.富有伸展性 消化道平滑肌能适应实际的需要而做很大的伸展。这一特性具有重要的生理意义,它使中空的消化器官可容纳几倍于自己原初体积的食物。

4.具有紧张性 消化道平滑肌经常保持在一种微弱的持续收缩状态,即具有一定的紧张性。消化道各部分如胃、肠等之所以能保持一定的形状和位置,同平滑肌的紧张性存在重要的关系;紧张性还使消化道的管腔内经常保持着一定的基础压力,有利于消化液向食物中渗透;平滑肌的各种收缩活动也是在紧张性基础上发生的。

5.对不同性质刺激的敏感性不同 消化道平滑肌对电刺激较不敏感,但对牵张、温度和化学刺激则特别敏感,轻微的刺激常可引起强烈的收缩。消化道平滑肌的这一特性与它所处的生理环境是分不开的,消化道内容物对平滑肌的牵张、温度和化学刺激可促进消化腺的分泌和消化道的运动,有助于食物的消化。

(二)消化道平滑肌的电生理特性

消化道平滑肌电活动的形式要比骨骼肌复杂得多,其电生理变化大致可分为三种,即静息电位、慢波电位和动作电位。

1.静息电位 消化道平滑肌的静息电位很不稳定,波动较大,其实测值为$-60\sim-50$ mV,主要由K^+的外流形成,Na^+、Cl^-、Ca^{2+}以及生电性钠泵活动也参与了静息电位的产生。

2.慢波电位 消化道的平滑肌细胞可产生节律性的自发性去极化。以静息膜电位为基础的这种周期性波动,由于其发生频率较慢而被称为慢波电位,又称基本电节律(basic electrical rhythm,BER)。消化道不同部位的慢波频率不同,在人类,胃的慢波频率为3次/分,十二指肠为12次/分,回肠末端为8~9次/分。慢波的波幅为10~15 mV,持续时间为数秒甚至十几秒。

通常情况下,慢波起源于消化道纵行肌和环行肌之间的Cajal间质细胞(interstitial Cajal cell,ICC)。由ICC产生的电活动以电紧张形式扩布到纵行肌和环行肌细胞。因此,ICC被认为是胃肠运动的起搏细胞。切断支配胃肠的神经,或用药物阻断神经冲动后,慢波电位仍然存在,表明它的产生不依赖于神经的支配。过去认为慢波本身不引起肌肉收缩,但它可以使静息电位减小至接近阈电位,一旦达到阈电位,膜上的电压依从性 Ca^{2+} 通道便大量开放而产生动作电位和肌收缩。现已证实,消化道平滑肌具有机械阈和电阈两个临界膜电位值。当慢波去极化达到机械阈时,即可使细胞内 Ca^{2+} 增多,引起肌细胞收缩;当慢波去极化达到电阈时,则产生动作电位,更多的 Ca^{2+} 进入细胞,使肌细胞收缩进一步加强。

3. 动作电位 平滑肌的动作电位与神经和骨骼肌的动作电位的区别在于:①锋电位上升慢,持续时间长;②平滑肌的动作电位不受 Na^+ 通道阻断剂的影响,但可被 Ca^{2+} 通道阻断剂所阻断,这表明它的产生主要依赖 Ca^{2+} 的内流;③平滑肌动作电位的复极化与骨骼肌相同,都是通过 K^+ 的外流而实现的,所不同的是,平滑肌细胞中 K^+ 的外向电流与 Ca^{2+} 的内向电流在时间过程上几乎相同,因此,锋电位的幅度低,而且大小不等。

由于平滑肌动作电位发生时 Ca^{2+} 内流的速度已足以引起平滑肌的收缩,因此,锋电位与平滑肌收缩之间存在很好的相关性,每个慢波上所出现锋电位的数目,可作为收缩力大小的指标。

慢波、动作电位和肌肉收缩的关系可简要归纳为:平滑肌的收缩是在动作电位之后产生的,而动作电位则是在慢波去极化的基础上发生的。因此,慢波电位被认为是平滑肌的起步电位,是平滑肌收缩节律的控制波,它决定蠕动的方向、节律和速度(图 6-1)。

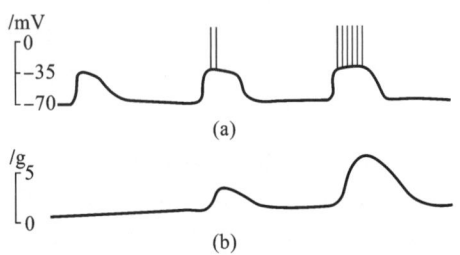

图 6-1 消化道平滑肌的电活动与收缩之间的关系

注:(a)细胞内电极记录的基本电节律(慢波),在第 2、3 个慢波的基础上产生不同频率的动作电位;
(b)同步记录的肌肉收缩曲线,收缩波只有在动作电位时才产生,收缩张力与动作电位频率成正变。

在图 6-1 中,上面的曲线为细胞内电极记录的基本电节律,在第二和第三个波的极化期,出现数目不同的动作电位;下面的曲线为肌肉收缩曲线,收缩波只出现在动作电位时,动作电位数目越多,收缩的幅度也越大。

二、消化道的神经支配及其作用

消化道除口腔、咽、食管上段以及肛门外括约肌受躯体运动神经支配外,其余的部分则受外来的自主神经和消化道管壁的内在神经系统的双重支配,二者相互协调统一,共同调节胃肠道的功能。

(一)自主神经系统

支配消化道的自主神经系统包括副交感神经和交感神经两部分。副交感神经主要来自迷走神经和盆神经,其节前纤维首先与壁内神经丛的神经细胞发生突触联系,然后发出节后纤维支配消化道平滑肌和腺体。迷走神经起自延髓的背核和疑核,支配食管下段、胃、小肠、结肠右三分之二以及肝、胆囊和胰腺。盆神经起自脊髓骶段,支配远端结肠和直肠(图 6-2)。

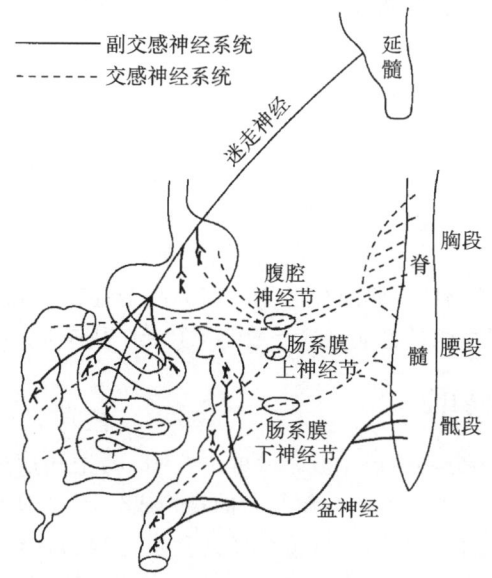

图 6-2 胃肠的自主神经支配示意图

　　副交感神经兴奋时，能促进胃肠道的运动，增强其紧张性，使胃肠道的蠕动加强加快，胃排空和肠内容物的推进加速；但对括约肌却起抑制作用，使括约肌舒张。此外，副交感神经兴奋还可使胆囊收缩，壶腹括约肌舒张，促进胆汁的排出；同时能引起唾液、胃液、胰液和胆汁的分泌。副交感神经节后纤维末梢释放的递质为乙酰胆碱，通过激活 M 受体起作用。因此，M 受体阻断剂阿托品能使胃肠运动减弱，唾液分泌减少，可缓解胃肠剧烈收缩而引起的腹痛，并引起口干。此外，少数副交感神经末梢释放的递质为 P 物质、血管活性肽、脑啡肽等。

　　支配消化道的交感神经起自脊髓的 $C_5 \sim L_3$ 的灰质侧角，节前纤维在腹腔神经节、肠系膜上、下神经节或腹下神经节换元后，发出节后纤维支配胃肠各部位(图 6-2)。

　　交感神经兴奋时，其节后纤维末梢释放去甲肾上腺素，能抑制胃肠运动，降低其紧张性，导致蠕动减弱或停止，因而可延缓胃的排空，使肠内容物的推进速度减慢；但对括约肌却起兴奋作用，能使其紧张性加强。此外，交感神经兴奋时，可抑制胆囊的运动，对胃腺仅能使黏液细胞分泌，对某些唾液腺(如颌下腺)也起到刺激分泌的作用。

　　消化器官受交感和副交感神经的双重支配，二者的调节作用表现为既相互拮抗又相互协调。如：当交感神经紧张性活动增强时，副交感神经紧张性活动减弱；反之，当副交感神经紧张性活动增强时，则交感神经紧张性活动减弱。通常以副交感神经的作用占优势。这种不同反应之间的配合，需要机体各级中枢的整合，消化器官的活动才能适应整个机体的需要。

　　(二) 内在神经系统

　　消化道除受外来的自主神经支配外，还受到分布于消化道管壁内的内在神经系统(intrinsic nervous system)的支配。胃肠道的内在神经系统又称为肠神经系统或壁内神经丛，分布于食管中段至肛门的绝大部分消化道管壁内。其中含有大量的感觉神经元、中间神经元和运动神经元，与胃肠道的各种感受器及效应器联系在一起，构成一个相对独立的局部反射系统,在胃肠道功能的调节中具有重要的作用。当食物刺激消化道管壁时,不需中枢参与就可通过壁内神经丛来完成局部反射。当切断外来的自主神经后,局部反射仍可进行,但正常情况下,壁内神经丛的活动受到外来自主神经的调节。

肠神经系统包括黏膜下神经丛和肌间神经丛两部分。前者位于消化道黏膜下层,主要调节腺细胞和上皮细胞的功能;后者则分布于消化道的环行肌与纵行肌之间,主要支配平滑肌的活动。这两部分之间亦有中间神经元相互联系,同时也都接受外来自主神经的支配,并有感觉神经元传入。肠神经系统可释放多种神经递质。黏膜下神经丛的运动神经元释放乙酰胆碱和血管活性肠肽。肌间神经丛的部分兴奋性神经元以乙酰胆碱或 P 物质为递质,而抑制性神经元以血管活性肠肽或一氧化氮(NO)为递质。

三、消化腺的分泌功能

人体各种消化腺每天分泌的消化液总量可达 6~8 L,消化液主要由水、无机盐和各种有机物组成(表 6-1),主要功能为:①分解复杂的食物成分,使之便于吸收;②改变消化道内的 pH 值,使之适应消化酶活性的需要;③稀释消化道内容物,降低其渗透压,以利于营养物质的吸收;④通过分泌黏液、抗体和大量液体,保护消化道黏膜,防止物理性、化学性和生物性的损伤。

表 6-1　各种消化液的日分泌量、pH 值及其主要的消化酶

消化液	分泌量/(L/d)	pH 值	主要消化酶
唾液	1.0~1.5	6.6~7.1	唾液淀粉酶
胃液	1.5~2.5	0.9~1.5	胃蛋白酶(原)
胰液	1.0~2.0	7.8~8.4	胰蛋白酶(原)、糜蛋白酶(原) 胰淀粉酶、胰脂肪酶
胆汁	0.8~1.0	6.8~7.4	无消化酶
小肠液	1.0~3.0	7.8~8.0	肠激酶
大肠液	0.6~0.8	8.3~8.4	少量二肽酶、淀粉酶

消化腺细胞的分泌是主动活动的过程,主要包括从血液中摄取原料、在细胞内合成分泌物以及将分泌物排出等一系列的复杂过程。腺细胞膜上往往存在着多种受体,当不同的神经递质或激素与之结合时,可通过不同的受体后信号转导机制,影响消化腺的分泌活动。

四、消化道的内分泌功能

在胃肠的黏膜层内,不仅存在多种外分泌腺体,还含有 40 多种内分泌细胞,这些细胞分泌的激素统称为胃肠激素(gastrointestinal hormone)。胃肠激素在化学结构上都是由氨基酸残基组成的肽类,相对分子质量大多数在 5000 以内。

(一)胃肠内分泌细胞的形态及分布

免疫细胞化学的方法已经证明,从胃到大肠的黏膜层内,存在有 40 多种内分泌细胞,它们分散地分布在胃肠黏膜的非内分泌细胞之间。由于胃肠黏膜的面积巨大,胃肠内分泌细胞的总数大大超过了体内所有内分泌腺中内分泌细胞的总和。因此,消化道已不仅仅是人体内的消化器官,也是体内最大最复杂的内分泌器官(表 6-2)。

胃肠内分泌细胞在形成上有两个明显的特点:①细胞内的分泌颗粒均分布在核和基底之间,故属于基底颗粒细胞。不同的内分泌细胞的分泌颗粒大小、形状和密度均不同。②大部分细胞呈锥形,其顶端有绒毛突起,伸入胃肠腔内,微绒毛可直接感受胃肠内食物成分和 pH 的刺激而引起细胞的分泌活动。只有少数胃肠内分泌细胞无微绒毛,它们与胃肠腔无直接接触,它们的分泌可由神经兴奋或局部内环境的变化而引起,与胃肠腔内的食物成分无关。这两种类型的细胞,前者被称为开放型细胞,后者为闭合型细胞。

表 6-2　主要胃肠内分泌细胞的名称、分布和分泌产物

细胞名称	分泌产物	分布部位
A 细胞	胰高血糖素	胰岛
B 细胞	胰岛素	胰岛
D 细胞	生长抑素	胰岛、胃、小肠、结肠
G 细胞	胃泌素	胃窦、十二指肠
I 细胞	胆囊收缩素	小肠上部
K 细胞	抑胃肽	小肠上部
Mo 细胞	胃动素	小肠
N 细胞	神经降压素	回肠
PP 细胞	胰多肽	胰岛、胰腺外分泌部分、胃、小肠、大肠
S 细胞	促胰液素	小肠上部

胃肠内分泌细胞在生物化学方面都具有摄取胺前体,进行脱羟而产生肽类或活性胺的能力。具有这种能力的细胞统称为 APUD(amine precursor uptake and decarboxylation)细胞。除胃肠和胰腺的内分泌细胞外,神经系统、甲状腺、肾上腺髓质、垂体等组织中也含有 APUD 细胞。

（二）胃肠激素的作用

胃肠激素与神经系统一起,共同调节消化器官的运动、分泌和吸收功能。此外,胃肠激素对体内其他器官的活动也具有广泛的影响。其作用有以下三个主要方面。

1. 调节消化腺的分泌和消化道的运动　这一作用的靶器官包括唾液腺、胃腺、胰腺、肠腺、肝细胞、食管-胃括约肌、胃肠平滑肌及胆囊等。三种主要胃肠激素的作用见表 6-3 及后文。

表 6-3　三种胃肠激素对消化腺分泌和消化管运动的作用

	胃酸	胰 HCO_3^-	胰酶	肝胆汁	小肠液	食管-括约肌	胃运动	小肠运动	胆囊收缩
胃泌素	++	++	++	+	+	+	+	+	+
促胰液素	−	++	+	+	+				−
胆囊收缩素	+	+	++	+	+		+	+	++

注:+,兴奋;++,强兴奋;−,抑制。

2.调节其他激素的释放 已经证明,食物消化时,从胃肠释放的抑胃肽(gastric inhibitory polypeptide,GIP)有很强的刺激胰岛素分泌的作用。因此,口服葡萄糖比静脉注射相同剂量的葡萄糖,能引起更多的胰岛素分泌。进餐时,不仅由于葡萄糖的吸收入血直接作用于胰岛 B 细胞,促进其分泌胰岛素,还可通过抑胃肽及早地把信息传递到胰岛,引起胰岛素较早的分泌,使血糖不至于升得过高而从尿中丢失,这对于有效地保持机体所获得的能量,具有重要的生理意义。

影响其他激素释放的胃肠激素还有生长抑素、胰多肽、血管活性肽等,它们对生长激素、胰岛素、胰高血糖素、胃泌素等的释放均有调节作用。

3.营养作用 一些胃肠激素具有刺激消化道组织的代谢和促进其生长的作用,称为营养作用(trophic action)。例如,胃泌素能刺激胃泌酸腺的黏膜和十二指肠黏膜的蛋白质、RNA 和 DNA 的合成,从而促进其生长。给动物长期注射五肽胃泌素(一种人工合成的胃泌素,含有胃泌素活性的最小片段——羧基端的 5 个氨基酸片段),可引起壁细胞增生。在临床上也可观察到,切除胃窦的患者,血清胃泌素水平下降,同时可发生胃黏膜萎缩;相反,患有胃泌素瘤的患者,血清胃泌素水平很高,这种患者多有胃黏膜增生、肥厚。此外,近年来还发现,小肠黏膜内 I 细胞释放的胆囊收缩素也具有重要的营养作用,它能引起胰腺内 DNA、RNA 和蛋白质的合成增加,促进胰腺外分泌组织的生长。

数字资源 ·············· 消化期胃液分泌的调节 ···············

(三) 脑-肠肽的概念

近年来的研究证实,一些产生于胃肠道的肽,不仅存在于胃肠道,也存在于中枢神经系统内;而原来认为只存在于中枢神经系统的神经肽,也在消化道中被发现。这些双重分布的肽被统称为脑-肠肽(brain-gut peptide)。已知的脑-肠肽有胃泌素、胆囊收缩素、P 物质、生长抑素、神经降压素等 20 余种。这些肽类双重分布的生理意义已引起人们的重视,例如胆囊收缩素在外周对胰酶分泌和胆汁排放的调节作用及其在中枢对摄食的抑制作用,提示脑内及胃肠内的胆囊收缩素在消化和吸收中具有协调作用。

第二节 口腔内消化

食物在口腔内停留的时间为 15～20 s。在口腔,食物被咀嚼、湿润,而后吞咽,唾液中的淀粉酶可以初步分解食物中的淀粉。

一、咀嚼和吞咽

(一) 咀嚼

口腔通过咀嚼运动对食物进行机械性消化。咀嚼(mastication)是由咀嚼肌群有序收缩而完成的复杂的随意运动。其作用主要包括:①磨碎、混合和湿润食物,形成食团使之易于吞咽;②使食物与唾液淀粉酶接触,开始淀粉的化学性消化;③反射性地引起胃液、胰液、胆汁的分泌和胃肠的活动,为食物的下一步消化做好准备。

（二）吞咽

吞咽（swallowing）是指食物由口腔经咽、食管进入胃内的过程，是一种复杂的神经反射性动作。根据食物通过的部位，吞咽可分为以下三期。

第一期（口腔期）：由口腔到咽，这是在大脑皮层控制下进行的随意动作。主要靠舌的翻卷运动将食物推向咽部。

第二期（咽期）：由咽到食管上段，这是通过食团刺激软腭所引起的一系列快速反射动作，历时不到 1 s。

第三期（食管期）：食管肌肉以蠕动的方式将食团推进到胃内。蠕动（peristalsis）是由空腔器官平滑肌顺序舒缩而产生的一种向前推进的波形运动，是消化道平滑肌的基本运动形式之一。食管蠕动时，食团下端的食管是一舒张波，食团上端的食管是一收缩波，于是食团很自然地向胃的方向移行推进（图 6-3）。

吞咽反射的基本中枢位于延髓，当吞咽中枢受损时，可导致吞咽功能障碍。

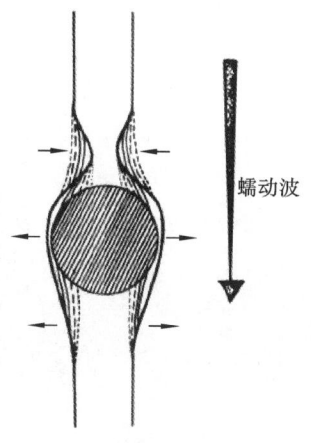

图 6-3　食管蠕动的模式图

二、唾液及其分泌

（一）唾液的性质和成分

唾液（saliva）是无色、无味、近中性（pH6.6～7.1）的低渗液体，正常成人唾液日分泌量为 1.0～1.5 L。唾液中水约占 99%，还有少量的有机物、无机物和一些气体分子。有机物主要是黏蛋白、唾液淀粉酶、免疫球蛋白（IgA）、溶菌酶、乳铁蛋白、富含脯氨酸的蛋白质、激肽释放酶等；无机物主要有 Na^+、K^+、Ca^{2+}、Cl^- 和 HCO_3^- 等，这些离子的浓度可随分泌速度而变化。在腺泡初分泌的唾液中，离子浓度以及水的含量接近于血浆。当唾液通过导管时，由于导管重吸收 Na^+、Cl^-，并分泌 K^+、HCO_3^-，对水则相对不通透，因此唾液是低渗液体。

（二）唾液的作用

唾液的生理作用如下：①湿润口腔和溶解食物，以利于咀嚼、吞咽和引起味觉。②消化作用，唾液淀粉酶可将淀粉分解成麦芽糖，故含淀粉多的食物在口腔中咀嚼时有甜味。③清洁和保护作用，如大量分泌的唾液可清除食物残渣，冲淡有害物质；唾液咽下后可中和胃酸；溶菌酶有杀菌作用；黏蛋白具有润滑作用，入胃后与胃酸作用而沉淀，并附着在胃黏膜表面，能增强胃黏膜的抗酸腐蚀作用。④排泄功能，进入体内的某些物质如铅、汞等部分可随唾液排出。另外，有些微生物如狂犬病毒也可从唾液排出，因此，经唾液可传播某些疾病。⑤唾液中的激肽释放酶参与激肽的合成，后者可使局部血管舒张。

（三）唾液分泌的调节

唾液分泌的调节完全是神经反射性的，包括非条件反射和条件反射两种。

引起非条件反射性唾液分泌的正常刺激是食物对口腔机械的、化学的和温度的刺激。在这些刺激的作用下，口腔黏膜和舌的神经末梢（感受器）发生兴奋，冲动沿传入神经纤维

（在舌神经、鼓索神经支、舌咽神经和迷走神经中）到达中枢，再由传出神经到达唾液腺，引起唾液分泌（图 6-4）。

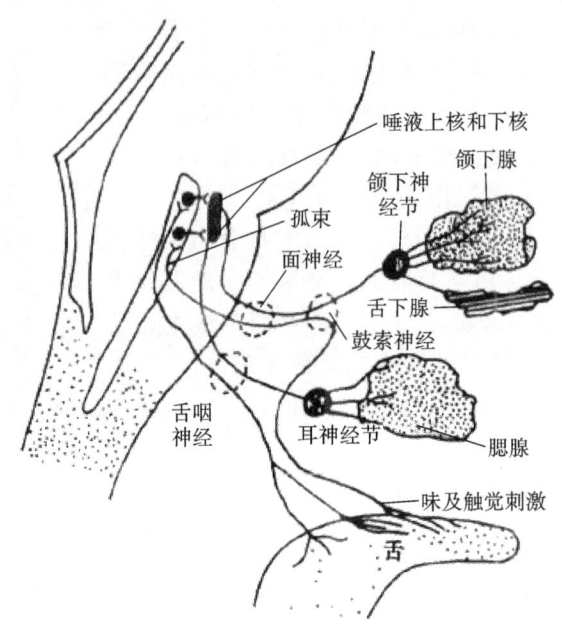

图 6-4　唾液腺的神经支配

唾液分泌的初级中枢在延髓，其高级中枢分布于下丘脑和大脑皮层等处。支配唾液腺的传出神经以副交感神经为主，如第 9 对脑神经到腮腺，第 7 对脑神经的鼓索支到颌下腺。刺激这些神经可引起量多而固体成分少的唾液分泌。副交感神经对唾液腺的作用是通过其末梢释放乙酰胆碱而实现的，因此，用对抗乙酰胆碱的药物如阿托品，能抑制唾液分泌，而用乙酰胆碱或其类似药物时，可引起大量的唾液分泌。副交感神经兴奋时，还可使唾液腺的血管舒张，进一步促进唾液的分泌。目前认为，副交感神经引起唾液腺附近血管舒张的神经纤维是肽能神经纤维，其末梢释放血管活性肠肽。

支配唾液腺的交感神经是肽能神经纤维，在颈上神经节换神经元后，发出节后纤维分布在唾液腺的血管和分泌细胞上。刺激这些神经引起血管收缩，也可引起唾液分泌，但其分泌作用随不同的唾液腺而有不同，例如，刺激人的颈交感神经，只引起颌下腺分泌，却不引起腮腺分泌。

人在进食时，食物的形状、颜色、气味，以及进食的环境，都能形成条件反射，引起唾液分泌。"望梅止渴"是日常生活中条件反射性唾液分泌的一个例子。成年人的唾液分泌的调节，通常都包括条件反射和非条件反射。

第三节　胃内消化

胃是消化道中最膨大的部分，通常可以分为胃底、胃体和胃窦三部分。成人胃容量一般为 1～2 L，其主要功能是暂时储存食物，兼有一定的消化功能。食物入胃后即受到胃液的化学性消化和胃壁肌肉运动的机械性消化。在胃内,食物中的蛋白质被初步分解,同时食物被进一步磨碎并与胃液充分混合成半流质状,称为食糜。胃的运动使食糜少量、间歇性地通过幽门进入十二指肠。

一、胃的运动

食物在胃内的消化主要是机械性消化,是通过胃的运动来实现的。进食后胃的运动明显增强,经过胃内的机械消化,食物被加工得越来越细,并且与胃液充分混合,形成半流质状的食糜。食糜经过胃的排空进入十二指肠。

(一)胃的运动形式

1. 紧张性收缩 胃壁平滑肌经常处于一定程度的持续收缩状态,称为紧张性收缩(tonic contraction),胃的其他运动形式都是在紧张性收缩的基础上进行的。紧张性收缩对于维持胃的正常形态和位置具有重要意义,如果胃的紧张性收缩过度降低,常会引起胃下垂或胃扩张。紧张性收缩同时还可促进胃液渗入食物内部以及胃的排空。

2. 容受性舒张 当咀嚼和吞咽食物时,食物对口腔、咽和食管等处感受器的刺激可通过迷走-迷走反射(即传入神经纤维和传出神经纤维均在迷走神经中)引起胃壁头区肌肉的舒张,称为容受性舒张(receptive relaxation)。其作用是使胃能容纳大量食物而胃内压并不明显升高,以防止胃内食物过快过早地排入十二指肠。

3. 蠕动 食物入胃后约 5 min,胃即开始蠕动。胃的蠕动起自胃的中部,逐渐向幽门方向进行,每分钟约 3 次,每个蠕动波约需 1 min 到达幽门。因此,进食后胃的蠕动通常是一波未平,一波又起(图 6-5)。蠕动波起初较小,在向幽门传播的过程中,波幅和速度逐渐增加,当接近幽门时明显增强,可将 1~2 mL 的食糜排入十二指肠。当收缩波比食糜先期到达胃窦终末部时,由于胃窦终末部的强力收缩,可将食糜反方向推回到胃体。食糜经过这样多次地来回推进与推回,固体食物被研磨得越来越细,与胃液混合也越来越充分。

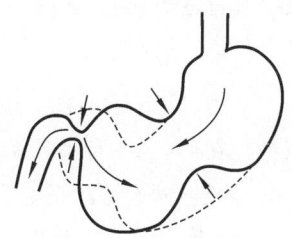

图 6-5 胃的蠕动示意图

(二)胃的排空

胃内食糜分批少量地经幽门排入十二指肠的过程称为胃的排空(gastric emptying)。胃的排空速度与食物的物理性状和化学组成有关。流体食物比固体食物排空快,低渗的食物比高渗的食物排空快,小分子食物比大分子食物排空快。在三类主要营养物质中,糖类的排空速度最快,其次是蛋白质,脂肪的排空速度最慢。一般混合性食物完全排空需 4~6 h。

胃的排空取决于胃与十二指肠内的压力差。在消化期,由于食物的刺激,反射性引起胃的紧张性收缩和蠕动增强,当胃内压升高超过十二指肠内压时,就可克服幽门的阻力,使 1~2 mL 的食糜排入十二指肠;如果胃内压与十二指肠内压相等,胃的排空就暂时停止;如果胃内压低于十二指肠内压,十二指肠内容物可返流入胃内。

胃的排空是受胃内因素和十二指肠内因素的共同调控。胃内食物对胃壁的机械刺激和化学刺激,可通过迷走-迷走反射以及促胃液素的分泌来使胃的运动加强,胃内压升高,促进胃的排空。食糜进入十二指肠后,对十二指肠的机械刺激和化学刺激,又可通过肠-胃反射以及促胰液素、抑胃肽等的分泌来抑制胃的运动,使胃内压降低,抑制胃的排空。随着食糜在十二指肠内被消化、营养物质被吸收以及盐酸被中和,十二指肠内对胃运动的抑制作用逐渐减弱,胃的运动又逐渐增强,于是又有一部分食糜被排入十二指肠。如此反复进行。因此,胃的排空是间断进行的,以使其速度与小肠内的消化和吸收相适应。

（三）呕吐

呕吐（vomiting）是将胃内容物甚至肠内容物经口腔强力驱出体外的动作。呕吐是一种反射活动,其中枢在延髓。当舌根、咽部、胃肠、胆总管、泌尿生殖器以及前庭器官、视觉器官等受到刺激时,都可以引起呕吐。颅内压升高可直接刺激呕吐中枢而引起喷射性呕吐。呕吐可将胃肠内的有害物质或过于刺激性的物质排出,因而对机体具有保护意义。临床上经常用催吐的方法来达到排出食物中毒或农药中毒患者胃内毒物的目的。但是持续而剧烈的呕吐,不仅影响正常的进食、消化和吸收,还可导致机体丢失大量的体液,引起水、电解质和酸碱平衡紊乱。

二、胃液及其分泌

纯净的胃液是由胃腺分泌的无色酸性液体,pH值为0.9～1.5。胃腺包括贲门腺、泌酸腺和幽门腺。胃液中除水外,主要成分包括盐酸、胃蛋白酶原、内因子和黏液等。正常成人每日胃液分泌量为1.5～2.5 L。

（一）盐酸

盐酸（hydrochloric acid，HCl）也称为胃酸,由泌酸腺的壁细胞分泌。胃液中的盐酸有两种存在形式:一种处于游离状态,称为游离酸;另一种是与蛋白质结合的盐酸蛋白盐,称为结合酸。两者酸度的总和称为总酸度。在纯净胃液中绝大部分为游离酸。正常成人空腹时盐酸分泌量（基础盐酸分泌量）为0～5 mmol/h,在食物或药物如组胺等的刺激下,盐酸分泌量可大大增加。正常成人盐酸的最大分泌量为20～25 mmol/h。男性的盐酸分泌量高于女性,50岁后盐酸分泌量有所降低。盐酸分泌量可反映胃的分泌能力,其多少主要取决于壁细胞的数量,与壁细胞的功能状态也有一定关系。

胃液中H^+的浓度最高可达150 mmol/L,比血浆中H^+的浓度高300万倍。因此,壁细胞分泌H^+是逆着巨大浓度差而主动进行的,需要消耗能量。壁细胞分泌的H^+来源于细胞内物质氧化过程中H_2O的分解,H_2O经过解离产生H^+和OH^-,H^+被壁细胞内分泌小管膜上的H^+-K^+依赖式ATP酶（质子泵）主动转运到小管内。当H^+被分泌后,细胞内OH^-有待被中和。由于壁细胞胞质中含有丰富的碳酸酐酶,在其催化下,细胞代谢产生的CO_2以及从血浆中摄取的CO_2迅速与H_2O结合成H_2CO_3,H_2CO_3随即解离成H^+和HCO_3^-,H^+与OH^-结合生成水;HCO_3^-则与血浆中的Cl^-进行交换。HCO_3^-进入血液,与Na^+结合而生成$NaHCO_3$,大量生成的HCO_3^-导致血液和尿的pH值增高。而血浆中的Cl^-顺浓度差转入壁细胞,再通过分泌小管膜上的特异性Cl^-通道而进入小管腔内。Cl^-与H^+的分泌一般是耦联的,于是H^+和Cl^-在小管内形成HCl,随即进入胃腔（图6-6）。

由于质子泵已被证实为各种因素引起胃酸分泌的最后通路,因此,选择性抑制质子泵

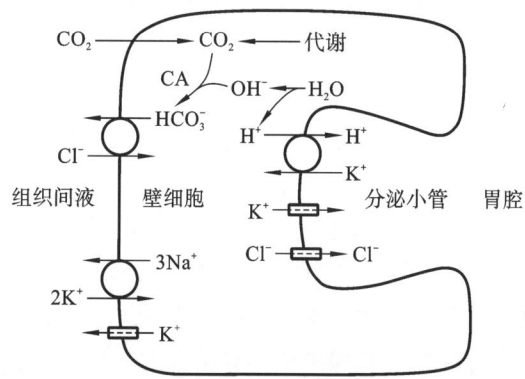

图 6-6　壁细胞分泌盐酸的基本过程示意图

的药物(如奥美拉唑)已被临床用来有效抑制胃酸的分泌。

　　盐酸的生理作用主要有以下几个方面:①杀死随食物进入胃内的细菌;②激活胃液中的胃蛋白酶原,使之成有活性的胃蛋白酶,并为胃蛋白酶发挥作用提供必要的酸性环境;③使食物中的蛋白质变性,有利于蛋白质的消化;④随食糜进入小肠后,促进胰液、胆汁和小肠液的分泌;⑤盐酸所造成的酸性环境有利于小肠对铁和钙的吸收。

知识链接

幽门螺杆菌与消化性溃疡

　　长期以来,消化性溃疡包括胃溃疡和十二指肠溃疡的治疗都以抗酸为主。抗酸治疗虽然能使溃疡愈合,但不能根治,停药后溃疡复发率很高。1982 年,澳大利亚科学家 Marshall 和 Warren,在慢性胃炎和消化性溃疡患者的胃壁中发现了一种新的螺旋形细菌,后来命名为幽门螺杆菌,引起了医学界的广泛关注和研究。研究表明,幽门螺杆菌与消化性溃疡的发生有着密切的关系。在 90% 的十二指肠溃疡患者的胃中可以检出此菌,在 70% 的胃溃疡患者中也可以检出此菌。幽门螺杆菌的致病机制是由于这种细菌明显改变并损害了黏膜、胃血流以及胃泌素细胞和生长抑素细胞的功能,减弱了黏膜局部的防御机能。现在认为消化性溃疡是由幽门螺杆菌感染而形成的一种传染病。

(二)胃蛋白酶原

　　胃蛋白酶原(pepsinogen)是由泌酸腺的主细胞合成并分泌的。胃蛋白酶原本身无生物学活性,在盐酸或已被激活的胃蛋白酶作用下,转变为有活性的胃蛋白酶。胃蛋白酶能初步水解蛋白质,将蛋白质分解为䏌和胨以及少量的多肽、氨基酸。胃蛋白酶只有在酸性较强的环境中才有作用,其最适 pH 为 2.0～3.5,当 pH>5 时即失去活性。

(三)黏液和碳酸氢盐

　　胃液中含有大量的黏液,由贲门腺、幽门腺和泌酸腺中的黏液颈细胞、表面上皮细胞共同分泌,主要成分为糖蛋白。黏液具有较高的黏滞性和形成凝胶的特性,覆盖在正常胃黏膜表面,形成一厚约 500 μm 的凝胶状黏液层,具有润滑作用,能减少坚硬食物对胃黏膜的机械性损伤。

胃黏液形成的凝胶层可以阻碍胃液中的 H^+ 和胃蛋白酶向胃黏膜扩散。同时胃黏膜上皮细胞分泌的 HCO_3^- 逐渐由黏膜层向胃腔方向扩散,可以中和 H^+,于是在黏液层便形成一个 pH 梯度,即靠近胃腔面的黏液 pH 较低,约为 2,呈强酸性,而靠近胃壁的黏液仍然呈中性,pH 为 7.0 左右,从而避免了 H^+ 对胃黏膜的直接侵蚀,有效防止胃液中的胃蛋白酶对胃黏膜本身的消化作用。这种由黏液和碳酸氢盐共同构成的防御屏障,称为黏液-碳酸氢盐屏障(图 6-7),在胃黏膜的自我保护中具有重要的作用。

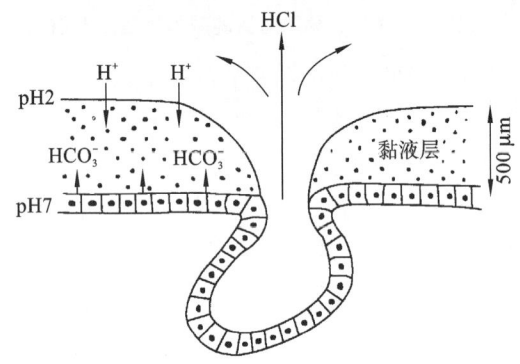

图 6-7 胃黏液-碳酸氢盐屏障示意图

除黏液-碳酸氢盐屏障外,胃上皮细胞之间的紧密连接也可阻止胃液中的 H^+ 到达胃黏膜层,构成胃黏膜屏障。很多因素,如高浓度的酒精、乙酸、胆酸和阿司匹林等均可以损害胃黏膜屏障。无节制的生冷饮食、酗酒或反复应用阿司匹林等药物,可因损害胃黏膜屏障,引发胃炎、胃溃疡等疾病。

知识链接

胃大部切除与贫血

临床上对胃癌、消化性溃疡患者经常做胃大部切除术。传统胃大部切除术的范围是胃远端的 2/3～3/4,包括胃体大部、整个胃窦部、幽门及十二指肠球部。多数患者术后数年会发生贫血,其中主要为缺铁性贫血,部分为巨幼红细胞性贫血。贫血的主要原因:①由于大部分胃被切除,壁细胞数量减少使胃酸分泌减少,食物中的 Fe^{3+} 不能还原成 Fe^{2+},从而抑制了铁的吸收;②多数胃大部切除术是将残胃与空肠吻合,食物不能通过十二指肠,使铁的吸收大大减少;③食物从残胃中快速排空进入空肠,这也影响了铁的吸收。术后缺铁性贫血患者可通过长时间服用铁剂而治愈,据报道其治愈率可达 94%。术后巨幼红细胞性贫血治疗上应补充维生素 B_{12}。

(四)内因子

泌酸腺壁细胞除了分泌盐酸外,还分泌一种相对分子质量约为 60 000 的糖蛋白,称为内因子(intrinsic factor)。其作用是保护维生素 B_{12} 免受小肠内水解酶的破坏,并能与回肠黏膜上皮细胞的特异性受体结合,促进维生素 B_{12} 的吸收。如果内因子分泌减少,将导致维生素 B_{12} 吸收障碍,引起巨幼红细胞性贫血。

第四节 小肠内消化

食糜由胃进入十二指肠后,即开始了小肠内的消化。在口腔内消化和胃内消化的基础上,食糜在小肠内受到胰液、胆汁和小肠液的化学性消化及小肠运动的机械性消化,最终食物中的大分子营养物质基本上都被分解成了可被吸收的小分子营养物质。食物在小肠内的消化是整个消化过程中最重要的阶段。同时,小肠也是营养物质吸收的主要场所。食物通过小肠后,消化和吸收过程已基本完成。

一、小肠的运动

食糜在小肠内一方面受到各种消化液的化学性消化作用,同时也受到小肠运动的机械性消化作用。小肠的运动主要包括紧张性收缩、分节运动和蠕动三种形式。

1. 紧张性收缩 小肠平滑肌存在着一定程度的紧张性收缩,能维持肠腔内一定的压力,使小肠保持一定的形态和位置。紧张性收缩也是小肠其他运动形式的基础。当小肠的紧张性收缩增强时,食糜在肠腔内混合和推进的速度加快。

2. 分节运动 分节运动(segmental motility)是小肠最有特征性的运动形式,是一种以小肠环行肌收缩和舒张为主的节律性运动。分节运动表现为食糜所在的一段肠管,每相隔一定间距的几处环行肌同时收缩,把食糜分割成许多节段。随后,原来收缩的部位舒张,原来舒张的部位收缩,使原先的食糜节段再分割成两半,邻近的两半又彼此合并,形成新的节段。如此反复进行,使食糜不断地被分割,又不断地被混合(图 6-8)。分节运动对食糜仅有较弱的推进作用,其主要作用是使食糜与消化液充分混合,有利于化学性消化的进行;增加食糜与小肠黏膜的接触,为吸收创造良好的条件;挤压肠壁以促进血液与淋巴液的回流。

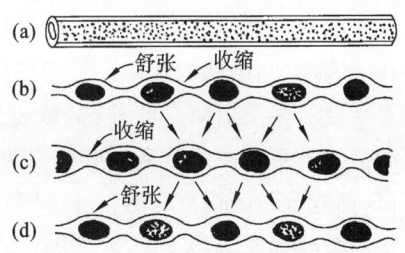

图 6-8 小肠的分节运动示意图

分节运动在空腹时几乎不存在,进食后才逐渐加强。由上至下,小肠的分节运动存在频率梯度,即小肠的近端较快,到小肠远端频率逐渐减慢,如在十二指肠约为 11 次/分,至回肠末端仅为 8 次/分。其意义在于将小肠内食糜向远端推进。

3. 蠕动 小肠任何部位均可发生蠕动,小肠的蠕动推进速度很慢,每个蠕动波将食糜向前推进数厘米后即消失,但蠕动可反复发生。小肠蠕动在进食后大大增强,其意义在于使经过分节运动后的食糜向前推进,到达一个新的肠段,再开始新的分节运动,如此重复进行。此外,小肠还有一种推进速度很快、传播较远的蠕动,称为蠕动冲,可将食糜从小肠的始端一直推送到小肠末端,甚至还可推送到大肠。蠕动冲可由吞咽动作或食糜对十二指肠的刺激而引起,有些药物如泻药的刺激,也可引起蠕动冲。

二、胰液及其分泌

胰腺是最重要的消化腺,兼有分泌胰液和内分泌的功能,其内分泌功能将在第十一章讨论。胰腺的腺泡细胞和小导管管壁细胞分泌胰液,经胰腺导管排入十二指肠,参与对食物的消化作用。

(一)胰液的性质和成分

胰液为无色的弱碱性液体,pH 为 7.8～8.4,正常成人日分泌量为 1～2 L。其成分包括水、无机物和有机物。水、无机物主要由胰腺小导管细胞分泌,其中最为重要的是碳酸氢盐;有机物由胰腺腺泡细胞分泌,主要是各种消化酶,包括胰淀粉酶、胰脂肪酶、胰蛋白酶原和糜蛋白酶原等。

(二)胰液的作用

1. 碳酸氢盐　能中和进入十二指肠的盐酸,使肠黏膜免受酸性食糜的侵蚀,并为小肠内的多种消化酶提供适宜的 pH 环境(7.0～8.0)。

2. 胰淀粉酶　胰淀粉酶是一种 α-淀粉酶,最适 pH 为 6.7～7.0,对淀粉的水解效率很高,能将各种生、熟淀粉以及糖原分解为单糖。

3. 胰脂肪酶　胰脂肪酶为消化脂肪的主要消化酶,其最适 pH 为 7.5～8.5,在有胆盐和辅脂酶存在的条件下,可将脂肪分解为甘油、脂肪酸和少量甘油一酯。若机体缺乏胰脂肪酶,将导致脂肪消化不良。

4. 胰蛋白酶原和糜蛋白酶原　胰蛋白酶原和糜蛋白酶原均以不具有活性的酶原形式存在于胰液中,随胰液进入十二指肠后,小肠液中的肠致活酶迅速激活胰蛋白酶原,使之变为有活性的胰蛋白酶。此外,盐酸、已激活的胰蛋白酶以及组织液也能激活胰蛋白酶原。已激活的胰蛋白酶还可激活糜蛋白酶原,使之转变为糜蛋白酶。胰蛋白酶和糜蛋白酶作用相似,都能分解蛋白质为胨和胨,只是水解位点不同。两酶联合作用,可将蛋白质水解为小分子的多肽和氨基酸。糜蛋白酶还有凝乳作用。

此外,胰液中还有核酸酶、胆固醇酯酶和磷脂酶 A_2 等多种消化酶。核酸酶包括 DNA酶和 RNA 酶,能分别将 DNA 和 RNA 水解为单核苷酸。胆固醇酯酶能水解胆固醇酯,磷脂酶 A_2 能水解磷脂。

胰液中含有分解各种大分子营养物质的消化酶,因而胰液是消化能力最全面、消化力最强的消化液。如果胰液分泌障碍,食物中的蛋白质和脂肪将不能被彻底消化和吸收。大量未被消化的蛋白质和脂肪随粪便排出,可导致胰性腹泻。脂肪吸收障碍还可影响脂溶性维生素 A、D、E、K 的吸收。但胰液缺乏时,淀粉的消化一般不受影响。

知识链接 ······················○

急性胰腺炎病因

胰液中的蛋白水解酶以无活性的形式分泌,同时胰液中还含有一种胰蛋白酶抑制物,可抑制胰液中蛋白水解酶的激活。因此在正常情况下,胰液中的蛋白水解酶并不消化胰腺本身。暴饮暴食会反射性引起胰液的大量分泌,若同时伴有胰液排出受阻,胰管内压力升高,导致胰小管或腺泡破裂,胰液就会逸出胰小管或腺泡而渗入胰腺间质,被组织液激活。其结果就是胰液会把胰腺本身甚至周围组织都当作食物来消化,从而引起严重的后果即急性胰腺炎。导致胰液排出受阻的常见原因之一是大量饮酒,大量饮酒可引起十二指肠炎、十二指肠乳头水肿、胆道口括约肌痉挛,导致胰液排出受阻。由于胰管和胆管在十二指肠的开口相同,胆道感染、胆石症、胆道蛔虫症等亦可影响胰液的排出,从而导致急性胰腺炎。

○ ······················

三、胆汁及其分泌

(一)胆汁的性质和成分

胆汁(bile)由肝细胞连续分泌,正常成人胆汁日分泌量为 $0.8\sim1.0$ L。在消化期,肝细胞分泌的胆汁经肝管、胆总管排入十二指肠。在消化间期,肝细胞分泌的胆汁可经肝管、胆囊管进入胆囊储存。未经胆囊储存浓缩的胆汁称为肝胆汁,为金黄色或橘棕色,呈弱碱性(pH 值约为 7.4)。经过胆囊储存、浓缩的胆汁称为胆囊胆汁。在胆囊储存胆汁的过程中,由于胆汁中的水和碳酸氢盐被胆囊壁吸收,因此胆汁被浓缩,颜色变深,呈弱酸性(pH 值约为 6.8)。

胆汁的成分非常复杂,除 H_2O 和 Na^+、K^+、Ca^{2+}、Cl^-、HCO_3^- 等无机成分外,还含有许多有机成分,包括胆盐、胆色素、胆固醇、卵磷脂和黏蛋白等。此外,胆汁中还含有少量的重金属离子,如 Cu^{2+}、Zn^{2+}、Mn^{2+}、Al^{3+} 等。胆汁中不含有任何消化酶,其最重要的成分是胆盐。胆盐(bile salt)是胆汁酸与甘氨酸或牛磺酸结合而形成的钠盐或钾盐,是胆汁参与消化和吸收脂肪的主要成分。胆色素和胆固醇都是需经胆汁排泄的代谢产物。当胆汁中胆固醇过多或卵磷脂相对减少时,胆固醇易在胆道沉积形成结石。

(二)胆汁的作用

胆汁中虽然不含消化酶,但胆汁对脂肪的消化与吸收具有重要的意义。

1. 促进脂肪的消化 胆汁中的胆盐、胆固醇和卵磷脂都有乳化作用,能降低脂肪的表面张力,使脂肪乳化成微滴,分散于肠腔内的消化液中,增加胰脂肪酶与脂肪的接触面积,加快胰脂肪酶对脂肪的消化作用。

2. 促进脂肪消化产物的吸收 胆盐为双嗜性分子,当在肠腔内达到一定浓度时,便可聚合形成直径为 $3\sim6$ μm 的圆柱形微胶粒。肠腔中脂肪的不溶性消化产物,如脂肪酸、甘油一脂、胆固醇等均可渗入到微胶粒中,形成混合微胶粒,混合微胶粒在整体上是水溶性的。这样,就以胆盐形成的微胶粒作为运载工具,将不溶于水的脂肪消化产物运送到肠黏膜表面,从而促进脂肪消化产物的吸收。

3.促进脂溶性维生素的吸收 与脂肪的不溶性消化产物一样,胆盐也可促进脂溶性维生素 A、D、E、K 的吸收。

4.维持小肠内弱碱性环境 胆汁中的水和碳酸氢盐对胃酸具有稀释、中和作用,与胰液、小肠液一起维持小肠内弱碱性环境,为小肠内各种消化酶提供适宜的 pH 环境。

5.利胆作用 随胆汁经胆总管排入十二指肠的胆盐,在发挥促进消化吸收的作用后,约有 95% 在回肠被重新吸收入血液,再经门静脉运送到肝脏,这一过程称为胆盐的肠-肝循环(图 6-9)。约 5% 未被重吸收的胆盐则由粪便排出。通过肠-肝循环回到肝脏的胆盐,可刺激肝细胞合成并分泌胆汁,称为胆盐的利胆作用。

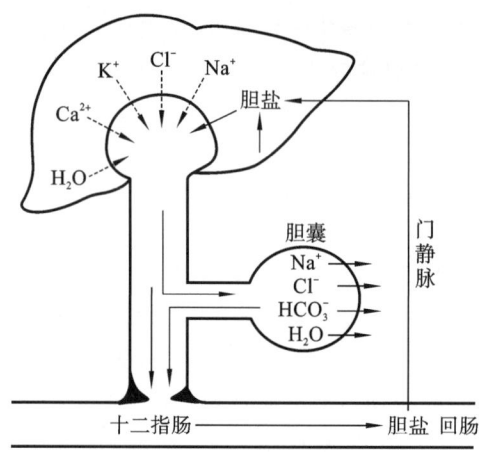

图 6-9　胆盐的肠-肝循环示意图

知识链接

黄　疸

胆红素为血红蛋白、肌红蛋白、过氧化物酶、细胞色素 P450 等物质的代谢产物,是胆汁中的主要色素。正常人血浆胆红素总量不超过 $17.1~\mu mol/L$,若血浆胆红素总量超过 $34.2~\mu mol/L$,可出现巩膜和皮肤黄染,称为黄疸。黄疸按病因可分为三大类:①溶血性黄疸:因各种原因引起红细胞破坏过多,使胆红素生成增多,超过肝的摄取、处理能力,导致血浆中的胆红素含量增高而引起的黄疸;②肝细胞性黄疸:因肝细胞受损如严重肝炎、肝硬化、肝癌等,致肝细胞摄取、处理血浆胆红素的能力降低而引起的黄疸;③阻塞性黄疸:由于胆道结石、肿瘤、炎症、寄生虫等所致胆道梗阻,胆红素不能经胆汁正常排出,反流入血而引起的黄疸。

四、小肠液及其分泌

（一）小肠液的性质和成分

小肠液为十二指肠腺和小肠腺分泌的弱碱性液体，pH 值约为 7.6，渗透压与血浆相等，成人小肠液日分泌量为 1～3 L，其成分除水和无机盐外，还包括溶菌酶、黏蛋白和肠致活酶等。

（二）小肠液的作用

1. 稀释作用 大量的小肠液可稀释肠内容物，降低其渗透压，有利于营养物质的吸收。

2. 保护作用 小肠液中的黏液具有润滑作用，在小肠黏膜表面形成一道屏障，抵抗肠内容物对小肠黏膜的机械损伤；碱性的小肠液可中和盐酸，尤其是在十二指肠，可保护十二指肠免受盐酸侵蚀；溶菌酶可溶解肠内的细菌。

3. 消化作用 小肠液中的肠致活酶可激活胰蛋白酶原，使之变为有活性的胰蛋白酶，有利于蛋白质的消化。

第五节　大肠的功能

食物经过小肠内的消化和吸收后，剩余的残渣进入大肠。人的大肠没有重要的消化活动，其功能主要是吸收水分和电解质，暂时储存食物残渣，形成和排出粪便。

一、大肠的运动形式

1. 袋状往返运动 空腹时多见，由环行肌不规则收缩引起，能使结肠袋中的内容物向两个方向做短距离的位移。

2. 分节或多袋推进运动 一个结肠袋或多个结肠袋收缩，将肠内容物向下一肠段推进的运动。

3. 蠕动 由一些稳定向前的收缩波所组成。收缩波前方的肌肉舒张，往往充有气体，收缩波后面的肌肉则保持在收缩状态，使这段肠管内容物向前推进。大肠还有一种进行很快而且传播很远的蠕动，称为集团蠕动，常发生于进食后，可将一部分大肠内容物由横结肠推送至降结肠或乙状结肠。

二、排便与排便反射

进入大肠的食物残渣经细菌的发酵和腐败作用，其中部分水分、无机盐和维生素被吸收，剩余的产物加上脱落的肠黏膜上皮细胞和大量的细菌共同构成粪便。据估计，粪便中死的和活的细菌占粪便固体总量的 20%～30%。粪便是通过排便反射排出体外的。

人的直肠内通常是没有粪便的。当肠的蠕动将粪便推送入直肠,便可刺激直肠壁的感受器,冲动经盆神经和腹下神经传至脊髓腰骶段的初级排便中枢,同时上传至大脑皮层引起便意。如果环境许可,皮层发出下行冲动至脊髓初级排便中枢,初级中枢的传出冲动经盆神经引起降结肠、乙状结肠和直肠收缩,肛门内括约肌舒张。同时,阴部神经的传出冲动减少,肛门外括约肌舒张,使粪便排出体外。此外,腹肌和膈肌收缩,增加腹内压,促进排便。如果环境不许可,大脑皮层则发出下行抑制性冲动,抑制脊髓初级排便中枢的活动,排便反射活动就受到抑制。因此,排便活动是受主观意识控制的。

正常人的直肠对粪便的压力刺激具有一定的阈值,当达到此阈值时,就会产生便意和排便反射。如果经常抑制排便反射,直肠对粪便的压力刺激就会逐渐变得不敏感,阈值升高,从而使粪便在肠腔内停留的时间延长,水分吸收过多而变得干硬,易导致便秘。经常便秘又可引起痔疮、肛裂等疾病。

三、大肠液的分泌及大肠内细菌的活动

大肠液是由大肠黏膜表面的柱状上皮细胞和杯状细胞分泌的碱性黏液,pH值为8.3~8.4,其主要成分是黏液和碳酸氢盐。大肠液的主要作用是保护肠黏膜和润滑粪便。

大肠内的细菌主要来自食物和空气。大肠内的酸碱度和温度对许多细菌极为适宜,细菌便在这里大量繁殖。细菌中含有能分解食物残渣的酶。细菌对糖和脂肪的分解称为发酵,能产生 CO_2、醋酸、乳酸、甘油、脂肪酸和胆碱等。细菌对蛋白质的分解称为腐败,能产生氨、硫化氢、组胺和吲哚等,这些物质被肠壁吸收后需转运到肝脏解毒。如果长期便秘和消化不良,这些腐败产物产生和吸收过多,会对人体有害。

此外,大肠内细菌能利用大肠内较简单的物质合成 B 族维生素和维生素 K,吸收后可供机体利用。如果长期使用广谱抗生素,大肠内细菌的繁殖受到抑制,可造成体内 B 族维生素和维生素 K 的缺乏。

第六节 吸 收

吸收是指消化道内的可被吸收的营养物质透过消化道黏膜上皮细胞进入血液和淋巴液的过程。食物中大分子营养物质的消化产物、水、无机盐、维生素等都可经消化道吸收进入体内。

一、吸收的部位及机制

(一)吸收的部位

消化道不同部位的吸收能力相差很大,这主要取决于消化道的组织结构、内容物的成分和停留时间。口腔和食管基本上没有吸收功能,但某些药物如硝酸甘油等可被口腔黏膜吸收;胃的吸收能力也很小,仅能吸收少量的水、酒精及某些药物;小肠是各种营养物质吸

收的主要部位,绝大部分营养物质,包括水、无机盐、维生素以及糖类、脂肪、蛋白质的消化产物均主要是在十二指肠和空肠被吸收的;回肠有其独特的吸收功能,主要吸收维生素 B_{12} 和胆盐;大肠主要吸收食物残渣中的水和无机盐(图 6-10)。

小肠是吸收最主要的部位,其具有以下有利的条件:①小肠吸收面积巨大。成人小肠长 4~5 m,其黏膜有许多环形皱褶伸向肠腔,皱褶上拥有大量的绒毛,绒毛的表面柱状上皮细胞的顶端又有许多微绒毛,使小肠的吸收面积达到 200 m^2 以上,是同样长度的简单圆筒面积的 600 倍(图 6-11);②大分子营养物质在小肠内基本上都已被分解为可吸收的小分子营养物质;③食物在小肠内停留的时间很长,达 3~8 h,使营养物质有足够的时间被吸收;④在小肠壁和绒毛内部,有丰富的毛细血管、毛细淋巴管、平滑肌和神经纤维。进食后,通过平滑肌的舒缩,可使绒毛发生节律性的伸缩和摆动,可促进血液循环和淋巴循环,有利于吸收。

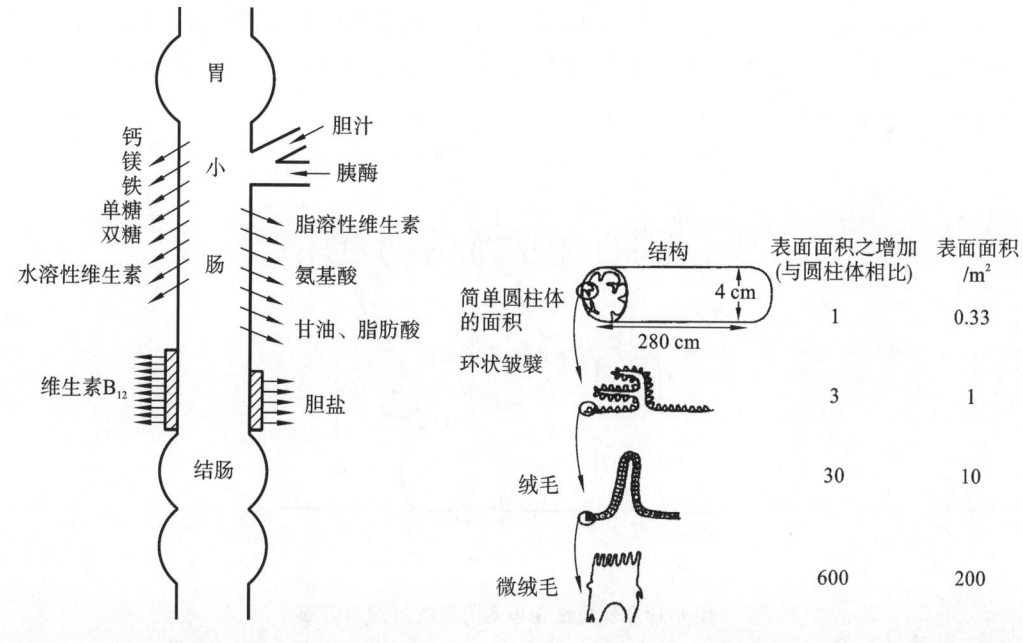

图 6-10　主要营养物质在小肠的吸收部位　　　图 6-11　小肠吸收面积增大的机制示意图

（二）吸收的途径和机制

营养物质吸收的途径有两条:①跨细胞途径:营养物质通过小肠绒毛上皮细胞的腔膜面进入细胞后,再通过细胞基底侧膜进入细胞外间隙,最后进入血液或淋巴。②细胞旁路途径:营养物质通过小肠上皮细胞间的紧密连接,进入细胞间隙,然后再进入血液或淋巴。

营养物质吸收的机制主要有以下几种:①被动转运:包括单纯扩散、易化扩散和水的渗透。②主动转运:包括原发性主动转运和继发性主动转运。③入胞和出胞(参见第二章第一节)。

二、小肠内主要营养物质的吸收

（一）糖的吸收

食物中的糖类包括多糖、二糖和单糖。糖类只有分解为单糖才能被小肠上部黏膜主动吸收入血液。不同单糖的吸收速度也不相同，其中以半乳糖和葡萄糖的吸收速度最快，果糖次之，甘露糖最慢。

葡萄糖的吸收是一个典型的逆浓度差进行的继发性主动转运过程，其能量直接来自钠泵活动形成的势能储备（图 6-12）。在肠黏膜上皮细胞的基底膜和侧膜上存在有钠泵，可将细胞内的 Na^+ 主动转运至组织液中，降低细胞内的 Na^+ 浓度，建立细胞内与肠腔内的 Na^+ 浓度梯度。在上皮细胞肠腔膜的刷状缘上有转运葡萄糖和 Na^+ 的转运体，称为 Na^+-葡萄糖同向转运体。利用钠泵主动转运建立的 Na^+ 势能储备，Na^+-葡萄糖同向转运体每次可将 2 个 Na^+ 和 1 分子葡萄糖分子同时转运到黏膜上皮细胞内。随着细胞内葡萄糖浓度的升高，葡萄糖再通过上皮细胞基膜上的葡萄糖载体，顺着浓度差以被动转运的方式扩散到细胞间液而后被吸收入血。由此可见，葡萄糖的吸收有赖于 Na^+ 的主动转运，两者同时进行，相互耦联，需要消耗能量。

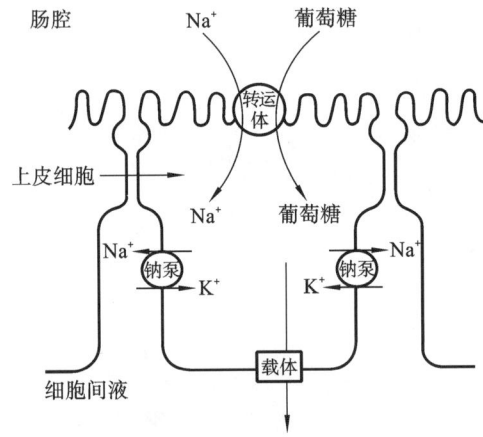

图 6-12 葡萄糖在小肠的吸收机制示意图

（二）蛋白质的吸收

食物中的蛋白质必须分解成氨基酸和寡肽的形式才能被吸收。煮熟的蛋白质因其变性而易于消化，在十二指肠和近端空肠就能被吸收；未经煮过的蛋白质和内源性蛋白质较难消化，需到回肠后才能被吸收。

氨基酸的吸收机制与葡萄糖相似，也是与 Na^+ 的吸收耦联进行的继发性主动转运过程。氨基酸主要是在小肠上段经血液途径被吸收的。另外，小肠刷状缘上有二肽和三肽转运系统，许多二肽和三肽也可被小肠上皮细胞完整地吸收。进入上皮细胞内的二肽和三肽可被细胞内二肽酶和三肽酶水解成氨基酸，然后再进入血液。

（三）脂肪和胆固醇的吸收

1. 脂肪的吸收 食物中的脂肪在肠腔内被胰脂肪酶水解成甘油、甘油一酯和脂肪酸。

脂肪酸、甘油一酯可与胆盐形成水溶性混合微胶粒,通过肠黏膜上皮表面的不流动水层而到达细胞的微绒毛。在此处,脂肪酸、甘油一酯又逐渐从混合微胶粒中释放出来,透过微绒毛细胞膜进入黏膜细胞,而胆盐被留在肠腔内继续发挥作用。

脂肪酸、甘油一酯进入上皮细胞后,其中短链脂肪酸(10～12个碳原子的脂肪酸)和含短链脂肪酸的甘油一酯在上皮细胞内不再变化,因能溶于水,可直接被吸收进入血液;长链脂肪酸和甘油一酯在肠上皮细胞内重新合成为甘油三酯,并与细胞内的载脂蛋白结合形成乳糜微粒,然后以出胞的方式进入细胞间隙,再进入淋巴管(图 6-13)。因此,脂肪的吸收有血液和淋巴两条途径。因为膳食中的动、植物油中含有 15 个以上碳原子的长链脂肪酸较多,所以脂肪的吸收以淋巴途径为主。

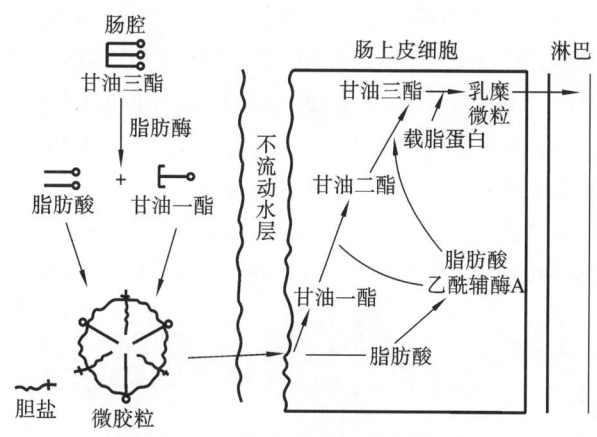

图 6-13　脂肪在小肠吸收的过程示意图

2. 胆固醇的吸收　每天进入肠道内的胆固醇为 1～2 g,主要来源于食物和肝脏分泌的胆汁。来源于食物的胆固醇部分是酯化的,而来源于胆汁的胆固醇则是游离的。酯化的胆固醇须在肠腔中经胆固醇酯酶的作用,水解为游离胆固醇后才能被吸收。游离胆固醇与胆盐形成混合微胶粒,在小肠上部被吸收。被吸收的胆固醇大部分在小肠上皮细胞内被重新酯化,生成胆固醇酯,与载脂蛋白结合形成乳糜微粒,经由淋巴进入血液循环。

(四)无机盐的吸收

各种无机盐只有在溶解状态下才能被吸收,不同无机盐吸收的难易程度不同。一般说来,单价碱性盐类,如钾、钠、铵盐的吸收很快,多价碱性盐类吸收则较慢。

1. 钠的吸收　正常成人每天从饮食中摄入的 Na^+ 为 5～8 g,各种消化腺每天分泌的 Na^+ 大致为 20～30 g,而每天肠道吸收的 Na^+ 总量为 25～35 g,说明肠腔内 95%～99% 的 Na^+ 都被吸收了。Na^+ 的吸收依赖于肠黏膜上皮细胞膜上的钠泵。通过基底侧膜上的钠泵将细胞内的 Na^+ 泵出上皮细胞,经细胞间隙进入血液,使细胞内的 Na^+ 浓度降低,肠腔内的 Na^+ 顺浓度梯度被吸收。因为 Na^+ 往往与葡萄糖、氨基酸或 HCO_3^- 共用同一载体,所以 Na^+ 的吸收也为葡萄糖、氨基酸或 HCO_3^- 等的吸收提供了动力。此外,一部分 Na^+ 是伴随着 H^+ 或 K^+ 的逆向转运而吸收的。

2. 铁的吸收　人每天吸收的铁约为 1 mg,仅为每天膳食中含铁量的 10% 左右。铁的吸收与人体对铁的需求量有关。急性失血患者、孕妇、儿童对铁的需求量增加,铁的吸收也增加。食物中的铁大部分是 Fe^{3+} 形式,不易被吸收,须被还原为 Fe^{2+} 后,方可被吸收。维生素 C 能将 Fe^{3+} 还原为 Fe^{2+},从而促进铁的吸收。在酸性环境中,铁易于溶解而便于被吸收,故胃液中的盐酸可促进铁的吸收。临床上行胃大部切除术的患者,由于胃酸分泌减少,将影响铁的吸收,容易导致缺铁性贫血。

铁主要在十二指肠和空肠上段被吸收。这些部位的肠上皮细胞顶端膜存在转铁蛋白,与 Fe^{2+} 结合形成复合物,通过受体介导入胞的方式进入上皮细胞内。进入细胞内的 Fe^{2+},一部分以主动转运的方式通过细胞膜进入血液,其余的则与细胞内的铁蛋白结合,保留在肠上皮细胞内不被吸收,从而调节铁的吸收量,以防过量的铁被吸收。

3. 钙的吸收 饮食中 20%~30% 的钙可被肠道吸收,其余的随粪便排出体外。钙只有呈游离的 Ca^{2+} 离子状态才能被吸收。凡能使钙沉淀的因素,都能阻止钙的吸收。例如,与钙结合形成的硫酸钙、磷酸钙等均不能被吸收。Ca^{2+} 易溶于酸性液体中,因此消化道内的酸性环境有利于 Ca^{2+} 的吸收。1,25-二羟维生素 D_3 能促进 Ca^{2+} 从肠腔进入肠黏膜细胞内,亦能协助 Ca^{2+} 从肠黏膜细胞进入血液,因而可以促进 Ca^{2+} 的吸收。儿童、孕妇和乳母因对钙的需求量增加而使其对 Ca^{2+} 的吸收量也增加。

Ca^{2+} 的吸收部位主要在小肠上段,特别是十二指肠吸收 Ca^{2+} 的能力最强。Ca^{2+} 的吸收是主动转运的过程。进入肠黏膜细胞的 Ca^{2+} 通过位于细胞基底膜和侧膜上的钙泵活动主动转运进入血液。还有一小部分 Ca^{2+} 在细胞基底侧膜通过 $Ca^{2+}\text{-}Na^+$ 交换机制进入血液。

（五）水的吸收

正常成人每天从外界摄取水 1~2 L,消化腺每天分泌消化液 6~8 L,两者之和达 8~10 L,而每天随粪便排出的水仅为 0.1~0.2 L,说明绝大部分水经过消化道时都被吸收。在消化道各段,水都是以渗透的方式来被动吸收的。各种溶质特别是 NaCl 的主动吸收所形成的渗透压梯度就是水吸收的动力。钠泵在水的吸收中具有重要意义。钠泵对 Na^+ 的主动转运,使肠上皮细胞内的渗透压增高,促进水的吸收。急性呕吐、腹泻时,可使人体丢失大量的水分和电解质,导致人体脱水和电解质紊乱。

（六）维生素的吸收

维生素分为水溶性和脂溶性两大类。水溶性维生素主要以简单扩散的方式在小肠上段被吸收,但维生素 B_{12} 必须与胃黏膜分泌的内因子结合形成水溶性复合物才能在回肠被吸收。脂溶性维生素 A、D、E、K 的吸收与脂肪消化产物的吸收机制相似,先与胆盐结合形成水溶性混合微胶粒,通过小肠黏膜表面的非流动静水层,然后与胆盐分离,再透过细胞膜进入血液或淋巴。体内主要营养物质的吸收方式与转运途径见表 6-4。

表 6-4 主要营养物质的吸收方式与途径

营养物质	吸收方式	吸收途径
葡萄糖	继发性主动转运	血液
氨基酸	继发性主动转运	血液
甘油一酯和长链脂肪酸	被动转运(需胆盐帮助)	淋巴
甘油和中、短链脂肪酸	被动转运	血液

续表

营养物质	吸收方式	吸收途径
水	被动转运(渗透)	血液
无机盐	大多数为主动转运	血液
水溶性维生素	扩散方式吸收	血液
脂溶性维生素	被动转运(需胆盐帮助)	淋巴或血液

小 结

　　人体在整个生命活动中,必须从外界摄取营养物质作为生命活动能量的来源,满足人体发育、生长、生殖、组织修补等一系列新陈代谢活动的需要。人体消化系统各器官协调合作,把从外界摄取的食物进行物理性、化学性的消化,吸收其营养物质,并将食物残渣排出体外,它是保证人体新陈代谢正常进行的一个重要系统。消化系统通过消化和吸收提供机体所需的物质和能量。食物中的营养物质除维生素、水和无机盐可以被直接吸收利用外,蛋白质、脂肪和糖类等物质均不能被机体直接吸收利用,需在消化道内被分解为结构简单的小分子物质,才能被吸收利用。消化是指食物在消化道内被分解为可吸收的小分子物质的过程。消化的方式有两种:①机械性消化,即通过消化道的运动把食物磨碎,使之与消化液充分混合,并不断地将食物推送到消化道远端,最后把不能消化和吸收的食物残渣以粪便的形式排出体外。②化学性消化,是指通过消化腺分泌的消化液对食物中的营养物质进行化学分解的过程。

　　食物在消化管内被分解成结构简单、可被吸收的小分子营养物质,这种小分子营养物质透过消化管黏膜上皮细胞进入血液和淋巴液进行吸收。吸收是指食物的成分或其消化后的产物通过消化道黏膜的上皮细胞进入血液和淋巴循环的过程。消化和吸收是两个同时进行、紧密联系的过程。对于未被吸收的残渣部分,消化道则通过大肠将其以粪便的形式排出体外。消化器官的主要生理功能是对食物进行消化和吸收,为人体提供营养物质,以保证新陈代谢的需要。

 能力检测

能力检测答案

一、名词解释

消化　吸收　机械性消化　化学性消化　吞咽　容受性舒张　蠕动　紧张性收缩　黏液-碳酸氢盐屏障　内因子　胃排空　肠-胃反射　分节运动　胆盐的肠-肝循环

二、选择题

A 型题

1. 对消化道平滑肌生理特性的叙述,下列哪项是错误的?(　　)

A. 富有伸展性

B. 具有与心脏一样规则的自律性

C. 具有紧张性

D. 兴奋性低

E. 对不同性质刺激的敏感性不同

2. 关于唾液的生理作用,下列哪项是错误的?(　　)

A. 唾液可以湿润与溶解食物,使食物易于吞咽,并引起味觉

B. 唾液可清除口中的残余食物

C. 唾液可冲淡、中和、清除进入口腔的有害物质

D. 唾液可使蛋白质初步分解

E. 唾液可使糖类初步分解

3. 吞咽反射基本中枢位于(　　)。

A. 脊髓　　　　　　　　B. 延髓　　　　　　　　C. 中脑

D. 下丘脑　　　　　　　E. 小脑

4. 纯净的胃液是一种(　　)。

A. 无色酸性液体,其 pH 值为 2.0～3.5

B. 淡绿色酸性液体,其 pH 值为 0.9～1.5

C. 无色碱性液体,其 pH 值为 7.4～8.5

D. 无色酸性液体,其 pH 值为 0.9～1.5

E. 无色碱性液体,其 pH 值为 8.4～9.5

5. 胃蛋白酶原转变为胃蛋白酶的激活物是(　　)。

A. Cl^-　　　　　　　　B. Na^+　　　　　　　　C. K^+

D. HCl　　　　　　　　E. Ca^{2+}

6. 三种主要食物在胃中排空的速度由快至慢的顺序排列是(　　)。

A. 糖类、蛋白质、脂肪　　　　　　　　B. 蛋白质、脂肪、糖类

C. 脂肪、糖类、蛋白质　　　　　　　　D. 蛋白质、糖类、脂肪

E. 糖类、脂肪、蛋白质

7. 对食物理化特性在胃排空速度方面的叙述,错误的是(　　)。

A. 稀比稠快　　　　　　　　　　　　B. 流体比固体快

C. 颗粒小比颗粒大快　　　　　　　　D. 非等渗溶液比等渗溶液快

E. 脂肪比蛋白质排空速度慢

8. 下列哪种不是胰液的成分?(　　)

A. 胰淀粉酶　　　　　　B. 胰脂肪酶　　　　　　C. 胰蛋白酶原

D. 肠激酶　　　　　　　E. 糜蛋白酶原

9. 排便反射的初级中枢位于(　　)。

A. 脊髓腰骶段　　　　　B. 脊髓胸段　　　　　　C. 延髓

D. 脑桥　　　　　　　　E. 小脑

10. 关于糖的吸收,错误的是(　　)。

A. 以单糖的形式吸收   B. 是继发性主动转运

C. 需要 Na^+ 参与   D. 吸收途径为血液和淋巴液

E. 需要 K^+ 参与

11. 水分及营养物质吸收的主要部位是在（   ）。

A. 十二指肠   B. 胃   C. 小肠

D. 大肠   E. 口腔

12. 主动吸收胆盐和维生素 B_{12} 的部位是（   ）。

A. 十二指肠   B. 空肠   C. 回肠

D. 结肠上段   E. 直肠

13. 关于消化道神经支配的描述,哪项是错误的?（   ）

A. 整个消化道都受交感神经和副交感神经的支配

B. 副交感神经的作用是主要的

C. 支配消化道的副交感神经主要是迷走神经

D. 副交感神经节后纤维释放 ACh 递质

E. 交感神经节后纤维释放 NE 递质

14. 迷走神经兴奋时将引起（   ）。

A. 胃肠平滑肌活动增强,消化腺分泌减少

B. 胃肠平滑肌活动减弱,消化腺分泌增多

C. 胃肠平滑肌活动增强,消化腺分泌增多

D. 胃肠平滑肌活动减弱,消化腺分泌减少

E. 调节小肠内营养物质的吸收

15. 下列哪种对胆汁分泌和释放起抑制作用?（   ）

A. 胃泌素   B. 胰泌素   C. 胆囊收缩素

D. 生长抑素   E. 咖啡因

16. 下列胰液成分中,哪种是由小导管细胞分泌的?（   ）

A. 胰淀粉酶   B. 胰脂肪酶   C. 碳酸氢盐

D. 胰蛋白酶原   E. 糜蛋白酶原

17. 人体最重要的消化液是（   ）。

A. 唾液   B. 胃液   C. 胆汁

D. 胰液   E. 小肠液

18. 对脂肪和蛋白质的消化,作用最强的消化液是（   ）。

A. 唾液   B. 胃液   C. 胆汁

D. 胰液   E. 大肠液

19. 胆汁成分中,促进脂肪消化吸收最重要的成分是（   ）。

A. 胆色素   B. 胆固醇   C. 胆盐

D. 卵磷脂   E. Na^+

20. 下列哪项不是胆汁的作用?（   ）

A. 作为乳化剂,降低脂肪的表面张力

B.胆汁的消化酶可分解脂肪为脂肪酸和甘油一酯

C.作为脂肪分解产物的运载工具

D.胆汁在十二指肠可中和一部分胃酸

E.促进脂肪的吸收

B 型题

A.无机盐 　　　　B.盐酸 　　　　C.脂肪酸

D.糖类 　　　　E.蛋白质分解产物

1.引起促胰液素分泌最强的因素是(　　)。

2.引起胆囊收缩素分泌最强的因素是(　　)。

3.抑制胃液分泌的是(　　)。

A.分节运动 　　　　B.蠕动 　　　　C.蠕动冲

D.集团蠕动 　　　　E.容受性舒张

4.小肠运动的特有形式是(　　)。

5.胃运动的特有形式是(　　)。

6.大肠有一种可将肠内容物推进很远的运动形式是(　　)。

A.主细胞 　　　　B.壁细胞 　　　　C.黏液细胞

D.胃黏膜表面上皮细胞 　　　　E.胃窦部 G 细胞

7.分泌内因子的是(　　)。

8.分泌盐酸的是(　　)。

9.分泌胃蛋白酶原的是(　　)。

10.分泌胃泌素的是(　　)。

三、简答题

1.简述胃酸的主要生理作用。

2.简述胃肠激素的生理作用。

3.哪些因素可以抑制胃的排空?

4.简述胆汁的生理作用。

5.为何说小肠是最重要的吸收部位?

6.简述副交感神经对消化活动的调节作用。

7.试述胃排空的过程及其机制。

8.胃、小肠运动的基本形式有哪些? 它们各有何生理作用?

9.胰液的主要成分及其生理作用有哪些? 如分泌不足可能出现哪些异常?

10.试述糖、蛋白质和脂肪的吸收过程。

(于　欢)

第七章
能量代谢与体温

 **学习目标**

掌握：能量代谢的概念；基础代谢与体温的概念；影响能量代谢的因素；人体的主要产热器官及产热基本方式；人体的散热途径；皮肤的散热方式；体温调节中枢与调定点的概念，体温调节过程。

熟悉：能量的生成、储存和利用；食物的热价、食物的氧热价和呼吸商的概念。

了解：能量的来源与去路；能量代谢的测定原理和简易测定方法。

本章PPT

第一节　能　量　代　谢

新陈代谢（metabolism）是生命活动最基本的特征之一。在新陈代谢过程中，机体不断地从周围环境中摄取营养物质以合成体内新的物质，并储存能量，同时又不断地分解自身的物质，释放能量供机体各种生命活动所需。可见，在新陈代谢的物质代谢过程中，始终伴随着能量的转移过程。通常将物质代谢过程中伴随的能量释放、转移、储存和利用统称为能量代谢（energy metabolism）。

一、机体能量的来源与利用

（一）能量的来源

生命活动离不开能量，机体生命活动所需要的能量主要来源于食物中的糖、脂肪和蛋白质中所蕴藏的化学能。

1. 三大营养物质的供能

（1）糖：糖（carbohydrate）是机体生命活动所需能量的重要来源。一般情况下，人体所需能量的 $50\%\sim70\%$ 是由糖类物质提供的。食物中的糖类物质经消化、吸收后以葡萄糖的形式进入血液循环，可以直接供给全身细胞利用，也可以糖原的形式储存在肝脏和肌肉中,称为肝糖原和肌糖原。肝糖原的储存量较少,主要用以维持血糖水平的相对稳定,肌糖原主要用来满足骨骼肌在紧急情况下的需要。

在机体供氧充足的情况下,葡萄糖可经有氧氧化分解为 CO_2 和水,同时释放出能量。1 mol葡萄糖完全氧化所释放的能量可合成 38 mol ATP。在机体缺氧的情况下,葡萄糖进行无氧酵解,生成乳酸,释放能量较少,只能用来合成 2 mol ATP。由于大多数组织细胞通常供氧充足,因此糖的分解功能以有氧氧化为主。无氧酵解虽释放能量少,但在机体处于缺氧状态时却极为重要,因为它是人体能源物质唯一不需要氧的供能途径。此外,某些细胞(如成熟红细胞)由于缺乏有氧氧化的酶系,一般情况下主要依靠糖酵解途径获取能量。脑组织所需能量主要来自糖的有氧氧化,当发生低血糖或缺氧时,可引起脑功能活动的障碍,出现头晕,严重者甚至昏迷。

(2)脂肪:脂肪(fat)既是机体能源物质储存的主要形式,也是机体重要的供能物质。一般情况下机体所消耗能源的 30%～50% 来源于脂肪。每克脂肪氧化所释放的能量是糖或蛋白质在体内氧化时释放能量的两倍。脂肪可补充糖供能的不足,在机体需要时,储存的脂肪首先在酶的催化下分解为甘油和脂肪酸。甘油主要在肝脏经磷酸化和脱氢而进入糖的氧化分解途径而供能或转变为糖。脂肪酸可在心、肝、骨骼肌等组织细胞内氧化分解供能。体内储存的脂肪量约占体重的 20%,其所提供的能量可供机体使用 10 天至 2 个月。在短期饥饿的情况下,机体主要由脂肪的氧化分解供能。

(3)蛋白质:蛋白质(protein)的基本组成单位是氨基酸,不论是从肠道吸收的氨基酸,还是机体自身蛋白质分解产生的氨基酸,都主要用于重新合成细胞成分以实现组织的自我更新,或用于合成酶、激素等生物活性物质。氨基酸通常不作为机体供能的主要来源,只有在某些特殊情况下,如长期饥饿、疾病或体力极度消耗时,机体才依靠蛋白质分解供能,以维持特殊情况下的生理功能。

2. 三磷酸腺苷的作用 糖、脂肪和蛋白质分子中都蕴藏着化学能,当这些分子在体内被氧化分解时,氢键断裂,释放出能量。然而机体的组织细胞在进行各种生命活动时,不能直接利用这种形式的能量,组织细胞所消耗的能量只能直接来源于三磷酸腺苷(adenosine triphosphate,ATP)的分解。ATP 是糖、脂肪和蛋白质在生物氧化过程中合成的一种高能化合物。当机体需要消耗能量时,ATP 被分解为二磷酸腺苷(adenosine diphosphate,ADP)和磷酸,同时释放出能量供机体利用。在体内,ATP 既是直接的供能物质,又是能量储存的重要形式。在生命活动过程中,ATP 不断被分解消耗,同时又通过能量物质生物氧化释放的能量使 ATP 不断得到补充。除 ATP 外,体内还有另外一种含有高能磷酸键的储能物质即磷酸肌酸(creatine phosphate,CP)。当体内物质分解产生的能量过剩时,ATP 可将高能磷酸键转移给肌酸,生成 CP,将能量储存起来;在 ATP 浓度降低时,CP 又将储存的能量转移给 ADP 生成 ATP。CP 虽也含有高能磷酸键,但其能量不能直接被组织细胞利用,因此,CP 被看作是体内 ATP 的储存库。从机体能量代谢的整个过程来看,ATP 是体内能量转移、储存和利用的关键。

(二)能量的利用

糖、脂肪和蛋白质在体内生物氧化过程中释放的能量有 50% 以上的能量以热能的形式散发出来,主要用于维持体温。其余不足 50% 的能量以化学能的形式储存于 ATP 或其他高能化合物中。机体组织细胞可利用ATP提供的能量完成各种功能活动,如肌肉的收缩与舒张、细胞的跨膜物质转运、神经传导、腺体的分泌及递质的释放等。其中,除骨骼肌收缩对外做功外,其他所做的功最终都转变为热能,主要用于维持体温。体内的热量最终通过各种途径散发到外界环境中去。图7-1表示体内能量的释放、转移、储存和利用过程。

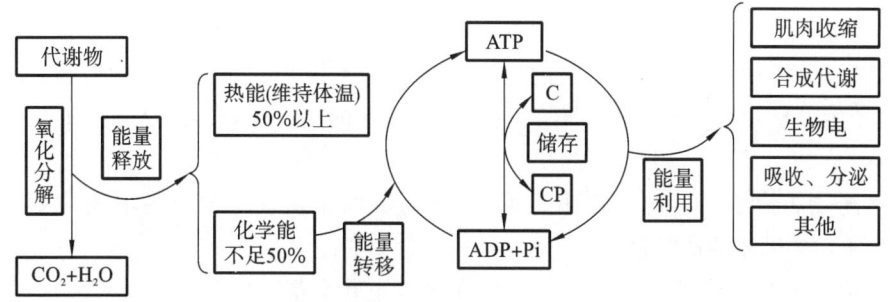

图 7-1　体内能量的释放、转移、储存和利用

知识链接

能量代谢与肥胖

　　正常生理状况下,如果机体能量代谢维持收支平衡,则体重可保持相对稳定。如果能量物质的摄入多于消耗,则体重会增加,除维持正常个体生长发育外,主要表现为机体脂肪组织增多。若脂肪组织的量过多,则会引起肥胖。肥胖表现为脂肪细胞增多或细胞体积增大,使脂肪与其他软组织失去正常的比例。在临床上常用体质指数和腰围作为判断肥胖的简易诊断指标。体质指数是指重(kg)除以身高(m)的平方所得之商,体质指数过大主要反映全身性超重和肥胖。在我国,成年人体质指数为24可视为超重界限,28则为肥胖界限。腰围主要反映腹部脂肪的分布,成年人的腰围在男性不宜超过85 cm,女性不宜超过80 cm。

二、能量代谢的测定

　　机体能量代谢遵循能量守恒定律,即在整个能量代谢的过程中,机体摄入的蕴藏于食物中的化学能和最终转化的热能及所做的外功是完全相等的。因此,要测定机体在单位时间内所消耗的能量,即能量代谢率(energy metabolism rate),只需要测定单位时间内机体所消耗的营养物质的量或机体的产热量和对外做功量的和即可。一定时间内所消耗的营养物质的量很难测出,因此,通常测定机体单位时间内所消耗的能量,再计算出机体的能量代谢率。若机体在安静状态下不对外做功,则单位时间内散发的总热量即为机体消耗的全部能量。测定机体在单位时间内能量代谢的水平有直接测热法和间接测热法,临床上也常利用简化测定法计算机体能量代谢的情况。

（一）直接测热法

直接测热法（direct calorimetry）是通过收集机体在单位时间内散发的总热量求得能量代谢率的方法。此方法测定原理简单，测得的数据精确，但设备复杂、操作烦琐，目前主要在实验室用于科学研究。

（二）间接测热法

间接测热法（indirect calorimetry）是根据化学反应的定比定律，即在一般化学反应中，反应物的量与产物的量之间呈一定的比例关系，例如，氧化 1 mol 葡萄糖时，需要消耗 6 mol O_2，产生 6 mol CO_2 和 6 mol H_2O，同时释放一定的热量（ΔH），其反应式如下：

$$C_6H_{12}O_6 + 6O_2 \longrightarrow 6CO_2 + 6H_2O + \Delta H$$

间接测热法就是利用这种定比关系，通过测定机体在一定时间内消耗的 O_2 和排出 CO_2 的量来计算机体的产热量。

要测定机体在单位时间内的产热量，应了解以下几个基本概念。

1. 食物的热价　　1 g 某种食物氧化分解（或体外燃烧）时所释放的热量，称为该食物的热价（thermal equivalent of food）。食物的热价分为生物热价和物理热价，生物热价是指食物在体内氧化所产生的热量，物理热价是指食物在体外燃烧时所释放的热量。糖和脂肪的生物热价与物理热价相等，蛋白质由于在体内不能完全氧化分解，因此其生物热价低于其物理热价（表 7-1）。

表 7-1　三种营养物质的热价、氧热价和呼吸商

营养物质	产热量/(kJ/g)		耗氧量 /(L/g)	CO_2 产量 /(L/g)	氧热价 /(kJ/L)	呼吸商
	物理热价	生物热价				
糖	17.15	17.15	0.83	0.83	20.66	1.00
蛋白质	23.43	17.99	0.95	0.76	18.93	0.80
脂肪	39.75	39.75	2.03	1.43	19.58	0.71

2. 食物的氧热价　　某种食物氧化时，每消耗 1 L O_2 所产生的热量称为该食物的氧热价（thermal equivalent of oxygen）。氧热价在能量代谢测定方面有重要的意义，可根据机体在单位时间内消耗 O_2 的量计算出能量代谢率。糖、脂肪和蛋白质三种营养物质的氧热价见表 7-1。

3. 呼吸商　　营养物质在氧化供能的过程中，需要消耗 O_2，并产生 CO_2。单位时间内机体产生 CO_2 的量与消耗 O_2 的量之间的比值，称为呼吸商（respiratory quotient，RQ）。由于各种物质在细胞内氧化供能属于细胞呼吸过程，因而可根据各种供能物质氧化时产生 CO_2 与消耗 O_2 的量计算出各自的呼吸商（表 7-1）。

葡萄糖氧化时，产生 CO_2 的量与消耗 O_2 的量是相等的，因此糖氧化的呼吸商是 1.00。蛋白质和脂肪的呼吸商分别是 0.80 和 0.71。若能量主要来自糖，则呼吸商接近于 1.00。糖尿病患者由于葡萄糖利用障碍，主要依靠脂肪代谢供能，因此呼吸商接近 0.71；在长期饥饿的情况下，机体的能量主要来自自身蛋白质的分解，故呼吸商接近 0.80；正常混合饮食状态下，呼吸商在 0.85 左右。

　　通常情况下,机体内能量主要来源于糖和脂肪的氧化,蛋白质供能可忽略不计。由糖和脂肪氧化时产生 CO_2 的量与消耗 O_2 的量的比值称为非蛋白呼吸商(non-protein respiratory quotient,NPRQ)。表 7-2 显示了非蛋白呼吸商与氧热价的数据。

表 7-2　不同比例糖、脂肪混合物的非蛋白呼吸商和氧热价

非蛋白呼吸商	体内被氧化物质比例		氧热价/(kJ/L)
	糖/(%)	脂肪/(%)	
0.707	0.00	100.0	19.62
0.71	1.10	98.9	19.64
0.72	4.75	95.2	19.69
0.73	8.40	91.6	19.74
0.74	12.0	88.0	19.79
0.75	15.6	84.4	19.84
0.76	19.2	80.8	19.89
0.77	22.8	77.2	19.95
0.78	26.3	73.7	19.99
0.79	29.9	70.1	20.05
0.80	33.4	66.6	20.10
0.81	36.9	63.1	20.15
0.82	40.3	59.7	20.20
0.83	43.8	56.2	20.26
0.84	47.2	52.8	20.31
0.85	50.7	49.3	20.36
0.86	54.1	45.9	20.41
0.87	57.5	42.5	20.46
0.88	60.8	39.2	20.51
0.89	64.2	35.8	20.56
0.90	67.5	32.5	20.61
0.91	70.8	29.2	20.67
0.92	74.1	25.9	20.71
0.93	77.4	22.6	20.77
0.94	80.7	19.3	20.82
0.95	84.0	16.0	20.87
0.96	87.2	12.8	20.93

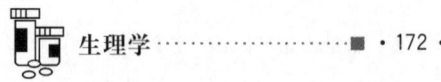

续表

非蛋白呼吸商	体内被氧化物质比例		氧热价/(kJ/L)
	糖/(%)	脂肪/(%)	
0.97	90.4	9.58	20.98
0.98	93.6	6.37	21.03
0.99	96.8	3.18	21.08
1.00	100.0	0.00	21.13

间接测热法的具体步骤:首先测出机体在单位时间内消耗 O_2 的量和产生 CO_2 的量,根据尿中尿氮的排出量计算出蛋白质氧化量及蛋白质食物的产热量(1 g 尿氮相当于氧化分解 6.25 g 蛋白质),即可计算出非蛋白质呼吸商;然后从表中查出该 NPRQ 值所对应的氧热价,并计算出非蛋白食物的产热量;最后将蛋白食物与非蛋白食物的产热量相加,即可得出总产热量。

此种方法较烦琐,而正常情况下蛋白质供能较少,故临床上多采用简便的测定方法,首先测定受试者在单位时间内的消耗 O_2 的量和产生 CO_2 的量,计算出呼吸商,并认为此呼吸商为非蛋白呼吸商,据此查出对应的氧热价,再乘以消耗 O_2 的量,便得出该段时间内的产热量。另一种简便方法为将混合膳食者的非蛋白呼吸商设定为 0.82,查表得出其氧热价为 20.19 kJ,根据消耗 O_2 的量即可计算出总的产热量。该方法省略了对 CO_2 产生量的测定,更为简单实用,而测得的数值与间接法计算出的数据接近,在临床和能量代谢研究中应用更为广泛。

三、影响能量代谢的因素

影响能量代谢的主要因素有肌肉活动、环境温度、食物的特殊动力作用和精神紧张等。

(一)肌肉活动

肌肉活动是影响能量代谢的最主要因素。骨骼肌的收缩与舒张都是主动耗能过程,所需能量来源于营养物质的氧化。因此,机体任何轻微的活动都可增加耗氧量和能量代谢率。肌肉活动的强度与机体耗氧量成正比关系(表 7-3),运动强度越大,耗氧量越多。全身剧烈运动时,耗氧量可达安静时耗氧量的 10～20 倍。

表 7-3 机体不同活动状态下的能量代谢率

机体的状态	产热量/(kJ/(m²·min))	机体的状态	产热量/(kJ/(m²·min))
静卧	2.73	扫地	11.37
开会	3.40	打排球	17.50
擦玻璃窗	8.30	打篮球	24.22
洗衣服	9.89	踢足球	24.98

(二)环境温度

在 20～30 ℃的环境温度中,人在安静时的能量代谢最为稳定。环境温度过高或过低均可使机体的能量代谢率升高。环境温度过低时,由于寒冷刺激反射性地引起肌紧张增强和寒战，机体能量代谢率显著增加；环境温度过高时，机体内的生物化学反应速度加快，机体发汗功能及呼吸、循环等功能均不同程度增强，机体能量代谢率也增加。

（三）食物的特殊动力作用

人在进食后的一段时间内，即使机体仍处于安静状态，其产热量也比进食前要高，可见这种额外产生的热量是由进食所引起的。这种由于进食引起机体额外产生热量的现象称为食物的特殊动力作用（specific dynamic action of food）。实验证明，进食蛋白质所产生的特殊动力作用最为显著，可高达30％；进食糖和脂肪额外增加的产热量分别为6％和4％左右；进食混合食物约为10％。因此，在计算机体所需摄入的能量时，应考虑到这部分能量的消耗，给予相应的能量补充。目前认为，食物的特殊动力作用可能主要与肝脏内氨基酸进行脱氨基或合成糖原等过程有关。

（四）精神紧张

机体不论处于睡眠还是精神活动活跃的状态，脑组织的能量代谢率变化不大。而当人体处于激动、恐惧和焦虑等紧张状态时，能量代谢率可显著升高。这可能与骨骼肌紧张性增强，以及交感神经兴奋引起的肾上腺素和甲状腺激素分泌增多，使机体代谢活动增强有关，因此在测定能量代谢率时，受试者要避免精神紧张的影响。

四、基础代谢

基础代谢（basal metabolism）是指机体在基础状态下的能量代谢。所谓的基础状态是指人体处于室温20～25 ℃、清晨空腹（禁食12 h以上）、清醒、静卧而又极其安静的状态下，也即排除环境温度、食物的特殊动力作用、肌肉活动和精神紧张等因素影响的状态。机体在基础状态下的能量消耗主要用于维持呼吸、血液循环等基本的生命活动，在这种状态下的代谢水平是比较稳定的。把机体在基础状态下单位时间内的能量代谢称为基础代谢率（basal metabolism rate，BMR）。基础代谢率常作为评价机体能量代谢水平的指标。基础代谢率比一般安静时的代谢率低，但不是机体能量代谢最低水平，当机体处于熟睡状态时，各种生理功能活动减弱至更低水平，此时的能量代谢率也进一步降低，但做梦时能量代谢水平可提高。

不同体格的个体，其能量代谢率有较大差异。研究表明，基础代谢率与体重不成比例，而与体表面积成正比。因此，基础代谢率常以单位时间内每平方米体表面积的产热量为单位，即用kJ/（m² · h）表示。人体体表面积可用Stevenson公式进行计算：

$$体表面积（m^2）=0.0061×身高（cm）+0.0128$$
$$×体重（kg）-0.1529$$

此外，体表面积还可以通过图7-2直接得出。具体方法是在图中找出受试者的身高和体重值，将这两个数值对应的点连线，这两点的连线与体表面积标尺交点的读数就是该受试者的体表面积。

临床上测定基础代谢率常使用简化的计算方法。将基础状态下的非蛋白呼吸商定为0.82，其对应的氧热价为

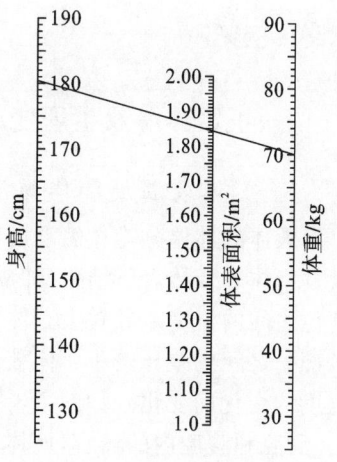

图7-2 人体体表面积测算用图

20.20 kJ/L,只需测定受试者在基础状态下单位时间内的耗氧量,即可算出基础代谢率。

基础代谢率＝20.20(kJ/L)×耗氧量(L/h)÷体表面积(m^2)

我国不同年龄阶段正常人的基础代谢率平均值见表 7-4。

表 7-4　我国不同年龄阶段正常人基础代谢率的平均值　　　　单位:kJ/(m^2・h)

年龄/岁	11～15	16～17	18～19	20～30	31～40	41～50	>50
男	195.5	193.4	166.2	157.8	158.6	154.0	149.0
女	172.5	181.7	154.0	146.5	146.9	142.4	138.6

临床上在评价基础代谢率时,通常将实际测得的值与表 7-4 中对应的正常平均值进行比较,采用相对值表示。

$$基础代谢率(相对值)＝\frac{实测值－正常平均值}{正常平均值}×100\%$$

一般说来计算出的基础代谢率相对值在±15％之内都属于正常范围。只有相对值超出±20％时,才考虑可能是病理性变化。甲状腺功能障碍对基础代谢率的影响最大,如甲状腺功能亢进时,基础代谢率可比正常值高出 25％～80％;甲状腺功能低下时,基础代谢率可比正常值低 20％～40％。机体发热时,基础代谢率升高,一般认为,体温每升高 1 ℃,基础代谢率将升高 13％左右。

第二节　体温及其调节

人和动物机体的温度称为体温(body temperature)。人和大多数哺乳动物的体温是相对稳定的,不因外界环境温度和机体活动情况而有明显的改变,故称恒温动物。而爬行类和两栖类动物的体温随环境温度的变化而变化,这些动物称为变温动物。人类体温的相对稳定,是机体新陈代谢和生命活动正常进行的必要条件。体温过高或过低,都将影响组织细胞的新陈代谢及其功能活动,甚至会危及生命。

数字资源 ············· 人工冬眠疗法 ········

一、正常体温及生理变动

(一)体表温度和体核温度

人体的体温分为体表温度(shell temperature)和体核温度(core temperature)。体表温度是指体表及体表下结构(如皮肤、皮下组织等)的温度,体表温度易受环境温度的影响,各部位之间的温度差异较大。体核温度是指人体深部(如内脏)的温度,体核温度相对恒定,各部位之间的差异较小。体核温度和体表温度的相对范围并不是固定不变的,而是随环境温度的变化而变化。如图 7-3 所示,在寒冷环境中,体核温度分布范围缩小,主要集中在颅内、胸腔和腹腔内的器官,而体表温度范围相应扩大。相反,在炎热环境下,体核温度的范围可扩大到四肢,而体表温度范围相应缩小。

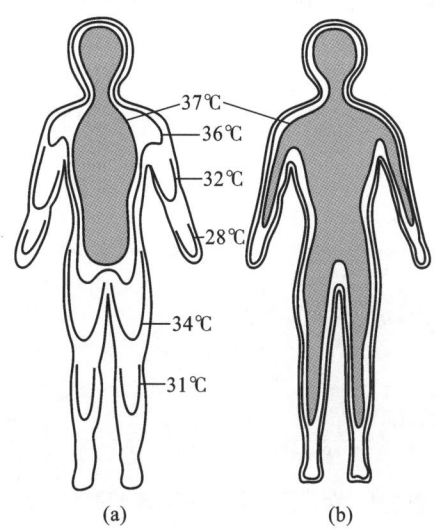

图 7-3 不同环境温度下人体体温分布示意图

注:(a)环境温度 20 ℃;(b)环境温度 35 ℃。

(二)正常体温及测定

机体深部的平均温度虽然相对稳定,但由于代谢水平不同,各内脏器官的温度也略有差异:肝脏温度为 38 ℃左右,在全身各器官中的温度最高;脑的温度也接近 38 ℃;肾、胰腺及十二指肠等器官的温度略低;直肠的温度则更低。由于血液的不断循环,可使深部各器官的温度趋于一致。因此,血液的温度能较好地反映机体深部的平均温度。由于血液温度不便于测定,临床上通常用直肠、口腔和腋窝等部位的温度来代表体温。其中,直肠的温度最高,正常值为 36.9~37.9 ℃。测量时需将温度计插入直肠 6 cm 以上,所测得的温度才接近于深部温度。口腔温度较直肠温度低,为 36.7~37.7 ℃。测量时需注意将温度计置于舌下,将口紧闭,以免受吸入空气的影响。腋窝温度较口腔温度低,为 36.0~37.4 ℃。测定腋窝温度既方便又不易发生交叉感染,因此是临床常用的测温方法。在测量时需将腋窝紧闭形成密闭的人工体腔,以使机体深部的热量逐渐传递至腋窝,此时所测得的温度才能反映深部温度。因此,测量腋窝温度的时间一般要持续 5~10 min,并应先将腋窝内的汗液擦净,以免因汗液吸热而影响测量结果。

(三)体温的生理变动

体温的恒定是相对的。在正常情况下,体温可受昼夜、性别、年龄、精神活动、肌肉活动、环境温度等因素的影响而发生生理性波动。

1.昼夜波动 体温在一昼夜之中呈明显的周期性波动,称为昼夜节律或日节律(circadian rhythm)。清晨 2—6 时体温最低,午后 1—6 时最高,但这种波动一般不超过1 ℃。体温的日节律取决于生物体的内在因素,与精神活动或肌肉活动状态等无关。目前认为这种生物节律现象是由机体的生物钟决定的,主要受下丘脑视交叉上核的控制(见第九章)。

2.性别的影响 通常情况下,成年女性的平均体温比男性高 0.3 ℃左右,可能与女性皮下脂肪较多,散热较少有关。此外,女性的体温还会随月经周期而发生节律性波动。在月经期和排卵前期较低,排卵日最低,排卵后体温升高 0.2～0.5 ℃,直到下次月经来潮(图7-4)。因此,育龄期女性通过每天测基础体温(是指在早晨清醒后起床前测定体温)的方法可判断有无排卵和排卵的日期。一般认为,排卵后体温的升高是由于黄体分泌孕酮作用于下丘脑体温调节中枢,使体温调定点发生重调定(见后),引起产热增加,体温升高。

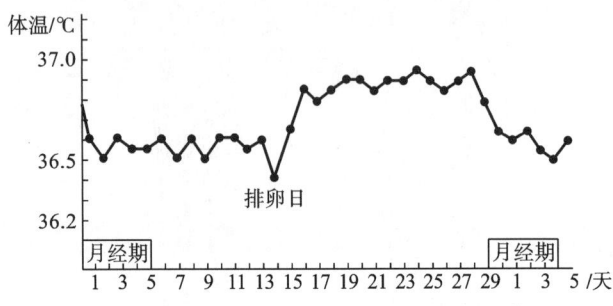

图 7-4 女性月经周期中基础体温的变化

3.年龄的影响 新生儿的体温调节中枢发育不完善,其体温易受环境温度的影响。出生 6 个月后,体温调节功能趋于稳定。儿童和青少年的体温较高,随着年龄的增长,体温有所下降,老年人因基础代谢率低,其体温最低。因此,对婴幼儿和老年人应加强保温护理。

4.肌肉活动 肌肉活动使代谢增强,产热明显增加,可使体温升高。因此,临床上测量体温时应先让受试者安静一段时间后再进行。测量小儿体温时,应防止其哭闹。

5.其他因素 环境温度过高或过低、情绪激动、精神紧张和进食等能影响能量代谢的因素均可影响体温,在测量体温时应给予考虑。麻醉药可抑制体温调节中枢,特别是这类药物能扩张皮肤血管、增加热量的散发,故对于手术麻醉的患者,应注意术中和术后的保温护理。

二、机体的产热和散热

在机体新陈代谢的过程中,各组织器官不断地产生热量,热量在维持体温的过程中因不断由循环血液传送到体表被散发而丢失,又因机体各种代谢活动而不断得到补充。正常情况下,人体体温之所以能保持相对稳定,是因为机体的产热和散热过程在体温调控机制的控制下取得动态平衡。

(一)产热过程

1.主要产热器官 机体内所有的营养物质在各组织器官进行生物氧化时均会产生热量,但因各组织器官的代谢水平不同,其产热量也不同。机体处于安静状态时,主要的产热器官是内脏,其中肝脏的产热量最大,约占总产热量的 56%;机体在进行运动或劳动时,骨骼肌是主要的产热器官,骨骼肌的产热量可由总产热量的 18% 增加到 73%,剧烈运动时,产热量显著增加,可占机体总产热量的 90%(表 7-5)。

2.产热的形式 机体可通过不同的方式产热,如基础代谢产热、骨骼肌运动产热、食物特殊动力作用产热以及寒战和非寒战产热等。在安静状态下,机体的产热量大部分来自各组织器官的基础代谢,而在寒冷环境中,由于散热量增加,主要依靠寒战产热(shivering thermogenesis)和非寒战产热(non-shivering thermogenesis)来增加产热量,以维持体温。

表 7-5 几种组织器官在不同状态下的产热百分比

器官、组织	占体重百分比 /（%）	产热量/（%）	
		安静状态	劳动或运动
脑	2.5	16	1
内脏	34.0	56	8
骨骼肌	56.0	18	90
其他	7.5	10	1

（1）寒战产热：寒战是指骨骼肌在寒冷环境中发生不随意的节律性收缩，其特点是屈肌和伸肌同时收缩，此时肌肉收缩不对外做功，能量全部转化为热量。发生寒战时，代谢率可增加 4～5 倍，产热量明显增加，可维持机体在寒冷环境中的体热平衡。

（2）非寒战产热：非寒战产热又称代谢产热，是通过提高组织代谢率来增加产热的形式。非寒战产热作用最强的是褐色脂肪组织，其代谢产热量约占非寒战产热总量的 70%。褐色脂肪组织主要分布在肩胛下区、颈部大血管周围和腹股沟等处，在褐色脂肪组织细胞的线粒体内膜中存在解耦联蛋白（uncoupling protein，UCP），使代谢与 ATP 生成解耦联，产生大量热量。新生儿的褐色脂肪组织较多，代谢增强时可使产热量增加 1 倍，对新生儿体温的维持具有重要意义。成年人褐色脂肪组织较少，只能使产热量增加 10%～15%。

知识链接

褐色脂肪组织

体内的脂肪组织可分为白色脂肪组织（white adipose tissue，WAT）和褐色脂肪组织（brown adipose tissue，BAT）。白色脂肪组织的主要功能是以甘油三酯的形式储存多余的能量，以供机体在需要的时候使用，是体内脂肪的主要储存形式。而褐色脂肪组织的主要功能是参与非寒战产热，其产热的机制是通过线粒体内膜上的解耦联蛋白（uncoupling protein，UCP）将脂肪酸氧化与 ATP 的产生解偶联，使能量直接以热量的形式散发出来而不是生成 ATP，即通过解耦联作用消耗脂肪产生热量，因此褐色脂肪组织是消耗能量的组织，激活褐色脂肪组织可以增加能量支出。冷暴露不但可显著激活人体内褐色脂肪组织的活性，还可以提高人体中褐色脂肪组织存在的比例。人体内的褐色脂肪组织也随季节而变化，无论是活性还是存在比例，在秋、冬季明显高于春、夏季。褐色脂肪组织与肥胖密切相关，现有研究表明，体重指数、总脂肪含量、内脏脂肪与褐色脂肪的量呈负相关。在超重或肥胖个体中，褐色脂肪组织的活性也较瘦者低。据估计，50 g 全部激活的褐色脂肪组织可消耗成年人每天能量支出的 20%，因此褐色脂肪组织是改变能量支出的天然靶组织，为人类对抗肥胖提供了新的切入点。

3.产热活动的调节

(1)体液调节:甲状腺激素是调节产热活动最重要的体液因素。如机体在寒冷环境中,甲状腺的活动会明显增强,甲状腺激素合成和分泌增加,可使机体的产热量增加20％～30％。甲状腺激素的调节作用具有起效缓慢,但维持时间较长的特点。肾上腺素、去甲肾上腺素和生长激素等也可刺激产热,它们的特点是起效较快,但维持时间较短。

(2)神经调节:寒冷刺激可使位于下丘脑的寒战中枢兴奋,经传出通路到达脊髓前角运动神经元,引起寒战。还可使交感神经兴奋,引起肾上腺髓质释放肾上腺素和去甲肾上腺素增多,代谢产热量增加。上述寒冷环境下甲状腺激素释放的机制也是通过神经系统实现的,即寒冷刺激引起下丘脑释放促甲状腺素释放激素,后者再刺激腺垂体释放促甲状腺激素,从而促进甲状腺分泌甲状腺激素增多。

(二)散热

人体主要的散热部位是皮肤,当环境温度低于体表温度时,大部分体热是通过皮肤以辐射、传导和对流等方式散失到周围环境中,小部分随呼出气、尿液、粪便等排泄物散发。当环境温度高于体表温度时,蒸发散热成为唯一的散热方式。

1.散热方式

1)辐射散热　辐射散热(thermal radiation)是指机体通过热射线的形式将体热传递给外界较冷物质的一种散热方式。辐射散热的多少取决于皮肤与周围环境的温度差,当皮肤温度高于环境温度时,温度差越大,辐射散热量就越多;反之,温度差越小,辐射散热量就越少。若环境温度高于皮肤温度,皮肤不仅不能散发热量,反而会从周围环境中吸收热量。此外,辐射散热还取决于机体的有效散热面积,有效散热面积越大,散热量就越多。

2)传导散热　传导散热(thermal conduction)是指机体的热量直接传递给与之相接触的温度较低物体的一种散热方式。这种方式散热量的多少取决于皮肤温度与接触物之间的温度差、接触面积以及该物体的导热性能等。棉质衣物的导热性能差,故可保暖,而水的比热较大,导热性能好,在临床中常用冰帽、冰袋等对高热患者实施降温。另外,脂肪组织的导热性能差,因而肥胖者身体深部的热量不易传递到体表皮肤,在炎热的夏季容易出汗。

3)对流散热　对流散热(thermal convection)是指通过气体流动而实现热量交换的一种散热方式。当人体的热量传递给同皮肤接触的一薄层空气后,由于空气不断流动,可将体热散发到外界。可见,对流散热是传导散热的一种特殊形式。通过对流所散发的热量多少,除取决于皮肤与周围环境之间的温度差和机体的有效散热面积外,还受风速的影响。风速越大,散热量越多;反之,风速越小,散热量则越少。衣物覆盖皮肤表层,不利于对流,因而具有保暖作用。

4)蒸发散热　蒸发(evaporation)散热是指水分从体表气化时吸收热量而散发体热的一种方式。在正常体温条件下,每蒸发1 g水可带走2.43 kJ的热量。影响蒸发散热的主要因素是环境温度、空气湿度和风速等。环境温度越高、空气湿度越大、风速越小,蒸发散热量越少。例如,在炎热夏季、雷雨之前,空气湿度较大,而且环境温度高于皮肤温度,上述四种散热方式均会减弱,人则会感觉到闷热,容易造成体热淤积,发生中暑。临床上对高热患者用酒精擦浴进行降温,就是利用蒸发散热的原理。蒸发散热有不感蒸发和发汗两种形式。

(1) 不感蒸发:不感蒸发(insensible evaporation)是指体内的水从皮肤和黏膜(主要是呼吸道黏膜)表面不断渗出而被汽化的过程。其中水分从皮肤表面的蒸发又称不显汗。不感蒸发不被人们所察觉,且与汗腺活动无关。即使处于低温环境下,不感蒸发也持续存在。在活动状态或体温升高时,不感蒸发可增加。婴幼儿不感蒸发的速率比成人高,在缺水状态下,婴幼儿更容易发生脱水。人体每天不感蒸发的量约为 1 000 mL,其中经皮肤蒸发的量为 600~800 mL,经呼吸道黏膜蒸发的量为 200~400 mL。临床上给患者补液时,应当考虑到不感蒸发散失的体液量。

(2) 发汗:发汗(sweating)是指汗腺主动分泌汗液的活动。通过汗液蒸发可有效带走大量体热。因为发汗可被意识到,所以又称可感蒸发(sensible evaporation)。在安静状态下,当环境温度达 30 ℃左右时人体便开始发汗。环境温度越高,发汗速度越快。但如果在高温环境中时间太长,发汗速度会因汗腺疲劳而明显减慢。空气湿度大,汗液不易蒸发,体热不易散失,导致大量出汗。风速大时,汗液蒸发速度快,容易散热,出汗可减少。因此,人在高温、高湿、无风或风速较小的环境中,不仅辐射、传导、对流散热停止,蒸发散热也减少,致使体热聚集,易发生中暑。

汗液中水分占 99%,固体成分则不到 1%。在固体成分中,大部分为 NaCl,也有少量 KCl、乳酸和尿素等。刚从汗腺分泌出来的汗液是等渗的,但在流经汗腺导管时,部分 NaCl 被重吸收,因此最终排出的汗液是低渗的。由于汗液是低渗的,因此在机体大量出汗时可导致高渗性脱水。但是如果发汗速度过快,汗腺导管来不及重吸收 NaCl,将使大量的 NaCl 随汗液排出体外,这时机体除了大量丢失水分外,还丢失了大量的 NaCl。此时应及时补充水分和 NaCl,以防止电解质紊乱。

2. 散热的调节 在寒冷或温度适宜的环境中,散热的调节主要通过改变皮肤血流量来实现;在环境温度较高时,散热的调节主要通过汗腺的活动来实现。

(1) 皮肤血流量的调节:因为通过辐射、传导和对流等散热方式所散发热量的多少,取决于皮肤和环境之间的温度差,而皮肤温度的高低则取决于皮肤的血流量,所以机体可通过改变皮肤血管的舒缩状态来调节皮肤的血流量。皮肤血管的口径受交感神经的控制。在寒冷环境中,交感神经紧张性增强,皮肤血管口径减小,皮肤血流量减少,从而防止体热的散失;在炎热环境中,交感神经的紧张性降低,皮肤血管舒张,动-静脉吻合支开放,皮肤血流量增加,使得大量热量从机体深部被血液带到体表,皮肤温度升高,散热能力显著增强。当人体所处环境温度在 20~30 ℃时,机体既不出汗也无寒战反应,仅通过调节皮肤血流量来控制散热量,就可维持体温的相对稳定。

(2) 汗腺活动的调节:发汗是一种反射活动,分温热性发汗(thermal sweating)和精神性发汗(mental sweating)。当环境温度升高达到 30 ℃以上或环境温度虽然低,但机体活动增强,产热量增多时,汗腺开始分泌汗液。这种由体内、外温热性刺激引起的汗腺分泌称为温热性发汗。温热性发汗主要参与体温调节。劳动强度、环境温度和湿度等因素可影响温热性发汗。劳动强度越大、环境温度越高,发汗速度越快;环境湿度大时,汗液不易蒸发,体热不易散发,会反射性引起大量发汗。机体除温热性刺激可引起发汗外,在精神紧张、情绪激动时也可反射性引起手掌、前额和足底等部位的汗腺分泌增加,称为精神性发汗。精神性发汗是由大脑皮层发出的冲动引起的,与体温调节关系不大,而是机体应激反应的表现之一。

三、体温调节

在环境温度变化的情况下，人体体温依然能保持相对恒定，是通过自主性体温调节（autonomic thermoregulation）和行为性体温调节（behavioral thermoregulation）使机体的产热和散热活动保持平衡的结果。自主性体温调节是在体温调节中枢的控制下，通过增减皮肤的血流量、发汗、寒战等生理性调节反应对体温进行的调节，是体温调节的基础。行为性体温调节是指机体在大脑皮层控制下，机体进行有意识的行为活动来维持体温的相对恒定，如增减衣服、改变姿势以及人工改善气候条件等均属于行为性体温调节。行为性体温调节是以自主性体温调节为基础的，是对自主性体温调节的补充。下面主要讨论自主性体温调节。

（一）温度感受器

根据感受器存在的部位不同，可将温度感受器分为外周温度感受器和中枢温度感受器。

1. 外周温度感受器 外周温度感受器（peripheral thermoreceptor）是指存在于皮肤、黏膜和内脏中的对温度变化敏感的游离神经末梢，包括冷感受器和热感受器。冷感受器和热感受器各自有一定的最敏感温度范围，在最适温度刺激下产生最高的放电频率，当温度偏离各自敏感的温度时，感受器发放神经冲动的频率将降低。

2. 中枢温度感受器 中枢温度感受器（central thermoreceptor）是存在于中枢神经系统内对温度变化敏感的神经元，包括热敏神经元和冷敏神经元。热敏神经元在局部组织温度升高时发放冲动频率增加；冷敏神经元在局部组织温度降低时发放冲动频率增加。下丘脑、脑干网状结构和脊髓等中枢神经系统中都含有对温度敏感的神经元，其中以下丘脑温度敏感神经元对温度的变化最为敏感。

（二）体温调节中枢

从脊髓到大脑皮层的整个神经系统中都分布着与调节体温有关的神经元。恒温动物实验表明，只有保持下丘脑及其以下的神经结构完整，才能维持体温的相对恒定，说明调节体温的中枢主要位于下丘脑。研究表明，下丘脑视前区-下丘脑前部（preoptic anterior hypothalamus，PO/AH）的温度敏感神经元不仅能感受局部脑温的变化，而且对下丘脑以外的部位，如中脑、延髓、脊髓及皮肤、内脏等处的温度变化也能产生反应。可见，来自中枢和外周的温度信息均可汇聚于 PO/AH 的温度敏感神经元，对信息进行分析整合后，使机体产生相应的体温调节反应。若破坏了 PO/AH，与体温调节有关的产热和散热反应均将减弱或消失。由此说明 PO/AH 是体温调节中枢整合机构的中心部位。

（三）体温调定点学说

机体在各种环境温度下仍能保持体温相对恒定的机制，目前最为广泛接受的是调定点学说。调定点学说认为体温调节的过程类似于恒温器的工作原理。在 PO/AH 区有一个控制体温的调定点（set point），如人的体温调定点为 37 ℃，体温调整中枢按照这个设定温度进行调节活动，当体温高于调定点水平时，体温调节中枢促使机体产热活动减弱，散热活动增强;反之,当体温低于调定点水平时,体温调节中枢促使机体产热活动加强,散热活动减弱,直至体温回到调定点水平。而当体温与调定点水平一致时,说明机体的产热量与散热量取得平衡。

调定点水平可因某些因素的影响而发生偏移,如在致热原的作用下,PO/AH 热敏神经元的温度反应阈值升高,而冷敏神经元的温度反应阈值降低,因此体温调定点上移,如上移到 39 ℃,这被称为重调定(resetting)。由于在发热初期体温低于新的调定点水平,机体首先表现为皮肤血管收缩,散热减少,随即出现寒战等产热反应,直到体温升高到 39 ℃,此时,产热和散热过程在新的调定点水平达到平衡。可见,发热属于调节性体温升高,是体温调节活动的结果。当除去致热原后,调定点降低恢复到 37 ℃正常水平,此时实际体温高于调定点,于是散热活动增强,产热活动抑制,体温恢复正常。因此,临床上患者在发热初期有寒战、怕冷等感觉,而给患者用药降温后,患者会有出汗、皮肤血管扩张引起的面色潮红等反应。

知识链接

发 热

当机体受到外源性致热原入侵,引起体内产生内生致热原或体内某种原因诱发体内产生内生致热原时,会出现体温升高,称为发热(fever),也称发烧。发热是由于致热物质作用于体温调节中枢,使体温调定点上移而引起的调节性体温升高。

一般认为发热是机体防御反应的表现之一,其意义在于:一方面,体温升高不利于病原体生长,同时高温也会使病原体的毒素失活,从而有利于减少或消除体内的病原体。另一方面,发热可提高机体的免疫力,使机体的特异性和非特异性免疫反应能力均增强。但发热太久机体消耗太大,反而使机体的抵抗力下降。临床上对发热患者处理的一般原则是对于不过高的发热(体温<40 ℃)又不伴有其他严重疾病者,可不急于解热。但对于高热患者、患有严重心脏病患者及妊娠期妇女需要尽快地降低其体温。

小 结

新陈代谢是机体生命活动的基本特征之一,包括物质代谢和能量代谢。糖是机体主要的供能物质,机体所需能量的 70% 是由糖提供的。脂肪的主要功能是储存和供给能量。蛋白质的主要功能是合成自身结构,一般不作为供能物质。ATP 是机体能够直接利用的能量载体,既是体内重要的储能物质,又是直接的供能物质。各种能源物质在体内氧化过程中释放的能量 50% 以上直接转化为热能。除骨骼肌对外做功外,其他的化学能最终转化为热能。能量代谢率是指单位时间内机体所消耗的能量。能量代谢率的测定方法有直接测热法和间接测热法,临床上常使用简便的方法测定能量代谢率。影响能量代谢的主要因素有:肌肉活动、环境温度、食物的特殊动力作用和精神活动。基础代谢是指机体处于基础状态时的能量代谢。单位时间内机体在基础状态下的能量代谢,称为基础代谢率。基础代谢率是人体在清醒时维持正常生理功能的最低能量消耗。临床上通常利用简化的间接测热法来测定基础代谢率。体温是机体的基本生命特征,维持体温的相对恒定是机体维持正常生命活动的重要保障。体温可分为体表温度和体核温度。生理学上所说的体温是指体核温度。临床上常用测量腋窝、口腔和直肠的温度来代表体温。体温具有生理性波动的特点,随昼夜、年龄、性别、肌肉活动等因素的变化而变化,但变化幅度不超过 1 ℃。体温的相对恒定是产热和散热过程在体温调节系统的控制下取得动态平衡的结果。人体处于安静状态时的主要产热器官是内脏,运动时骨骼肌是主要的产热器官。机体的产热形式包括寒战产热和非寒战产热。产热活动受神经和体液因素的调节。皮肤是主要的散热器官。皮肤通过辐射、传导、对流和蒸发四种方式散热。当皮肤温度高于环境温度时,机体可通过这四种方式散热。而当环境温度高于皮肤温度时,蒸发成为机体唯一有效的散热方式。体温调节方式包括自主性体温调节和行为性体温调节。下丘脑是调节体温的基本中枢。调定点学说可解释体温调节的原理。

能力检测

能力检测答案

一、名词解释

能量代谢　食物的热价　食物的氧热价　非蛋白质呼吸商　基础代谢　食物的特殊动力作用　体温　不感蒸发　自主性体温调节　中枢温度感受器

二、选择题

A 型题

1.机体摄入并吸收的糖远超过它的消耗量时,主要转变为下列哪种物质而储存起来?(　　)

A.肝糖原　　　　　　　B.肌糖原　　　　　　　C.脂肪

D.蛋白质　　　　　　　E.组织脂质

2.下列哪种物质既是重要的储能物质,又是直接的供能物质?(　　)

A.葡萄糖　　　　　　　B.脂肪酸　　　　　　　C.磷酸腺苷

D.二磷酸腺苷　　　　　E.三磷酸腺苷

3.体内温度最高的器官是(　　)。

A.肾　　　　　　　　　B.十二指肠　　　　　　C.脑

D.肝　　　　　　　　　E.胰腺

4.长期处于病理饥饿状态下的患者,呼吸商趋向于(　　)。

A.0.70　　　　　　　　B.0.80　　　　　　　　C.0.82

D.0.85　　　　　　　　E.1.00

5.正常人能量代谢在下列哪种情况下是最低的?(　　)

A.完全静息时　　　　　　B.熟睡时　　　　　　　C.外界温度为 20 ℃时

D. 室温为 18～25 ℃时　　　E. 进食 12 h 以后

6. 对能量代谢影响最为显著的是（　　）。

A. 寒冷　　　　　　　　B. 高温　　　　　　　　C. 肌肉运动

D. 精神活动　　　　　　E. 进食

7. 基础代谢率简略法测定计算原理是（　　）。

A. 食物的氧热价×每小时耗氧量÷体表面积

B. 食物的氧热价×每小时耗氧量÷体重

C. 食物的氧热价×每小时耗氧量÷身高

D 食物的卡价×食物的氧热价÷体表面积

E. 食物的卡价×每小时耗氧量÷体表

8. 下列哪种食物的特殊动力效应最强？（　　）

A. 脂肪　　　　　　　　B. 蛋白质　　　　　　　C. 糖

D. 维生素　　　　　　　E. 无机盐

9. 剧烈的肌肉运动时，机体的耗氧量可达安静时的（　　）。

A. 4～6 倍　　　　　　　B. 6～8 倍　　　　　　　C. 8～10 倍

D. 10～20 倍　　　　　　E. 20～30 倍

10. 当人体发热时，体温每升高 1 ℃，基础代谢率将升高（　　）。

A. 13%　　　　　　　　B. 18%　　　　　　　　C. 20%

D. 23%　　　　　　　　E. 30%

B 型题

A. 氧热价　　　　　　　B. 呼吸商　　　　　　　C. 非蛋白呼吸商

D. 食物的物理热价　　　E. 食物的生物热价

1. 1 g 食物在体内氧化时所释放的热量是（　　）。

2. 某营养物质氧化时每消耗 1 L O_2 所产生的热量是（　　）。

3. 营养物质在体内氧化时，一定时间内 CO_2 产生的量与消耗 O_2 的量的比值是（　　）。

4. 1 g 食物在体外燃烧时所释放的热量是（　　）。

A. 辐射　　　　　　　　B. 传导　　　　　　　　C. 对流

D. 发汗　　　　　　　　E. 肺呼吸

5. 受风速影响最大的散热方式是（　　）。

6. 环境温度等于或高于皮肤温度时的散热方式是（　　）。

7. 环境温度适宜时机体在安静状态下的主要散热方式是（　　）。

A. 脑　　　　　　　　　B. 内脏　　　　　　　　C. 皮肤

D. 肌肉　　　　　　　　E. 神经系统

8. 在寒冷环境中，什么部位的血管明显收缩，使散热减少？（　　）

9. 安静时主要的散热部位是（　　）。

10. 运动时主要的产热部位是（　　）。

三、简答题

1. 何谓能量代谢？影响能量代谢的因素有哪些？

2.简单测热法的基本原理是什么?

3.什么是基础代谢率?测定基础代谢率需要控制哪些因素?

4.何谓体温?常用的测量方法有几种?正常值是多少?受哪些因素影响?

5.简述机体散热的途径。

6.恒温动物在不同的温度条件下是如何维持体温的相对恒定的?

（李兴暖）

第八章
肾的排泄功能

 **学习目标**

本章PPT

掌握：尿生成的基本过程；肾小球滤过机能（肾小球滤过率、滤过的动力及影响肾小球滤过的主要因素）；几种重要物质的重吸收方式；尿生成的调节。

熟悉：肾血液循环及其调节；滤过膜及其通透性；肾小管和集合管分泌的生理意义。

了解：人体主要的排泄途径；肾的结构特点；肾小管和集合管重吸收的特点；尿浓缩和稀释的基本过程；血浆清除率的概念及测定的意义；尿液的理化性质；排尿反射。

机体在新陈代谢过程中，不断从外界摄取氧气和营养物质，同时产生大量代谢终产物。排泄（excretion）是指机体将物质代谢的终产物、进入体内的异物以及过剩的物质，经血液循环由相应的排泄器官排出体外的过程。人体主要的排泄途径有：①呼吸器官：通过呼气排出 CO_2 和少量水分等。②消化器官：伴随食物残渣可排出胆色素和无机盐等（由直肠排出食物残渣，因未经过血液循环，不属于排泄）。③皮肤：通过蒸发排出水、无机盐、尿素和乳酸等。④肾脏：通过尿的生成排出大部分的代谢终产物和过剩的物质。

肾脏排出的代谢产物种类最多、数量最大，并可随机体的不同状态而发生改变，因此，肾是人体最主要的排泄器官。肾的主要功能是通过排泄，调节体内水和电解质平衡，调节体液渗透压、体液量和电解质浓度，以及调节酸碱平衡。此外，肾也是一个内分泌器官，能分泌多种具有生物活性的物质，如肾素、促红细胞生成素和前列腺素等。本章主要讨论肾的排泄功能。

第一节　肾脏的结构与血液循环特点

一、肾脏的结构特点

（一）肾单位和集合管

肾单位（nephron）是肾的基本结构和功能单位。正常人两肾共有 170 万～240 万个肾单位,肾单位与集合管共同完成尿的生成过程。

肾单位包括肾小体和肾小管两部分,肾小体由肾小球和肾小囊组成(图 8-1)。肾小球是位于入球小动脉和出球小动脉之间的一团彼此之间分支又再吻合的毛细血管网。肾小囊有脏层和壁层,脏层(内层)紧贴毛细血管网,壁层(外层)则移行为肾小管壁,两层之间的腔隙称为肾小囊腔,与肾小管管腔相通。肾小囊脏层和肾小球毛细血管共同构成滤过膜。

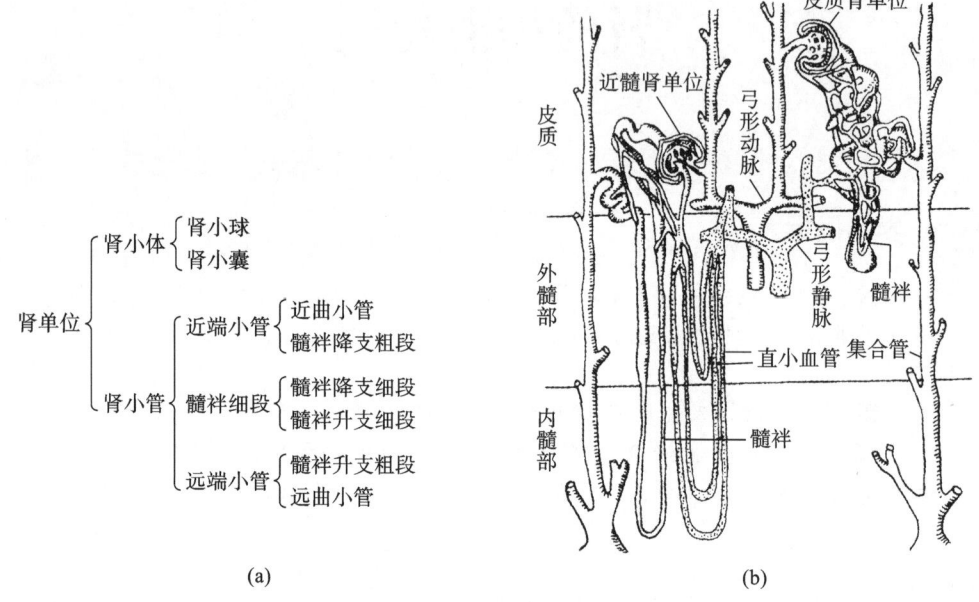

图 8-1　肾单位、集合管和肾血管的结构示意图

肾小管由近端小管、髓袢细段和远端小管三部分组成。近端小管包括近曲小管和髓袢降支粗段;髓袢细段由降支和升支两部分组成;远端小管包括髓袢升支粗段和远曲小管。远曲小管末端与集合管相连。每条集合管接受多条来自远曲小管的滤液。多条集合管的滤液汇入乳头管,经肾盏、肾盂、输尿管进入膀胱,最后经尿道排出体外。集合管不包括在肾单位内,但其在功能上与远端小管密切相关,在尿的浓缩和稀释中起着重要作用。

肾单位按其肾小体所在部位的不同,可分为皮质肾单位和近髓肾单位,其结构和特点见表 8-1。

表 8-1　皮质肾单位和近髓肾单位的结构及其特点比较

	皮质肾单位	近髓肾单位
肾小体分布	外、中皮质层	内皮质层
占肾单位总数	85%～90%	10%～15%
肾小球的体积	较小	较大
入球小动脉、出球小动脉口径	入球小动脉>出球小动脉	差异较小

续表

	皮质肾单位	近髓肾单位
出球小动脉分支	形成皮质部肾小管周围毛细血管网	形成肾小管周围毛细血管网和U形直小血管
髓袢长度	短,只达外髓层	长,深入内髓甚至达乳头部
球旁器	有,肾素含量多	几乎无
功能	参与尿的生成和肾素分泌	参与尿的浓缩和稀释

(二)球旁器

球旁器又称近球小体,主要存在于皮质肾单位,由球旁细胞、致密斑和球外系膜细胞组成(图8-2)。

1.球旁细胞 球旁细胞是位于入球小动脉中膜内一些特殊分化的平滑肌细胞,内含分泌颗粒,能合成、储存和释放肾素。

2.致密斑 致密斑是由位于远端小管起始部的一小块高柱状上皮细胞构成的组织。它同入球小动脉和出球小动脉相接触,能感受小管液中 NaCl 含量的变化,并将信息传至球旁细胞,调节肾素的释放。

3.球外系膜细胞 球外系膜细胞是位于入球小动脉、出球小动脉和致密斑之间的一群特殊细胞,具有吞噬和收缩等功能。

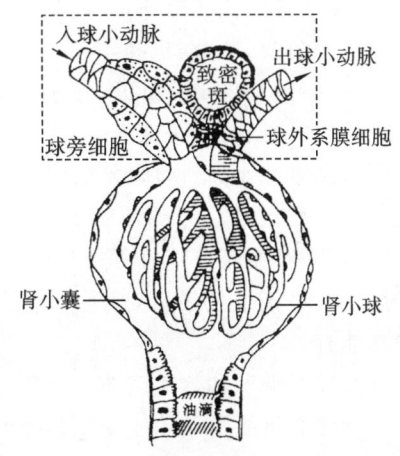

图 8-2 球旁器的结构示意图图

二、肾的血液循环及其调节

(一)肾血液循环的特点

1.血流量大,血液分布不均 肾是机体供血量最丰富的器官。正常成人安静时两肾血流量约为 1200 mL/min,相当于心输出量的 20%~25%,而肾仅占体重的 0.5% 左右。其中约 94% 的血液分布于肾皮质,5%~6% 分布于外髓,其余不到 1% 供应内髓。通常所说的肾血流量主要是指肾皮质的血流量。

2.两套毛细血管网的血压差异大

(1)肾小球毛细血管网:由入球小动脉分支形成,位于入球小动脉和出球小动脉之间。由于皮质肾单位入球小动脉和出球小动脉的口径比约为 2:1,因此肾小球毛细血管网内的血压较高,有利于肾小球内血浆的滤过。

(2)肾小管周围毛细血管网:由出球小动脉分支形成,紧密缠绕在肾小管周围。由于出球小动脉口径小,阻力大,血液流经出球小动脉时血压下降较多,因此肾小管周围毛细血管网的血压较低,有利于肾小管对小管液中物质的重吸收。

（二）肾血流量的调节

肾血流量的调节包括自身调节、神经调节和体液调节。

1. 自身调节 安静情况下，当肾动脉血压在一定范围内（80～180 mmHg）变动时，肾血流量能保持相对恒定。在离体肾灌流的动物实验中可观察到，当肾动脉的灌注压由 20 mmHg 升高到 80 mmHg 时，肾血流量随肾动脉灌注压的升高而增加；当灌注压在 80～180 mmHg 范围内变动时，肾血流量保持相对稳定；进一步升高灌注压，肾血流量又随之增加。这种不依赖于神经和体液因素，肾血流量在一定的动脉血压变动范围内能保持相对恒定的现象，称为肾血流量的自身调节。肾血流量的自身调节不但使肾血流量保持相对恒定，而且使肾小球滤过率也能保持相对恒定，可防止肾的排泄因血压改变而发生大幅度波动，对保证肾排泄功能的正常进行具有重要意义。

关于自身调节的机制，一般用肌源性学说来解释。该学说认为，当肾动脉血压在一定范围内（80～180 mmHg）升高时，肾入球小动脉血管平滑肌因压力升高而受到的牵张刺激增大，使平滑肌的紧张性增强，阻力增大；反之，当动脉血压降低时，入球小动脉平滑肌受到的牵张刺激减小，平滑肌舒张，阻力减小。当动脉血压低于 80 mmHg 时，入球小动脉平滑肌舒张达到极限；当高于 180 mmHg 时，平滑肌的收缩达到极限。肾血流量的自身调节便不能维持，肾血流量随血压的变化而变化。在实验中，用罂粟碱、水合氯醛或氰化钠等药物抑制血管平滑肌的活动，肾血流量的自身调节即减弱或消失，说明自身调节与血管平滑肌的功能有关。

2. 神经调节和体液调节 调节肾脏血流量的神经主要是交感神经，肾入球小动脉和出球小动脉血管平滑肌均受交感神经的支配。肾交感神经兴奋时，末梢释放去甲肾上腺素作用于血管平滑肌，可使肾血管强烈收缩，肾血流量减少。体液因素中，肾上腺素、去甲肾上腺素、血管升压素和血管紧张素等，均对肾血管有收缩作用，可使肾血流量减少；而前列腺素、一氧化氮和缓激肽等则可引起血管舒张，使肾血流量增加。

正常人在安静状态下，交感神经的紧张性很低，对肾血流量无明显影响。当人体剧烈运动时，交感神经活动增强，交感神经末梢释放去甲肾上腺素增多的同时，还使肾上腺髓质分泌的肾上腺素和去甲肾上腺素增多，可使肾血管收缩，肾血流量减少。当人体受到失血、缺氧、休克等强烈的伤害性刺激时，除交感神经活动增强外，还伴有血管紧张素和血管升压素等的释放增多，使肾血管强烈收缩，肾血流量急剧减少，以保证脑、心等重要脏器的血液供应。

总之，安静情况下，在一定的血压变化范围内，肾主要依靠自身调节来保持血流量的相对稳定，以维持正常的泌尿功能。在紧急情况下，通过神经和体液因素调节肾血流量，使全身血液重新分配，使肾血流量与全身血液循环相配合，以保证当时整体功能活动的正常进行。

第二节　尿生成的过程

肾的排泄功能是通过尿的生成而实现的。尿生成是一个连续、复杂的过程，其基本过程包括：①肾小球的滤过；②肾小管和集合管的重吸收；③肾小管和集合管的分泌。

一、肾小球的滤过功能

当血液流经肾小球毛细血管时,除了血细胞和蛋白质外,血浆中的水和小分子物质经滤过膜进入肾小囊腔形成原尿的过程,称为肾小球的滤过(glomerular filtration)。

用微穿刺的方法抽取肾小囊腔内的液体,对其进行化学分析发现,囊内液中所含各种晶体物质的成分和浓度都与血浆基本相似,而且囊内液的渗透压和酸碱度也与血浆基本相等(表 8-2)。因此,原尿的生成是一种超滤过作用,原尿就是血浆的超滤液。

表 8-2 血浆、原尿和终尿的主要成分及每天的滤过量和重吸收率

成分	血浆 /(g/L)	原尿 /(g/L)	终尿 /(g/L)	滤过总量 /(g/d)	排出量 /(g/d)	重吸收率 /(%)
蛋白质	80.0	0	0	微量	0	100 *
葡萄糖	1.0	1.0	0	180.0	0	100 *
水	—	—	—	180.0	1.5	99
Na^+	3.3	3.3	3.5	594.0	5.3	99
Cl^-	3.7	3.7	6.0	666.0	9.0	99
HCO_3^-	1.5	1.5	0.07	270.0	0.1	99
K^+	0.2	0.2	1.5	36.0	2.3	94
磷酸根	0.03	0.03	1.2	5.4	1.8	67
尿素	0.3	0.3	20.0	54.0	30.0	45
尿酸	0.04	0.04	0.5	3.6	0.75	79
肌酐	0.01	0.01	1.5	1.8	2.25	0
氨	0.001	0.001	0.4	0.18	0.6	0

注:* 几乎为 100%。

(一)滤过膜及其通透性

1.滤过膜的构成 滤过膜是肾小球滤过的结构基础。由毛细血管内皮细胞、基膜和肾小囊脏层上皮细胞三层结构组成。①滤过膜内层是毛细血管内皮细胞,细胞间有许多直径为 70~90 nm 的小孔,称为窗孔,小分子溶质及相对分子质量小的蛋白质可以通过,但可阻止血细胞通过。②滤过膜的中间层是非细胞性的基膜层,是滤过膜的主要屏障,是由水合凝胶构成的微纤维网结构。膜上有直径 2~8 nm 的多角形网孔,网孔的大小决定不同的溶质是否能通过。③滤过膜的外层是肾小囊的脏层上皮细胞,上皮细胞伸出许多足突贴附于基膜外面,相互交错对插,在突出之间形成裂隙膜,膜上有直径 4~11 nm 的小孔,可限制蛋白质的通过。以上三层结构上的微孔就构成了滤过膜的机械屏障(图 8-3)。除机械屏障外,在滤过膜三层结构的表面,均覆盖着带负电荷的糖蛋白,这些糖蛋白构成了滤过膜的电学屏障,

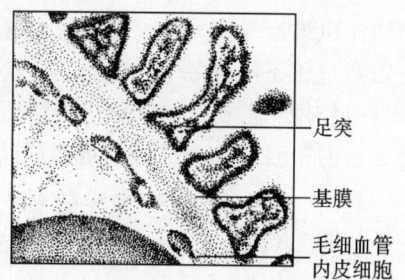

足突

基膜

毛细血管
内皮细胞

图 8-3 肾小球滤过膜的结构示意图

可阻碍带负电荷的血浆蛋白通过。

2.滤过膜的通透性　滤过膜的通透性不仅取决于滤过膜的机械屏障,还取决于电学屏障,以机械屏障为主。血浆中的不同物质是否能通过肾小球滤过膜,取决于其分子大小和其所带的电荷。一般来说,凡相对分子质量小于6000,有效半径小于1.8 nm的带正电荷或呈电中性的物质,如水、Na^+、尿素、葡萄糖等,均可自由地通过滤过膜;而相对分子质量大于69 000,有效半径等于或大于3.6 nm的大分子物质,即使带正电荷,由于机械屏障的作用,也难以滤过。由于滤过膜电学屏障的作用不如机械屏障明显,故Cl^-、HCO_3^-、HPO_4^{2-}和SO_4^{2-}等带有负电荷的离子也可以顺利地通过滤过膜。血浆蛋白的相对分子质量为69000,但由于其带负电荷,不能通过滤过膜的电学屏障,因此原尿中几乎不含蛋白质。在病理情况下,滤过膜带负电荷的糖蛋白减少或消失,可导致血浆蛋白滤出,形成蛋白尿。

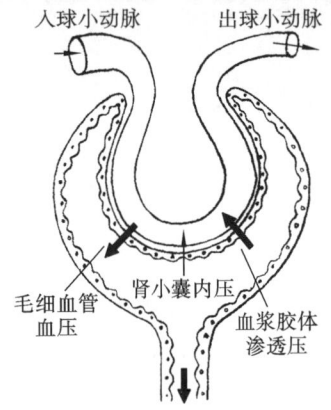

图8-4　有效滤过压示意图

(二)有效滤过压

有效滤过压(effective filtration pressure)是肾小球滤过的直接动力,在肾小球滤过膜的通透性和肾血浆流量保持不变的情况下,原尿的生成量主要取决于有效滤过压的大小。肾小球有效滤过压是指促进滤过的动力和对抗滤过的阻力之间的差值。滤过的动力包括肾小球毛细血管血压和肾小囊内液体的胶体渗透压,由于肾小囊内的蛋白质浓度极低,其胶体渗透压可忽略不计,因此,肾小球毛细血管血压是滤过的主要动力;滤过的阻力包括肾小球毛细血管内的血浆胶体渗透压和肾小囊内的静水压(图8-4)。因此:

肾小球有效滤过压＝肾小球毛细血管血压－(血浆胶体渗透压＋肾小囊内压)

用微穿刺的方法测定大鼠肾皮质肾小球的毛细血管血压,发现入球小动脉端和出球小动脉端的血压几乎相等,约为45 mmHg。该数值较其他器官的毛细血管血压高,这主要是因为入球小动脉粗而短,血流阻力小,而出球小动脉细而长,血流阻力大。肾小囊内压与近曲小管内压力相近,比较恒定,约为10 mmHg。由此可以看出,肾小球毛细血管有效滤过压的大小主要取决于血浆胶体渗透压的变化。血浆胶体渗透压在入球小动脉端约为25 mmHg,有效滤过压＝45－(25＋10)＝10(mmHg),有原尿形成。随着血液流向出球小动脉端,由于血浆中的水和晶体物质不断地被滤过,血浆中蛋白质的浓度相对增高,血浆胶体渗透压也逐渐升高,有效滤过压则越来越小。当血浆胶体渗透压升高至约35 mmHg时,有效滤过压下降到零,称为滤过平衡,滤过作用停止。因此,尽管肾小球毛细血管全长都具有滤过作用,但在入球小动脉端到出球小动脉端的移行过程中,只是在有效滤过压减小到零之前的一段毛细血管才有滤过作用。

(三)肾小球滤过率和滤过分数

肾小球滤过率和滤过分数是衡量肾功能的重要指标。

1.肾小球滤过率　单位时间内(每分钟)两肾生成的原尿量称为肾小球滤过率(glomerular filtration rate,GFR)。正常成人安静时肾小球滤过率约为125 mL/min,按此计算,每天生成的原尿量可达180 L。肾小球滤过率是反映肾滤过功能的重要指标。

2.滤过分数 肾小球滤过率与肾血浆流量的比值称为滤过分数(filtration fraction, FF)。正常成年人安静时肾血浆流量约为 660 mL/min,滤过分数＝125/660×100％≈19％。这表明在正常情况下,流经肾的血浆约有 1/5 由肾小球滤过到肾小囊腔内形成了原尿。

(四)影响肾小球滤过的因素

1.滤过膜的面积和通透性 正常成年人两肾的总滤过面积为 1.5 m² 以上,滤过面积很大,代偿能力很强。正常情况下,滤过膜的面积和通透性都比较稳定,对滤过影响不大。但在某些病理情况下,滤过膜的面积和通透性可发生较大的变化。例如,急性肾小球肾炎时,由于肾小球毛细血管的管腔变窄或完全阻塞,使肾小球的有效滤过面积减少,肾小球滤过率也随之降低,导致患者出现少尿甚至无尿。另外,炎症、损伤和免疫复合物破坏滤过膜的完整性,使滤过膜上带负电荷的糖蛋白减少或消失,导致滤过膜的通透性增大,肾小球滤过率增大,同时血浆蛋白甚至血细胞"漏"出,患者可出现多尿、蛋白尿甚至血尿。

2.有效滤过压 有效滤过压是肾小球滤过的动力,由肾小球毛细血管血压、血浆胶体渗透压和肾小囊内压三者构成,其中任何一种因素发生变化都可影响有效滤过压,继而影响肾小球滤过率。

(1)肾小球毛细血管血压:人体在安静状态下,当动脉血压在 80~180 mmHg 范围内变动时,通过自身调节,肾血流量保持相对恒定,肾小球毛细血管血压可保持稳定,肾小球滤过率基本保持不变;当血压降到 80 mmHg 以下时,则超出了肾血流量自身调节的范围,肾血流量减少,肾小球毛细血管血压将随之降低,有效滤过压降低,肾小球滤过率也随之减小,尿量减少;当血压降到 40 mmHg 以下时,肾小球滤过率可降低到零而导致无尿。

(2)血浆胶体渗透压:正常情况下,血浆胶体渗透压不会发生很大变化,对肾小球滤过的影响不大。但当血浆蛋白浓度明显改变时,血浆胶体渗透压也将随之变化。例如,静脉输入大量生理盐水,血浆蛋白合成减少,或病理情况下肝功能严重受损等,都会导致血浆蛋白浓度降低,血浆胶体渗透压下降,有效滤过压增大,肾小球滤过率增加,导致尿量增多。

(3)肾小囊内压:正常情况下肾小囊内压一般比较稳定。但当肾盂或输尿管结石、肿瘤压迫或其他原因引起尿路阻塞时,小管液和终尿不能排出,可引起囊内压逆行性升高,从而使有效滤过压减小,肾小球滤过率减小。此外,某些药物(如磺胺)在小管液中若浓度过高,极易在其酸性环境中析出结晶;或某些疾病导致溶血过多,血红蛋白易变性凝固,这些情况也可导致肾小管堵塞而使肾小囊内压升高,影响肾小球的滤过。

3.肾血浆流量 肾血浆流量的变化对肾小球滤过率有很大影响。其机制并非是改变有效滤过压,而是改变滤过平衡点。当临床上静脉大量输入生理盐水或 5％葡萄糖溶液时,肾血浆流量增加,肾小球毛细血管内血浆胶体渗透压升高的速率减慢,滤过平衡点向出球小动脉端移动,具有滤过作用的毛细血管长度增加,故肾小球滤过率增加。相反,在剧烈运动、失血、缺氧、休克等情况下,由于肾交感神经强烈兴奋,入球小动脉强烈收缩,导致肾血浆流量明显减少,滤过平衡点向入球小动脉端移动,肾小球滤过率也显著减小。

数字资源　　　　慢性肾功能不全

二、肾小管和集合管的重吸收功能

原尿流入肾小管后就称为小管液。小管液在流经肾小管和集合管时,其中大部分水和溶质又被肾小管和集合管上皮细胞转运回到血液的过程,称为肾小管和集合管的重吸收(reabsorption)。

(一) 重吸收的特点

1. 重吸收量大 按每分钟两肾生成的原尿量为 125 mL 计算,每日生成的原尿总量可达 180 L,而终尿量约为 1.5 L,说明 99% 以上的原尿被重吸收回血液。

2. 重吸收有选择性 终尿和原尿相比,无论从数量上和质量上都有明显的差别,各种物质重吸收的比率也不尽相同。这说明肾小管和集合管对不同物质的重吸收具有选择性。葡萄糖、Na^+ 和 HCO_3^- 等,全部或大部分被重吸收,尿素和磷酸根等被部分重吸收,肌酐等代谢产物和进入体内的异物(如药物),则不被重吸收而全部排出体外。这种选择性的重吸收作用,既保留了对机体有用的物质,又清除了对机体有害的或过剩的物质,实现了内环境的稳态。

(二) 重吸收的部位、方式和途径

1. 重吸收的部位 肾小管各段和集合管都具有重吸收的功能,但各段肾小管和集合管在形态结构上存在差异,因此并不具有同等的重吸收能力。其中近端小管重吸收的物质种类最多,数量最大,是各类物质重吸收的主要部位。

正常情况下,小管液中的葡萄糖、氨基酸等营养物质,在近端小管全部被重吸收;80%~90% 的 HCO_3^-、65%~70% 的水和 Na^+、K^+、Cl^- 等,也在此处被重吸收。其余各段小管和集合管可重吸收部分的 Na^+、Cl^-、HCO_3^-、水和尿素等(表 8-3)。这些部位重吸收的量虽然较近端小管少,但与机体内水、电解质和酸碱平衡的调节密切相关。

表 8-3 各种物质重吸收的部位和数量

部位	水的重吸收率/(%)	重吸收的其他物质
近端小管	65~70	全部:葡萄糖、氨基酸、维生素等
		大部分:Na^+、K^+、Cl^-、Ca^{2+}、HCO_3^- 等
		部分:硫酸盐、磷酸盐、尿素、尿酸等
髓袢	15	部分:Na^+、Cl^-、尿素等
远端小管和集合管	10~20	部分:Na^+、Cl^- 等

2. 重吸收的方式 重吸收的方式有主动重吸收和被动重吸收两种。

(1) 主动重吸收:指小管液中的物质逆电-化学梯度,通过肾小管和集合管上皮细胞被转运到管周组织液并进入血液的过程。主动重吸收需要消耗能量,根据能量来源的不同,主动重吸收又可分为原发性和继发性主动重吸收。原发性主动重吸收所需要的能量由 ATP 水解直接提供。例如,Na^+ 和 K^+ 的主动重吸收是靠细胞基底侧膜上的钠泵水解 ATP 直接提供能量的。继发性主动重吸收所需的能量不是直接来自 ATP 的水解,而是来自 Na^+ 顺电-化学梯度进入细胞时释放的能量。例如,葡萄糖、氨基酸等溶质的重吸收就属于继发性主动重吸收。由于上皮细胞基底侧膜上存在钠泵,将细胞内的 Na^+ 主动转运至细胞外,造成细胞内的 Na^+ 浓度明显低于细胞外,细胞外 K^+ 被泵回细胞内,造成细胞内 K^+ 浓度明显高于细胞外,并维持细胞内的负电位。这样小管液中的 Na^+ 便可顺电-化学梯度

通过管腔膜进入细胞,并释放能量,供葡萄糖、氨基酸等物质的继发性主动重吸收所用。

（2）被动重吸收:指小管液中的物质顺着电-化学梯度通过肾小管上皮细胞从管腔内转运到管周组织液并入血的过程。例如,尿素顺浓度差和 Cl^- 顺电位差从小管液中扩散至管周组织液等。水则是在渗透压差的作用下以渗透的方式被重吸收的。

3. 重吸收的途径　重吸收的途径有跨细胞途径和细胞旁途径两种,以前者为主。跨细胞途径是指小管液中的物质先通过肾小管和集合管上皮细胞的管腔膜进入细胞内,再跨过基底侧膜进入管周组织间液中。细胞旁途径是指小管液中的物质通过肾小管和集合管上皮细胞之间的紧密连接直接进入细胞间隙后被重吸收,该途径主要见于水和溶质的转运,为跨细胞途径重吸收的补充。

（三）几种物质的重吸收

1. Na^+、Cl^- 和水的重吸收　肾小球滤过的 Na^+ 有 99% 左右被重吸收回到血液。除髓袢降支细段外,其余各段肾小管和集合管对 Na^+ 均有重吸收能力。其中近端小管重吸收的量最多,占滤过总量的 65%～70%,髓袢升支重吸收量约为 20%,远曲小管和集合管重吸收的量约为 12%。Na^+ 主要以主动的方式被重吸收。

（1）近端小管:近端小管重吸收超滤液中 65%～70% 的 Na^+、Cl^- 和水。其中约 2/3 经跨细胞途径转运,主要发生在近端小管的前半段;约 1/3 经细胞旁途径转运,主要发生在近端小管的后半段(图 8-5)。

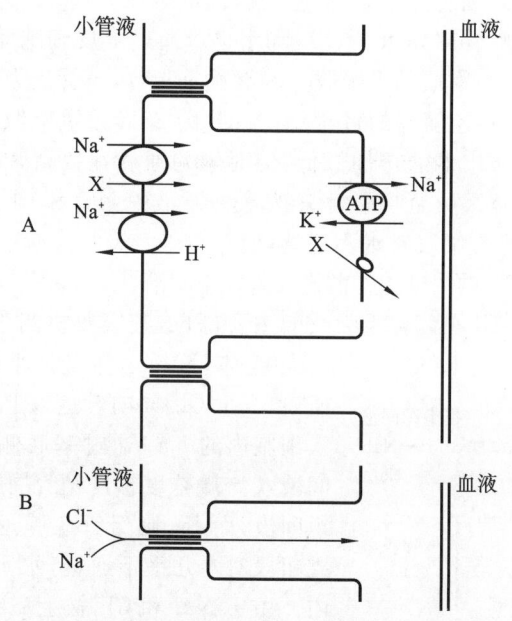

图 8-5　近端小管对 NaCl 的重吸收示意图

注:A,近端小管前段;B,近端小管后段;X,葡萄糖、氨基酸等。

在近端小管的前半段,Na^+ 的重吸收与 H^+ 的分泌以及葡萄糖、氨基酸等物质的重吸收相耦联进行。由于基底侧膜上钠泵的作用,上皮细胞内的 Na^+ 被泵出,细胞内 Na^+ 浓度降低,和小管液中的 Na^+ 形成浓度差。小管液中的 Na^+ 和细胞内的 H^+ 经管腔膜上的 Na^+-H^+ 交换体进行转运,小管液中的 Na^+ 顺浓度梯度进入上皮细胞内,而 H^+ 则逆浓度差被分泌到小管液中。小管液中的 Na^+ 还可由管腔膜上的 Na^+-葡萄糖同向转运体和 Na^+-氨基酸同向转运体与葡萄糖、氨基酸共同转运，Na^+ 顺浓度梯度通过管腔膜进入上皮细胞内，同时将葡萄糖和氨基酸逆浓度差转运入细胞内。进入细胞内的 Na^+ 经基底侧膜上钠泵泵出，进入细胞间隙。进入细胞内的葡萄糖和氨基酸则以易化扩散的方式通过基底侧膜离开上皮细胞进入细胞间隙，随后进入血液循环。由于 Na^+、葡萄糖和氨基酸等进入细胞间隙，使细胞间隙中的渗透压升高，通过渗透作用，水便进入细胞间隙。在近端小管的前段，因 Na^+-H^+ 交换使细胞内的 H^+ 进入小管液，伴随 HCO_3^- 被重吸收，而 Cl^- 则不被重吸收，其结果是近端小管后段小管液中 Cl^- 的浓度高于管周细胞间隙内的浓度。

在近端小管的后半段，小管液中的 Cl^- 浓度高于管周细胞间隙内的浓度。由于细胞间存在紧密连接，Cl^- 便顺浓度梯度经紧密连接进入细胞间隙。随着 Cl^- 被动扩散进入细胞间隙后，小管液中正离子相对增多，管腔内电位升高，造成管内外电位差，驱使小管液中的一部分 Na^+ 顺电位差经紧密连接进入细胞间隙而被动重吸收。因此，这部分 NaCl 的重吸收是被动的，Cl^- 为顺浓度梯度被动扩散，Na^+ 为顺电位差被动扩散，均经细胞间的紧密连接进入细胞间隙。

由于近端小管上皮细胞主动和被动重吸收小管液中 Na^+、HCO_3^-、Cl^-、葡萄糖和氨基酸等进入管周细胞间隙，导致小管液的渗透压降低，细胞间隙液的渗透压升高，促使小管液中的水在这一渗透压差的作用下，通过跨细胞途径和细胞旁途径(紧密连接)不断进入细胞间隙。Na^+、Cl^- 和水进入细胞间隙后，细胞间隙内静水压升高，促使 Na^+、Cl^- 和水进入相邻的毛细血管而被重吸收。部分 Na^+、Cl^- 和水也可通过上皮细胞间的紧密连接回漏到小管腔内。因此，近端小管中物质的重吸收为等渗性重吸收，小管液为等渗液。

(2)髓袢：在小管液流经髓袢的过程中，NaCl 约 20% 被重吸收，水约 15% 被重吸收。髓袢降支细段对 Na^+ 和 Cl^- 的通透性极低，但对水的通透性较高。在组织液高渗作用下，小管液中的水分不断被重吸收至管周组织液，使小管液中 Na^+ 和 Cl^- 浓度不断升高，小管液渗透压逐渐升高。髓袢升支细段对水不通透，但对 Na^+ 和 Cl^- 易通透。因此，小管液流经此段时，小管液中 Na^+ 和 Cl^- 顺浓度差扩散进入管周组织液，Na^+ 和 Cl^- 的浓度随之降低。

髓袢升支粗段是 NaCl 在髓袢重吸收的主要部位，其吸收机制为主动重吸收。髓袢升支粗段的管腔膜上有 Na^+-K^+-$2Cl^-$ 同向转运体，该转运体可将小管液中 1 个 Na^+、1 个 K^+ 和 2 个 Cl^- 同向转运入上皮细胞内(图 8-6)。进入细胞内的 Na^+ 通过基底侧膜上的钠泵泵入组织间液，Cl^- 顺浓度梯度经管周膜上的 Cl^- 通道进入组织间液，而 K^+ 则经管腔膜返回小管液中。髓袢升支粗段对水几乎不通透，水不被重吸收而留在小管内。由于 Na^+ 和 Cl^- 被上皮细胞重吸收至管周组织液，因此小管液流经髓袢升支粗段时，小管液渗透压降低，而管外组织液渗透压增高。该段对水和 NaCl 重吸收的这种分离现象，有利于尿液的浓缩和稀释。呋塞米(速尿)和依他尼酸等利尿剂能特异性地与同向转运体上 Cl^- 的结合位点相结合，抑制 Na^+-K^+-$2Cl^-$ 的同向转运，使 NaCl 的重吸收受抑制而产生利尿作用。

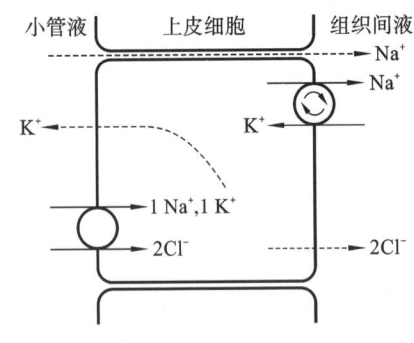

图 8-6 髓袢升支粗段重吸收 Na^+、Cl^- 和 K^+ 的示意图

（3）远曲小管和集合管：约 12% 的 Na^+ 和 Cl^- 在远曲小管和集合管被重吸收，同时有不同量的水被重吸收。远曲小管和集合管对 Na^+、Cl^- 和水的重吸收属于调节性重吸收，可根据机体的水、盐平衡状况进行调节。Na^+ 的重吸收主要受醛固酮的调节，水的重吸收则主要受抗利尿激素的调节。远曲小管和集合管对水的重吸收量的多少对终尿量的影响最大。

肾小管各段和集合管对 Na^+ 的重吸收，在维持细胞外液的 Na^+ 平衡和渗透压中起着重要作用。对 Na^+ 的主动重吸收，促进了葡萄糖和氨基酸等物质的继发性主动重吸收，促进了 HCO_3^-、Cl^- 等物质的重吸收，同时还促进了 Na^+-H^+ 交换和 Na^+-K^+ 交换的过程。因此，Na^+ 的重吸收在肾小管和集合管对其他物质的重吸收及分泌功能中起着关键的作用。

2. HCO_3^- 的重吸收 正常情况下从肾小球滤过的 HCO_3^- 几乎全部被肾小管和集合管重吸收，其中高达 80% 的 HCO_3^- 是由近端小管重吸收的，髓袢、远曲小管和集合管也可重吸收部分 HCO_3^-。在近端小管，小管液中的 HCO_3^- 不易透过管腔膜，它与小管液中的 H^+ 结合生成 H_2CO_3，H_2CO_3 再分解为 CO_2 和水。CO_2 为脂溶性的小分子物质，可单纯扩散进入肾小管上皮细胞内，在碳酸酐酶的催化下，与水结合生成 H_2CO_3，H_2CO_3 再解离成 H^+ 和 HCO_3^-。H^+ 通过管腔膜上的 Na^+-H^+ 交换体，逆浓度梯度转运进入小管液中，与 HCO_3^- 再次结合形成 H_2CO_3。细胞内的 HCO_3^- 则进入细胞间隙，与细胞间隙内的 Na^+ 生成 $NaHCO_3$ 而转运入血液（图 8-7）。可见，小管液中的 HCO_3^- 是以 CO_2 的形式被重吸收的。CO_2 通过管腔膜的速度明显高于 Cl^-，故 HCO_3^- 的重吸收优先于 Cl^- 的重吸收。HCO_3^- 是体内最主要的碱储备物质，其优先重吸收对于体内酸碱平衡的维持具有重要的生理意义。

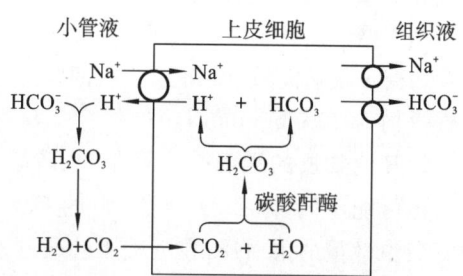

图 8-7 HCO_3^- 的重吸收示意图

3. K^+ 的重吸收 小管液中的 K^+ 有 65%～70% 在近端小管被重吸收，25%～30% 在髓袢被重吸收，远端小管和集合管既能重吸收 K^+，也能分泌 K^+。终尿中的 K^+ 主要来自远端小管和集合管对 K^+ 的分泌。

4. 葡萄糖的重吸收 原尿中的葡萄糖浓度与血浆中的浓度相等，但在正常情况下，终尿中几乎不含葡萄糖，这说明正常情况下葡萄糖几乎被全部重吸收。微穿刺实验表明，滤过的葡萄糖均在近端小管被重吸收，其余的各段肾小管和集合管均无重吸收葡萄糖的能力。因此，如果近端小管不能将小管液中的葡萄糖全部重吸收，则终尿中将出现葡萄糖。

葡萄糖的重吸收是逆浓度差进行的，属于继发性主动重吸收。在近端小管上皮细胞管腔膜上有 Na^+-葡萄糖同向转运体，小管液中的葡萄糖和 Na^+ 与同向转运体结合后，Na^+ 顺浓度梯度进入细胞内并释放能量，葡萄糖则伴随进入细胞内。进入细胞内的 Na^+ 被基侧膜上的钠泵泵入管外组织液，葡萄糖则在管周膜上的葡萄糖转运体的帮助下，以易化扩散的方式转运至管周组织液，随后进入血液（图 8-8）。

近端小管对葡萄糖的重吸收有一定的限度。当血糖浓度达 160～180 mg/100 mL 时，

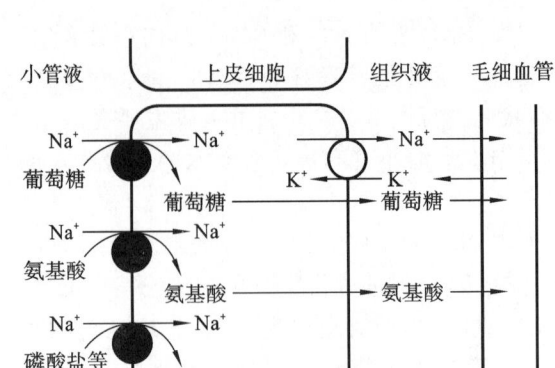

图 8-8　近端小管对葡萄糖、氨基酸和磷酸盐等的重吸收

有一部分近端小管上皮细胞对葡萄糖的吸收达到极限,葡萄糖就不能被全部重吸收,终尿中开始出现葡萄糖。通常把尿中开始出现葡萄糖时的最低血糖浓度,称为肾糖阈(renal glucose threshold)。各个肾单位肾糖阈并不完全一样。如果血糖浓度再继续升高,肾小管对葡萄糖重吸收达到极限的上皮细胞数量就增加,尿中葡萄糖的含量也将随之不断地增加。当血糖浓度升至 300 mg/100 mL 时,全部肾小管对葡萄糖的吸收均已达到极限,此值即为葡萄糖吸收的极限量。正常成人两肾对葡萄糖重吸收的极限量,男性平均为 375 mg/min,女性平均为 300 mg/min。

5. 其他物质的重吸收　氨基酸、磷酸盐、SO_4^{2-} 等的重吸收机制与葡萄糖基本相同,但转运体可能不同(图 8-8)。大部分的 Ca^{2+} 和 Mg^{2+} 在近端小管和髓袢升支粗段被重吸收。小管液中微量的蛋白质,在近端小管通过入胞的方式而被重吸收。

三、肾小管与集合管的分泌功能

肾小管和集合管上皮细胞将自身代谢产生的物质或血液中的某些物质转运到小管腔的过程,称为肾小管与集合管的分泌(secretion)。肾小管和集合管主要分泌 H^+、NH_3 和 K^+,这对维持体内的酸碱平衡和 Na^+、K^+ 平衡具有重要的意义。

(一)H^+ 的分泌

肾小管各段和集合管上皮细胞均有分泌 H^+ 的功能,但分泌 H^+ 的主要部位在近端小管。H^+ 的分泌方式为 Na^+-H^+ 交换。由细胞代谢产生的或由小管液进入细胞的 CO_2,在细胞内碳酸酐酶的催化下,与 H_2O 生成 H_2CO_3,H_2CO_3 解离成 H^+ 和 HCO_3^-。细胞内的 H^+ 和小管液中 Na^+ 与管腔膜上的 Na^+-H^+ 转运体相结合,H^+ 被分泌到小管液中,而小管液中的 Na^+ 则被重吸收入细胞内,再由钠泵主动转运至组织液。H^+ 的分泌与 Na^+ 的重吸收呈反向转运,二者相互联系,称为 Na^+-H^+ 交换。在细胞内生成的 HCO_3^- 扩散至管周组织液,同其中的 Na^+ 生成 $NaHCO_3$ 并入血。分泌入小管液的 H^+ 再与 HCO_3^- 生成 H_2CO_3,后者分解的 CO_2 又扩散入细胞,在细胞内再生成 H_2CO_3。如此循环往复,肾小管上皮细胞每分泌 1 个 H^+,可重吸收 1 个 Na^+ 和 1 个 HCO_3^- 回到血液中(图 8-7),对维持体内的酸碱平衡具有重要意义。

（二）NH₃ 的分泌

NH₃是肾小管上皮细胞的代谢产物，主要来源于谷氨酰胺的脱氨反应。正常情况下，NH₃主要由远曲小管和集合管上皮细胞分泌。NH₃具有脂溶性，能自由通过细胞膜向管周组织液和小管液单纯扩散，扩散方向朝着 pH 较低的一侧进行。小管液的 pH 较低，因此，NH₃较易向小管液中扩散。扩散入小管液中 NH₃与 H⁺结合生成 NH₄⁺，小管液中 NH₃浓度随之下降，形成了管腔膜两侧的 NH₃浓度梯度，此浓度梯度又加速了 NH₃向小管液中扩散。NH₃与 H⁺结合并生成 NH₄⁺后，由于 NH₄⁺是水溶性的，不能通过细胞膜，可进一步与小管液中的强酸盐（如 NaCl）的负离子结合，生成酸性铵盐（如 NH₄Cl）并随尿排出。强酸盐的正离子（如 Na⁺）则与 H⁺交换而进入肾小管上皮细胞内，然后和细胞内的 HCO₃⁻一起被转运回血液。可见，NH₃的分泌与 H⁺的分泌密切相关，二者相互协同促进。肾小管和集合管上皮细胞在分泌 H⁺和 NH₃的同时，也促进了 NaHCO₃的重吸收。因此，NH₃的分泌也具有排酸保碱、维持酸碱平衡的作用。

（三）K⁺ 的分泌

小管液中的 K⁺绝大部分在近端小管已被重吸收，终尿中的 K⁺主要是由远曲小管和集合管分泌的。在远曲小管和集合管，基底膜上的钠泵可将细胞内的 Na⁺泵出细胞，同时将细胞外液中的 K⁺泵入细胞，细胞内的 K⁺浓度升高。管腔膜对 K⁺有通透性，细胞内高浓度的 K⁺可顺电-化学梯度通过 K⁺通道进入小管液（K⁺分泌）。另一方面，远曲小管和集合管管腔膜上有钠通道，Na⁺可顺电-化学梯度扩散进入上皮细胞内，使小管液呈负电位，这种电位梯度也可成为 K⁺从细胞内分泌至小管液的动力（图 8-9）。

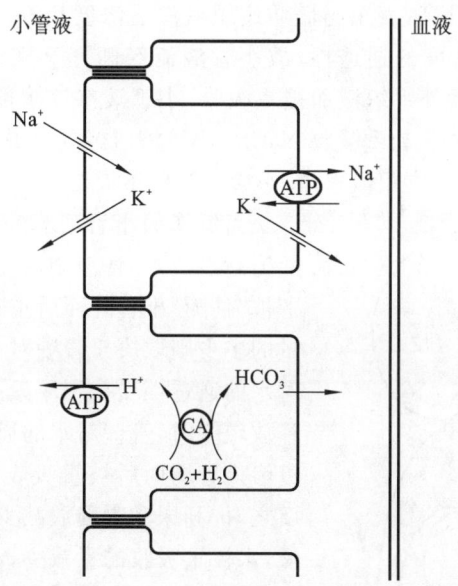

图 8-9　远曲小管和集合管分泌 H⁺和 K⁺示意图

体内的 K⁺主要由肾排泄。正常情况下，机体摄入的 K⁺和排出的 K⁺保持动态平衡。体内 K⁺代谢的特点是：多吃多排，少吃少排，不吃也排。因此在临床上，为维持体内的 K⁺平衡，对于不能进食的患者应适当地补充 K⁺，以免引起血 K⁺降低。而肾功能不全的患

者,排 K^+ 功能障碍,可发生高钾血症。血 K^+ 过高或过低,都会对人体的功能尤其是神经和心肌的兴奋性产生不利的影响。

数字资源 ···················· 肾移植 ··················○

第三节　尿的浓缩和稀释

正常成年人终尿的渗透浓度可在 $50 \sim 1200$ mOsm/(kg · H_2O)范围内变动。终尿的渗透浓度高于血浆渗透浓度(300 mOsm/(kg · H_2O))的称为高渗尿,低于血浆渗透浓度的尿液称为低渗尿。尿液的渗透浓度可因体内缺水或水过剩等不同情况而出现大幅度的变动。当体内缺水时,机体将排出渗透浓度明显高于血浆渗透压的高渗尿,表明尿被浓缩;而体内水过剩时,将排出渗透浓度低于血浆渗透压的低渗尿,表明尿被稀释。

一、尿液浓缩和稀释的基本过程

小管液在流经近端小管和髓袢时,渗透压的变化是固定的,但流经远端小管后段和集合管时,渗透压可随体内缺水或水过多等不同情况而出现大幅度变动。近端小管为等渗重吸收,故在近端小管末端,小管液渗透压与血浆相等。髓袢降支细段对水有高度通透性,而对 NaCl 和尿素则不通透,在管外组织液高渗透压的作用下,水被重吸收,小管液流经髓袢降支细段,渗透浓度不断升高,直至与髓质组织液渗透浓度相等。髓袢升支细段对水不通透,对 NaCl 和尿素则有高度的通透性,故小管液流经髓袢升支细段,小管液中高浓度的 NaCl 顺浓度梯度扩散入管外组织液而被重吸收,小管液渗透浓度逐渐降低。髓袢升支粗段对水和尿素不通透,但能主动重吸收 NaCl。小管液流经髓袢升支粗段,由于不断被重吸收,渗透浓度不断下降,至升支粗段末端,小管液为低渗液。

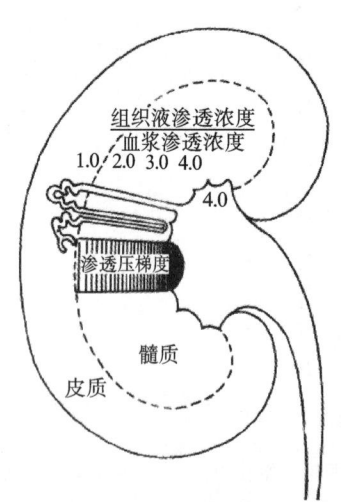

图 8-10　肾髓质组织液渗透压梯度示意图

当低渗的小管液流经集合管时,由于管外组织液为高渗液,小管液中的水在管内外渗透压差作用下被"抽吸"出管外而后重吸收入血。但其被重吸收量的多少则取决于管壁对水的通透性。集合管管壁对水的通透性受抗利尿激素的调节。当抗利尿激素释放较多时,管壁对水的通透性大,小管液中的水大量渗入管周而后被重吸收,尿液被浓缩,尿量减少;反之,抗利尿激素释放减少时,管壁对水的通透性降低,水被重吸收的量减少,小管液的渗透压趋向于等渗甚至低渗,尿液即被稀释,尿量增多。由此可见,尿液的浓缩和稀释,关键取决于肾髓质渗透压梯度(图 8-10)的形成和保持以及血液中抗利尿激素的浓度。

二、肾髓质渗透压梯度的形成

(一)外髓部渗透压梯度的形成

位于外髓部的髓袢升支粗段能主动重吸收 NaCl,但对水不易通透。故当小管液流经髓袢升支粗段时,其中的 Na^+ 和 Cl^- 不断地被主动重吸收进入管外组织液,造成管内 NaCl 浓度不断降低,小管液渗透浓度逐渐下降;而管外 NaCl 浓度不断升高,髓袢升支粗段外围组织液变成高渗溶液。因此,外髓部渗透压梯度的形成,主要源于髓袢升支粗段对 NaCl 的主动重吸收,而且越靠近内髓部,渗透压越高(图 8-11)。

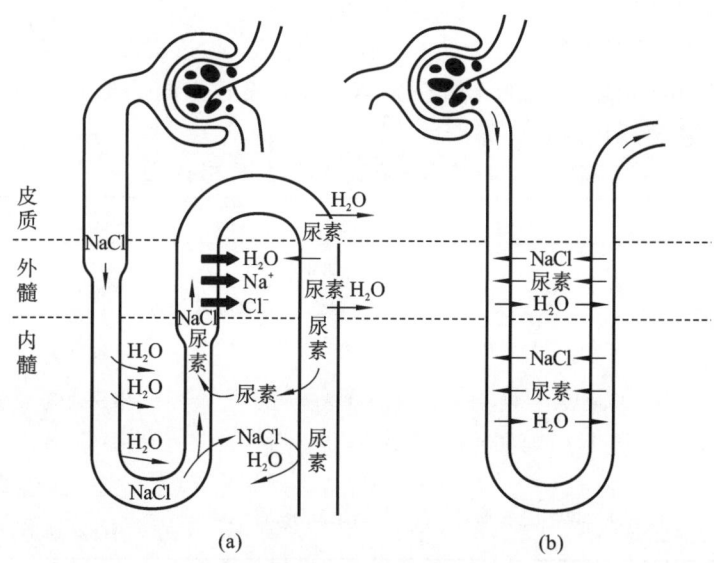

图 8-11 肾髓质渗透压梯度的形成和维持

(a)肾小管;(b)直小血管

(二)内髓部渗透压梯度的形成

内髓部渗透压梯度的形成与尿素的再循环和 NaCl 的重吸收有密切关系。远曲小管及皮质部和外髓部的集合管对尿素不易通透,但集合管细胞对水易通透。由于水被重吸收,小管液中尿素的浓度将逐渐升高;内髓部集合管对尿素易通透,尿素就顺浓度梯度进入内髓部组织液,使其渗透压升高;髓袢升支细段对尿素的通透性大,内髓部组织液中的尿素顺浓度差扩散入升支细段,经远端小管及皮质部和外髓部集合管,至内髓集合管后再扩散入组织液,形成尿素的再循环。尿素的再循环有利于尿素滞留在髓质内,故有助于内髓部高渗透压梯度的形成和加强。

NaCl 的扩散发生于内髓部。髓袢降支细段对 Na^+ 不通透,但对水易通透。在内髓部渗透压的作用下,小管液中的水不断进入内髓组织间,使小管液的 NaCl 浓度和渗透压逐渐增高,在髓袢折返部达到最高。在升支细段,管壁对 Na^+ 易通透而对水不通透,NaCl 顺浓度扩散入组织液,参与内髓部高渗透压梯度的形成(图 8-11)。

三、肾髓质渗透压梯度的保持

肾髓质主要依靠直小血管的逆流交换作用来保持高渗透压梯度。直小血管由近髓肾单位出球小动脉延续而来,与髓袢伴行,呈 U 形,形成逆流系统。由于直小血管降支对溶质和水的通透性高,周围组织液中的 NaCl、尿素浓度较高,于是 NaCl 和尿素就顺浓度差扩散至直小血管降支内,而降支中的水则因渗透压差渗出到组织液。这样越向内髓质部深入,直小血管内 NaCl 和尿素的浓度就越高,至折返部达最高。当血流折返流入直小血管升支时,血管内 NaCl 和尿素的浓度又高于同一平面的组织液,于是 NaCl 和尿素又由直小血管扩散入组织液,而且可再进入血管降支。同时,升支血管内的渗透压总是略高于同一平面的组织液,水又重新渗入直小血管,这是一个逆流交换过程。因此,当直小血管升支离开外髓部时,只把多余的溶质和水(主要是水)带走,而肾髓质的 NaCl 和尿素不致被大量带走。这样就使得肾髓质的渗透压梯度得以维持(图 8-11)。

综上,各段肾小管对水和溶质的通透性不同是肾髓质渗透压梯度形成的前提(表 8-4),髓袢升支粗段对 NaCl 的主动重吸收是髓质渗透压梯度建立的重要条件,尿素和 NaCl 是形成和维持髓质渗透压梯度的主要溶质。

表 8-4　肾小管和集合管对不同物质的通透性

部位	水	NaCl	尿素
髓袢升支粗段	不易通透	Na^+ 主动重吸收 Cl^- 继发性主动重吸收	不易通透
髓袢升支细段	不易通透	易通透	中等通透
髓袢降支细段	易通透	不易通透	不易通透
远曲小管	有 ADH 时易通透	Na^+ 主动重吸收	不易通透
集合管	有 ADH 时易通透	Na^+ 主动重吸收	皮质和外髓部不易通透,内髓部易通透

第四节　尿生成的调节

尿的生成包括肾小球的滤过、肾小管和集合管的重吸收与分泌。机体对尿生成的调节就是通过影响这三个基本过程来实现的。关于肾小球滤过作用的调节在前文已叙述,本节主要讨论影响肾小管和集合管的重吸收与分泌的因素,包括肾内自身调节、神经调节和体液调节。

一、肾内自身调节

(一)小管液中溶质的浓度

小管液溶质浓度决定小管液的渗透压,而小管液的渗透压升高是对抗肾小管和集合管重吸收水的力量。若小管液溶质浓度升高,渗透压随之升高,肾小管和集合管对水的重吸收减少,尿量增加。这种利尿方式称为渗透性利尿(osmotic diuresis)。糖尿病患者的多尿,就是由于血糖浓度超过了肾糖阈,使小管液中的葡萄糖增多,小管液渗透压升高,水的重吸收减少,从而导致尿量增加。临床上常使用可在肾小球自由滤过,但不能被肾小管重吸收的药物,如甘露醇等,以提高小管液中的溶质浓度,产生渗透性利尿效应,从而达到利尿消肿的目的。

（二）球-管平衡

近端小管的重吸收率和肾小球滤过率之间关系密切。当肾小球滤过率增加或减少时,近端小管的重吸收量也随之相应地增加或减少,两者之间存在着比较恒定的比例关系,即近端小管的重吸收率始终占肾小球滤过率的 $65\% \sim 70\%$,这种现象称为球-管平衡(glomerulotubular balance)。球-管平衡的生理作用在于使终尿量不因肾小球滤过率的增加或减少而发生大幅度的波动,从而保持尿量的相对稳定。其机制可能与近端小管对 Na^+ 的定比重吸收有关。球-管平衡在某些情况下可被打破,如渗透性利尿时,肾小球滤过率不变,然而近端小管重吸收减少,尿量增加。

二、体液调节

（一）抗利尿激素

1. 抗利尿激素的来源　抗利尿激素也称血管升压素(vasopressin,VP),在下丘脑视上核和室旁核的神经元胞体内合成,经下丘脑-垂体束被运输到神经垂体储存,而后再释放入血。

2. 抗利尿激素的作用　抗利尿激素主要通过调节远曲小管和集合管上皮细胞膜上的水通道而使管腔膜对水的通透性提高,水的重吸收增加,尿量减少。此外,抗利尿激素还能增加髓袢升支粗段对 NaCl 的主动重吸收以及内髓部集合管对尿素的通透性,从而使肾髓质组织间液的溶质浓度增高,髓质组织间液的渗透压增加,有利于尿的浓缩。

3. 抗利尿激素分泌和释放的调节　抗利尿激素的分泌和释放主要受血浆晶体渗透压和循环血量的调节。

（1）血浆晶体渗透压:血浆晶体渗透压是生理情况下调节抗利尿激素分泌和释放的最重要因素。下丘脑视上核和室旁核及其周围区域有渗透压感受器,它们对血浆晶体渗透压的改变非常敏感。其中,Na^+ 和 Cl^- 形成的渗透压是引起抗利尿激素释放的最有效刺激;静脉注射蔗糖和甘露醇也能刺激抗利尿激素分泌,但葡萄糖和尿素则无此作用。当机体失水多于溶质丧失,如大量出汗、严重呕吐、腹泻时,血浆晶体渗透压升高,对渗透压感受器的刺激作用增强,引起抗利尿激素分泌和释放增多,远曲小管和集合管对水的重吸收增多,导致尿量减少。相反,机体在短时间内饮入大量清水后,血液被稀释,血浆晶体渗透压降低,对渗透压感受器的刺激作用减弱,引起抗利尿激素分泌和释放减少,远曲小管和集合管对水的重吸收量减少,导致尿量增多。例如,正常人一次快速饮用 1 L 清水后,约过30 min,尿量就开始增加,到第 1 h 末,尿量可达最高值;随后尿量减少,2~3 h 后尿量恢复到原来水平。如果饮用 1 L 的生理盐水,由于胃肠道对生理盐水中的水和盐几乎同时吸收入血,血浆晶体渗透压变化不明显,则尿量不会出现明显的增加(图 8-12)。这种大量饮清水后引起尿量增多的现象,称为水利尿(water diuresis)。

（2）循环血量:左心房和胸腔大静脉壁上有容量感受器,可感受循环血量的变化,反射性地调节抗利尿激素的分泌和释放。当循环血量增多时,容量感受器受到牵拉刺激而兴奋,冲动经迷走神经传入中枢,反射性地抑制抗利尿激素的分泌和释放,使水的重吸收减

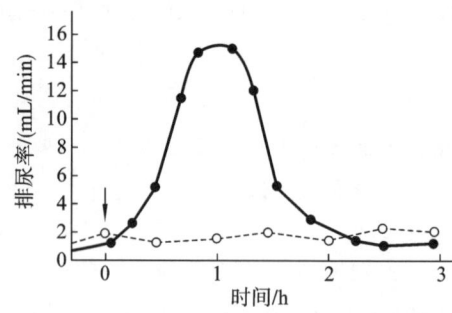

图 8-12　一次饮 1 L 清水或等量生理盐水后尿量的变化

注:实线表示饮 1 L 清水;虚线表示饮 1 L 生理盐水。

少,尿量增加,排出多余的水分。反之,当循环血量减少时,对容量感受器的刺激减弱,传入冲动减少,抗利尿激素的分泌和释放增多,对水的重吸收量增加,尿量减少,有利于循环血量的恢复。当动脉血压处于正常范围时,压力感受器传入的冲动可抑制抗利尿激素释放;当动脉血压降低时,抗利尿激素的释放增加。

(3) 其他因素:疼痛刺激、紧张情绪和低血糖可刺激抗利尿激素的释放,使尿量减少;弱的寒冷刺激可使抗利尿激素的释放减少,尿量增多;乙醇可抑制抗利尿激素的分泌,故饮酒后尿量可增加;下丘脑病变累及视上核、室旁核或下丘脑-垂体束时,抗利尿激素的合成和释放发生障碍,使尿量明显增加,严重时每日可高达 10 L 以上,称为尿崩症。

(二)醛固酮

1.醛固酮的来源和作用　醛固酮(aldosterone)是由肾上腺皮质球状带合成和分泌的一种盐皮质激素,其主要作用是促进远曲小管和集合管对 Na^+ 的主动重吸收,同时促进 K^+ 的分泌和水的重吸收。因此,醛固酮有保 Na^+、保水和排 K^+ 的作用。

2.醛固酮分泌的调节　醛固酮的分泌主要受肾素-血管紧张素-醛固酮系统和血 K^+、血 Na^+ 浓度的调节。

(1) 肾素-血管紧张素-醛固酮系统:肾素主要由球旁细胞分泌,是一种蛋白水解酶。肾素进入血液后,能将血浆中的血管紧张素原水解为血管紧张素 I,血管紧张素 I 在血管紧张素转换酶的作用下,降解为血管紧张素 II,血管紧张素 II 还可在血管紧张素酶 A(又称氨基肽酶 A)的作用下生成血管紧张素 III。血管紧张素 II 和血管紧张素 III 都具有收缩血管和刺激肾上腺皮质球状带分泌醛固酮的作用,其中血管紧张素 II 以收缩血管作用为主,而血管紧张素 III 则主要是刺激醛固酮的分泌。通常情况下,血浆中肾素、血管紧张素和醛固酮的水平保持一致,构成一个相互关联的功能系统,称为肾素-血管紧张素-醛固酮系统。

肾素-血管紧张素-醛固酮系统活动的水平取决于肾素的分泌量,而肾素的分泌受多方面因素的调节,包括肾内机制、神经和体液机制。①肾内机制:当循环血量减少时,肾血流量减少,入球小动脉内血压降低,对小动脉壁的牵张刺激减弱,进而激活了牵张感受器,促使球旁细胞释放肾素。同时,由于肾入球小动脉血流量减少,肾小球毛细血管血压降低,使肾小球滤过率减小,滤出的 Na^+ 量也因此减少,激活致密斑感受器,也可促使球旁细胞分泌肾素。②神经机制:当交感神经兴奋时,其末梢释放去甲肾上腺素,与球旁细胞的 β_1 受体结合,促使肾素分泌量增加。③体液机制:血中的肾上腺素和去甲肾上腺素均可直接作用于球旁细胞,增加肾素的释放。

(2) 血 K^+、血 Na^+ 浓度:当血 K^+ 浓度升高和(或)血 Na^+ 浓度降低时,可直接刺激醛固酮的合成和分泌,通过保钠排钾使血中 Na^+、K^+ 浓度维持相对稳定;反之,醛固酮的分泌将减少。醛固酮的分泌对血 K^+ 浓度的变化十分敏感,血 K^+ 浓度仅增加 0.5～1.0 mmol/L 就能引起醛固酮分泌增加。

知识链接

血管紧张素Ⅱ对尿生成的调节

血管紧张素Ⅱ主要通过以下几个方面调节尿的生成:①血管紧张素Ⅱ可刺激肾上腺皮质球状带合成和释放醛固酮;②血管紧张素Ⅱ可促进近端小管对 Na^+ 的重吸收;③改变肾小球滤过率:血管紧张素Ⅱ浓度较低时,对肾小球滤过率影响不大,当血管紧张素Ⅱ浓度较高时,可使入球小动脉强烈收缩,肾小球滤过率减小;④血管紧张素Ⅱ作用于脑内一些部位,促进抗利尿激素的释放。

(三)心房钠尿肽

心房钠尿肽(atrial natriuretic peptide,ANP)是由心房肌细胞合成和释放的肽类激素,主要作用是舒张血管,促进肾脏排钠、排水。其可能的作用机制包括:①使出球小动脉和入球小动脉舒张,尤其是入球小动脉,增加肾血浆流量和肾小球滤过率;②抑制集合管对 NaCl 的重吸收;③抑制肾素、醛固酮及抗利尿激素的分泌,使水的重吸收减少。

三、神经调节

肾脏主要受交感神经支配。当肾交感神经兴奋时,神经末梢释放去甲肾上腺素,可通过下列途径影响尿的生成:①结合肾脏血管平滑肌的 α 肾上腺素能受体,使入球小动脉和出球小动脉收缩,但前者收缩比后者更加显著,导致肾小球毛细血管血浆流量减少,有效滤过压降低,肾小球滤过率下降;②激活 β 肾上腺素能受体,使近球小体的球旁细胞释放肾素,导致循环血液中的血管紧张素Ⅱ和醛固酮浓度增加,促进肾小管重吸收 Na^+ 和水;③直接刺激近端小管和髓袢上皮细胞重吸收 Na^+、Cl^- 和水。三者共同作用导致尿量减少。

第五节 血浆清除率

一、血浆清除率的概念与测定方法

血浆清除率(plasma clearance rate,C)是指肾在单位时间内(每分钟)能将多少体积(毫升)血浆中所含的某种物质完全清除出去,这个被完全清除了某种物质的血浆体积(毫升),称为该物质的血浆清除率。

根据血浆清除率的概念,计算血浆清除率(C,mL/min)时,需要测出每分钟生成的尿量

$(V,\mathrm{mL/min})$，尿中某物质的浓度$(U,\mathrm{mg/100~mL})$和血浆中该物质的浓度$(P,\mathrm{mg/100~mL})$。因为尿中的物质均来自血浆，所以$U\times V=C\times P$，即$C=U\times V/P$。

需要指出的是，血浆清除率仅是一个计算出来的数值。实际上，肾并不可能只将这部分血浆中的某种物质完全清除掉，而对于其他血浆不加处理，而是指 1 min 内肾所清除的该物质的量来自多少毫升血浆，或相当于多少毫升血浆中所含该物质的量。

二、测定血浆清除率的意义

（一）测定肾小球滤过率

如果某种物质可自由通过肾小球滤过膜，则该物质在肾小囊超滤液中的浓度与血浆浓度相同；同时，如该物质不被肾小管和集合管重吸收和分泌，则单位时间内该物质在肾小球滤过的量$(\mathrm{GRF}\times P)$应等于从尿中排出该物质的量$(U\times V)$，因此该物质的血浆清除率就等于肾小球滤过率。菊粉是符合上述条件的物质，因此，菊粉清除率可用来代表肾小球滤过率。此外，内生肌酐清除率的值与肾小球滤过率很接近，故临床上常据此来推测肾小球滤过率。

（二）测定肾血浆流量

如果血浆在流经肾脏后，肾静脉中某种物质的浓度接近于零，则表示血浆中该物质经肾小球滤过和肾小管、集合管转运后，从血浆中全部被清除，因此该物质每分钟的尿中排出量$(U\times V)$应等于每分钟通过肾的血浆中所含的量，则该物质的血浆清除率即为每分钟通过肾的血浆量。碘锐特和对氨基马尿酸就是符合上述条件的物质，故常应用它们来测定肾血浆流量。

（三）推测肾小管的功能

通过对各种物质清除率的测定，可以推测出哪些物质能被肾小管净重吸收，哪些物质能被肾小管净分泌，从而推测肾小管对不同物质的转运功能。例如，葡萄糖可以自由通过滤过膜，但其清除率为零，表明葡萄糖可全部被肾小管重吸收。如果一种物质的清除率小于肾小球滤过率（如尿素），说明肾小管对它有重吸收或重吸收大于分泌；如果一种物质的清除率大于肾小球滤过率，说明肾小管对该物质有分泌或分泌大于重吸收。

第六节　尿液及其排放

肾脏不断生成的尿液进入肾盂后，由于压力差以及肾盂的收缩而被送入输尿管，再经输尿管输送至膀胱储存，当膀胱中尿液达到一定容量时，通过排尿反射将尿排出体外。因此，尿的生成是一个连续进行的过程，但排尿是间歇进行的。

一、尿液

（一）尿量

正常成人尿量为 1000～2000 mL/d，平均为 1500 mL/d。摄入的水量和（或）通过其他途径排出的水量对尿量有直接影响。当摄入的水多而出汗很少时,尿量可超过 2000 mL/d;反之,尿量可少于 1000 mL/d。如果每天的尿量长期保持在 2500 mL/d 以上,为多尿;每天尿量在 100～500 mL,为少尿;少于 100 mL,为无尿,均属不正常现象。尿量过多,导致机体脱水;尿量过少,机体的代谢终产物难以排出,将给机体带来不良影响。

（二）尿的理化性质

尿的成分中 95%～97% 是水,其余是溶解于其中的固体物质。固体物质以电解质和非蛋白含氮化合物为主。正常尿中糖、蛋白质的含量极微,临床常规方法不能将其测出。如用常规方法在尿中检测出糖或蛋白质,则为异常。但正常人一次性摄入大量的糖或处于高度精神紧张状态时,也可出现一过性糖尿。

正常尿液 pH 值为 5.0～7.0,尿的酸碱度主要取决于食物的成分,荤素杂食者,由于蛋白质分解后产生的硫酸盐和磷酸盐等经肾排出,故尿 pH 值约为 6.0;植物酸可在体内氧化,酸性产物较少,排出的碱基较多,故素食者尿偏碱性。

正常尿为淡黄色,其密度(比重)为 1.015～1.025 g/cm³,大量饮清水后,尿被稀释,颜色变浅,密度降低;尿量少时,尿被浓缩,颜色变深,密度升高。若尿的比重长期在 1.010 以下,表示尿浓缩功能障碍,为肾功能不全的表现。

知识链接

尿液颜色的变化说明了什么?

尿液的颜色在生理或病理情况下可以发生改变。如食用大量胡萝卜或维生素 B₂,尿液呈亮黄色;尿路结石、急性肾小球肾炎、肾肿瘤、肾结核等情况下可出现血尿;输血反应、蚕豆病等情况下,尿液呈浓茶色或酱油色,称血红蛋白尿;阻塞性黄疸、肝细胞性黄疸等情况下,尿中含有大量的胆红素时,尿液呈深黄色,称胆红素尿;丝虫病患者尿液呈乳白色称乳糜尿。

二、膀胱和尿道的神经支配

支配膀胱和尿道的神经主要有盆神经、腹下神经和阴部神经三对(图 8-13)。

1. 盆神经 盆神经从脊髓第 2～4 骶段发出,其中含有副交感神经纤维,兴奋时可使膀胱逼尿肌收缩,尿道内括约肌舒张,促进排尿。

2. 腹下神经 腹下神经从脊髓胸 11 至腰 2 侧角发出,属于交感神经纤维,兴奋时可使膀胱逼尿肌松弛,尿道内括约肌收缩,从而阻止排尿。

3. 阴部神经 阴部神经由骶髓 2～4 前角发出,属躯体神经,兴奋时可使尿道外括约肌收缩,阻止排尿,这一作用受意识支配。当阴部神经受到反射性抑制时,尿道外括约肌松弛而有利于排尿。

上述三对神经均属于混合性神经,即也含有传入纤维。膀胱充胀感觉的传入纤维在盆神经中,膀胱痛觉的传入纤维在腹下神经中,尿道感觉的传入纤维在阴部神经中(图 8-13)。

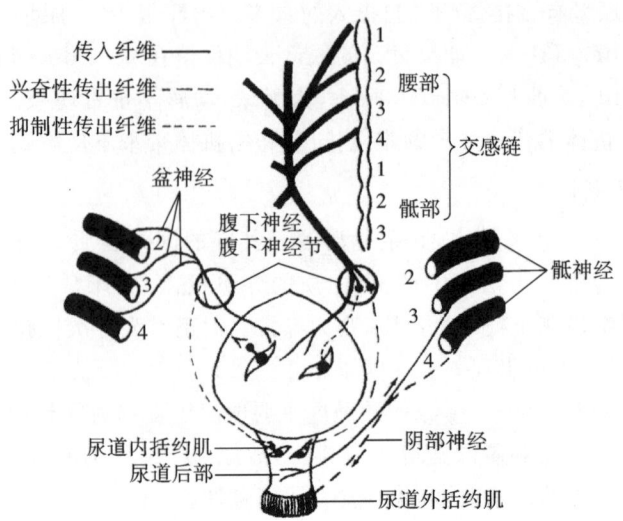

传入纤维 ——
兴奋性传出纤维 ----
抑制性传出纤维 -----

1
2 腰部
3
4
1 骶部
2
3
交感链

盆神经

腹下神经
腹下神经节

骶神经
2
3
4

尿道内括约肌
尿道后部
阴部神经
尿道外括约肌

图 8-13　膀胱和尿道的神经支配示意图

三、排尿反射

排尿是一个复杂的反射过程,称为排尿反射(micturition reflex)。当膀胱内尿量少于 400 mL 时,膀胱平滑肌借其良好的伸展性而保持膀胱内压力不出现太大变化。当膀胱内尿量充盈到 400 mL 以上时,膀胱内压明显升高,膀胱壁的牵张感受器受到刺激而兴奋,冲动沿盆神经上传到骶髓排尿反射的初级中枢,同时冲动也上传至脑干和大脑皮层排尿反射的高级中枢,产生尿意。若条件不允许,则高级中枢对骶髓初级中枢产生抑制作用,阻止排尿。若条件许可,高级中枢发出兴奋性冲动到达骶髓初级排尿中枢,使盆神经活动增强,膀胱逼尿肌收缩,尿道内括约肌松弛,尿液进入后尿道,刺激后尿道的感受器,冲动沿阴部神经再次传到骶髓排尿中枢,加强该中枢的活动,并反射性抑制阴部神经的活动,使尿道外括约肌松弛,尿液被强大的膀胱内压经尿道驱出。尿液对尿道的刺激可进一步反射性地加强排尿中枢的活动,属于正反馈,它使排尿反射一再加强,直至尿液排完为止。另外,在排尿时,腹部肌肉和膈肌有力的收缩,能使腹内压增高,也可加速排尿。

四、排尿异常

若储尿和排尿任何一个环节发生障碍,均可引起排尿异常。临床上常见的排尿异常包括尿频(frequent micturition)、尿潴留(urine retention)和尿失禁(urine incontinence)。排尿次数过多者称为尿频,常由膀胱炎症或膀胱结石等刺激引起;尿潴留是指膀胱中尿液充盈过多而不能排出,多半是由于骶髓排尿初级中枢活动发生障碍或尿道受阻所致;当脊髓受损,使排尿初级中枢与大脑皮层失去联系时,排尿不受意识控制,导致尿失禁。

••••••••••••  小　结

肾是人体最主要的排泄器官。肾单位是肾的基本结构和功能单位。肾的排泄功

能是通过尿的生成而实现的。尿的生成包括肾小球的滤过、肾小管和集合管的重吸收和分泌三个环节。

当血液流经肾小球毛细血管时，血浆中除了大分子蛋白质外，水和小分子溶质在有效滤过压的动力作用下经滤过膜进入肾小囊腔形成原尿，称为肾小球的滤过作用。影响肾小球滤过的因素包括滤过膜的面积和通透性、有效滤过压和肾血浆流量等三个方面。

原尿流经肾小管和集合管时，通过肾小管和集合管的重吸收和分泌作用，形成终尿。重吸收的主要部位在近端小管，近端小管对物质的重吸收具有选择性。同时肾小管和集合管上皮细胞通过分泌 H^+、NH_3 和 K^+，来维持体内的酸碱平衡和 Na^+、K^+ 平衡。

尿生成的调节包括肾内自身调节、体液调节和神经调节。肾内自身调节主要是指小管液中溶质的浓度和球-管平衡可以影响肾小管的重吸收功能。体液调节主要是受抗利尿激素和醛固酮的调节。抗利尿激素可通过提高远曲小管和集合管对水的通透性，使水的重吸收增多，导致尿量减少，其分泌主要受血浆晶体渗透压和循环血量的调节。醛固酮主要促进远曲小管和集合管对 Na^+ 的主动重吸收，同时促进 K^+ 的分泌和水的重吸收，有保钠保水排钾的作用，其分泌主要受肾素-血管紧张素-醛固酮系统以及血 K^+、血 Na^+ 浓度的调节。肾主要受交感神经的调节，当交感神经兴奋时，可使尿的生成减少。

终尿经输尿管输送到膀胱储存，最后经排尿反射排出体外。机体通过排尿，保留了对机体有用的物质，排出对机体无用的或有害的物质，实现了对内环境的净化。

能力检测答案

一、名词解释

肾小球滤过率　肾糖阈　球-管平衡　水利尿

二、选择题

A 型题

1.人体排泄器官中最重要的是（　　）。

A.肝脏　　　　　　　　B.肺脏　　　　　　　　C.肾脏

D.皮肤　　　　　　　　E.消化道

2.可分泌肾素的结构是肾脏的（　　）。

A.致密斑　　　　　　　B.球外系膜细胞　　　　C.间质细胞

D.球旁细胞　　　　　　E.感受器细胞

3.肾血流量能自身调节的血压范围是（　　）。

A.50～100 mmHg　　　B.50～150 mmHg　　　C.80～180 mmHg

D.100～180 mmHg　　　E.120～200 mmHg

4.原尿的成分（　　）。

A. 和终尿近似   B. 葡萄糖比终尿少   C. Na^+、K^+浓度比血浆高

D. 蛋白质比血浆少   E. 葡萄糖比血浆少

5. 关于肾小球滤过膜的叙述,错误的是( )。

A. 由毛细血管上皮细胞、基膜和肾小囊脏层上皮细胞三层组成

B. 基膜是滤过膜机械屏障的主要部分

C. 对分子大小有选择性

D. 带负电荷的物质更容易通过

E. 血细胞和血浆蛋白不易通过

6. 肾小球的有效滤过压等于( )。

A. 肾小球毛血管血压－(血浆胶体渗透压－囊内压)

B. 肾小球毛血管血压＋血浆胶体渗透压－囊内压

C. 肾小球毛血管血压－(血浆胶体渗透压＋囊内压)

D. 肾小球毛血管血压－血浆胶体渗透压＋囊内压

E. 肾小球毛血管血压＋血浆胶体渗透压＋囊内压

7. 一般成年人安静时肾小球滤过率的正常值为( )。

A. 35 mL/min   B. 75 mL/min   C. 125 mL/min

D. 255 mL/min   E. 300 mL/min

8. 下述情况中,使肾小球滤过率增多的是( )。

A. 肾小球毛细血管血压降低   B. 肾血浆流量减少

C. 血浆胶体渗透压降低   D. 血浆晶体渗透压降低

E. 肾小囊内胶体渗透压降低

9. 在肾小管各段中,重吸收 NaCl 和水占 65%～70%的部位是( )。

A. 集合管   B. 髓袢升支   C. 髓袢降支

D. 远端小管   E. 近端小管

10. 小管液中的葡萄糖被重吸收的部位是( )。

A. 肾小球   B. 肾小囊   C. 近端小管

D. 髓袢降支细段   E. 集合管

11. 尿液浓缩和稀释的关键部位是( )。

A. 肾小球   B. 肾小囊   C. 近曲小管

D. 髓袢降支细段   E. 集合管

12. 大量出汗时尿量减少的主要原因是( )。

A. 血浆晶体渗透压升高,引起 ADH 分泌

B. 血浆晶体渗透压降低,引起 ADH 分泌

C. 交感神经兴奋,引起 ADH 分泌

D. 血浆胶体渗透压降低,导致肾小球滤过率减少

E. 血浆胶体渗透压升高,导致肾小球滤过率减少

13. 促使 ADH 释放增加的因素是( )。

A. 循环血量增加   B. 血浆晶体渗透压升高

C. 血浆胶体渗透压降低　　　　　　　　D. 冷刺激

E. 血压升高

14. 醛固酮的主要作用是(　　)。

A. 保钾排钠　　　　　B. 排氢保钠　　　　　C. 保钠保钾

D. 排氢排钾　　　　　E. 保钠排钾

15. 饮大量清水后尿量增多的主要原因是(　　)。

A. 肾小球滤过率增加　　　　　　　　　B. 血浆胶体渗透压降低

C. ADH 分泌减少　　　　　　　　　　　D. 醛固酮分泌减少

E. 肾小球囊内压下降

16. 糖尿病患者多尿的主要原因是(　　)。

A. 下丘脑发生病变　　　　　　　　　　B. 血浆胶体渗透压降低

C. 血浆晶体渗透压降低　　　　　　　　D. 肾小管重吸收能力下降

E. 小管液溶质浓度升高

17. 正常成年人每昼夜尿量为(　　)。

A. 500 mL　　　　　　B. 100 mL　　　　　C. 800 mL

D. 1000～2000 mL　　　E. 大于 2500 mL

B 型题

A. 滤过膜通透性增加　　　　　　　　　B. 血浆胶体渗透压下降

C. 肾小球滤过膜面积减小　　　　　　　D. 囊内压升高

E. 肾小球毛细血管血压明显下降

1. 静脉快速大量注入生理盐水时尿量增加的原因之一是(　　)。

2. 输尿管结石引起少尿的主要原因是(　　)。

3. 急性肾小球肾炎引起少尿的主要原因是(　　)。

4. 急性肾小球肾炎引起蛋白尿、血尿的主要原因是(　　)。

5. 急性大失血时尿量减少的原因之一是(　　)。

A. ＜100 mL/24 h　　　B. 100～500 mL/24 h　　C. 1000～2000 mL/24 h

D. 2000～2500 mL/24 h　　E. ＞2500 mL/24 h

6. 正常人尿量为(　　)。

7. 多尿是指尿量长期保持在(　　)。

8. 少尿是指尿量为(　　)。

9. 无尿是指尿量为(　　)。

A. 水利尿　　　　　　B. 渗透性利尿　　　　C. 尿崩症

D. 尿失禁　　　　　　E. 无尿

10. 大量饮清水导致尿量增加称为(　　)。

11. 下丘脑视上核受损会导致(　　)。

12. 静脉输入甘露醇利尿的基本原理是(　　)。

13. 糖尿病患者多尿是由于(　　)。

三、简答题

1.简述尿生成的基本过程。

2.试分析影响肾小球滤过的主要因素。

3.大量饮水对尿量有何影响？请说明原理。

4.大量出汗时尿量有何变化？为什么？

（姚丹丹　阳小雅）

第九章
感 觉 器 官

 **学习目标**

掌握：感受器和感觉器官的概念；感受器的一般生理特性；眼的折光与感光功能；眼折光功能的调节；耳蜗的感音功能；前庭器官的功能。

熟悉：眼的折光异常及矫正；外耳和中耳的传音功能。

了解：与视觉有关的几种生理现象；前庭反应；嗅觉器官和味觉器官的功能。

本章PPT

感觉（sensation）是客观物质世界在人脑中的主观反映，感觉的形成是神经系统的一种基本功能。机体内、外环境总是处于不断的变化之中，这些环境条件的变化必须刺激机体特定的感受装置然后才能形成感觉，这个特定的感受装置就是感受器或感觉器官。感受器或感觉器官感受刺激后须将刺激的信息转变成传入神经上的神经冲动，神经冲动经特定的感觉传导通路传入到大脑皮层感觉中枢后，经大脑皮层的分析综合最后才能形成特定的感觉。可见，感觉的形成是由感受器或感觉器官、感觉的传导通路和大脑皮层感觉中枢三者的共同活动来完成的。本章将只重点讨论感受器的一般生理特性和几种主要感觉器官的功能，而感觉的传导通路和大脑皮层感觉中枢的功能将在第十章叙述。

第一节　感受器及其一般生理特性

一、感受器、感觉器官的概念和分类

感受器（receptor）是指分布于体表或体内组织，专门感受体内、外环境变化的结构或装置。感受器的结构形式多种多样，有些感受器就是一些游离的神经末梢，如痛觉感受器和温度感受器；有些则是在裸露的神经末梢外包绕一些结缔组织的被膜，如骨骼肌的肌梭和皮肤的环层小体等；还有些感受器则是在结构和功能上高度分化了的感受细胞，如视网膜的感光细胞和内耳的毛细胞等。这些感受细胞连同它们的附属结构就构成了复杂的感觉器官（sense organ）。人体的感觉器官主要有视觉器官、听觉器官、前庭器官、嗅觉器官和味

觉器官等。

感受器的分类方法多种多样。根据感受器所在的部位以及所感受刺激的来源不同,感受器可分为内感受器和外感受器,其中内感受器又分为本体感受器和内脏感受器,外感受器又可分为接触感受器和距离感受器,如触压觉、味觉和温度觉等感受器属于接触感受器,而视觉、听觉和嗅觉等感受器则属于距离感受器。根据感受器所感受刺激性质的不同,感受器又可分为机械感受器、光感受器、温度感受器、化学感受器和渗透压感受器等。

需要强调的是,并不是所有的感受器感受刺激后都能引起特定的主观感觉,这主要见于一些内感受器,如动脉压力感受器、容量感受器和渗透压感受器等。这些感受器感受刺激后,只是向中枢传递环境中某些因素改变的信息,从而引起特定的反射性调节活动以适应环境的变化,此时主观上并不引起特定的感觉。

二、感受器的一般生理特性

(一) 适宜刺激

一种感受器通常只对某种特定形式的刺激最为敏感,这种形式的刺激就称为该感受器的适宜刺激(adequate stimulus)。例如,一定波长的电磁波是视网膜感光细胞的适宜刺激;一定频率的机械振动是耳蜗毛细胞的适宜刺激。感受器对适宜刺激最为敏感,但适宜刺激也必须达到一定的刺激强度即感觉阈才能引起感觉。感觉阈受刺激时间和面积等因素的影响,而感受器也并不是只能感受适宜刺激,对非适宜刺激也可能感受,但所需要的刺激强度要比适宜刺激大得多。另外,所有的感受器都能感受电刺激。

(二) 换能作用

感受器的基本功能就是在感受刺激时,将各种形式的刺激能量最终转换成传入神经上的动作电位,这种能量的转换作用称为感受器的换能作用(transducer function)。感受器本质上就是一个特殊的生物换能器。感受器在换能过程中,一般不是将刺激的能量形式直接转化成传入神经上的动作电位,而是先在感受细胞或感觉神经末梢产生一种过渡性的电位变化,其中在感受细胞产生的过渡性电位变化称为感受器电位(receptor potential),在感觉神经末梢产生的过渡性电位变化则称为发生器电位(generator potential)。这种过渡性的电位变化具有局部电位的特征,其大小在一定的范围内与刺激强度成正变关系,并可以进行电紧张性扩布和总和,并最终触发其相应的传入神经产生动作电位,从而完成感受器的换能作用。

(三) 编码作用

感受器在换能过程中,不仅仅是进行了能量的转换,还要将刺激所包含的环境变化的各种信息也转移到传入神经动作电位的特定序列当中,即起到信息的转移作用,这就是感受器的编码作用(coding function)。迄今为止,感受器编码作用的机制还不太清楚。目前认为,感受器对不同性质刺激的编码作用,可能与不同的刺激作用于不同的感受器、传入冲动沿不同的感觉传导通路以及刺激信息最终到达大脑皮层不同的特定部位等因素有关(参见第十章第二节)。感受器对刺激强度的编码作用,则可能是通过传入神经纤维上动作电位频率的高低和参与这一信息传输的神经纤维的数量多少来编码的。

（四）适应现象

当某一恒定强度的刺激持续作用于感受器时，传入神经纤维上动作电位的频率会逐渐降低，这种现象称为感受器的适应现象（adaptation）。感受器感受刺激如果能够引起感觉，那么感觉也会由于感受器的适应现象而逐渐减弱甚至消失。感受器适应的程度和快慢可因感受器的不同而有很大的差别，根据适应现象发生的程度和快慢，可将感受器分为快适应感受器和慢适应感受器两大类。快适应感受器以皮肤触觉感受器为代表，如给皮肤环层小体施加恒定的压力刺激，仅在刺激开始后的短时间内有传入冲动发放，随后虽然刺激仍然持续存在，但其传入冲动的频率很快降低到零。快适应感受器对刺激的变化十分敏感，适于传递快速变化的刺激信息，有利于感受器不断接受新的刺激。慢适应感受器以肌梭、颈动脉窦压力感受器和关节囊感受器为代表。慢适应现象有利于机体对某些功能状态如姿势、血压等进行长期的监测和调节，或者向中枢持续发放有害刺激的信息以达到保护机体的目的。

第二节 视 觉 器 官

研究表明，人脑获得的外界信息中有 70% 以上来自视觉（vision）。眼是人的视觉器官，由折光系统和感光系统构成（图 9-1）。折光系统的功能是将外界射入眼内的可见光即波长为 380～760 nm 的电磁波经过折射后，在视网膜上形成清晰的物像。感光系统的功能是将物像的光刺激能量转换成视神经上的动作电位，经视觉传导通路传入大脑视觉中枢后，产生视觉。

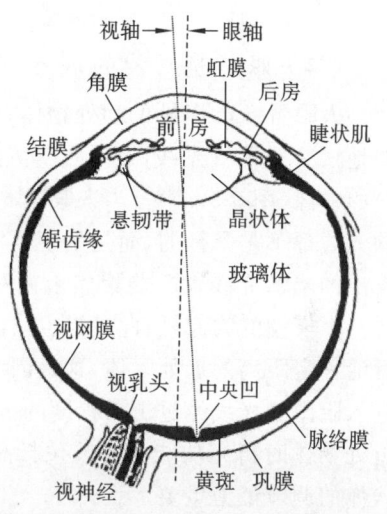

图 9-1 右眼的水平切面示意图

一、眼的折光功能

（一）眼的折光成像与简化眼

眼的折光系统是一个非常复杂的光学系统，由多个折光率不同的光学介质和多个曲率半径不同的折光面组成。光学介质包括角膜、房水、晶状体和玻璃体，其中外来光线经过角膜时发生的折射程度最大。由于晶状体的曲率半径可以改变，因而晶状体在眼折光功能的调节过程中起着最重要的作用。

外界物体光线在视网膜上成像的原理与物理学上凸透镜成像原理相似，但眼的折光系统对物体光线的折射成像情况要比凸透镜的折射成像复杂得多，因此通常用简化眼（reduced eye）来描述眼的折光成像情况。简化眼是根据眼的实际光学特征，设计的一个与正常眼在折光成像效果上完全一样但计算极为简单的光学模型，其光学参数和其他特征都与正常人眼一样。简化眼模型由一个前后径为 20 mm 的单球面折光体构成，折光率为 1.333，外界光线进入折光体时只在球形界面折射一次，该球形界面的曲率半径为 5 mm，即节点在球形界面后方 5 mm 处，节点距视网膜 15 mm。简化眼模型和正常人眼在安静而不作调节时一样,正好可以使物体发出的平行光线聚焦在视网膜上,形成清晰的物像。利用简化眼,根据凸透镜成像原理就可以很方便地计算出不同远近、不同大小的物体在视网膜上形成物像的大小(图 9-2)。

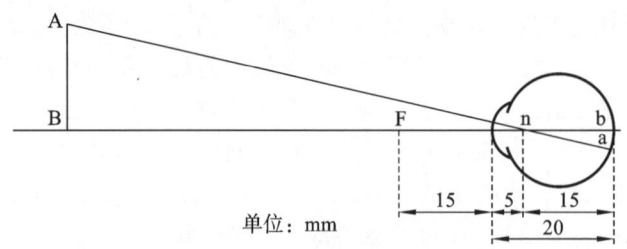

图 9-2　简化眼及其成像示意图

注:图中 n 为节点,AB 为物体,ab 为物体 AB 在视网膜上形成的物像,ABn 和 abn 是两个相似三角形。

如果已知物距,就可根据物体 AB 的大小计算出物像 ab 的大小,也可算出视角的大小。

物体发出的平行光线经正常人眼折射后,在视网膜上可以形成清晰的物像。但是物体发出的光线如果过弱或在空间和眼内传播时被散射或吸收,那么在到达视网膜时就可能减弱到不足以引起感光细胞兴奋的程度,就不能被感知;或者物体过小、距离太远,以致视网膜上形成的物像太小,不能被感光细胞所分辨,也不能被感知。

(二) 眼折光功能的调节

人眼看 6 m 以外的远处物体时,物体上任意一点发出的所有进入眼内的光线都可以近似地认为是平行光线,这对正常人眼来说,不需要进行任何调节就可以在视网膜上形成清晰的物像(图 9-3(a))。当人眼看 6 m 以内的近处物体时,物体上任意一点发出的进入眼内的光线都不是平行的,而是呈现不同程度的辐散。如果折光系统未做调节,那么近处物体发出的辐散光线就不能聚焦于视网膜,而是聚焦于视网膜之后,因而在视网膜上就只能形成一个模糊的物像,因此最终也只能形成一个模糊的视觉(图 9-3(b))。但是,正常人也能看清一定距离的近处物体,这是因为在看近处物体时,眼的折光系统进行了相应的调节,使进入眼内的光线经过更大程度的折射,最终也能聚焦于视网膜上而形成清晰的物像。眼看近处物体时折光功能的调节包括晶状体的调节、瞳孔的调节和双眼球会聚反射,其中以晶状体的调节最为重要。

1.晶状体的调节　晶状体(lens)呈双凸透镜形,富有弹性,其四周借悬韧带与睫状体相连。睫状体内有平滑肌,称为睫状肌,通过睫状肌的收缩与舒张可以改变晶状体的曲率和折光率。当看远处物体时,睫状肌松弛,悬韧带便拉紧,使晶状体呈现相对扁平的状态。而当看近处物体时,视网膜上模糊物像的信息传到皮层视觉中枢,经动眼神经中的副交感纤维,反射性地引起睫状肌收缩,使悬韧带松弛,晶状体便因其自身的弹性而向前、向后变凸,尤以向前变凸明显,曲率半径增加,折光能力增强,从而使物像前移而成像于视网膜上(图 9-3(c))。物体距离眼睛越近,发出的光线辐散程度就越大,晶状体也就需要做更大程度的调节,这时睫状肌就需要做更大程度的收缩。因此,如果长时间地盯着近处物体看,眼睛会感觉到疲劳甚至疼痛。

晶状体的调节能力是有限的,其最大调节能力可以用近点(near point)来表示。近点

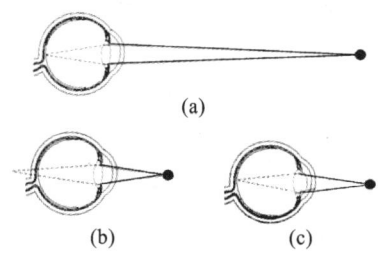

图 9-3 眼看近物时晶状体的调节

注:(a)眼看远处物体时,晶状体不做任何调节即可聚焦在视网膜上;(b)眼看近处物体时,晶状体不做调节时
聚焦在视网膜之后;(c)眼看近处物体时,经过使晶状体调节,使辐散光线聚焦在视网膜上。

是指眼做最大程度的调节时所能看清最近处物体的距离。近点主要取决于晶状体的弹性,弹性越好,近点就越近。随着年龄的增长,晶状体的弹性逐渐减退,近点也逐渐远移,晶状体的调节能力就随之减退。例如,8 岁左右的儿童近点平均约为 8.6 cm,20 岁左右的青年人近点平均约为 10.4 cm,而老年人晶状体的弹性显著减退,近点可达 83.3 cm。老年人看近处物体时因眼的调节能力不够而视物不清,称为老视(presbyopia)。老视眼看远处物体时与正常眼无异,但看近处物体时调节能力减弱,须戴适度的凸透镜以增加进入眼内光线的折射程度才能看清。

2. 瞳孔的调节 正常人眼瞳孔(pupil)的直径可在 1.5～8.0 mm 范围内变化,瞳孔的大小受自主神经的调节。交感神经兴奋时虹膜辐射状肌(扩瞳肌)收缩使瞳孔扩大,副交感神经兴奋时虹膜环形肌(瞳孔括约肌)收缩使瞳孔缩小。瞳孔的调节包括瞳孔近反射和瞳孔对光反射两个反射。

(1) 瞳孔近反射:瞳孔近反射(near reflex of the pupil)也称为瞳孔调节反射(pupillary accommodation reflex),即眼视近处物体时,虹膜环形肌反射性收缩,瞳孔缩小,以减少进入眼内的光线量,从而减小球面像差和色像差,使视网膜成像更加清晰。眼视近物时,视网膜上模糊的物像或近物较强的光线刺激等信息经视神经传入中脑顶盖前区,换元后到达动眼神经缩瞳核,再经动眼神经副交感纤维传出,引起虹膜环形肌收缩,使瞳孔缩小。

(2) 瞳孔对光反射:瞳孔对光反射(pupillary light reflex)即光线增强时瞳孔反射性缩小,光线减弱时瞳孔则反射性扩大。瞳孔对光反射是眼的一种重要的适应功能,与视近物无关,其意义是调节进入眼内的光线量,使光线强时视网膜不至于受到损害,光线减弱时也能形成较清晰的视觉。瞳孔对光反射的效应是双侧性的,即强光照射一侧眼时,双眼瞳孔同时缩小,故又称为互感性对光反射(consensual light reflex)。其反射通路是强光(或弱光)照射时,传入冲动沿视神经上传至中脑顶盖前核,然后到达双侧动眼神经缩瞳核,再沿动眼神经副交感纤维传向睫状神经节,最后经睫状神经到达睫状体。瞳孔对光反射的中枢也在中脑,临床上常通过检查瞳孔对光反射来判断中枢神经系统病变的部位、病情危重的程度以及麻醉的深度等。

3. 双眼球会聚 当远处物体逐渐向眼球移近时,双眼球内直肌反射性收缩,使两眼视轴向鼻侧会聚,也称为辐辏反射(convergence reflex)。眼视近物时,双侧视神经上传的信息到达视觉中枢经分析整合后,发出传出冲动经动眼神经中的运动纤维使两眼内直肌收缩,两眼球向鼻侧会聚。其意义是使眼视近物时物像形成于两眼视网膜对称的位置上,以产生清晰的单一视觉,避免复视。

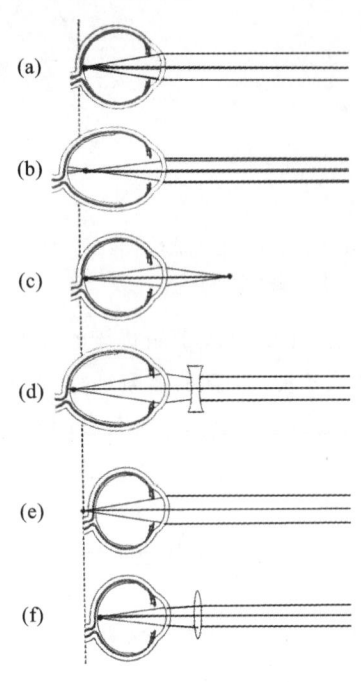

(a)

(b)

(c)

(d)

(e)

(f)

图 9-4 近视、远视及其矫正

(三)眼的折光异常

正常人眼看近处物体时,只要距离不小于近点,通过眼的调节,便能成像于视网膜上而产生清晰的视觉,称为正视眼(图 9-4(a))。如果眼的折光能力异常或眼球形态异常,使外来平行光线不能在视网膜上聚焦成像,导致视物模糊不清或变形,统称为非正视眼,也称为屈光不正,包括近视、远视和散光三种情况。

1. 近视 近视(myopia)是由于眼球前后径过长(轴性近视)或折光系统的折光能力过强(屈光性近视),使远处物体发出的平行光线聚焦于视网膜之前,而在视网膜上只能形成模糊的物像(图 9-4(b))。近视眼看近处物体时,由于近处物体发出的光线是辐散的,故不需调节或只需做较小程度的调节,就能使光线聚焦于视网膜上(图 9-4(c))。近视眼的近点小于正视眼。近视大多是由于不良的用眼习惯引起的,可通过戴适度的凹透镜进行矫正(图 9-4(d))。

2. 远视 远视(hyperopia)是由于眼球前后径过短(轴性远视)或折光系统的折光能力太弱(屈光性远视),使物体发出的平行光线聚焦于视网膜之后,而在视网膜上也只能形成模糊的物像(图 9-4(e))。远视眼的特点是看远处物体时就需要进行调节才能使物像形成于视网膜上,看近处物体时则需做更大程度的调节才能看清物体。远视眼不论是看远物还是看近物都需要进行调节,故易发生调节疲劳,如长时间看书时可因调节疲劳而发生头痛。远视眼的近点比正视眼远。远视可以通过戴适度的凸透镜进行矫正(图 9-4(f))。

3. 散光 正视眼折光系统的各个折光面都呈正球面,球面上各个方向的曲率半径都相等,物体发出的平行光线都能聚焦于视网膜而成像。散光(astigmatism)大多是由于角膜表面不呈正球面,表面不同方位的曲率半径不等,使平行光线不能聚焦于视网膜,造成视物不清或物像变形。除角膜外,晶状体表面曲率异常也可引起散光。散光可通过戴相应的柱面镜进行矫正。

知识链接 - ●

准分子激光手术治疗屈光不正

准分子激光是将氟氩气体混合后经激发而产生的一种紫外光,属于冷激光,无热效应,其波长为 193 nm,不会穿入眼内,能以照射方式精确气化角膜预期除去的部分而不损伤周围组织。准分子激光手术全称为"准分子激光屈光性角膜手术",是由计算机来控制准分子激光对角膜进行精确的切削,以改变角膜的形态和曲率半径,从而达到治疗屈光不正的目的。目前准分子激光手术的主流术式是准分子激光原位角膜磨镶术(简称 LASIK),其原理是用一种特殊的极其精密的微型角膜板层切割系统(简称角膜刀)将角膜表层组织制作成一个带蒂的圆形角膜瓣,翻转角膜瓣后,在计算机控制下,用准分子激光对瓣下的角膜基质层拟除去的部分予以精确气化,然后于瓣下冲洗并将角膜瓣复位,以此改变角膜前表面的形态,调整角膜的屈光度,达到矫正近视、远视或散光的目的。准分子激光手术治疗屈光不正,具有损伤小、精确度高、可预测性强、并发症少和适应证广等优点。

二、眼的感光功能

(一) 视网膜的结构

视网膜(retina)是位于眼球壁最内层的一层透明的神经组织膜,厚为 0.1~0.5 mm,而结构十分复杂。视网膜自外向内主要可分为四层:色素细胞层、感光细胞层、双极细胞层和神经节细胞层(图 9-5)。色素细胞层含有黑色素颗粒和维生素 A,不属于神经组织,对感光细胞起营养、支持和保护作用。

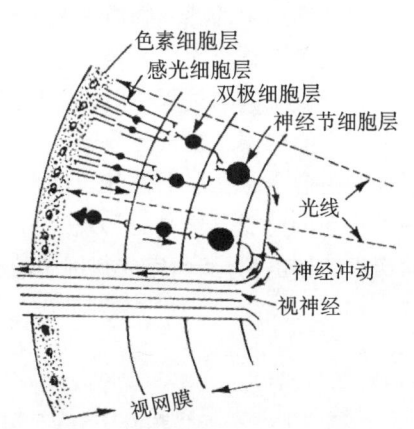

图 9-5 视网膜的结构示意图

感光细胞层有视杆细胞和视锥细胞两种特殊分化的感光细胞,都含有特殊的感光色素,是真正的光感受细胞。两种感光细胞都通过终足与双极细胞层中的双极细胞发生突触联系,双极细胞再与神经节细胞层中的节细胞联系,节细胞的轴突构成视神经。视神经穿出视网膜的部位形成视乳头,该处无感光细胞,故无视觉感受能力,形成视野中的生理盲点(blind spot)。因为正常人都是双眼视物,一侧视野中的盲点可被另一侧视觉所弥补,所以人们并不能感觉到视野中盲点的存在。视网膜中除了这种纵向的细胞联系外,还存在着横向的细胞联系,如在感光细胞层和双极细胞层之间存在水平细胞,在双极细胞层和神经节细胞层之间存在无长突细胞。这些细胞的突起在两层细胞间横向联系,在水平方向传递信号,有些无长突细胞还可直接向神经节细胞传递信号。

(二) 视网膜的两种感光换能系统

人眼视网膜中存在两种感光换能系统。

1. 视杆系统 视杆系统也称为暗视觉系统,由视杆细胞和与之相联系的双极细胞及神经节细胞等组成。视杆细胞(rod cell)外段呈杆状,主要分布于视网膜周边,越是靠近视网膜的周边部分,视杆细胞分布越多,越是靠近视网膜中央,分布则越少,在黄斑中心的中央凹处则无视杆细胞。视杆系统对光的敏感性高,能感受弱光刺激,但对物体细微结构的分辨能力差,只能看清物体的轮廓,也不能分辨颜色,专司暗视觉。

2. 视锥系统 视锥系统也称为明视觉系统,由视锥细胞和与之相联系的双极细胞及神经节细胞等组成。视锥细胞(cone cell)外段呈锥形,主要分布于视网膜中央部,越是靠近视网膜中央部,视锥细胞分布越多,越是靠近视网膜周边部,分布则越少。视锥系统对光的敏感性低,只能感受强光刺激,但能分辨颜色,且有很高的分辨能力,能看清物体的细微结构,专司明视觉。

有些只在白昼活动的动物如鸡、鸽等视网膜中只有视锥细胞而无视杆细胞,故只有明视觉,而另一些只在夜间活动的动物如猫头鹰等视网膜中只有视杆细胞而无视锥细胞,故只有暗视觉。

(三)视网膜的光化学反应

感光细胞是如何感光换能的,其机制至今尚未完全弄清楚。但可以肯定的是,光照时感光细胞内部发生了一系列的光化学反应,这是感光细胞感光换能的基础。目前对视杆细胞的光化学反应研究得较多,在这里略做介绍。

视杆细胞中的感光物质为视紫红质(rhodopsin),在暗光条件下呈紫红色,是一种由视蛋白和视黄醛结合而成的结合蛋白质。视紫红质在光照时迅速分解为视蛋白和视黄醛。在视紫红质分解的过程中,视黄醛由原来的 11-顺型即一种较弯曲的构型转变为全反型即一种较直的构型。视黄醛分子构型的这种改变又可导致视蛋白分子构型的改变,最终诱导视杆细胞产生感受器电位(图 9-6)。与一般感受器电位不同的是,这种感受器电位是一种超极化型的感受器电位,经双极细胞传到神经节细胞时,可使神经节细胞去极化达阈电位而产生动作电位,从而完成视网膜的感光换能作用。

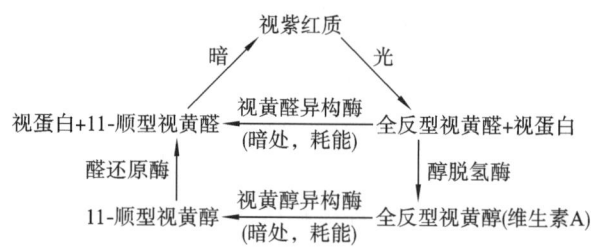

图 9-6 视紫红质的光化学反应

视紫红质的光化学反应是可逆的。光照时分解,在暗处又重新合成,其反应的平衡点取决于光照的强度。在亮处,分解过程相对较快;在暗处,合成过程相对较快。在视紫红质的合成过程中,全反型视黄醛必须从视杆细胞中释放出来,被色素上皮层摄取,由色素上皮层中的异构酶将其转化为 11-顺型视黄醛,再返回到视杆细胞与视蛋白结合而形成视紫红质。此外,全反型视黄醛也可先转变为全反型视黄醇(维生素 A 的一种形式),然后在异构酶的作用下转变为 11-顺型视黄醇,最后转变为 11-顺型视黄醛,并与视蛋白结合形成视紫红质。11-顺型视黄醛还可由储存在色素上皮层中的维生素 A(即全反型视黄醇)经异构酶的作用转变而成,但这一反应速度较慢,不是促进视紫红质再合成的即时因素。在视紫红质的分解与再合成过程中,会有一部分视黄醛被消耗掉,这就要由维生素 A 来补充。若长期维生素 A 摄取不足,视紫红质合成不足,会使人在暗处的视力下降,导致夜盲症(nyctalopia)的发生。

三、与视觉有关的几种生理现象

（一）视力

视力又称为视敏度（visual acuity），是指眼对物体细微结构的辨别能力，通常以视角的大小作为衡量指标，是指物体上两点发出的光线进入眼球后，在节点上相交时形成的夹角。受试者能分辨的视角越小，其视力就越好。视力主要与视锥细胞的功能有关。中央凹处视力最好，这是由于中央凹处视锥细胞分布最为密集，与双极细胞和神经节细胞大多为单线联系，因而分辨力高。而视网膜周边部，视锥细胞数量少，与双极细胞和神经节细胞的联系大多为聚合式，因此周边部分辨力低，视力差。

（二）暗适应与明适应

当人长时间处于明亮环境中而突然进入暗处，最初看不清任何物体，需经过一定时间后，才能逐渐恢复暗处的视力，这种现象称为暗适应（dark adaptation）。相反，当人长时间处于暗处而突然进入明亮处时，最初只感到一片耀眼的光亮，也不能看清物体，需经短暂时间后才能恢复明亮处的视觉，这种现象称为明适应（light adaptation）。

暗适应是人眼在暗处对光的敏感性逐渐提高的过程。暗适应过程相对较慢，一般需要 30 min 才能完成。暗适应现象产生的机制是由于视杆细胞中的视紫红质在明亮处已大部分分解，储备少不足以承担暗处感光的功能，因此刚进入黑暗处时视杆细胞也不能感受弱光刺激，随后由于在暗处视紫红质合成加快，储备增多，视杆细胞对光的敏感性增加并逐渐承担起暗视觉的功能。

明适应过程较快，只需约 1 min 即可完成。明适应是由于在暗处蓄积起来的视紫红质遇到强光时迅速大量分解，产生耀眼的光感，随后视紫红质急剧减少，视锥系统逐渐承担起明视觉的功能。

（三）色觉

色觉（color vision）是由于不同波长的光波作用于视网膜后在人脑中形成的不同的主观感觉，是一种复杂的物理和心理现象。辨别颜色是视锥系统的一个重要功能，正常人眼视锥系统可辨别波长为 380～760 nm 的约 150 种不同的颜色，每种颜色都与一定波长的光线相对应。因此，在可见光谱范围内，光线波长只要增减 3～5 nm，就可被视觉系统辨别为不同的颜色。

有关色觉形成的机制，以 Young 和 Helmholtz 在 19 世纪初提出的色觉三原色学说最受认可。色觉三原色学说认为，人眼视网膜中存在着三种不同的视锥细胞，分别含有对红、绿、蓝三种颜色敏感的感光色素（图 9-7）。当某一波长的光线作用于视网膜时，三种不同的视锥细胞以一定的比例产生不同程度的兴奋，这样的信息传入到皮层中枢后就产生某种特定的色觉。例如，当红、绿、蓝三种视锥细胞以 4：1：0 的比例兴奋时，便产生红色视觉；以 2：8：1 的比例兴奋时，便产生绿色视觉；以 1：1：1 的比例兴奋时，便产生白色视觉。当三种不同的感光细胞以任意不同的比例兴奋做适当的混合时，就可形成任何颜色的视觉。

色觉三原色学说能合理地解释色盲和色弱的发病机制。色盲（color blindness）是指不能分辨全部颜色或某些颜色的一种严重的色觉障碍。色盲分为全色盲和部分色盲。全色

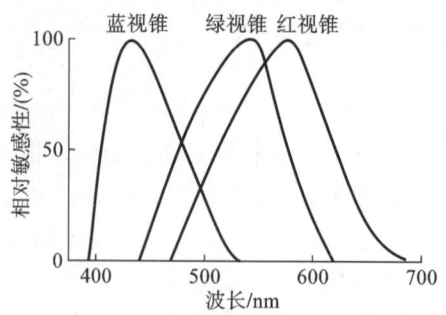

图 9-7　视网膜中三种视锥细胞的光谱相对敏感性

盲极为少见,表现为只能分辨光线强弱而不能分辨任何颜色,就如夜晚看东西呈单色视觉。部分色盲一般为红色盲与绿色盲,两者中任何一种色盲都可导致红色与绿色的分辨障碍,故临床上不加区别统称为红绿色盲。部分色盲中蓝色盲极为罕见。部分色盲可能是由于视网膜缺乏相应的某种视锥细胞所致。色盲绝大多数由遗传因素引起,只有极少数是由于视网膜病变所致。有些人并不缺乏某种视锥细胞,只是由于视锥细胞反应能力较弱,而使其对颜色的分辨能力较正常人差,称为色弱(color weakness)。色弱常由后天因素引起。

(四)视野

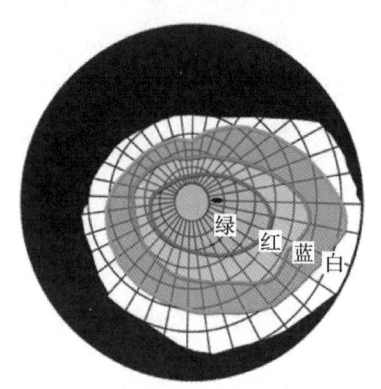

图 9-8　正常人右眼视野图

单眼固定注视正前方一点时所能看到的空间范围称为该眼的视野(visual field)。在同一光照条件下,不同颜色的视野大小不同,其中白色的视野最大,蓝色和红色次之,绿色的视野最小。不同颜色的视野大小不同可能与各类感光细胞在视网膜的分布不同有关。另外,由于面部结构(鼻和额)对光线的阻挡影响视野的大小,使得颞侧的视野比鼻侧大,下方的视野比上方大(图 9-8)。由于人的双眼位于头部额面,双眼视野大部分重叠,因此正常情况下不会出现鼻侧盲区。临床上检查视野可帮助诊断某些视神经传导通路和视网膜的病变。

(五)双眼视觉和立体视觉

两眼同时观看物体时形成的视觉称为双眼视觉(binocular vision)。双眼视物时,两眼视网膜上各形成一个完整的物像,由于眼外肌的精细协调运动,可使来自物体同一部分的光线成像于两眼视网膜相对称的位置上,并可在主观上产生单一物体的视觉,称为单视。如果眼外肌瘫痪、眼内肿瘤等异物压迫或用手指轻压一侧眼球使该眼球发生位移,都可使物像落在两眼视网膜的非对称点上,因而在主观上就产生有一定程度重叠的两个物体的视觉,这称为复视(diplopia)。

双眼视觉可以弥补单眼视野中的盲区,能扩大视野并产生立体视觉。双眼视物时,由于双眼视野大部分重叠,但左眼看到物体左侧面多些,右眼看到物体右侧面多些,这样左眼看到的物体形象与右眼看到的物体形象就略有差异,这样的信息经视觉中枢整合后,就产生了有关物体的厚度、深度及距离等主观感觉,这就是立体视觉(stereoscopic vision)。立体视觉主要是由两眼视觉差异所产生的。但单眼视物时也能产生一定的立体感,这主要是由于生活经验,如物体的阴影变化,近物的感觉比较鲜明而远物的感觉比较模糊等。另外,头部的运动引起被视物体的相对运动也可产生一定的立体感觉。

第三节 听 觉 器 官

人的听觉器官是耳,耳由外耳、中耳和内耳三部分组成(图9-9)。其中内耳结构极为复杂,又称为迷路(labyrinth),由耳蜗和前庭器官两部分组成。耳蜗的功能是感受声波刺激,前庭器官则是人体的平衡感觉器官(见第四节)。耳蜗的适宜刺激是频率为20～20 000 Hz的空气振动疏密波,即声波。声波经外耳和中耳传到内耳,引起内耳淋巴的振动,再经耳蜗的感音换能作用,将声波的机械能转变为听神经纤维上的动作电位,听神经动作电位传到大脑皮层听觉中枢后最终形成听觉(hearing)。因此,听觉是由耳、听神经和大脑皮层听觉中枢三者的共同活动而完成的。

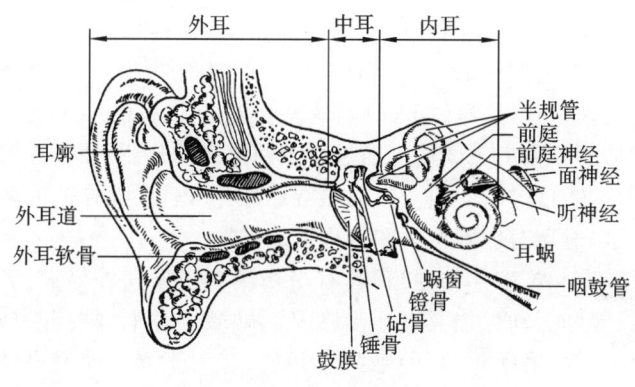

图 9-9 耳的结构

一、外耳和中耳的传音功能

(一)外耳的传音功能

外耳由耳廓和外耳道组成。耳廓具有收集声波的作用,许多动物的耳廓还能运动,帮助辨别声源的方向。人耳耳廓的运动功能已经退化,但可通过头部的转动以及不同方向声源的声波传到两耳的时间和强度差异来判断声源的方向。外耳道是声波传导进入中耳的通道,其外端始于耳廓,内端终止于鼓膜。声波由外耳道传导至鼓膜时,由于外耳道的共振作用,其强度可增加约10倍。

(二)中耳的传音功能

中耳由鼓膜、鼓室、听骨链和咽鼓管等结构组成(图9-10)。中耳的主要功能是将声波的振动能量高效地传入内耳,其中鼓膜和听骨链在声波的传递过程中起着十分重要的作用。

鼓膜为一椭圆形稍向鼓室凹陷的薄膜,形如浅漏斗状,其顶点在鼓室内与锤骨柄相连,

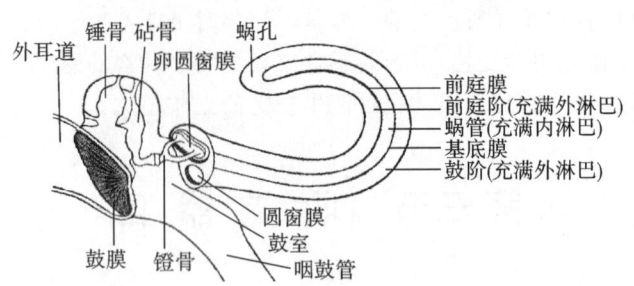

图 9-10　中耳的结构以及听骨链与耳蜗的结构和功能联系

鼓膜面积为 $50\sim90$ mm^2,厚约 0.1 mm。鼓膜具有较好的频率响应和较小的失真度,能与声波同步振动,将声波振动如实地传递给听骨链。

听骨链由锤骨、砧骨和镫骨三块听小骨依次连接而成。锤骨柄附着于鼓膜,镫骨脚板与内耳卵圆窗膜相连,砧骨居中作为支点,将锤骨和镫骨连接起来,形成一个以锤骨柄为长臂、砧骨长突为短臂的固定角度的杠杆。听骨链的作用是将声波由中耳传递至内耳耳蜗。在听骨链传递声波的过程中,可使声波振幅稍减小而声压增大,即具有减幅增压效应。听骨链传音过程中的增压效应一是因为鼓膜的实际振动面积约为 59.4 mm^2,而卵圆窗膜的面积只有 3.2 mm^2,二者之比为 $18.6:1$,这样可使作用于卵圆窗膜上的声压增加到鼓膜上声压的 18.6 倍;二是因为听骨链杠杆长臂与短臂长度之比为 $1.3:1$,通过杠杆的作用使在短臂一侧的压力增加到原来的 1.3 倍。通过以上两方面的作用,使得在整个中耳传音过程中总的增压效应可达 24 倍(18.6×1.3),而振幅约减小 $1/4$。听骨链的增压减幅效应既可提高传音的效率,又可避免对卵圆窗膜和内耳造成损害。

咽鼓管是连通鼓室和鼻咽部的通道,具有平衡鼓室内压和外界大气压的作用,对维持鼓膜的正常形态、位置和振动性能具有重要意义。咽鼓管鼻咽部的开口常处于闭合状态,在咀嚼、吞咽、打哈欠或打喷嚏时,可使咽鼓管开放,有利于调节鼓室内外压力的平衡。咽鼓管若因炎症而阻塞,鼓室内压将由于空气被吸收而降低,导致鼓膜内陷而引起耳痛、耳鸣等症状,影响听力。人在乘坐飞机时,随着飞机的升降,大气压与鼓室内压不等,可导致鼓膜向外或向内鼓起而引起耳痛、耳鸣等症状。

(三) 声波传入内耳的途径

声波可通过气传导和骨传导两种途径传递至内耳,正常情况下以气传导为主。

1. 气传导　声波经外耳道、鼓膜、听骨链和卵圆窗膜传入内耳,这一传导途径称为气传导(air conduction),气传导是声波传入内耳的主要途径。此外,鼓膜振动也可通过引起鼓室内空气的振动,再经过圆窗膜传入内耳。这一途径在正常情况下并不重要,但当鼓膜穿孔、听骨链损伤或运动障碍时,可以起到一定的代偿作用。

2. 骨传导　声波直接引起颅骨的振动,进而引起耳蜗内淋巴的振动,这一途径称为骨传导(bone conduction)。骨传导敏感性低,在正常听觉形成中几乎不起作用。当鼓膜或听骨链损伤引起气传导明显受损时,骨传导却不受影响,甚至相对加强。

临床上常通过音叉检查患者气传导和骨传导以判断听觉障碍产生的原因和部位。当鼓膜或中耳发生病变时(传音性耳聋),气传导明显受损,而骨传导却不受影响,甚至相对增强;当耳蜗发生病变时(感音性耳聋),气传导和骨传导将同样受损。

知识链接 --------------------------------•

混合性耳聋

耳传音与感音系统同时受累所致的耳聋称混合性耳聋。两部分受损的原因既可相同，也可各异。前者在如化脓性中耳炎所致传音性耳聋的基础上，因合并迷路炎或因细菌毒素、耳毒药物等经蜗窗膜渗入内耳，引起迷路液理化特性与血管纹、螺旋器等的结构改变而继发感音性耳聋。患者在同一耳既有传音性耳聋又有感音性耳聋，称为混合性耳聋。常见病因如中耳炎长期不愈，病变累及内耳，或由于各种原因导致感音性耳聋后又继发中耳炎。本病听力图的表现特点是高频、低频都有听力损失，气骨导听力曲线下移，存在气骨导差（大于 10 dB），外耳中耳可见到病变。如果患者在婴幼儿期患混合性耳聋，可导致严重的言语障碍。

•-------------------------------

二、耳蜗的感音功能

（一）耳蜗的结构

耳蜗（cochlea）是一条围绕一骨质蜗轴旋转 2.5～2.75 周而成的骨质管腔。在耳蜗管的横断面上有两个分界膜，一是斜行的前庭膜，一是横行的基底膜。耳蜗被这两个膜分隔成三个腔，分别称为前庭阶、蜗管和鼓阶（图 9-11）。前庭阶在耳蜗底部与卵圆窗膜连接，其内充满外淋巴（perilymph）。鼓阶则在耳蜗底部与圆窗膜连接，也充满外淋巴，两者在耳蜗顶部通过蜗孔相通。蜗管是一充满内淋巴（endolymph）的盲管（图 9-10）。研究表明，耳蜗外淋巴的成分与细胞外液相似，而内淋巴的成分则与细胞内液相似。基底膜是声波感受器即螺旋器（spiral organ）所在的部位。螺旋器又称为柯蒂器（organ of Corti），由毛细胞（hair cell）和支持细胞等组成。毛细胞是真正的声波感受细胞，每个毛细胞的底部都有听神经末梢，而每个毛细胞的顶部表面则有上百条排列整齐的纤毛，称为听毛，有些较长的听毛的顶端埋植在一种称为盖膜的胶冻状物质中。盖膜在内侧与耳蜗轴相连，外侧则游离于蜗管内淋巴当中。

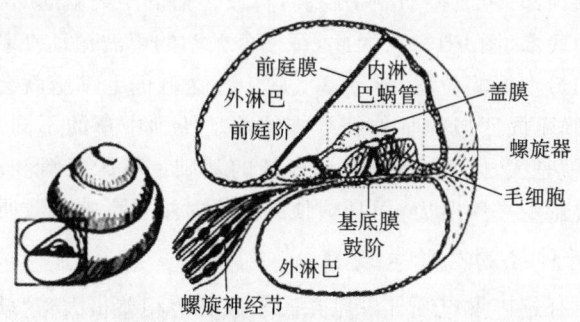

图 9-11 耳蜗的横断面结构示意图

（二）耳蜗的感音换能作用

耳蜗的功能是感音换能，即将由中耳传递来的声波振动转变成听神经上的动作电位。在耳蜗的感音换能过程中，基底膜的振动起着关键作用。

当声波振动通过听骨链传到卵圆窗膜时，如果振动使卵圆窗膜内陷，前庭阶中的外淋巴压力就升高，前庭膜下移，使蜗管内淋巴压力升高，进而使基底膜也下移，鼓阶外淋巴压迫圆窗膜使之向外凸起。如果声波振动使卵圆窗膜向鼓室侧凸起，则整个耳蜗内的淋巴和膜性结构就都做相反方向的运动。如此反复就形成了基底膜的振动。基底膜振动时，盖膜与基底膜之间的相对位置发生改变，使毛细胞顶部的听毛发生弯曲或偏转，从而引起毛细胞膜电位的变化，再经过一系列过渡性的电位变化，最终引起听神经上的动作电位，从而完成耳蜗的感音换能作用（图 9-12）。在正常气传导过程中，圆窗膜的振动起着缓冲耳蜗内压力变化的作用，这是耳蜗内结构发生振动的必要条件。

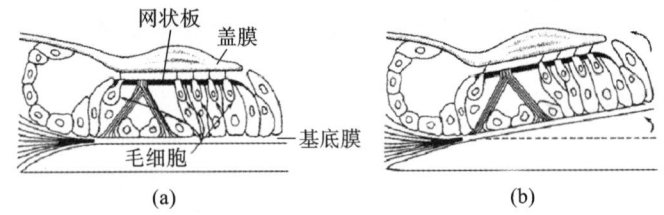

图 9-12 基底膜和盖膜振动时毛细胞顶部纤毛的受力情况

注：(a)静止时的情况；(b)基底膜在振动中上移时，听毛因与盖膜发生切向运动而向蜗管外侧弯曲。

近年来的研究发现，在毛细胞的顶部存在机械门控 K^+ 通道（见第二章第一节），这种通道对机械力的作用十分敏感。当内耳淋巴振动引起毛细胞上的听毛向不同方向弯曲或偏转时，便可引起该通道的开放或关闭，进而引起跨膜的 K^+ 内向或外向电流，导致膜的去极化或超极化，从而形成感受器电位。这也是耳蜗感音换能功能的基础。

基底膜的振动是以行波（travelling wave）方式进行的。当声波传入内耳时，最先引起基底膜底部的振动，然后振动以行波的方式向基底膜的顶部传播。就像手握一根绸带抖动一样，有行波沿绸带向其远端传播。声波振动的频率不同，基底膜振动传播的距离和最大振幅出现的部位也不同。声波振动频率越低，行波传播的距离就越远，最大振幅出现的部位就越靠近基底膜的顶部；声波振动频率越高，行波传播的距离就越近，最大振幅出现的部位就越靠近基底膜的底部（图 9-13）。因此，每一个频率的声波振动在基底膜上都有一个特定的行波传播距离和最大振幅位置，导致基底膜上该区域的毛细胞就会受到最大程度的刺激。这样，来自基底膜不同区域的听神经纤维的冲动传到中枢的不同部位，就会引起不同音调的听觉，这可能就是人耳区分不同音调声音的基础。临床资料和动物实验也都证明，耳蜗底部受损时主要影响高频听力，而耳蜗顶部受损时主要影响低频听力。

（三）耳蜗与听神经的生物电现象

1.耳蜗内电位 耳蜗内淋巴和外淋巴在离子成分上相差很大，这就造成了在静息状态下耳蜗不同部位之间存在着电位差。在耳蜗未受刺激时，如果以鼓阶外淋巴电位作为参考零电位，那么测出蜗管内淋巴的电位为 $+80$ mV 左右，称为耳蜗内电位（endocochlear potential），也称为内淋巴电位（endolymphatic potential）。此时耳蜗毛细胞的静息电位为

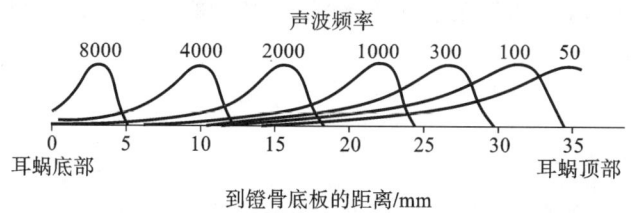

图 9-13 不同频率的纯音引起行波传播的距离和基底膜最大振幅的位置

$-70\sim-80$ mV,由于毛细胞顶端浸浴在内淋巴之中,因此毛细胞顶端膜内、外的电位差可达 $150\sim160$ mV(图 9-14)。

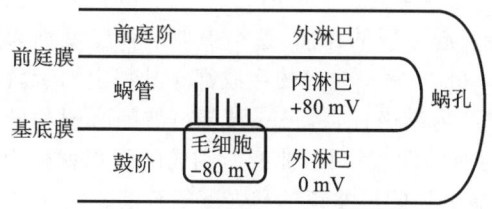

图 9-14 耳蜗内电位示意图

2. 耳蜗微音器电位 当耳蜗受到声波刺激时,在耳蜗及其附近结构中可记录到一种具有交流性质的电位变化,其频率和幅度与作用的声波完全一致,称为耳蜗微音器电位(cochlear microphonic potential,CM)。微音器电位潜伏期极短,小于 0.1 ms,没有不应期,其幅度在一定范围内与声压成正变关系,可以总和。微音器电位的本质是耳蜗受声波刺激时,多个毛细胞产生的感受器电位的复合表现。与动作电位不同,耳蜗微音器电位具有位相性。当声音位相倒转时,微音器电位的位相也随之发生倒转,而动作电位则不变(图 9-15)。

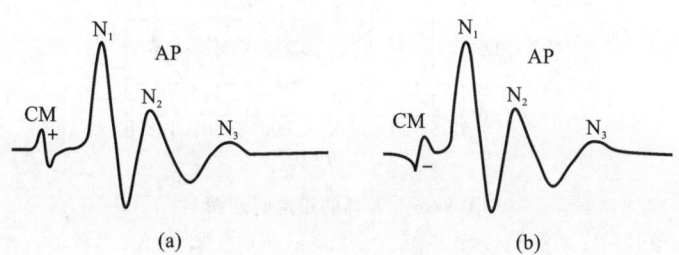

图 9-15 耳蜗微音器电位及听神经动作电位

注:CM,微音器电位;AP,听神经动作电位,包括 N_1、N_2、N_3 三个负电位;图(a)与图(b)对比表明,声音位相改变时,微音器电位位相倒转,但听神经动作电位位相不变。

3. 听神经动作电位 听神经动作电位是由耳蜗微音器电位触发产生的,是耳蜗对声波刺激所产生的一系列电位变化中最后产生的电位变化,是耳蜗对声波刺激进行换能和编码的结果,其作用是向中枢传递声音信息。根据引导方法的不同,可分为听神经复合动作电位和单一听神经纤维动作电位。听神经复合动作电位是一侧听神经上所有纤维所产生的动作电位的总和,反映了整个听神经的兴奋状态,其幅度在一定范围内随声波刺激强度的增强而增大,但两者并不呈直线关系。复合动作电位的幅度也与发生兴奋的听神经纤维的数目及其放电的同步化程度有关。如果将引导电极刺入听神经纤维内,则可记录到单一听神经纤维的动作电位,它是一种具有"全或无"性的电位变化。

三、听阈与听域

人耳耳蜗的适宜刺激是振动频率为 20～20 000 Hz 的空气疏密波。频率低于 20 Hz 的称为次声波(subsonic wave),频率超过 20 000 Hz 的称为超声波(supersonic wave),人耳都不能感受。在 20～20 000 Hz 频率范围内,每一种频率的声波都有一个刚能引起听觉的最小强度,称为这一频率的听阈(hearing threshold)。当声波强度在听阈以上逐渐增加时,听觉感受也相应增强,但当声波强度增加到一定程度时,人耳就不能正常地感受声波中所包含的各种信息,还会引起鼓膜的疼痛,这个声波的强度就称为这一频率的最大可听阈(maximal hearing threshold)。每个频率的声波都有其特定的听阈和最大可听阈。以声波频率为横坐标,以声波强度为纵坐标,将每一频率声波的听阈和最大可听阈分别连接起来绘制成听阈曲线和最大可听阈曲线,两条曲线所围成的面积就称为听域(hearing span)(图9-16)。听域就是人耳所能听到的声波频率和强度的范围。图 9-16 中下方一条曲线为听阈曲线,上方一条曲线为最大可听阈曲线。从图中可以看出,人耳最为敏感的声波频率在1 000～3 000 Hz 之间,人类的语言频率主要分布在 300～3 000 Hz 的范围内。

数字资源 ------ 超声波和次声波 •------○

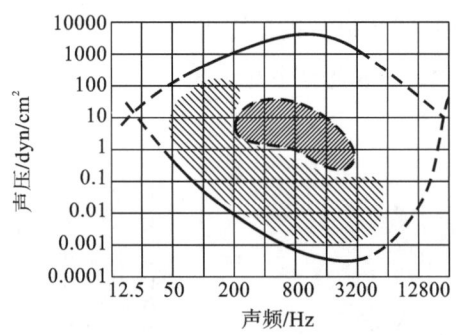

图 9-16 人耳的正常听域图

注:图中心的斜线区为通常的语言会话区,下方的斜线区为次主要语言区。

第四节 前 庭 器 官

人和动物保持一个正常的姿势是进行各种活动的必要条件。正常姿势的维持有赖于前庭器官、视觉器官和本体感受器的协同活动,其中前庭器官的作用最为重要。前庭器官(vestibular apparatus)位于内耳之中,包括三个半规管、椭圆囊和球囊,能感受机体自身运动状态的变化以及头部在空间位置的变化,在维持身体平衡中起着重要作用(图 9-17(a))。

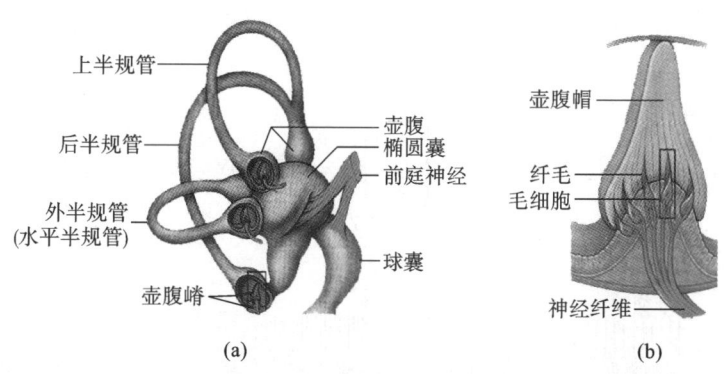

图 9-17　前庭器官的结构

一、前庭器官的感受装置和适宜刺激

（一）前庭器官的感受细胞

前庭器官的感受细胞都是毛细胞，它们具有类似的结构和功能。这些毛细胞的顶端都有两种纤毛，其中一条最长，位于毛细胞顶端的一侧边缘，称为动纤毛；其余的纤毛较短，数量较多，呈阶梯状排列，称为静纤毛。毛细胞底部有感觉神经纤维末梢（图 9-18）。当纤毛处于自然状态时，毛细胞膜内外存在约 -80 mV 的静息电位，此时与毛细胞相连的神经纤维上有一定频率的持续放电。如果外力使纤毛向动纤毛一侧偏转时，毛细胞膜发生去极化，当达到阈电位（约 -60 mV）时，其纤维向中枢发放的传入冲动频率增加，表现为兴奋效应；相反，如果外力使纤毛向静纤毛一侧偏转时，则毛细胞膜发生超极化，其纤维向中枢发放的传入冲动频率降低，表现为抑制效应（图 9-19）。正常条件下，机体运动状态和头在空间位置的变化都能以特定的方式改变毛细胞纤毛的倒向，使相应传入纤维发放的冲动频率发生改变，当这些信息传入到中枢，就能引起特定的运动觉和位置觉，并可引起身体和内脏功能的反射性变化。

图 9-18　毛细胞的结构模式图和毛细胞顶部电镜扫描图

（二）前庭器官的适宜刺激和生理功能

人体两侧内耳各有上、外、后三个相互垂直的半规管（semicircular canal），分别处于空间的三个平面（图 9-17(a)）。当头向前倾 30°时，外半规管刚好处于水平面，因此也称为水

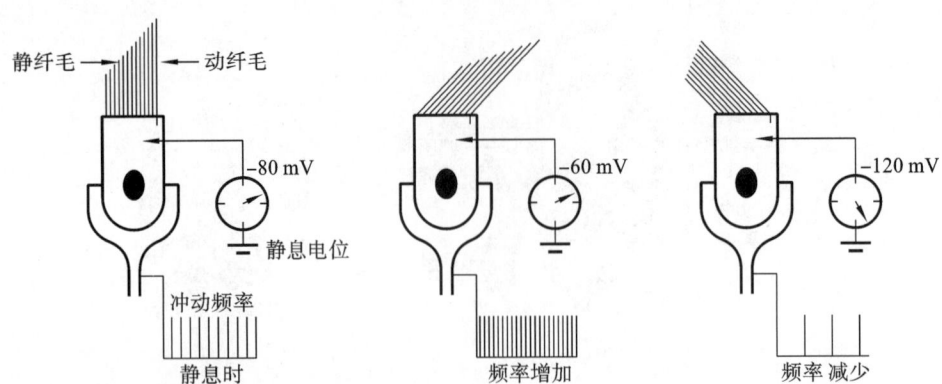

图 9-19　前庭器官中毛细胞顶部纤毛的受力情况与电位变化关系示意图

注：当纤毛向动纤毛一侧偏转时，毛细胞膜去极化，传入冲动频率增加；当纤毛向背离动纤毛的一侧偏转时，毛
　细胞膜超极化，传入冲动频率降低。

平半规管，其余两个半规管则与水平面垂直。半规管中都充满着内淋巴。每个半规管与椭
圆囊连接处都有一个称为壶腹的膨大部分，壶腹内有一隆起的结构，称为壶腹嵴，其中有一
排面对管腔的毛细胞，其顶部的纤毛都埋植在一种胶质性的圆顶形壶腹帽内（图 9-17（b））。
半规管的适宜刺激是身体的变速旋转运动。以外半规管为例，当身体向左旋转时，由于半
规管内淋巴的惯性作用，其启动将晚于半规管壁的运动，左侧水平半规管中的内淋巴将压
向壶腹嵴，使壶腹嵴毛细胞的纤毛倒向动纤毛一侧，于是毛细胞向中枢发放的传入冲动频
率增加；此时，右侧水平半规管中的内淋巴则背离壶腹嵴运动，使其毛细胞的纤毛倒向静纤
毛一侧，于是毛细胞向中枢发放的传入冲动频率降低。当旋转突然停止时，由于内淋巴的
惯性运动，壶腹嵴毛细胞纤毛的倒向和传入冲动频率发放情况与旋转开始时相反。左右两
侧毛细胞不同频率的冲动传入到中枢时，就可产生身体变速旋转运动的感觉（图 9-20）。由
于三个半规管的方向相互垂直，因此以同样的方式，可以分别感受人体在不同平面和不同
方向所做的旋转变速运动的刺激，从而产生不同的运动觉和位置觉，并引起不同的姿势反
射以维持身体平衡。

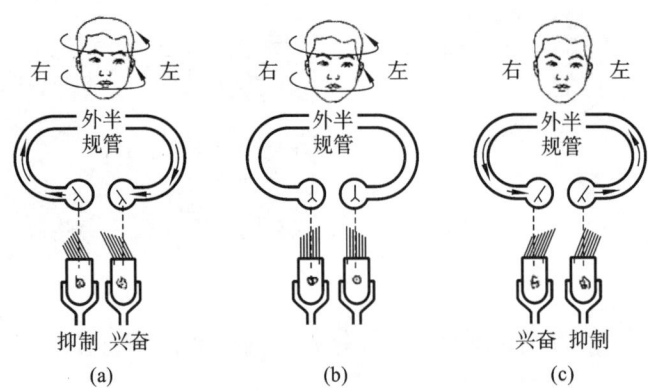

图 9-20　沿水平方向向左旋转时，外半规管内淋巴流动的方向及其对壶腹的作用

（a）向左开始旋转；（b）匀速旋转；（c）旋转停止

椭圆囊（utricle）和球囊（saccule）的毛细胞位于囊斑之上，毛细胞的纤毛埋植于一种称为位砂膜的胶质板内。位砂膜内含位砂，位砂主要由蛋白质和碳酸钙组成，比重大于内淋巴，具有较大的惯性。椭圆囊和球囊毛细胞的适宜刺激是直线变速运动。人体处直立位时，椭圆囊囊斑呈水平位置，其位砂膜位于毛细胞纤毛的上方，球囊囊斑与椭圆囊囊斑垂直，其位砂膜位于纤毛的外侧。在这两种囊斑上，几乎所有毛细胞的排列方向都不完全相同，这样就有利于感受身体在囊斑平面上所做的各个方向的直线变速运动（图9-21）。例如，当人体在水平方向做直线变速运动时，由于位砂的惯性作用，使毛细胞与位砂膜的相对位置发生改变。因此，在椭圆囊囊斑上总会引起一些毛细胞的纤毛向动纤毛一侧偏转，于是引起相应的毛细胞纤维发放传入冲动频率增加，由这些毛细胞的传入冲动传导到中枢后，就引起特定的变速运动感觉，同时还可引起各种姿势反射，以维持身体平衡。球囊囊斑上的毛细胞则以类似的机制感受头部在空间位置的变化，同时也可反射性地引起肌张力的改变，以调整身体的姿势。

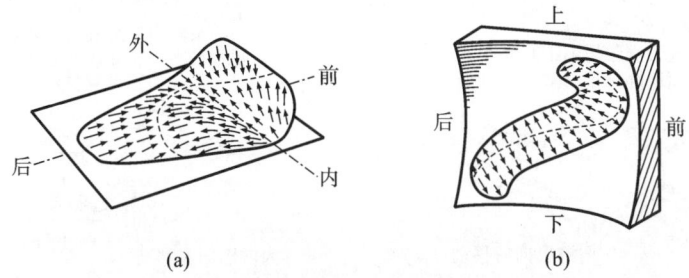

图 9-21　椭圆囊和球囊中囊斑的位置以及毛细胞顶部纤毛的排列方向

(a)椭圆囊囊斑；(b)球囊囊斑

注：箭头所指方向是该处毛细胞顶部动纤毛所在位置，箭尾是同一毛细胞的静纤毛所在位置，当机体所作直线变速运动的方向与某一箭头方向一致时，该箭头所代表的毛细胞表面静纤毛向动纤毛侧偏转最明显，与此毛细胞有关的神经纤维有最大频率的传入冲动。

二、前庭反应

来自前庭器官的传入冲动，除引起相应的运动觉和位置觉外，还可引起各种姿势调节反射、自主神经反应和眼震颤等前庭反应。例如，当汽车突然开动或加速时，由于惯性身体会向后倾倒，但其传入信息可反射性地引起躯干部屈肌和下肢伸肌收缩，从而使身体向前倾以保持身体的平衡，而突然刹车或减速时则引起相反的情况。又如，当人乘坐电梯突然上升时，可反射性引起四肢伸肌抑制而使下肢屈曲，而当电梯突然下降时则伸肌反射性收缩引起下肢伸直。这些都是前庭器官的姿势反射，其意义在于维持一定的姿势和保持身体平衡。另外，如果前庭器官受到的刺激过强、刺激时间过长，或者前庭器官功能过敏时，常会引起自主神经功能失调，导致出现心跳加速、血压降低、呼吸加快、恶心、呕吐、眩晕、出汗、皮肤苍白等现象，称为前庭自主神经反应（vestibular autonomic reaction）。前庭自主神经反应主要表现为迷走神经兴奋占优势的反应，严重时可导致晕车、晕船等。

眼震颤（nystagmus）是前庭器官受到刺激时引起的特殊眼球运动。眼震颤主要是由于半规管受到刺激所引起的，而且眼震颤的方向也因受刺激半规管的不同而不同。当外半规管受到刺激时就引起水平方向的眼震颤，而上、后半规管受到刺激时就引起垂直方向的眼震颤。由于人在水平面方向的活动（如转身、回头等）较多，故经常发生水平方向的眼震颤。例如，当头部和身体向左旋转时，由于内淋巴的惯性作用，使左侧水平半规管壶腹嵴的毛细胞受到的刺激增强而右侧刚好相反，于是便反射性地引起双侧眼球先向右侧缓慢移动，这称为眼震颤的慢动相；当慢动相使眼球移动到两眼裂右侧端而不能再右移时，又突然快速返回到眼裂正中，这称为眼震颤的快动相。以后再进行新的慢动相和快动相，如此反复交替，这就是眼震颤（图9-22）。当旋转变为匀速转动时，旋转虽然仍在继续，但因这时两侧壶腹嵴受到的压力相等，双眼球不再震颤而居于眼裂正中。当旋转突然减速或停止时，又引起与旋转开始时方向相反的眼震颤。临床上常根据眼震颤试验来判断前庭功能是否正常。

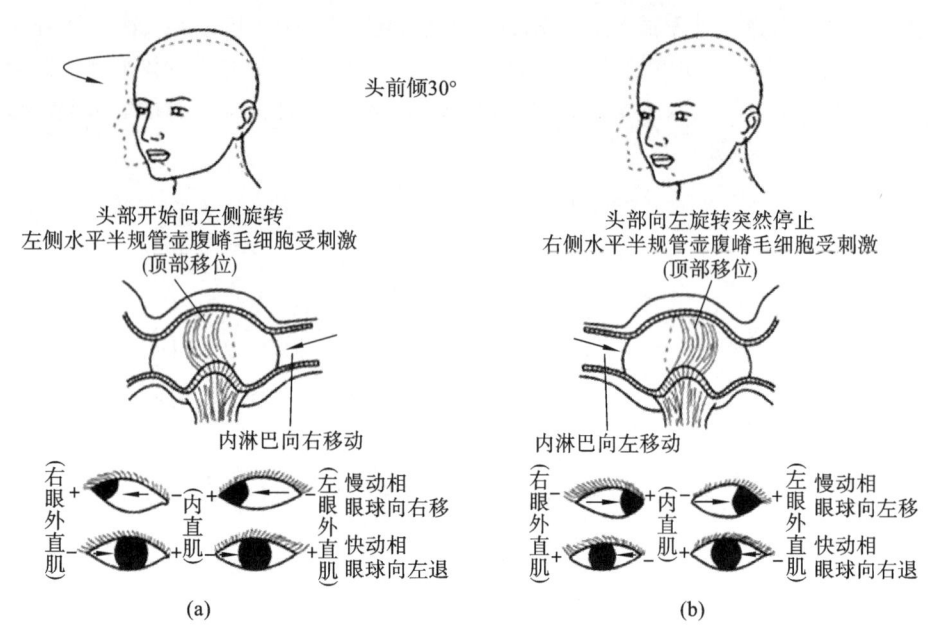

图 9-22 眼震颤示意图

注：(a)头前倾30度、旋转开始时的眼震颤方向；(b)旋转突然停止后的眼震颤方向。

第五节 其他感觉器官

一、嗅觉器官

嗅觉感受器位于上鼻道及鼻中隔后上部的嗅上皮（olfactory epithelium），嗅上皮由嗅细胞、支持细胞和基底细胞等组成，两侧总面积约为 5 cm^2。嗅细胞也称为主细胞，呈圆瓶状。嗅细胞顶部有 4～25 条短而细的纤毛，埋置于嗅上皮表面的黏液中；细胞底端即中枢端是由无髓纤维组成的嗅丝，嗅丝穿过筛骨进入嗅球（图9-23）。嗅细胞的适宜刺激是空气中有气味的化学物质。呼吸时这些化学物质进入嗅上皮黏液并扩散到嗅细胞的纤毛，随后与纤毛膜受体结合，通过复杂的信号转导过程使嗅细胞产生去极化型的感受器电位，并以电紧张方式扩布至嗅细胞的轴丘处，触发轴突膜产生动作电位，动作电位沿轴突传至嗅球，并最终传至大脑皮层嗅觉中枢，引起嗅觉（olfaction）。

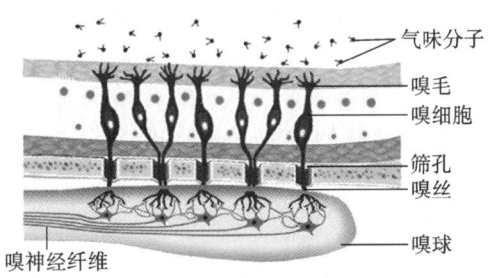

图 9-23 嗅上皮的结构

人类嗅觉系统能够辨别的气味多达上万种,那么嗅觉系统是如何感受并区分这么多种的气味呢?目前认为,嗅觉的多种感受至少是由 7 种基本气味组合而形成的,这 7 种基本气味是:樟脑味、麝香味、花卉味、薄荷味、乙醚味、辛辣味和腐腥味。试验发现,每一个嗅细胞只对一种或两种特殊的气味起反应,而嗅球中不同部位的细胞也只对某种特殊的气味起反应。因此,与其他感觉系统一样,嗅觉系统对不同性质的气味刺激有相对特异的感受位点和投射线路,对非基本气味则由于其在不同投射线路上引起不同数量冲动的组合,在中枢引起特有的主观嗅觉。

嗅觉感受器属快适应感受器,当某种气味物质突然出现时,可引起明显的嗅觉,这种气味物质如果持续存在,感觉很快减弱,甚至消失,但此时对新出现的其他气味物质仍能形成嗅觉。不同动物的嗅觉敏感程度相差很大,同一动物对不同气味物质的敏感性也不同,如狗对醋酸的敏感度就要比人高 1000 万倍。另外,内在因素和外在因素(如温度、湿度和大气压等)对嗅觉影响也很明显,如感冒时,因鼻黏膜肿胀可导致嗅细胞敏感性大大降低。

二、味觉器官

味觉(gustation)感受器是味蕾(taste bud),主要分布于舌的背部表面和舌缘,口腔和咽部黏膜表面也有散在的味蕾存在。每个味蕾都由 50～100 个味细胞、支持细胞和基底细胞组成。味细胞的顶端有纤毛,称为味毛,从味蕾的味孔中穿出,暴露于口腔,是味觉感受的关键部位(图 9-24)。

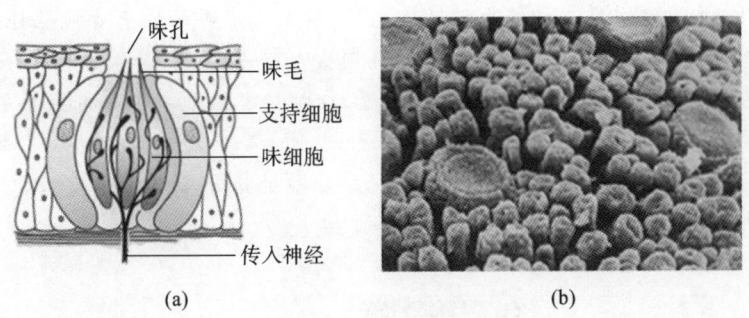

(a) (b)

图 9-24 味蕾的结构
(a)味蕾的结构;(b)味蕾电镜观

人类味觉系统能区分多种多样的味道,但众多的味道都是由酸、甜、苦、咸四种基本味道组合而成。舌表面不同部位对不同味觉刺激的敏感性不同。一般舌尖对甜味较敏感,两侧对酸味较敏感,舌两侧前部对咸味较敏感,软腭和舌根则对苦味较敏感。

味觉的敏感性往往受刺激物本身温度的影响,在20~30℃时,味觉敏感性最高。味觉的分辨力和对某些食物的偏爱,也受血液中化学成分的影响,如肾上腺皮质功能低下的患者,血液中低钠,这种患者就喜食咸味食物。味觉强度与物质的浓度有关,浓度越高,产生的味觉越强。此外,随着年龄的增长,味觉的敏感度降低。

小　结

　　感受器是专门感受体内、外环境变化的特殊结构或装置,感受器具有适宜刺激、换能作用、编码作用和适应现象等一般生理特性。体内一些在结构和功能上高度分化的感受细胞连同它们的附属结构就构成了复杂的感觉器官。人体的感觉器官主要包括视觉器官、听觉器官、前庭器官、嗅觉器官和味觉器官等。

　　人的视觉器官是眼,由折光系统和感光系统两部分构成。折光系统的功能是将外界物体发出的光线折射后在视网膜上形成清晰的物像;感光系统的功能是感受物像的刺激并将其转变成视神经上的神经冲动,传入到中枢后产生视觉。当物体的距离、大小或光线的强弱等发生变化时,折光系统的功能会发生相应的调节,包括晶状体的调节、瞳孔的调节和双眼球会聚反射。当折光系统的结构或功能发生异常时,平行光线不能聚焦于视网膜,导致视物不清或变形,称为折光异常或屈光不正,包括近视、远视和散光。感光系统包括视锥系统和视杆系统,前者对光线的敏感性低,主要是在光线较强时发挥感光作用,为昼光觉或明视觉系统;后者对光线的敏感性高,主要是在光线较弱时发挥感光作用,为夜视觉或暗视觉系统。当感光细胞感受光线刺激时首先发生复杂的光化学反应,然后诱发感受器电位,感受器电位再扩布到视神经,引起视神经产生神经冲动,从而完成感光换能作用。

　　听觉器官由外耳、中耳和内耳耳蜗三部分构成。外耳、中耳的功能是将物体振动发出的声波传入内耳,声波传入内耳的途径有气传导和骨传导。耳蜗的功能是感受声波的振动,并将其换能转化为听神经的神经冲动。当声波传入到耳蜗时,引起内淋巴和基底膜的振动,基底膜上毛细胞的听毛受到切向力而发生弯曲,引起毛细胞生物电的变化,并最终引发听神经上的动作电位,从而完成耳蜗的感音换能作用。

　　前庭器官由内耳中的三个半规管、椭圆囊和球囊组成,是人体对自身姿势和运动状态以及头部在空间位置变化的感受装置,在维持身体平衡中起着主要的作用。其中半规管感受身体变速旋转运动,椭圆囊和球囊则感受直线变速运动和头部在空间位置的变化。来自前庭器官的传入冲动,除引起相应的运动觉和位置觉外,还可引起各种姿势调节反射、自主神经反应和眼震颤等前庭反应。

能力检测

能力检测答案

一、名词解释

感受器　适宜刺激　换能作用　编码作用　感受器的适应现象
瞳孔对光反射　近视　远视　散光　生理盲点

二、选择题

A 型题

1. 感受器的一般生理特性不包括（   ）。

A. 适宜刺激 　　　　　　　B. 换能作用 　　　　　　　C. 编码作用

D. 适应现象 　　　　　　　E. 可塑性

2. 下列有关感受器电位的叙述，错误的是（   ）。

A. 为感觉神经末梢或感受细胞上产生的局部电位 　　　B. 以电紧张方式扩布

C. 非"全或无"式 　　　　　　　　　　　　　　　　D. 可以总和

E. 均为去极化电位

3. 瞳孔对光反射中枢位于（   ）。

A. 大脑皮层 　　　　　　　B. 下丘脑 　　　　　　　C. 中脑

D. 脑桥 　　　　　　　　　E. 延髓

4. 眼的调节能力主要取决于（   ）。

A. 瞳孔的直径 　　　　　　B. 晶状体的弹性 　　　　　C. 视网膜的厚度

D. 角膜的曲率半径 　　　　E. 玻璃体的弹性

5. 缺乏下列哪种维生素可导致夜盲症的发生？（   ）

A. 维生素 A 　　　　　　　B. 维生素 B_{12} 　　　　　C. 维生素 C

D. 维生素 D 　　　　　　　E. 维生素 E

6. 老视发生的主要原因是（   ）。

A. 角膜退化 　　　　　　　B. 玻璃体弹性减退 　　　　C. 视网膜退化

D. 晶状体弹性减退 　　　　E. 晶状体变混浊

7. 视网膜中央凹的视敏度最高，是因为中央凹（   ）。

A. 视杆细胞多，单线联系多 　　　　　　　B. 视杆细胞多，聚合程度高

C. 视锥细胞多，单线联系多 　　　　　　　D. 视锥细胞多，聚合程度高

E. 视杆细胞和视锥细胞都多

8. 下列有关视紫红质的叙述，错误的是（   ）。

A. 分布于视杆细胞内 　　　　　　　　　　B. 与暗视觉有关

C. 由视蛋白和视黄醛结合而成 　　　　　　D. 光照时合成加快

E. 维生素 A 缺乏时可导致其合成不足

9. 暗适应的实质是（   ）。

A. 提高视神经的兴奋性 　　B. 视紫红质合成增加 　　　C. 提高视锥细胞的敏感性

D. 增加视杆细胞的数量 　　E. 增加视锥细胞的数量

10. 相同条件下，视野最大的颜色是（   ）。

A. 红色 　　　　　　　　　B. 绿色 　　　　　　　　C. 蓝色

D. 白色 　　　　　　　　　E. 黄色

11. 中耳的结构不包括（   ）。

A. 鼓膜 　　　　　　　　　B. 基底膜 　　　　　　　C. 鼓室

D. 咽鼓管　　　　　　　　　　　E. 听骨链

12. 飞机骤升骤降时，做咀嚼吞咽动作有利于维持(　　)。

A. 基底膜两侧压力的平衡　　　　　　　　　　B. 鼓膜两侧压力的平衡

C. 前庭膜两侧压力的平衡　　　　　　　　　　D. 卵圆窗膜两侧压力的平衡

E. 圆窗膜两侧压力的平衡

13. 正常人声波传入内耳的主要途径是(　　)。

A. 外耳→听骨链→鼓膜→卵圆窗→内耳

B. 外耳→鼓膜→听骨链→卵圆窗→内耳

C. 外耳→鼓膜→听骨链→圆窗→内耳

D. 外耳→鼓膜→鼓室内空气→圆窗→内耳

E. 外耳→咽鼓管→听骨链→鼓膜→内耳

14. 声波由鼓膜经听骨链到达卵圆窗膜时，振动(　　)。

A. 压强增大，振幅不变　　　B. 压强增大，振幅增大　　　C. 压强增大，振幅减小

D. 压强减小，振幅减小　　　E. 压强减小，振幅不变

15. 人耳最敏感的声波频率为(　　)。

A. 16～200 Hz　　　　　　B. 100～1000 Hz　　　　　　C. 1000～3000 Hz

D. 3000～10000 Hz　　　　E. 10000～20000 Hz

16. 感音性耳聋的病变部位在(　　)。

A. 半规管　　　　　　　　　B. 咽鼓管　　　　　　　　　C. 鼓膜

D. 听骨链　　　　　　　　　E. 耳蜗

17. 下列哪个器官功能过敏易发生晕车、晕船?(　　)

A. 听觉器官　　　　　　　　B. 嗅觉器官　　　　　　　　C. 视觉器官

D. 味觉器官　　　　　　　　E. 前庭器官

18. 下列哪个部位受刺激时可出现眼震颤?(　　)

A. 球囊　　　　　　　　　　B. 半规管　　　　　　　　　C. 椭圆囊

D. 耳蜗　　　　　　　　　　E. 视网膜

19. 下列有关眼震颤的叙述，正确的是(　　)。

A. 主要由球囊囊斑受刺激引起

B. 在旋转过程中自始至终都存在

C. 快动相先出现，慢动相后出现

D. 慢动相方向始终与旋转方向相同

E. 眼震颤试验可用来判断前庭功能是否正常

20. 含 H^+ 的物质常有(　　)。

A. 苦味　　　　　　　　　　B. 酸味　　　　　　　　　　C. 甜味

D. 咸味　　　　　　　　　　E. 辣味

B 型题

A. 角膜　　　　　　　　　　B. 房水　　　　　　　　　　C. 晶状体

D. 玻璃体　　　　　　　　　E. 视网膜

1.折光能力最强的是( )。

2.眼的折光系统不包括( )。

3.眼视近物时的调节主要依赖于( )。

A.近视   B.远视   C.散光

D.斜视   E.老视

4.眼球前后径过长或折光系统的折光能力过强,导致( )。

5.角膜表面曲率半径不等,导致平行光线不能聚焦于视网膜,导致( )。

6.随着年龄增长,晶状体的弹性减退,导致( )。

7.视物时最易发生调节疲劳的是( )。

A.多面镜   B.凸透镜   C.凹透镜

D.柱面镜   E.棱镜

8.可矫正近视的眼镜是( )。

9.可矫正散光的眼镜是( )。

10.可矫正远视的眼镜是( )。

11.可矫正老视的眼镜是( )。

A.旋转变速运动   B.直线变速运动   C.声波振动

D.气味物质   E.不规则运动

12.耳蜗的适宜刺激是( )。

13.半规管壶腹嵴的适宜刺激是( )。

14.椭圆囊囊斑的适宜刺激是( )。

15.球囊囊斑的适宜刺激是( )。

三、简答题

1.眼看近处物体时是如何调节的?

2.为什么缺乏维生素 A 会导致夜盲症?

3.随着年龄的增长,眼为什么会发生老视?

4.试述耳是如何辨别不同音调的声音。

5.简述前庭器官的功能。

(周裔春)

第十章
神 经 系 统

掌握：神经纤维传导兴奋的特征；突触的概念、突触传递的过程和突触后电位；乙酰胆碱和去甲肾上腺素递质及其受体；丘脑特异性投射系统和非特异性投射系统的概念与功能；牵涉痛的概念、内脏痛的特点；脊休克、牵张反射的概念和机制；自主神经系统的功能及功能特征。

本章 PPT

熟悉：神经元和神经纤维的基本功能；中枢神经元的联系方式、中枢兴奋传播的特征；丘脑的核团；去大脑僵直的概念及机制；突触后抑制的概念、特点和类型；睡眠的时相、特点及其意义；条件反射的建立和两种信号系统。

了解：神经元的结构和神经纤维的分类；神经纤维的轴浆运输和神经的营养性作用；中枢神经递质的种类及其主要作用；大脑皮层感觉区及运动区的功能特征；小脑和基底神经节的功能特征；各级中枢对内脏活动的调节；脑电活动和大脑皮层的语言功能。

神经系统在人体生理功能调节中起主导作用。神经系统不仅可以直接或间接地调节体内各器官、组织的活动，使之相互联系、相互依存、相互协调成为统一的整体，还可以通过对各种生理过程的调节，使机体更好地适应内、外环境的变化，维持生命活动的正常进行。此外，人类的神经系统还具有思维、语言、学习和记忆等高级功能，从而使人类不但能被动地适应环境，而且能主动地认识和改造周围环境。

第一节　神经系统活动的基本原理

一、神经元和神经纤维

神经系统主要由神经元和神经胶质细胞组成。机体通过这两种细胞，特别是神经元之间复杂的结构和功能联系，来实现神经系统的调节功能。

（一）神经元

1. 神经元的一般结构和功能 神经元（neuron）即神经细胞，是构成神经系统结构和功能的基本单位。神经元的主要功能是感受和传递信息。此外，有些神经元还能分泌激素，将神经信号转变为化学信号。人类中枢神经系统内约含有 10^{11} 个神经元，其形状和大小差别很大。神经元由胞体和突起两部分组成（图 10-1）。胞体具有接受、整合信息和发放传出冲动的功能。突起由胞体发出，分为树突和轴突。一个神经元可有一个或多个树突，其功能主要是接受刺激，将产生的局部兴奋传向胞体。一个神经元一般只有一个轴突，其功能主要是将胞体产生的神经冲动传向外周。轴突的起始部分称为始段，动作电位常常在该部位首先产生，而后沿轴突传导。轴突细而长，可发出侧支，其末端分成许多分支，每个分支末梢部分膨大呈球形，称为突触小体，轴突末梢可释放递质。轴突和感觉神经元的长树突一起统称为轴索，轴索外面包有髓鞘或神经膜，构成神经纤维（nerve fiber）。神经纤维末端称为神经末梢（nerve terminal）。

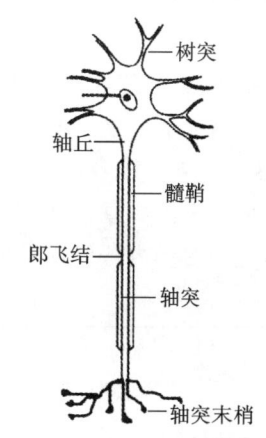

图 10-1 运动神经元的结构示意图

（二）神经纤维

1. 神经纤维的功能 神经纤维的主要功能是传导兴奋。在神经纤维上传导着的兴奋称为神经冲动（nerve impulse）。神经纤维能使其支配的组织器官在功能上发生变化，如引起肌肉收缩、腺体分泌等，这种作用称为神经的功能性作用。另一方面，神经末梢还经常释放一些营养性因子，持续调整其支配组织的代谢活动，从而持久地影响该组织的形态结构和生理功能等，这一作用称为神经的营养性作用。神经的营养性作用与神经冲动关系不大，正常情况下不易被觉察，但在神经损伤时就容易表现出来，这时被支配的肌肉内糖原合成减慢，蛋白质分解加速，肌肉逐渐萎缩。例如，临床上脊髓灰质炎患者一旦前角运动神经元变性死亡，它所支配的肌肉就会在发生瘫痪的同时逐渐萎缩。

2. 神经纤维传导兴奋的特征 神经纤维传导兴奋具有以下特征。①生理完整性：神经纤维只有在结构和功能都完整时才能传导兴奋。如果神经纤维受损或被局部麻醉，兴奋的传导就会发生障碍。②绝缘性：一根神经干中含有许多条神经纤维，由于神经纤维间没有细胞质的沟通，加上每条神经纤维又被一层薄而疏松的结缔组织包裹，因此神经纤维传导兴奋时基本上不会相互干扰，其生理意义在于保证神经调节的精确性。③双向性：人为刺激神经纤维上任何一点，只要刺激强度足够大，引起的兴奋可同时向神经纤维的两端传导，但在机体内，突触传递的极性决定了神经冲动总是由胞体传向末梢。④相对不疲劳性：连续电刺激神经纤维数小时甚至十几小时，神经纤维始终能保持传导兴奋的能力，表现为不易发生疲劳。

3. 神经纤维传导兴奋的速度 不同神经纤维传导兴奋的速度差别较大，这与神经纤维的直径、有无髓鞘以及温度等密切相关。一般来说，神经纤维直径越粗，其传导速度越快;有髓神经纤维比无髓神经纤维传导速度快;温度在一定范围内升高也可加快传导速度,当温度降至 0 ℃以下时,传导就会发生阻滞,局部可暂时失去感觉,这就是临床上局部低温麻醉的依据。当周围神经发生病变时,传导速度减慢。因此,测定神经纤维的传导速度有助于诊断神经纤维的疾病和神经损伤的预后评估。

4. 神经纤维的分类　根据神经纤维的性质差异,从不同的角度有不同的神经纤维分类方法(表 10-1)。

(1) 根据有无髓鞘:神经纤维可分为有髓神经纤维和无髓神经纤维。

(2) 根据兴奋传导速度:可将神经纤维分为 A、B、C 三类,其中 A 类纤维又分为 α、β、γ、δ 四类,这种分类方法多用于传出纤维。

(3) 根据来源与直径:可将神经纤维分为 Ⅰ、Ⅱ、Ⅲ、Ⅳ 四类,其中 Ⅰ 类纤维又分为 I_a 和 I_b 两类,这种分类方法常用于传入纤维。

表 10-1　神经纤维的分类

根据传导速度	传导速度/(m/s)	纤维直径/μm	功　　能	根据来源与直径
A 类(有髓鞘)				
α	70～120	13～22	本体感觉、躯体运动	I_a 和 I_b
β	30～70	8～13	触-压觉	Ⅱ
γ	15～30	4～8	支配梭内肌(使其收缩)	
δ	12～30	1～4	痛觉、温度觉、触-压觉	
B 类(有髓鞘)	3～15	1～3	自主神经节前纤维	Ⅲ
C 类(无髓鞘)				
交感神经	0.7～2.3	0.3～1.3	交感节后纤维	
后根	0.6～2.0	0.4～1.2	痛觉、温度觉、触-压觉	Ⅳ

5. 轴浆运输　神经元轴突内的胞浆称为轴浆,轴浆在胞体与轴突末梢之间不断地流动。借助轴浆流动可在胞体与轴突末梢之间实现物质运输的功能,称为轴浆运输(axoplasmic transport)。轴浆运输对维持神经元的正常结构和功能有着重要意义。轴浆运输具有双向性。自胞体向轴突末梢的轴浆运输称为顺向轴浆运输,顺向轴浆运输又可分为快速轴浆运输和慢速轴浆运输两种,前者是指具有膜结构的细胞器,如线粒体、含有递质的囊泡和分泌颗粒等囊泡结构的运输,在猴、猫等动物坐骨神经内的运输速度约为 410 mm/d;后者是指由胞体合成的蛋白质构成的微管和微丝等结构不断向末梢方向的延伸,速度为 1～12 mm/d。自轴突末梢向胞体的轴浆运输称为逆向轴浆运输,其速度约为 205 mm/d。很多物质如神经生长因子、辣根过氧化物酶、某些病毒(如狂犬病病毒)和毒素(如破伤风毒素)等,均可通过入胞作用被摄入神经末梢,然后以这种方式运输到胞体。

(三) 神经胶质细胞

神经胶质(neuroglia)细胞广泛分布于中枢和周围神经系统中,是神经组织的重要组成部分。在人类的中枢神经系统中,胶质细胞主要有星形胶质细胞、少突胶质细胞和小胶质细胞三类,为神经元数量的 $10\sim50$ 倍。在周围神经系统中,胶质细胞主要有施万细胞和卫星细胞。神经胶质细胞的主要功能有:①支持神经元;②参与神经系统的修复和再生;③免疫应答作用;④物质代谢和营养作用;⑤形成髓鞘和屏障作用;⑥稳定细胞外液 K^+ 的浓度;⑦参与某些递质及生物活性物质的代谢。目前已发现某些神经系统的疾病与神经胶质细胞的功能改变有关。因此,进一步认识神经胶质细胞,有助于提高人类防治神经系统疾病的能力。

知识链接

神经纤维的再生修复

在以前,医学界都认为神经纤维损伤断裂后是不能再生修复的。但后来的研究表明,神经纤维损伤断裂后也是可以再生修复的。神经纤维的再生修复必须具备三个基本条件:①相应的神经元依然存活,可以合成神经纤维再生所需要的各种物质;②损伤纤维断端的距离不能太远,应小于 2.5 cm;③断裂处不能有增生的纤维瘢痕阻隔。如果距离过远、纤维组织增生或远端截肢,近端新生的轴突不能生长到远端的神经细胞索内,而与增生的纤维组织绞缠在一起,形成瘤样肿块,称为创伤性神经瘤,常引起顽固性疼痛。2009 年 10 月,美国波士顿儿童医院的研究人员发现一种叫作 Mst3b 的蛋白激酶,即神经纤维再生精确调控因子,Mst3b 在神经纤维损伤的再生修复过程中,可能起到了精密调节器的作用。Mst3b 在神经纤维再生修复的细胞信号转导通路中能依次激活下游信号,使控制神经纤维再生的基因得以表达,继而在受损的神经纤维再生修复过程中发挥重要作用。

二、神经元间的信息传递方式

突触传递是神经系统中信息传递的一种重要方式。反射弧中神经元与神经元、神经元与效应器细胞之间都是通过突触(synapse)来传递信息的。所谓突触,是指神经元与神经元之间、神经元与效应器细胞之间的功能接触部位。神经元与效应器细胞之间的突触也称为接头。突触传递方式有两大类,即化学性突触传递和电突触传递,以前者为主。化学性突触传递又包括定向突触传递和非定向突触传递两种,前者末梢释放的递质仅作用于范围极为局限的突触后成分,如经典的突触和神经-骨骼肌接头;后者末梢释放的递质则可扩散至距离较远和范围较广的突触后成分,如神经-心肌接头和神经-平滑肌接头。电突触传递则是局部电流通过缝隙连接实现的电信号直接传递。

(一)经典的突触传递

1. 突触的微细结构和分类 经典的突触由突触前膜、突触后膜与突触间隙三部分构成(图 10-2)。突触前膜是指突触前神经元突触小体的细胞膜,突触后膜是指与突触前膜相对应的突触后神经元胞体或突起的细胞膜,上面有特异性受体或化学门控离子通道。突触前膜与突触后膜较一般的神经元膜稍厚,两者之间存在 $20\sim40$ nm 的间隙,称为突触间隙。在突触小体内含有较多的线粒体和大量内含高浓度神经递质的囊泡。对不同的神经元,突触囊泡的形态和大小不完全相同,所含的神经递质也可以不同。

根据突触接触的部位,通常将经典的突触分为轴突-胞体突触、轴突-树突突触和轴突-轴突突触三类(图 10-3)。按突触传递产生的效应,可将突触分为兴奋性突触和抑制性突触两类。

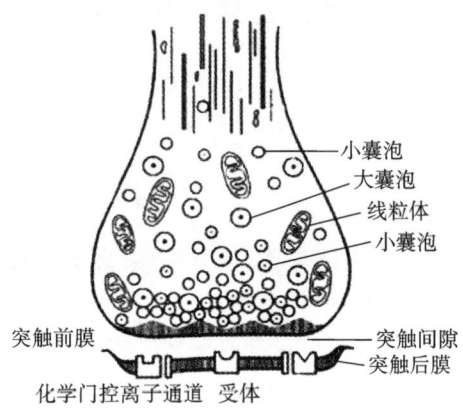

图 10-2　经典突触的微细结构模式图

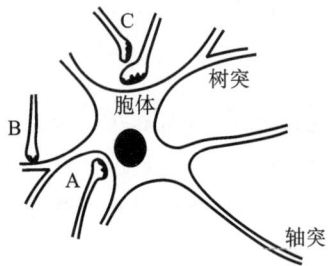

图 10-3　经典突触类型示意图

注:A,轴突-胞体突触;B,轴突-树突突触;C,轴突-轴突突触。

2. 突触传递的过程　当突触前神经元的兴奋传导到轴突末梢时,突触前膜发生去极化,引起突触前膜上电压门控 Ca^{2+} 通道开放,细胞外液的 Ca^{2+} 便进入突触小体,使突触小体内 Ca^{2+} 浓度升高,有利于囊泡向突触前膜移动并与突触前膜接触、融合,随后囊泡膜破裂,其中的神经递质全部释放到突触间隙,并扩散抵达突触后膜,作用于突触后膜上的特异性受体或化学门控通道,引起突触后膜对某些离子的通透性发生改变,使某些离子进出突触后膜,导致突触后膜发生一定程度的去极化或超极化,形成突触后电位(postsynaptic potential),从而将突触前神经元的信息传递到突触后神经元,引起突触后神经元的功能变化。

3. 突触后电位　突触后电位包括兴奋性突触后电位和抑制性突触后电位两种。

(1) 兴奋性突触后电位:当神经冲动抵达突触前膜时,引起突触前膜释放兴奋性递质,作用于突触后膜上的相应受体,使突触后膜对 Na^+ 和 K^+ 的通透性增大,引起 Na^+ 和 K^+ 的跨膜流动,由于 Na^+ 的内流大于 K^+ 的外流,从而突触后膜发生局部去极化。这种突触后膜在神经递质作用下产生的局部去极化电位变化,称为兴奋性突触后电位(excitatory postsynaptic potential,EPSP)(图 10-4)。EPSP 是一种局部电位,可以总和。当突触前神经元活动增强或参与活动的突触数量增多时,EPSP 总和幅度增加,当达到阈电位水平时,则可在突触后神经元的轴丘处诱发动作电位,并沿着轴突传播出去。

(2) 抑制性突触后电位:当神经冲动抵达突触前膜时,引起突触前膜释放抑制性递质,作用于突触后膜上的相应受体,使突触后膜对 Cl^- 和 K^+ 的通透性增大,主要是 Cl^- 的通透性增大,引起 Cl^- 内流和 K^+ 外流,结果是突触后膜发生超极化。这种突触后膜在神经递质作用下产生的局部超极化电位,称为抑制性突触后电位(inhibitory postsynaptic potential,IPSP)(图 10-5)。IPSP 也是一种局部电位,也可以进行总和。IPSP 使突触后神经元的膜电位与阈电位的距离增大,使突触后神经元不易产生动作电位。

由于一个突触后神经元常与多个突触前神经元的轴突末梢构成突触,产生的突触后电

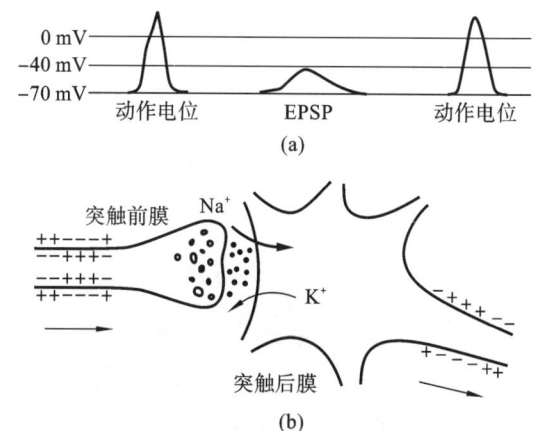

图 10-4　兴奋性突触后电位产生示意图

注:(a)电位变化;(b)突触传递。

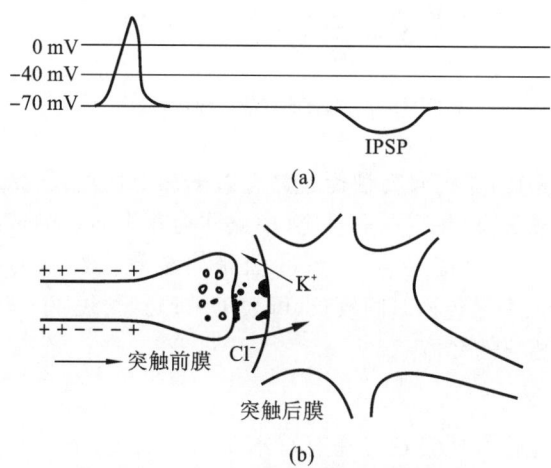

图 10-5　抑制性突触后电位产生示意图

注:(a)电位变化;(b)突触传递。

位既有 EPSP,也有 IPSP。前者使突触后神经元的兴奋性提高,后者使突触后神经元的兴奋性降低,因此,是否引起突触后神经元发生兴奋取决于这些 EPSP 和 IPSP 的总和。

综上所述,突触传递是一个电—化学—电的传递过程,即突触前神经元的兴奋引起轴突末梢释放神经递质,神经递质与突触后膜上的特异性受体结合,进而引起突触后神经元发生生物电的变化。这与神经-肌肉接头处兴奋的传递过程有许多相似之处。

(二)非定向突触传递

非定向突触传递也是通过神经递质来传递信息的,但并不存在上述经典的突触结构,也称为非突触性化学传递。非定向突触的突触前神经元的轴突末梢分支上形成许多串珠样的膨大结构,称为曲张体,曲张体内含有许多神经递质囊泡(图 10-6)。突触前神经元兴奋时引起许多曲张体同时释放神经递质,经细胞外液扩散至相邻的效应器细胞,与受体结合后发挥调节作用。

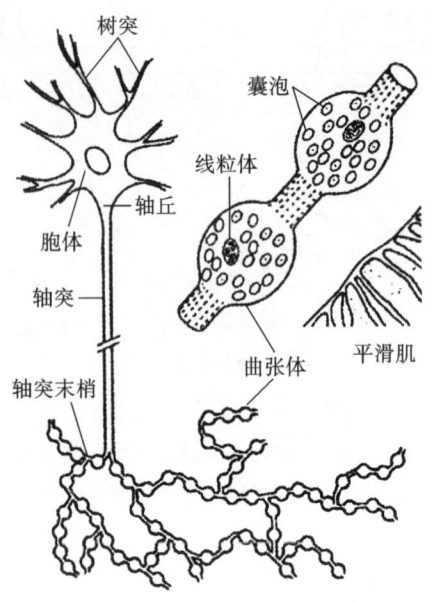

图 10-6 非定向突触传递示意图

与定向突触传递相比,非定向突触传递具有以下几个特点:①突触前和突触后成分无特化的突触前膜和突触后膜,并不一一对应(由此称为非定向突触传递),一个曲张体可支配较多的突触后成分,即无特定的靶点;②曲张体至效应细胞的距离较远(一般大于20 nm),且远近不一,故突触传递时间较长(可大于 1 s)且长短不一;③曲张体的邻近细胞不一定都含有该递质相应的受体。

(三)电突触传递

电突触传递与上述化学性突触传递有着本质的区别,它是通过局部电流来传递信息的,其结构基础是缝隙连接。缝隙连接是两个神经元细胞膜紧密接触的部位,两层膜之间的间隙只有 2～3 nm,膜上有许多贯穿两膜的由蛋白质分子构成的水相通道,允许带电离子自由通过,使两个神经元的胞质得以直接沟通。电突触传递速度快,几乎没有潜伏期,信息传递是双向性的。电突触传递主要发生在同类神经元之间,具有促进神经元同步化活动的功能。

三、神经递质与受体

(一)神经递质

化学性突触传递是由突触前神经元兴奋时轴突末梢释放神经递质,作用于突触后神经元或效应器细胞上的受体来实现的。神经递质(neurotransmitter)是指由神经元合成并在神经元与神经元之间或神经元与效应器细胞之间传递信息的化学物质的统称。除神经递质外,神经元还能合成和释放一些化学物质,它们并不在神经元之间直接传递信息,而是对神经递质的信息传递过程起调节作用,即增强或减弱神经递质的信息传递效应,这类化学物质称为神经调质(neuromodulator),其所发挥的作用称为调制作用。神经递质和神经调质有时很难截然区分开,因为在有些情况下神经递质也可起到神经调质的作用,而在另一些情况下神经调质也可发挥神经递质的作用。

根据存在的部位不同,神经递质可分为中枢神经递质和外周神经递质两大类。

1.中枢神经递质 在中枢神经系统内传递信息的神经递质称为中枢神经递质,主要包括以下几类。

(1)乙酰胆碱:以乙酰胆碱(ACh)作为神经递质的神经元称为胆碱能神经元。胆碱能神经元在中枢神经系统内分布极为广泛,脊髓、脑干网状结构、丘脑、纹状体和边缘系统等处都有分布,其功能与感觉、运动、学习记忆等活动有关。

(2)胺类:包括多巴胺、去甲肾上腺素、肾上腺素、5-羟色胺和组胺等。脑内的多巴胺主要由黑质的神经元产生,沿黑质-纹状体投射系统分布,组成黑质-纹状体多巴胺递质系统,主要参与对躯体运动、精神情绪活动、垂体内分泌功能以及心血管活动等的调节。中枢神经系统内以肾上腺素作为神经递质的神经元称为肾上腺素能神经元,其胞体主要分布于延髓,参与对血压和呼吸运动的调节。以去甲肾上腺素作为神经递质的神经元称为去甲肾上腺素能神经元,主要位于低位脑干,主要参与对心血管活动、情绪、体温、摄食和觉醒等方面的调节。5-羟色胺能神经元主要位于低位脑干的中缝核内,其功能与睡眠、体温调节、情绪反应及痛觉等活动有关。

知识链接

多巴胺与成瘾

海洛因、烟碱和可卡因等毒品可作用于脑内不同的神经递质系统:海洛因作用于阿片系统,烟碱作用于胆碱能系统,可卡因则作用于多巴胺能和去甲肾上腺素能系统,并产生不同的精神症状。这三类毒品有一个共同的特征即高度成瘾性。研究表明,在大鼠脑内,海洛因和烟碱主要作用于腹侧被盖区,可卡因则主要作用于伏隔核。腹侧被盖区多巴胺能上行纤维可到达前脑的伏隔核。因此,这三种毒品都能刺激伏隔核内多巴胺的释放(如海洛因和烟碱)或增强多巴胺的作用(如可卡因)。实验证明,成瘾动物在毒品或药物的持续作用下,可伴随出现多巴胺释放明显减少和伏隔核功能降低。一旦中断毒品或药物的供应便会产生戒断症状,并强烈要求毒品或药物的继续供应。

(3)氨基酸类:主要包括谷氨酸、门冬氨酸、γ-氨基丁酸、甘氨酸。其中,前两种为兴奋性递质,后两种为抑制性递质。

(4)神经肽:脑内的肽类递质又称神经肽,种类多、分布广。神经肽既可作为神经递质,也可作为神经调质或激素。主要的神经肽有速激肽(如 P 物质)、阿片肽(如脑啡肽)、脑-肠肽等。

(5)其他递质:嘌呤类物质中腺苷是中枢神经系统中的一种抑制性调质,咖啡和茶的中枢兴奋效应就是由于咖啡因和茶碱抑制腺苷的作用而产生的;脑内一氧化氮、一氧化碳等气体分子亦具有神经递质的特征,它们都是通过激活鸟苷酸环化酶来发挥信息传递作用的。

2. 外周神经递质　在外周神经系统内传递信息的神经递质称为外周神经递质，主要包括乙酰胆碱和去甲肾上腺素两类。

（1）乙酰胆碱：释放乙酰胆碱作为神经递质的神经纤维，称为胆碱能纤维（cholinergic fiber）。所有交感神经和副交感神经的节前纤维、大部分副交感神经的节后纤维（除少数释放肽类或嘌呤类递质的纤维外）、小部分交感神经的节后纤维（支配汗腺的纤维和支配骨骼肌血管的交感舒血管神经纤维）、躯体运动神经纤维都属于胆碱能纤维（图 10-7）。

（2）去甲肾上腺素：释放去甲肾上腺素作为神经递质的神经纤维，称为肾上腺素能纤维（adrenergic fiber）。大部分交感神经节后纤维属于肾上腺素能纤维（图 10-7）。

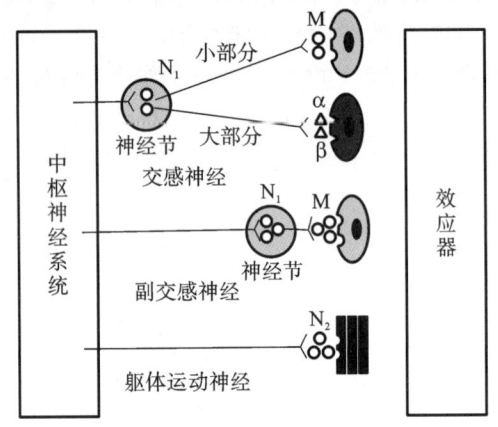

图 10-7　外周神经纤维的分类及释放的神经递质示意图
注：O代表乙酰胆碱；△代表去甲肾上腺素。

在外周，除上述两种主要的神经递质外，还发现有嘌呤类和肽类递质。例如，引起胃容受性舒张的迷走神经纤维释放的神经递质可能就是一种肽类物质。

（二）受体

受体是指位于细胞膜或细胞内能与某些化学物质（如神经递质、细胞因子或激素等）特异性结合，并诱发特定生物学效应的特殊生物分子。位于细胞膜上的受体称为膜受体，与神经递质结合的受体一般为膜受体，主要分布在突触后膜上。神经递质必须与受体结合才能发挥作用。下面重点介绍外周神经系统受体，主要包括胆碱能受体和肾上腺素能受体两大类。

1. 胆碱能受体　能与乙酰胆碱特异性结合的受体称为胆碱能受体（cholinergic receptor）。根据其药理学特性，胆碱能受体又可分为毒蕈碱型受体（muscarinic receptor，M 受体）和烟碱型受体（nicotinic receptor，N 受体）两大类。

（1）M 受体：M 受体主要分布于大部分副交感神经节后纤维支配的效应器细胞膜上和交感神经节后纤维所支配的汗腺和骨骼肌血管的平滑肌细胞膜上。目前已分离出 $M_1 \sim M_5$ 五种亚型。乙酰胆碱与 M 受体结合后，可引起心脏活动的抑制，支气管、胃肠平滑肌和膀胱逼尿肌收缩，消化腺和汗腺分泌增加，瞳孔缩小以及骨骼肌血管舒张等一系列自主神经效应。这些作用统称为毒蕈碱样作用，简称 M 样作用。有些药物可与受体结合，使神经递质不能发挥作用,称为受体阻断剂。阿托品是 M 受体的阻断剂。

(2) N 受体:N 受体分为 N_1 受体和 N_2 受体两种亚型。N_1 受体位于自主神经节突触后膜上,又称为神经元型烟碱受体;N_2 受体位于神经-骨骼肌接头的终板膜上,又称为肌肉型烟碱受体。

N 受体都属于化学门控通道。乙酰胆碱与 N_1 受体结合能兴奋自主神经节后神经元,乙酰胆碱与 N_2 受体结合能引起骨骼肌收缩,这些作用称为烟碱样作用,简称 N 样作用。六烃季胺主要阻断 N_1 受体;十烃季胺主要阻断 N_2 受体;筒箭毒碱既可阻断 N_1 受体,也可阻断 N_2 受体。临床上常用筒箭毒碱和十烃季胺作为肌肉松弛剂。

2. 肾上腺素能受体 能与肾上腺素或去甲肾上腺素结合的受体称为肾上腺素能受体 (adrenergic receptor),可分为 α 肾上腺素能受体和 β 肾上腺素能受体两大类。

(1) α 肾上腺素能受体:简称 α 受体,又可分为 α_1 和 α_2 两种亚型,肾上腺素能纤维支配的效应器细胞膜上的 α 受体为 α_1 受体,突触前膜上的 α 受体为 α_2 受体。在外周,α 受体(主要是 α_1 受体)激动后,主要引起平滑肌的兴奋效应,如血管和子宫平滑肌收缩、瞳孔开大肌收缩等,但对小肠平滑肌为抑制性效应,使小肠平滑肌舒张。酚妥拉明可以阻断 α_1 和 α_2 两种受体,拮抗去甲肾上腺素引起的血管收缩、血压升高的作用。哌唑嗪可以选择性阻断 α_1 受体,育亨宾可以选择性阻断 α_2 受体。

(2) β 肾上腺素能受体:简称 β 受体,主要有 β_1 和 β_2 两种亚型。β_2 受体兴奋时所产生的平滑肌效应是抑制性的,如冠状血管舒张、支气管扩张,但 β_1 受体兴奋时对心肌的效应却是兴奋性的。普萘洛尔是重要的 β 受体阻断剂,它对 β_1 和 β_2 两种受体都有阻断作用。阿替洛尔主要阻断 β_1 受体,使心率减慢,而对支气管平滑肌作用很小,故对于心绞痛并伴有支气管痉挛的患者比较适用。丁氧胺则主要阻断 β_2 受体。

研究发现,受体不仅存在于突触后膜,还存在于突触前膜。突触前膜上的受体称为突触前受体。突触前受体的作用主要是抑制神经末梢递质的释放,起负反馈抑制作用。胆碱能受体和肾上腺素能受体的分布及其主要效应见表 10-2。

表 10-2　胆碱能受体和肾上腺素能受体的分布及其主要效应

效应器	胆碱能受体	效应	肾上腺素能受体	效应
自主神经节	N_1	节后神经元兴奋		
骨骼肌终板膜	N_2	骨骼肌兴奋		
循环器官				
窦房结	M	心率减慢	β_1	心率加快
房室传导系统	M	传导减慢	β_1	传导加快
心肌	M	收缩力减弱	β_1	收缩力加强
脑血管	M	舒张	α_1	轻度收缩
冠状动脉	M	舒张	α_1	收缩
			β_2	舒张(为主)
皮肤黏膜血管	M	舒张	α_1	收缩

效应器	胆碱能受体	效应	肾上腺素能受体	效应
胃肠道血管			α_1	收缩(为主)
			β_2	舒张
骨骼肌血管			α_1	收缩
	M	舒张	β_2	舒张(为主)
呼吸器官				
支气管平滑肌	M	收缩	β_2	舒张
支气管腺体	M	分泌增多		
消化器官				
胃平滑肌	M	收缩	β_2	舒张
小肠平滑肌	M	收缩	α_2	舒张
括约肌	M	舒张	α_1	收缩
唾液腺	M	促进分泌	α_1	促进分泌
胃腺	M	促进分泌	α_2	抑制分泌
泌尿器官				
膀胱逼尿肌	M	收缩	β_2	舒张
内括约肌	M	舒张	α_1	收缩
生殖器官				
妊娠子宫			α_1	收缩
未孕子宫			β_2	舒张
眼				
瞳孔开大肌			α_1	收缩,瞳孔开大
瞳孔括约肌	M	收缩,瞳孔缩小		
皮肤				
竖毛肌			α_1	收缩(竖毛)
汗腺	M	分泌		
代谢				
糖酵解			β_2	加强
脂肪分解			β_1	加强

四、反射中枢的活动规律

反射是神经调节的基本方式,反射中枢是反射弧的重要组成部分。下面将讨论反射中枢神经元的一些基本活动规律。

（一）中枢神经元的联系方式

神经元按其在反射弧中所处位置可分为传入神经元、中间神经元和传出神经元,其中以中间神经元的数量最多,仅大脑皮层的中间神经元就约有 140 亿个。中枢神经元之间的联系方式主要有以下几种(图 10-8)。

1. 辐散式 一个神经元通过其轴突分支与许多神经元同时建立突触联系的方式,使与之相联系的许多神经元同时兴奋或抑制。这种联系有利于扩大神经元活动影响的范围。辐散式联系在感觉传导途径上多见。

2. 聚合式 许多神经元的轴突末梢同时与同一个神经元建立突触联系的方式,能使许多神经元的作用集中到同一神经元,从而发生总和或整合作用。聚合式联系在运动传出途径上多见。

3. 链锁式和环式 在中枢神经系统内,辐散式和聚合式常共同存在,并通过中间神经元的联系构成许多复杂的环状回路或链锁状回路联系。若环状回路内各神经元都是兴奋性神经元,则通过环式联系使兴奋效应得到增强和时间上的延续,即产生正反馈效应。若环状回路内某些中间神经元是抑制性神经元,释放抑制性递质,则通过环式联系返回抑制原先兴奋的神经元,使其活动及时终止,即产生负反馈效应。神经冲动通过链锁式联系,可以在空间上扩大其作用的范围。

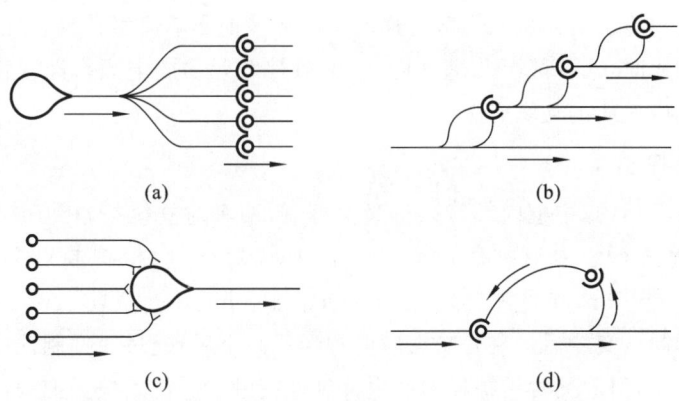

图 10-8 中枢神经元的联系方式

注:(a)辐散式;(b)链锁式;(c)聚合式;(d)环式。

（二）中枢兴奋传递的特征

在反射活动过程中,兴奋在反射弧的中枢部分传递时至少需要经过一个以上的突触传递。由于突触本身的结构和神经递质参与等因素的影响,兴奋通过突触传递时明显不同于兴奋沿神经纤维的传导,主要表现在以下几个方面。

1. 单向传递 指兴奋通过突触传递时只能由突触前神经元向突触后神经元单方向传递,这是因为神经递质通常由突触前膜释放而作用于突触后膜的受体。虽然近年来发现,突触后神经元也能释放递质,如一氧化氮、多肽等,逆向作用于突触前膜,但其作用主要是调节突触前神经递质的释放,而与兴奋的传递无直接关系。

2. 中枢延搁 兴奋通过突触传递时,需要经过递质的释放、扩散、与突触后膜受体的结合,以及突触后膜离子通道的开放和产生突触后电位等一系列过程,所需时间较长,这一现象称为突触延搁或中枢延搁。兴奋通过一个突触所需的时间通常为 0.3～0.5 ms,这比兴奋在神经纤维上的传导要慢得多。因此,在反射活动中,兴奋通过的突触数量越多,反射所需时间就越长。

3. 总和 在反射过程中,单根神经纤维的传入冲动所引起的 EPSP,通常不能引起突触后神经元产生动作电位。如果许多突触前末梢同时传入冲动到达同一神经元,或在单个突触前末梢上连续快速传入一连串动作电位,则突触后神经元产生的多个局部电位可以进行时间性或空间性的总和,突触后神经元如何活动则取决于这些突触后电位总和的结果。

4. 兴奋节律的改变 兴奋通过突触传递后,其突触后神经元的兴奋节律与突触前神经元的兴奋节律往往不同。这是因为突触后神经元常同时与多个突触前神经元发生联系,且其自身的功能状态也各不相同。此外,突触前神经元传入通路中还存在中间神经元,这些神经元的功能状态和联系方式的差异也与兴奋节律的改变有关。

5. 后发放 在反射活动中,当传入刺激已经停止,传出神经上冲动发放仍能持续一段时间,这种现象称为后发放(after-discharge)。后发放的结构基础是兴奋性中间神经元的环式联系。

6. 对内环境变化敏感和易疲劳性 这是由突触传递的本质所决定的。任何影响递质的合成、释放、失活或受体活性、能量供给的因素均可影响突触传递。例如,缺氧、二氧化碳增多以及某些药物等都可作用于突触传递的某些环节而影响突触传递。此外,高频率连续刺激突触前神经元时,几秒甚至几毫秒后,突触后神经元的放电频率即很快降低。这可能与突触前神经元内递质的耗竭有关。

（三）中枢抑制

在任何反射活动中,中枢内既有兴奋又有抑制,两者对立统一,相互协调,使神经调节得以正常精确地进行。中枢抑制产生的机制非常复杂,中枢抑制可分为突触后抑制(postsynaptic inhibition)和突触前抑制(presynaptic inhibition)两类。

1. 突触后抑制 突触后抑制是指突触前神经元兴奋后,通过使抑制性中间神经元兴奋并释放抑制性递质,引起突触后神经元产生抑制性突触后电位。根据抑制性中间神经元的联系方式,突触后抑制又分为以下两种类型:

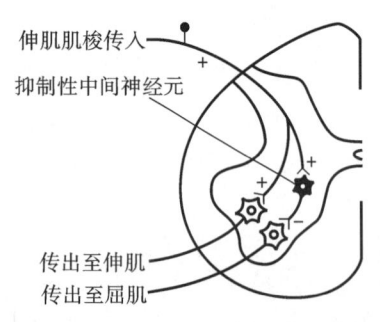

图 10-9 传入侧支性抑制示意图
注:"＋"表示兴奋;"－"表示抑制。

（1）传入侧支性抑制:传入纤维进入中枢后,在兴奋某一中枢神经元的同时,通过其侧支兴奋一个抑制性中间神经元,进而抑制另一个中枢神经元的活动,这种突触后抑制称为传入侧支性抑制(afferent collateral inhibition)。例如,伸肌肌梭的传入纤维进入脊髓后,在直接兴奋伸肌运动神经元的同时,发出侧支兴奋一个抑制性中间神经元,使支配屈肌的运动神经元受到抑制,从而导致伸肌收缩而屈肌舒张(图 10-9)。传入侧支性抑制能使不同中枢之间的活动协调起来。

（2）回返性抑制:中枢神经元兴奋时,在其传出冲动沿轴突外传的同时,又经轴突的侧支兴奋一个抑制性中间神经元,该抑制性中间神经元释放抑制性递质,反过来抑制原先发生兴奋的神经元及同一中枢的其他神经元,这种抑制称为回返性抑制(recurrent inhibition)。例如,脊髓前角运动神经元兴奋时,其传出冲动沿轴突外传引起骨骼肌收缩,同时又经轴突的侧支兴奋与之形成突触的闰绍细胞。闰绍细胞是抑制性中间神经元,释放抑制性递质甘氨酸,反过来抑制原先发放冲动的运动神经元和其他同类神经元(图10-10)。回返性抑制是一种典型的负反馈控制形式,

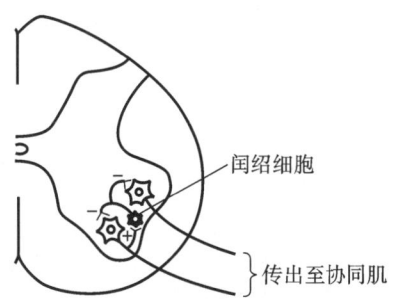

图 10-10 回返性抑制示意图

注:"+"表示兴奋;"—"表示抑制。

其意义在于及时终止神经元的活动,或使同一中枢内许多神经元的活动同步化。

2. 突触前抑制 突触前抑制指通过改变突触前膜的活动而使突触后神经元产生抑制。突触前抑制在中枢内广泛存在,尤其多见于感觉传入途径中,对感觉传入活动的调节具有重要意义。突触前抑制的结构基础是轴突-轴突式突触,如图 10-11 所示,轴突 1 与运动神经元 3 构成轴突-胞体式突触,轴突 2 与轴突 1 构成轴突-轴突式突触,但与运动神经元 3 不直接形成突触。当刺激轴突 1 时,可使运动神经元 3 产生约 10 mV 的兴奋性突触后电位。当单独刺激轴突 2 时,运动神经元 3 不产生反应。如果先刺激轴突 2,随后再刺激轴突 1,则运动神经元 3 产生的兴奋性突触后电位将明显减小,仅有约 5 mV。这说明轴突 2 的活动能降低轴突 1 的兴奋作用,即产生突触前抑制。目前认为可能是轴突 2 兴奋时,其末梢释放抑制性递质 γ-氨基丁酸,使轴突 1 发生了去极化,膜电位减小。这样,当轴突 1 兴奋传来时,形成的动作电位幅度变小,Ca^{2+} 内流也减少,于是轴突 1 释放的兴奋性递质减少,最终导致运动神经 3 产生的兴奋性突触后电位幅度降低。

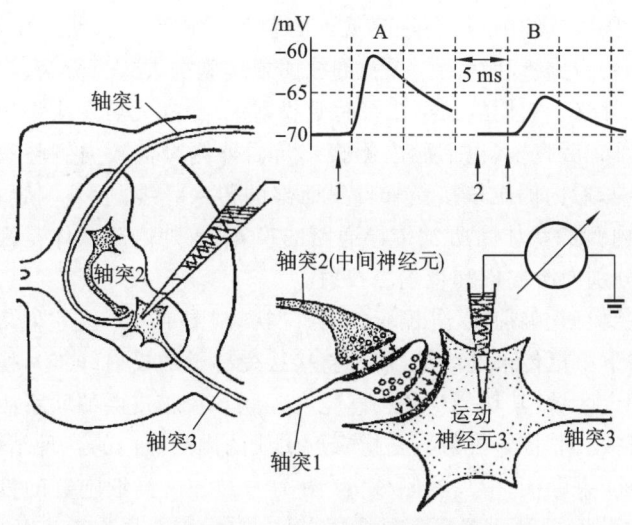

图 10-11 突触前抑制示意图

第二节 神经系统的感觉功能

感觉是神经系统的一项重要生理功能。体内外各种刺激作用于感受器后,产生的传入冲动经特定的感觉传入通路传向特定的中枢加以分析,从而形成各种感觉。中枢神经系统从脊髓一直到大脑皮层,对传入的感觉信息都有一定的整合作用,它们在产生感觉的过程中发挥不同的作用。

一、脊髓的感觉传导功能

脊髓是感觉传导通路中的一个重要神经结构,来自各种感受器的传入冲动,大部分经脊髓后根进入脊髓。由脊髓上传到大脑皮层的感觉传导通路可分为以下两类。

1. 浅感觉传导通路 浅感觉的传入纤维进入脊髓后在后角换元,换元后的第二级神经元发出的纤维经白质前连合交叉至对侧,分别经脊髓丘脑侧束和脊髓丘脑前束上行抵达对侧丘脑。其中,脊髓丘脑侧束主要传导痛觉、温度觉,脊髓丘脑前束主要传导轻触觉。

2. 深感觉传导通路 深感觉的传入纤维进入脊髓后沿同侧后索上行,在延髓下部的薄束核和楔束核更换神经元,第二级神经元发出纤维交叉上行至对侧丘脑,组成后索-内侧丘系。深感觉传导通路主要传导肌肉本体感觉和深压觉等深感觉以及精细触觉(辨别两点间距离和物体表面的性状及纹理等的触觉)。

上述脊髓传导通路若被破坏,相应的躯干、四肢部分就会丧失感觉。

二、丘脑及其感觉投射系统

(一) 丘脑的核团

丘脑内有许多核团或细胞群,是除嗅觉外的各种感觉传入通路的换元接替站,并能对感觉传入信息进行初步分析和综合。丘脑的核团或细胞群大致可分为以下三类。

1. 特异感觉接替核 它们接受第二级感觉投射纤维,换元后发出纤维投射到大脑皮层的特定感觉区,主要有后腹核(包括后内侧腹核与后外侧腹核)、内侧膝状体和外侧膝状体等(图 10-12)。其中,后内侧腹核接受来自头面部的传入纤维;后外侧腹核接受来自躯干、四肢的传入纤维;内侧膝状体是听觉传导通路的换元站;外侧膝状体是视觉传导通路的换元站,发出的纤维分别向听皮层和视皮层投射。

2. 联络核 主要有丘脑前核、外侧腹核、丘脑枕等(图 10-12)。它们接受来自特异感觉接替核和其他皮层下中枢传来的纤维(而不直接接受感觉的投射纤维),换元后发出纤维投射到大脑皮层的特定区域,其功能与各种感觉在丘脑和大脑皮层的联系协调有关。

3. 非特异投射核 非特异投射核是指靠近中线的内髓板内的各种结构,主要是髓板内核群,包括中央中核、束旁核、中央外侧核等(图 10-12)。这类细胞群的投射纤维通过多突触的换元接替后弥散地投射到整个大脑皮层各区,与大脑皮层有着广泛的联系,具有维持和改变大脑皮层兴奋状态的作用。

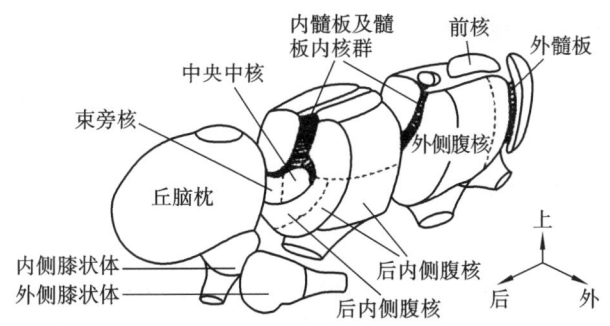

图 10-12 右侧丘脑主要核团示意图

（二）丘脑的感觉投射系统

由丘脑投射到大脑皮层的感觉投射系统，根据其投射特征的不同，可分为以下两大系统。

1. 特异投射系统 丘脑特异感觉接替核及其投射到大脑皮层的神经通路称为特异投射系统（specific projection system）。它们投向大脑皮层的特定区域，具有点对点的投射关系，投射纤维主要终止于大脑皮层的第四层细胞，其主要功能是引起特定的感觉，并激发大脑皮层发放传出冲动。丘脑的联络核在结构上也与大脑皮层有特定的投射关系，因此也属于特异投射系统，但它不引起特定感觉，主要起联络和协调的作用（图 10-13）。

2. 非特异投射系统 丘脑非特异投射核及其投射至大脑皮层的神经通路称为非特异投射系统（non-specific projection system）。该系统经过多次换元弥散地投射到大脑皮层的广泛区域（图 10-13），因而不具有点对点的投射关系，投射纤维终止于大脑皮层的各层。非特异投射系统是各种不同感觉信号的共同上行通路，其主要功能是维持和改变大脑皮层的兴奋状态，但不产生特定的感觉。

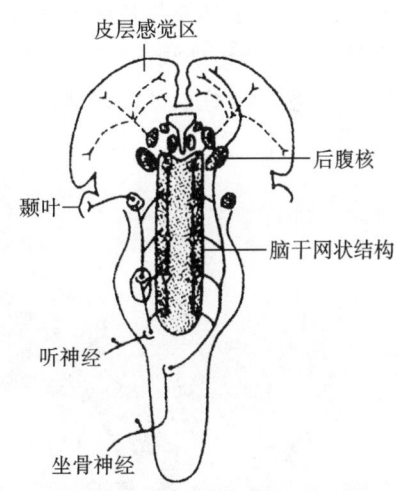

图 10-13 感觉投射系统示意图

注："——"表示特异投射系统；

"----"表示非特异投射系统。

实验证明，脑干网状结构内存在着上行起唤醒作用的功能系统，这一系统被称为脑干网状结构上行激动系统（ascending reticular activating system），该系统的作用就是通过丘脑非特异投射系统来实现的。当这一系统的上行冲动减少时，大脑皮层就由兴奋状态转入抑制状态，这时人或动物就表现为安静或睡眠。如果这一系统受损伤，可发生昏睡。由于脑干网状结构上行激动系统是一个多突触传递系统，因此易受药物的影响而使传递发生阻滞。例如，巴比妥类催眠药及一些全身麻醉药的作用，可能就是由于阻断了脑干网状结构上行激动系统的传导作用所致。

三、大脑皮层的感觉代表区

大脑皮层是感觉分析的最高级中枢。来自身体不同部位和不同性质的感觉信息在大脑皮层进行分析与综合,从而产生不同的感觉。传导各种感觉冲动的特异投射系统在大脑皮层的投射区有一定的区域分布,称为大脑皮层的感觉代表区。

（一）躯体感觉代表区

1.体表感觉代表区　有第一和第二两个感觉代表区,以第一感觉区的功能更为重要。

（1）第一感觉代表区:全身体表感觉在大脑皮层的投射区主要位于中央后回,称为第一感觉代表区。第一感觉代表区产生的感觉定位明确而且清晰,其投射规律如下:①交叉性投射,即躯体一侧传入冲动向对侧大脑皮层投射,但头面部感觉的投射是双侧的。②投射区域具有一定的空间分布,即下肢代表区在大脑皮层的顶部,上肢代表区在中间,头面部代表区在底部,总体安排是倒置的,但头面部代表区内部的安排是正立的。③投射区域的大小与感觉分辨精细程度有关,分辨愈精细的部位,其代表区愈大。例如,拇指的代表区面积很大,而躯干的代表区面积则很小（图 10-14）。

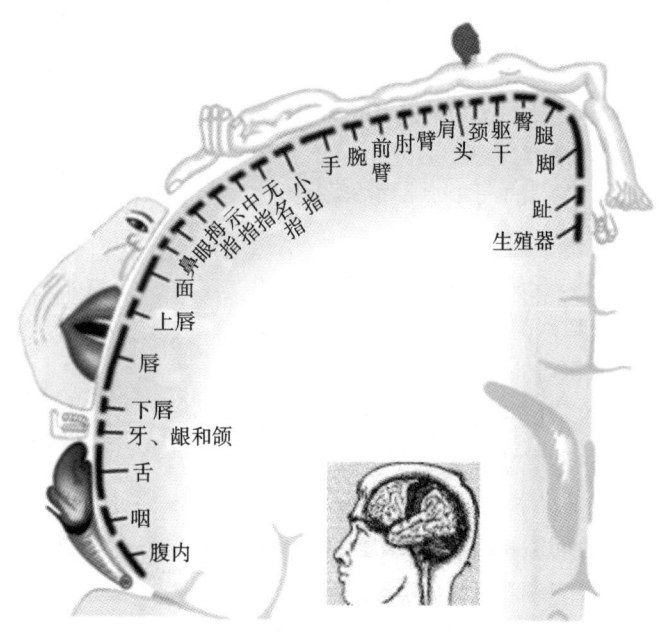

图 10-14　人大脑皮层体表感觉代表区示意图

（2）第二感觉代表区:在中央前回和岛叶之间还存在第二感觉代表区,其面积远比第一感觉代表区小。第二感觉代表区内的感觉投射亦有一定的分野,但不如中央后回那么完善和具体,投射区域的空间安排是正立的和双侧性的。此区对感觉仅有粗糙的分析作用,感觉定位不明确,感觉性质不清晰。有人认为,此区可能接受痛觉传入信息的投射,与痛觉的产生有关。

2. 本体感觉代表区 本体感觉是指肌肉、关节等的位置觉与运动觉。本体感觉的投射区主要在中央前回,小部分在中央后回。它们接受来自肌肉、肌腱和关节等处的感觉信息,以感知身体在空间的位置、姿势以及身体各部分在运动中的状态。

（二）内脏感觉代表区

内脏感觉代表区混杂在第一感觉区中。此外,第二体表感觉区、运动辅助区和边缘系统的皮层部位也与内脏感觉有关。其投射区较小且弥散。内脏感觉代表区对内脏感觉的分析具有性质模糊、定位不准确的特点。

（三）特殊感官代表区

1. 视觉代表区 视觉代表区在大脑半球内侧面枕叶距状沟的上下缘。左侧枕叶皮层接受左眼颞侧和右眼鼻侧视网膜传入纤维的投射,右侧枕叶皮层接受右眼颞侧和左眼鼻侧视网膜传入纤维的投射。另外,视网膜的上半部传入纤维投射到距状沟的上缘,下半部传入纤维投射到它的下缘,视网膜中央的黄斑区投射到距状沟的后部（图 10-15）。

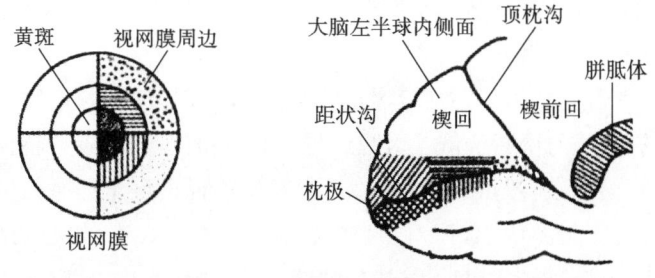

图 10-15　视网膜各部分在大脑皮层视觉代表区投射示意图

2. 听觉代表区 听觉代表区位于颞叶的颞横回和颞上回。听觉的投射是双侧性的,即一侧皮层听觉代表区接受来自双侧耳蜗的传入投射。在人类,不同音频的感觉信号在听觉皮层的投射有一定的分野。

3. 嗅觉代表区和味觉代表区 嗅觉代表区位于边缘叶的杏仁核和前梨状区,味觉代表区位于中央后回头面部感觉投射区的下侧。

四、痛觉

痛觉是各种伤害性刺激作用于机体时产生的一种不愉快的复杂感觉,通常伴有情绪活动和防卫反应。痛觉具有保护机体免受伤害的作用,而且疼痛又是许多疾病常见的症状,因此,认识痛觉的产生及其规律具有重要的临床意义。

（一）痛觉感受器

痛觉感受器是一种游离的神经末梢,广泛分布于皮肤、肌肉、骨、关节、硬脑膜以及大多数内脏器官。痛觉感受器是一种化学感受器,可感受组织液中某些化学物质的刺激。任何形式的刺激只要达到足够的强度,对机体造成伤害时都可引起疼痛。实验中观察到,将缓激肽、组胺、5-羟色胺、K^+、H^+、ATP 等化学物质涂抹在神经末梢上,均可引起疼痛,这些物质统称为致痛物质。当机体受到伤害性刺激时,引起受伤害组织释放某些致痛物质进入组织液,刺激痛觉感受器,使痛觉感受器去极化,发放神经冲动传入到中枢引起痛觉。某些化学物质,如前列腺素和 P 物质,虽不直接引起痛觉,但可增加痛觉感受器的敏感性,与痛觉过敏的产生有关。痛觉感受器没有或几乎没有适应现象,在某些情况下,痛觉感受器对疼痛刺激的敏感性还随着刺激时间的延长而提高。

（二）皮肤痛觉

皮肤痛觉是伤害性刺激作用于皮肤时所引起的痛觉。皮肤痛觉有两种类型,即快痛和慢痛。快痛在受到刺激时很快发生(大约 0.1 s 内开始),是一种尖锐而定位清楚的刺痛;慢痛则是一种延续时间较长、伴有情绪反应以及使心血管和呼吸活动改变的烧灼痛,定位不明确,一般在受到刺激 0.5～1 s 甚至更长时间后才被感觉到。

皮肤痛觉的传入通路十分复杂。快痛的传入纤维为 A_δ 类纤维,主要经特异投射系统到达大脑皮层的第一和第二感觉代表区。慢痛的传入纤维为 C 类纤维,主要投射到扣带回。此外,许多痛觉纤维经非特异投射系统投射到大脑皮层的广泛区域。

（三）内脏痛与牵涉痛

1. 内脏痛　内脏器官受到伤害性刺激时产生的痛觉称为内脏痛。内脏痛是临床上常见的症状之一,具有重要的诊断价值。内脏痛与皮肤痛相比,具有以下特征:①疼痛发生缓慢,持续时间较长;②定位不准确,如腹痛时患者常不能说出疼痛的明确位置;③对机械牵拉、痉挛、缺血和炎症等刺激敏感,而对切割、烧灼等刺激不敏感,如心肌缺血时产生心绞痛、胃肠痉挛时引起腹痛;④常引起不愉快的情绪活动,并伴有恶心、呕吐、出汗和心血管及呼吸活动的改变。

几乎所有起源于胸腔、腹腔和盆腔的内脏痛都是由交感神经 C 类纤维传递的,但食管及气管的痛觉是通过迷走神经传入中枢的;部分盆腔脏器如膀胱三角区、前列腺、子宫颈、直肠等的痛觉冲动,则沿盆神经传入;咽喉的痛觉则由舌咽神经传入。

2. 牵涉痛　某些内脏疾病往往引起体表特定部位发生疼痛或痛觉过敏的现象,称为牵涉痛(referred pain)。例如,心肌缺血时,可出现心前区、左肩和左上臂疼痛;患胃溃疡和胰腺炎时,可出现左上腹和肩胛间的疼痛;胆囊炎、胆结石发作时,可出现右肩胛部疼痛;患阑尾炎时,发病开始时常有脐周和左上腹部疼痛;肾结石时,可出现腹股沟区的疼痛。了解牵涉痛的部位对诊断某些内脏疾病具有重要参考价值。

关于牵涉痛的产生机制,目前有两种学说,即会聚学说和易化学说。会聚学说认为,发生牵涉痛的体表部位的传入纤维与患病内脏的传入纤维会聚到同一后根,再进入脊髓后角,并由同一上行纤维传入脑。由于生活中的疼痛多来自体表部位,大脑皮层习惯于识别体表的刺激信息,因而将来自内脏的痛觉冲动误认为来自体表而出现牵涉痛。易化学说认为,患病内脏的脊髓中枢和牵涉痛皮肤的脊髓中枢甚为接近,患病内脏的传入冲动可提高邻近的体表感觉神经元的兴奋性,即产生易化作用,这样就使平常并不引起体表疼痛的刺激变成了致痛刺激。这可能是牵涉痛现象中痛觉过敏的原因(图 10-16)。

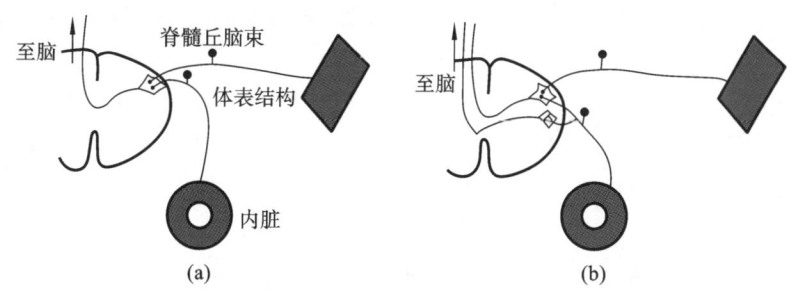

图 10-16 牵涉痛产生机制示意图

(a)会聚学说；(b)易化学说

第三节 神经系统对姿势和运动的调节

人类在劳动和生活中需要进行各种躯体运动,躯体运动都是在一定程度的肌紧张和一定姿势的前提下进行的。躯体的各种姿势和运动都受神经系统的控制,是由大脑皮层、皮层下核团和脑干下行系统以及脊髓共同配合完成的。

一、脊髓的调节功能

脊髓是调节躯体运动最基本的反射中枢。脊髓对躯体运动的调节是通过各种脊髓反射实现的,其传出神经元是位于脊髓灰质前角的运动神经元。

(一) 脊髓的运动神经元和运动单位

在脊髓前角中,存在大量支配骨骼肌的运动神经元,主要分为 α 运动神经元和 γ 运动神经元两类,它们末梢释放的递质都是乙酰胆碱(ACh)。

α 运动神经元的胞体较大,既接受来自皮肤、肌肉和关节等外周感受器的传入信息,也接受从脑干到大脑皮层等高位中枢的下传信息,其神经纤维较粗(属于 A_α 类纤维),支配骨骼肌的梭外肌纤维(一般的骨骼肌纤维),兴奋时引起梭外肌收缩。躯体运动反射的传出信息最后要通过 α 运动神经元传给骨骼肌,因此,α 运动神经元是躯体运动反射的最后公路。

α 运动神经元的轴突末梢在肌肉中反复分支,每一分支支配一根骨骼肌纤维。由一个 α 运动神经元及其所支配的全部肌纤维组成的功能单位,称为运动单位(motor unit)。运动单位大小相差很大,如一个眼外肌运动神经元只支配 6~12 根肌纤维,而一个四肢肌的运动神经元所支配的肌纤维数目可达 2000 根。前者有利于完成精细的肌肉运动,而后者则有利于产生较大的肌张力。

γ 运动神经元是脊髓前角中较小的一种神经元,分散在 α 运动神经元之间。其传出纤维较细(属于 A_γ 类纤维),支配骨骼肌的梭内肌纤维,主要功能是调节肌梭对牵张刺激的敏感性(详见后文)。一般情况下,α 运动神经元活动增强时,γ 运动神经元活动也相应增强。

(二) 牵张反射

有神经支配的骨骼肌受到外力牵拉而伸长时,可反射性地引起该肌肉收缩,这一反射称为牵张反射(stretch reflex)。

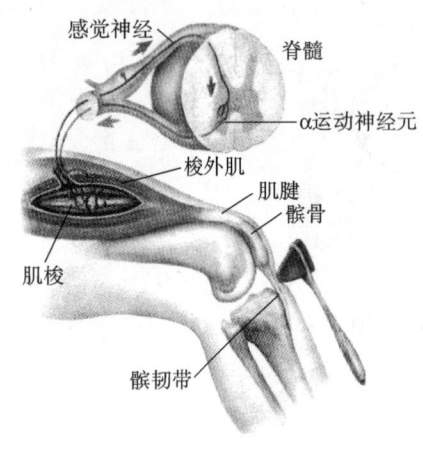

图 10-17 膝反射示意图

1. 牵张反射的类型 牵张反射有两种类型:腱反射和肌紧张。

(1)腱反射:快速牵拉肌腱时发生的牵张反射,称为腱反射(tendon reflex),表现为被牵拉的肌肉迅速而明显地缩短。例如,当膝关节半屈曲时,叩击髌骨下方股四头肌肌腱时,可使股四头肌发生快速收缩,称为膝反射(图 10-17)。腱反射还包括跟腱反射和肘反射等。腱反射的反射时间很短,据测算兴奋通过中枢的传播时间仅为 0.7 ms,只够一次突触传递的中枢延搁时间,因此腱反射是单突触反射,其中枢通常只涉及 1~2 个脊髓节段,反应的范围仅限于受牵拉的肌肉。正常情况下腱反射受高位中枢的下行控制。临床上常通过检查腱反射来了解神经系统的某些功能状态。腱反射减弱或消退提示反射弧损害或中断;而腱反射亢进则提示高位中枢病变或损伤。

(2)肌紧张:又称为紧张性牵张反射,是指缓慢而持续地牵拉肌腱所引起的牵张反射。它表现为受牵拉的肌肉轻度而持续地收缩,阻止被拉长。肌紧张是保持身体平衡和维持躯体姿势最基本的反射,也是其他姿势反射的基础。例如,人处于站立姿势时,由于重力作用头部将向前倾,胸和腰将不能挺直,会使颈与躯干背部的伸肌受到持续牵拉,从而反射性地引起这些肌肉轻度持续地收缩,以对抗关节的屈曲,维持直立姿势。因此,人类的伸肌也被称为抗重力肌。因为肌紧张产生的收缩力量并不大,只是抵抗肌肉被牵拉,是由肌肉中的肌纤维轮流收缩产生的,所以不易发生疲劳,不会引起躯体明显的位移。肌紧张属多突触反射。

2. 牵张反射的反射弧 牵张反射的感受器是肌梭。肌梭两端细小,中间膨大,是一种感受肌肉长度变化或感受牵拉刺激的梭形感受装置,是一种长度感受器,属于本体感受器。肌梭外有一层结缔组织囊,囊内含 6~12 根特殊的肌纤维,称为梭内肌纤维,囊外一般肌纤维则称为梭外肌纤维。肌梭附着于梭外肌纤维上,并与梭外肌纤维平行排列,呈并联关系。梭内肌纤维的收缩成分在两端,而感受装置则位于中间,两者呈串联关系。肌梭的传入神经纤维有两种:一种是直径较粗的 Ⅰ 类纤维,另一种是直径较细的 Ⅱ 类纤维。两种纤维都抵达脊髓前角的 α 运动神经元,α 运动神经元发出 α 传出纤维支配梭外肌纤维。因此,牵张反射反射弧的显著特点是感受器和效应器都在同一块肌肉中(图 10-18)。

当肌肉受外力牵拉时,肌梭被拉长,其中间部分的感受装置受到的刺激加强,导致传入冲动增加,神经冲动的频率与肌梭被牵拉的程度成正比,引起支配同一肌肉的 α 运动神经元活动加强和梭外肌收缩,形成一次牵张反射。γ 运动神经元支配梭内肌,当它兴奋时,可使梭内肌收缩,中间部位的感受装置被牵拉,增强了肌梭的敏感性。因此,γ 运动神经元对调节牵张反射有重要的意义。

腱器官是指分布于肌腱胶原纤维之间的张力感受器,与梭外肌纤维呈串联关系,其传入神经是较细的 Ⅰ 类纤维,它对肌肉被动牵拉不敏感,是感受肌肉张力变化的感受装置,其

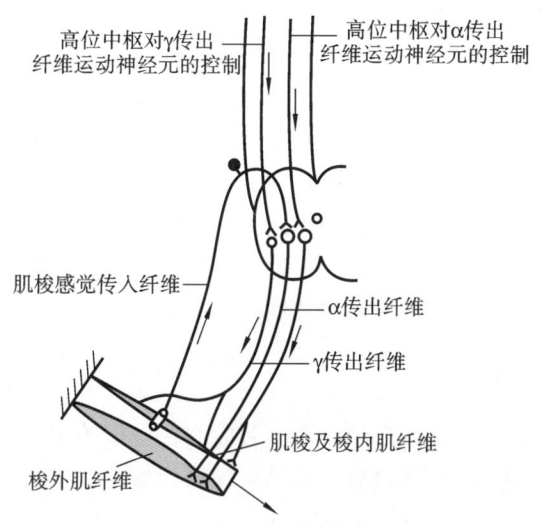

图 10-18　牵张反射示意图

传入冲动对同一肌肉的 α 运动神经元起抑制作用。当肌肉受牵拉时,肌梭首先兴奋,通过牵张反射使被牵拉的肌肉收缩。当肌肉张力进一步加大时,则刺激腱器官,抑制支配同一肌肉的 α 运动神经元,使牵张反射受到抑制,以避免被牵拉肌肉的过度收缩而受损,从而起保护作用。

（三）屈肌反射和对侧伸肌反射

当肢体皮肤受到伤害性刺激时,可反射性地引起受刺激一侧肢体的屈肌收缩和伸肌舒张,出现肢体屈曲,这种反射称为屈肌反射(flexor reflex)。屈肌反射使肢体离开伤害性刺激,具有保护性意义,但不属于姿势反射。

屈肌反射的强弱与刺激强度有关,随着刺激强度增大,发生屈肌反射的范围也随之扩大。例如,足趾受到较弱的刺激时,只引起踝关节屈曲;刺激强度增大时,膝关节和髋关节也可发生屈曲;如果受到的伤害性刺激很强,则在同侧肢体发生屈肌反射的基础上出现对侧肢体伸直的反射活动,这一反射称为对侧伸肌反射(crossed extensor reflex)。对侧伸肌反射是一种姿势反射,在支持体重和维持躯体平衡中具有重要意义。

（四）脊休克

在机体内,脊髓的活动是在高位中枢的调控之下完成的,其自身的功能不易单独表现出来。为了研究脊髓本身的功能,在动物实验中常在脊髓颈段第五节水平以下横断脊髓(以保持动物的呼吸功能),这种脊髓与高位中枢离断的动物称为脊动物。当脊髓与高位中枢突然离断后,横断面以下的脊髓会暂时丧失反射活动能力而进入无反应的状态,这种现象称为脊休克(spinal shock)。脊休克期间,横断面水平以下的脊髓所支配的躯体与内脏的反射均消失。主要表现如下:腱反射消失,骨骼肌张力减弱直至消失,外周血管扩张,血压下降,发汗反射消失,直肠、膀胱内分别有粪便、尿液潴留等。

脊休克是暂时现象,随后一些以脊髓为反射中枢的活动可逐渐恢复,其恢复的速度与动物的进化程度有关。不同动物的脊髓反射对高位中枢的依赖程度不同,动物越低级,恢复得就越快,蛙在脊髓离断后数分钟内即可恢复,犬需几天时间,而人类恢复最慢,需数周甚至数月。在恢复过程中,比较简单和原始的反射最先恢复,如屈肌反射和腱反射等;较复杂的反射则恢复较慢,如对侧伸肌反射等。血压可恢复到一定水平。排便、排尿反射也可恢复到一定程度,但因失去了大脑皮质的控制,使之仅由脊休克期间的大、小便潴留发展为脊休克恢复后的大、小便失禁。脊休克后虽然这些脊髓反射可恢复过来,但横断面以下的感觉和随意运动则永久性消失,因而不能很好地适应生活的需要。脊休克的产生并不是由脊髓切断的损伤刺激所引起的,而是由于离断面以下的脊髓突然失去高位中枢的调控而兴奋性极度低下所致。脊休克恢复后,有些反射活动加强(如发汗反射、屈肌反射),有些反射活动减弱(如伸肌反射),说明高位中枢对脊髓的反射活动既有易化作用,又有抑制作用。

二、脑干的调节功能

正常情况下,脊髓的功能是在脑干及以上各级高位中枢的调控下完成的。脑干对脊髓神经元活动所产生的肌紧张既有易化作用,又有抑制作用。

(一)脑干网状结构易化区和抑制区

脑干网状结构内,有加强肌紧张和肌运动的区域,称为易化区;也有抑制肌紧张和肌运动的区域,称为抑制区。易化区的范围较广,包括延髓网状结构的背外侧部分、脑桥被盖、中脑中央灰质及被盖,因为下丘脑和丘脑中线核群等部位对肌紧张也有易化作用,所以也包括在易化区的范围内(图 10-19)。易化区的活动比较强,并与延髓的前庭核、小脑前叶两侧部和后叶中间部等部位共同作用,加强伸肌的肌紧张和肌运动。其作用是通过网状脊髓束下传,易化 γ 运动神经元,使 γ 运动神经元传出冲动增加,提高肌梭敏感性。另外,易化区对 α 运动神经元也有一定的易化作用。

脑干网状结构抑制区较小,位于延髓网状结构的腹内侧部分(图 10-19),通过网状脊髓束抑制 γ 运动神经元,降低肌梭的敏感性,从而抑制肌紧张和肌运动。大脑皮层运动区、纹状体、小脑前叶蚓部等可通过其下行纤维加强抑制区的作用。与易化区相比,抑制区的活动较弱,两者在一定水平上保持相对平衡,以维持正常的肌紧张。

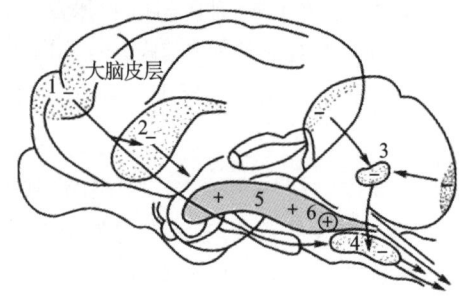

图 10-19 猫脑干网状结构易化区和抑制区示意图

注:1,大脑皮层运动区;2,纹状体;3,小脑;4,脑干网状结构抑制区;5,脑干网状结构易化区;6,小脑前叶两侧部;"+"表示易化区;"-"表示抑制区。

(二)去大脑僵直

在动物中脑上、下丘之间切断脑干,动物会出现四肢伸直、头尾昂起、脊柱挺硬等伸肌(抗重力肌)过度紧张的现象,称为去大脑僵直(decerebrate rigidity)。去大脑僵直是由于切断了大脑皮层和纹状体等部位与脑干网状结构抑制区的功能联系,使易化区和抑制区之间的活动失衡,导致易化区活动明显占优势的结果。人类在患中脑疾病时也可以出现头后仰、上下肢均僵硬伸直、上臂内旋、手指屈曲等类似动物去大脑僵直的现象,这往往提示病变已严重侵犯脑干,是预后不良的信号。

三、小脑的调节功能

小脑在维持姿势、调节肌紧张、协调和形成随意运动等方面均有重要作用。根据小脑的传入、传出纤维联系,小脑可分为前庭小脑、脊髓小脑和皮层小脑三个主要的功能部分(图10-20)。

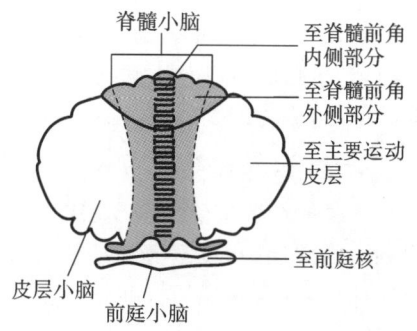

图 10-20　小脑功能分区模式图

（一）前庭小脑

前庭小脑主要由绒球小结叶构成,其功能主要是维持身体平衡。该功能与前庭器官和前庭神经核有密切联系。其反射途径为:前庭器官→前庭神经核→前庭小脑→前庭神经核→脊髓前角运动神经元→肌肉。因此,前庭小脑损伤时产生的运动障碍类似于前庭器官受损伤时的表现。实验证明,切除绒球小结叶的猴,由于平衡失调而站立不稳,但其他随意运动仍能协调,能很好地完成进食动作。第四脑室附近发生肿瘤的患者,由于肿瘤压迫绒球小结叶,患者站立不稳,头和躯干摇晃不定,步态不稳,容易跌倒。

（二）脊髓小脑

脊髓小脑由小脑蚓部和半球中间部组成,主要接受来自脊髓和三叉神经的传入信息,也接受视觉和听觉的传入信息,其传出信息可抵达脑干网状结构、红核、丘脑和大脑皮层运动区。脊髓小脑的主要功能是调节肌紧张和协调随意运动。小脑对肌紧张的调节,包括易化和抑制的双重作用。前叶蚓部有抑制肌紧张的作用,而小脑前叶两侧部有易化肌紧张的作用。在进化过程中,抑制肌紧张的作用逐渐减弱,而易化肌紧张的作用逐渐加强。脊髓小脑损伤后,可出现肌紧张降低,即易化作用减弱,造成四肢乏力。此外,还可表现为随意运动的力量、方向及准确度发生紊乱。如:患者不能完成精巧动作,肢体在完成动作时抖动而把握不住方向,且越接近目标时抖动越厉害,称为意向性震颤;行走时跨步过大而躯干落后,以至于容易跌倒,或走路摇晃,步态蹒跚,沿直线行走时更不平稳;不能进行拮抗肌的快速重复轮替动作(如上臂不断交替进行内旋与外旋),且动作越快,协调障碍越明显。这些动作的协调性障碍统称为小脑性共济失调。

（三）皮层小脑

皮层小脑是指小脑半球的外侧部,它不接受外周感觉器的传入冲动,而主要与大脑皮层感觉区、运动区和联络区构成回路联系。皮层小脑的主要功能是参与随意运动计划的形成及运动程序的编制。一个随意运动的产生包括运动的设计和执行两个不同阶段,并需要脑在设计和执行之间进行反复的比较来协调动作。例如,在学习某种精巧运动的开始阶段,动作常常是粗糙而不协调的。在学习过程中,通过大脑皮层与小脑之间不断进行的环路联系活动,小脑针对不断传入的运动信息,逐步纠正运动过程中出现的偏差,使运动逐步协调起来,从而在皮层小脑储存了一整套运动程序。当大脑皮层要发动某项精巧运动时,可通过大脑-小脑回路从皮层小脑提取储存的程序,并将它回输到运动皮层,再通过皮质脊髓束发动运动,使骨骼肌动作精巧、协调、快速。

四、基底神经节的调节功能

基底神经节(basal ganglia)是指大脑皮层下一些核团的总称,主要包括尾状核、壳核、苍白球、丘脑底核以及中脑黑质。尾状核、壳核和苍白球统称为纹状体,其中苍白球是较古老的部分,称为旧纹状体;尾状核和壳核进化较新,称为新纹状体。

(一)基底神经节与大脑皮层的联系

基底神经节接受大脑皮层的纤维投射,其传出纤维经丘脑前腹核和外侧腹核接替后又回到大脑皮层,构成基底神经节与大脑皮层之间的回路,该回路根据从新纹状体到苍白球内侧部投射途径的不同,可分为直接通路和间接通路两条途径(图10-21)。

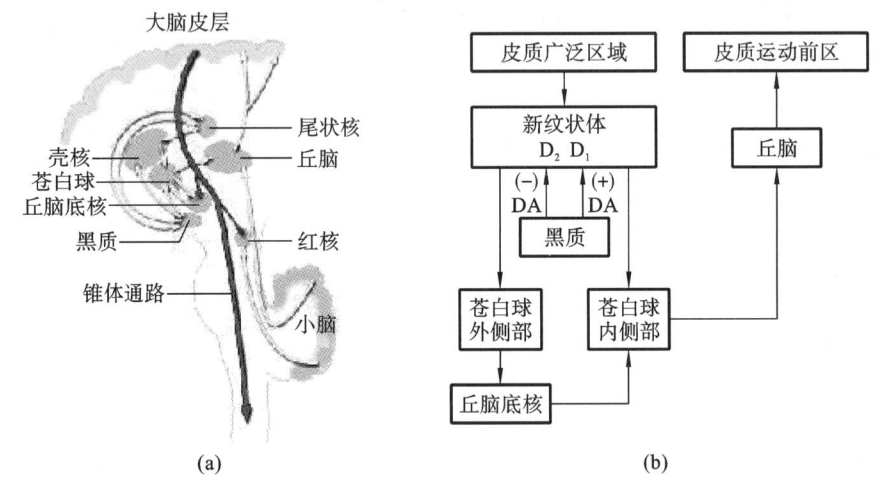

图 10-21　基底神经节与大脑皮层之间联系示意图

注:A,联结基底神经节与大脑皮层的神经回路;B,直接通路和间接通路;DA,多巴胺;(＋),
兴奋性作用;(—),抑制性作用。

1. 直接通路　指皮层广泛区域→新纹状体→苍白球内侧部→丘脑前腹核和外侧腹核→皮层运动前区的神经通路。此通路中,皮层→新纹状体以及丘脑→皮层运动前区的作用均是兴奋性的;而从新纹状体→苍白球内侧部→丘脑的纤维则是抑制性的。故当新纹状体活动增强时,丘脑和皮层运动前区的活动增加,这种现象称为去抑制。

2. 间接通路　在上述直接通路中的新纹状体与苍白球内侧部之间插入苍白球外侧部和丘脑底核两个中间接替过程的通路。其途径为:皮层广泛区域→新纹状体→苍白球外侧部→丘脑底核→苍白球内侧部→丘脑前腹核和外侧腹核→皮层运动前区。这条通路中同样存在去抑制现象,即新纹状体→苍白球外侧部→丘脑底核的投射纤维都是抑制性的。间接通路的作用可部分抵消直接通路对丘脑和大脑皮层的兴奋作用。

（二）黑质-纹状体投射系统

黑质和纹状体之间存在密切的联系（图 10-21），黑质-纹状体多巴胺能投射系统由黑质发出，纤维投射到新纹状体内的中型多棘神经元。当黑质-纹状体多巴胺能纤维末梢释放的多巴胺激活多棘神经元上的 D_1 受体时，增强直接通路的活动；而激活多棘神经元上的 D_2 受体时，则抑制间接通路的活动。多巴胺对直接通路和间接通路的作用，使丘脑-皮层投射系统活动加强，从而易化大脑皮层发动运动。

（三）与基底神经节损伤有关的疾病

基底神经节损伤的临床表现可分为两大类：一类表现为运动过少而肌紧张增强，如帕金森病（Parkinson disease），又称震颤麻痹（paralysis agitans）；另一类表现为运动过多而肌紧张降低，如舞蹈病（chorea）和手足徐动症。

帕金森病的主要症状有全身肌紧张增强、肌肉强直、随意运动减少、动作迟缓、面部表情呆板，常伴有静止性震颤。这种震颤多见于手部，震颤节律为 4～6 次/秒，静止时出现，情绪激动时增加，入睡后停止。研究表明，帕金森病的发生机制与中脑黑质病变有关。由于黑质病变，黑质-纹状体多巴胺递质系统功能受损，可引起直接通路活动减弱而间接通路活动增强，使大脑皮层对运动的发动受到抑制，引起运动皮层活动减少所致。因此，给予多巴胺的前体物质左旋多巴以增加多巴胺的含量，能明显改善肌肉强直和动作迟缓的症状。但上述药物对静止性震颤无明显疗效，后者可能与丘脑外侧腹核等的结构和功能异常有关。

舞蹈病患者主要表现为头部和上肢不自主的舞蹈样动作，伴肌张力降低等症状。舞蹈病的主要病变部位在新纹状体，新纹状体内 γ-氨基丁酸能神经元的功能减退，使其对苍白球外侧部的抑制作用减弱，引起间接通路活动减弱而直接通路活动相对增强，使大脑皮层对运动的发动产生易化作用，从而出现运动过多的症状。因此，临床上用利血平消耗掉多巴胺递质，可以缓解舞蹈病患者的症状。

五、大脑皮层的调节功能

大脑皮层是调节躯体运动的最高级中枢，其信息经下行通路最后抵达位于脊髓前角和脑干的运动神经元，从而控制躯体运动。

（一）大脑皮层运动区

大脑皮层的主要运动区在中央前回和运动前区，是控制躯体运动最重要的区域。大脑皮层运动区对躯体运动的控制具有以下特征。

1. 交叉性支配 交叉性支配即一侧大脑皮层运动区支配对侧躯体的骨骼肌。但在头面部，除下部面肌和舌肌主要受对侧大脑皮层支配外，其余部分均为双侧性支配。因此，当一侧内囊损伤时，头面部肌肉并不完全麻痹，只有对侧下部面肌、舌肌发生麻痹。

2. 功能定位精细 运动代表区的大小与运动的精细程度有关。运动越精细、越复杂的肌肉，其代表区面积越大。如手的运动灵巧，其大脑皮层代表区大，其中大拇指的代表区的面积是大腿代表区的 10 倍。

3. 呈倒置安排 大脑皮层运动区总的安排为倒置的，即下肢的代表区在大脑皮层顶部,上肢的代表区在中间部,头面部肌肉的代表区在底部,但头面部代表区的内部安排是正立的(图 10-22)。

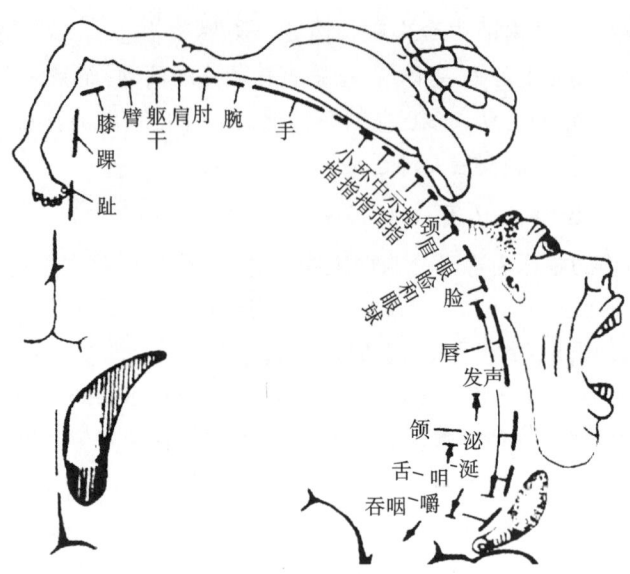

图 10-22　人大脑皮层运动区示意图

除中央前回和运动前区外,在大脑半球内侧面还有运动辅助区,位于两半球内侧面,扣带回沟以上,4 区之前的区域。在动物实验中刺激该区域,可引起一定的肢体运动,反应一般为双侧性。破坏该区可使双手协调性动作难以完成,复杂动作变得笨拙。

(二)运动传出通路

大脑皮层运动区的运动传出通路主要包括皮层脊髓束和皮层脑干束。

1.皮层脊髓束　皮层脊髓束由皮层发出,经内囊、脑干下行,到达脊髓前角运动神经元的传导束,称为皮层脊髓束。其中约 80% 的纤维经延髓锥体跨越中线到达对侧,沿脊髓外侧索下行达脊髓前角,形成皮层脊髓侧束,其功能是控制四肢远端肌肉,与精细的、技巧性的运动有关;约 20% 的纤维在延髓同侧的脊髓前索下行而形成皮层脊髓前束,此束一般只下行到胸部,其纤维大部分终止于对侧前角运动神经元,少数终止于同侧前角运动神经元。皮层脊髓前束的功能主要是控制躯干以及四肢近端的肌肉,与姿势的维持和粗略运动有关。

2.皮层脑干束　由皮层发出,经内囊到达脑干内各运动神经元的传导束,称为皮层脑干束,其功能是调节头面部肌肉的运动。

此外,上述通路发出的侧支和一些直接起源于运动皮层的纤维,经脑干某些核团接替后形成顶盖脊髓束、网状脊髓束、前庭脊髓束以及红核脊髓束。前三者的功能与皮层脊髓前束相似,参与对近端肌肉粗略运动和姿势的调节;而红核脊髓束的功能与皮层脊髓侧束相似,参与对四肢远端肌肉精细运动的调节。

人类皮层脊髓侧束受损时将出现巴宾斯基征(Babinski's sign)阳性体征,即以钝物划足跖外侧时,出现踇趾背屈、其他四趾外展呈扇形散开的体征。由于脊髓受高位中枢的控制,平时这一反射被抑制而不表现出来,为巴宾斯基征阴性,表现为所有足趾均发生跖屈。

婴儿由于皮层脊髓束未发育完全以及成人在深睡或麻醉状态下,也可出现巴宾斯基征阳性。临床上可根据此体征来判断皮层脊髓侧束有无受损。

运动传出通路受损时,临床上常出现柔软性麻痹(软瘫)和痉挛性麻痹(硬瘫)两种表现。两者均有随意运动的丧失,但软瘫表现为牵张反射减退或消失、肌肉松弛并逐渐出现肌肉萎缩、巴宾斯基征阴性,见于脊髓运动神经元的损伤,如脊髓灰质炎,临床上称为下运动神经元损伤;而硬瘫则表现为牵张反射亢进、肌肉萎缩不明显、巴宾斯基征阳性,常见于脑内高位中枢的损伤,如内囊出血引起的脑卒中,临床上称为上运动神经元损伤。

第四节 神经系统对内脏活动的调节

内脏活动受自主神经系统的调节。自主神经系统又称为内脏神经系统,包括交感神经系统和副交感神经系统。与躯体神经系统一样,自主神经系统也包括传入神经和传出神经两部分,但通常是指其传出神经部分。自主神经分布于内脏、心血管和腺体等,调节这些器官组织的功能。

一、自主神经系统的结构特征

(一)起源部位

交感神经起源于脊髓胸 1 至腰 3 节段灰质侧角,而副交感神经起源于脑干的脑神经核和脊髓骶段第 2~4 节灰质相当于侧角的部位。

(二)节前纤维和节后纤维

自主神经由节前和节后两个神经元组成。节前神经元胞体位于中枢,其轴突组成节前纤维到达外周神经节内与节后神经元换元,节后神经元的轴突组成节后纤维支配效应器。交感神经节位于椎旁节和椎前节中,离效应器较远,因此节前纤维短而节后纤维长。副交感神经节通常位于效应器壁内,因此节前纤维长而节后纤维短(图 10-23)。

(三)分布

交感神经分布广泛,几乎支配全身所有的内脏器官。副交感神经分布相对较局限,某些内脏器官无副交感神经支配,如汗腺、竖毛肌、皮肤和肌肉内的血管、肾上腺髓质和肾等,只接受交感神经支配(图 10-23)。

(四)效应

交感神经节前纤维与节后纤维数量之比为 1:(11~17),故刺激交感神经节前纤维,引起的效应比较弥散;而副交感神经节前纤维与节后纤维数量之比为 1:(1~2),因此引起的效应比较局限。

二、自主神经系统的功能

自主神经系统对内脏器官的作用在各相关章节中已做介绍,现将自主神经系统的主要功能按人体组织器官的不同列表如下(表 10-3)。

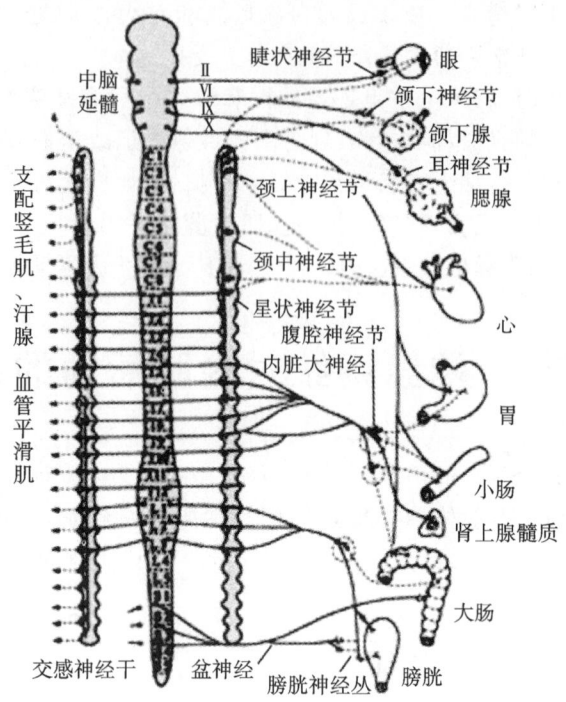

图 10-23　人体自主神经系统分布示意图

注："—"表示节前纤维；"---"表示节后纤维。

表 10-3　自主神经系统的主要功能

器官	交感神经	副交感神经
循环器官	心率加快、心肌收缩力加强，冠状动脉收缩、腹腔内脏、皮肤、唾液腺、外生殖器的血管收缩，骨骼肌血管收缩（α_1受体）或舒张（β_2、M受体）	心率减慢、心房收缩力减弱，部分血管（如分布于外生殖器的血管）舒张
呼吸器官	支气管平滑肌舒张	支气管平滑肌收缩，呼吸道黏膜腺体分泌
消化器官	抑制胃肠运动，抑制胃液、胰液分泌，促进括约肌收缩，舒张胆囊和胆道，分泌黏稠唾液	促进胃肠运动及胆囊收缩，促进括约肌舒张、分泌稀薄唾液，使胃液、胰液、胆汁分泌增加
泌尿生殖器官	尿道内括约肌收缩、逼尿肌舒张，有孕子宫平滑肌收缩、无孕子宫平滑肌舒张	尿道内括约肌舒张、逼尿肌收缩
眼	瞳孔开大肌收缩，瞳孔扩大	瞳孔括约肌收缩，瞳孔缩小，睫状肌收缩，泪腺分泌

续表

器官	交感神经	副交感神经
皮肤	汗腺分泌,竖毛肌收缩	—
内分泌和代谢	肾上腺髓质激素分泌,肝糖原分解	胰岛素分泌

三、自主神经系统的功能特征

(一)紧张性作用

自主神经纤维经常发放一定频率的传出冲动,使效应器维持一定的活动状态,这种作用称为紧张性作用。例如,切断心交感神经,心率便减慢;反之,切断心迷走神经,心率便加快。这说明两种神经对心脏都具有紧张性作用。

(二)双重支配

大多数器官组织都受交感和副交感神经的双重支配,两者的作用往往相互拮抗。例如,迷走神经抑制心脏活动,而交感神经兴奋心脏活动。这种正反两方面的调节可使受支配器官的活动能适应不同条件下的需要。但是也有例外,如支配唾液腺的交感神经和副交感神经,兴奋时均可引起唾液腺的分泌,不过交感神经兴奋时分泌的唾液较黏稠,副交感神经兴奋时分泌的唾液较稀薄。

(三)受效应器功能状态影响

自主神经对内脏活动的调节与效应器当时的功能状态有关。例如,刺激交感神经可抑制无孕子宫的收缩,而对有孕子宫却促进其收缩;当幽门处于收缩状态时,刺激迷走神经使之舒张,而幽门处于舒张状态时,刺激迷走神经则使之收缩。

(四)对整体生理功能调节的意义

在环境急剧变化时,交感神经系统可以动员机体许多器官的潜在能力以迅速适应环境的变化。例如,在剧烈运动、失血、窒息、恐惧、寒冷等情况下,常表现为呼吸加快、心率加快、血压升高、内脏血管收缩、肌肉血流量增多、代谢活动加强等,并同时伴有肾上腺髓质激素的大量分泌,使上述反应更加强烈。副交感神经系统的活动相对比较局限,其在机体处于安静状态时活动增强,以促进机体的调整恢复、消化吸收、积蓄能量以及加强排泄和生殖功能等。

四、中枢对内脏活动的调节

(一)脊髓

脊髓对内脏活动的调节是初级的,基本的血管张力反射、排尿反射、排便反射、发汗和勃起反射等可在脊髓水平完成。这些反射平时受高位中枢的控制,单靠脊髓本身的活动不能适应正常生活的需要。例如,脊髓高位离断的患者在脊休克期过后,可有一定的排尿能力,但由于失去了高位中枢的控制,可出现尿失禁,而且排尿常不完全。

（二）脑干

延髓是维持机体生命活动的基本中枢,如呼吸运动、心血管活动等的基本中枢都在延髓。若延髓被压迫或受损伤,可迅速引起呼吸、心跳等生命活动停止,导致死亡。因此,延髓有"生命中枢"之称。此外,中脑是瞳孔对光反射中枢,严重疾病时瞳孔对光反射消失,是病变侵害中脑的表现,也是生命垂危的标志。

（三）下丘脑

下丘脑大致可分为前区、内侧区、外侧区和后区,其上是边缘系统和丘脑-皮层系统,其下是脑干。下丘脑与边缘前脑及脑干网状结构有紧密的结构和功能联系,下丘脑还可通过垂体门脉系统和下丘脑-垂体束调节腺垂体和神经垂体的活动。因此,下丘脑被认为是较高级的内脏活动中枢,其主要功能如下。

1.调节摄食行为　摄食行为是人和动物维持个体生存的基本活动。研究表明,在下丘脑存在着与摄食活动有关的两个中枢,一个是外侧区的摄食中枢,另一个是腹内侧核的饱中枢。如果毁坏动物的摄食中枢,动物拒绝摄食,而用电流刺激该区时,动物食量大增;如果刺激饱中枢,动物将停止摄食活动,而毁坏该区,则动物饮食量增大,逐渐肥胖。一般情况下,摄食中枢与饱中枢之间具有交互抑制的关系。

2.调节水平衡　人体对水平衡的调节包括摄水与排水两个方面。实验证明,在下丘脑视前区的外侧部,与摄食中枢靠近,存在饮水中枢,也称为渴中枢。破坏该区域,动物除拒绝饮水外,饮水量也明显减少,而刺激该部位,动物出现渴感和饮水。下丘脑控制水的排出是通过调节视上核和室旁核合成和释放抗利尿激素而实现的。下丘脑内存在渗透压感受器,可根据体内渗透压的变化来调节抗利尿激素的分泌(见第八章)。一般认为,下丘脑控制饮水的区域和控制抗利尿激素分泌的核团有功能上的联系,相互协同调节水平衡。

3.调节体温　下丘脑不仅存在大量对温度变化敏感的神经元,而且体温调节的基本中枢也位于下丘脑。它们既能感受体温的变化,也能对温度信息进行整合处理,并通过调节散热和产热活动,使体温保持相对稳定(见第七章)。

4.调节腺垂体和神经垂体激素的分泌　下丘脑内的小神经细胞能合成多种肽类物质以促进或抑制腺垂体激素的分泌。此外,下丘脑视上核和室旁核的大神经细胞能合成抗利尿激素和催产素,经下丘脑-垂体束运输到神经垂体储存,下丘脑也可控制其分泌(见第十一章)。

5.参与情绪反应　下丘脑存在着与情绪反应密切相关的神经结构。在间脑水平以上切除大脑的猫,可出现毛发竖起、张牙舞爪、怒吼、心跳加速、呼吸加快、出汗、瞳孔扩大、血压升高等一系列交感神经活动亢进的现象,好似发怒一样,故称为"假怒"。在平时,下丘脑的这种活动,由于受到大脑皮层的抑制,不易表现出来。切除与大脑的联系后,这种抑制被解除,轻微的刺激也可引发动物"发怒"。临床上,人类的下丘脑疾病,也常常出现不正常的情绪反应。

6.控制生物节律　机体许多活动按一定的时间顺序发生周期性变化,这一现象称为生物节律。根据周期的长短可分为日节律、月节律、年节律等。其中日周期是最重要的生物节律,如动脉血压、体温、血细胞数和很多激素的分泌等都存在日周期变化。研究表明,下丘脑视交叉上核可能是控制日周期的关键部位。

（四）大脑皮层

1. 边缘系统 边缘系统包括边缘叶以及与其有密切关系的皮层和皮层下结构。边缘叶是指大脑半球内侧面皮层下围绕在脑干顶端周围的一些结构,如海马、穹隆、海马回、扣带回、胼胝体回等,它们与岛叶、颞极、眶回等皮层以及杏仁核、隔区、下丘脑和丘脑前核等皮层下结构密切相关,统称为边缘系统。边缘系统是调节内脏活动的高级中枢,可调节血压、呼吸、胃肠、瞳孔、膀胱等的活动,还与情绪、食欲、性欲、生殖、防御以及学习、记忆等活动密切相关。

2. 新皮层 电刺激新皮层除能引起躯体运动外,还能引起内脏活动的变化。如:刺激皮层内侧面的一定部位,会产生直肠与膀胱运动的变化;刺激皮层外侧面的一定部位,会出现呼吸及血管运动的变化;刺激中央前回运动区的不同部位,可引起消化道运动及唾液腺分泌,还会产生竖毛与出汗。这些结果表明,新皮层与内脏活动有关系,而且区域分布和躯体运动代表区的分布有重叠的地方。

第五节 脑电活动、觉醒与睡眠

一、脑电活动

应用电生理学方法,在大脑皮层可记录到两种不同形式的脑电活动,即自发脑电活动和皮层诱发电位。

（一）自发脑电活动

在无明显外来刺激的情况下,大脑皮层能经常自发地产生节律性的电位变化,这种电位变化称为自发脑电活动。临床上使用脑电图机在头皮表面记录到的自发脑电活动的波形,称为脑电图(electroencephalogram,EEG)(图10-24)。如果将颅骨打开,直接在皮层表面安放电极引导,所记录出的脑电波称为皮层电图。

1. 正常脑电图的波形 正常脑电图的波形不规则,根据其频率、波幅的不同,可将脑电波分为 α 波、β 波、θ 波和 δ 波四种基本波形(表10-4)。

(1) α 波:频率为 8～13 Hz,波幅为 20～100 μV,波幅常由小变大,再由大变小,接着又由小变大,如此反复,形成所谓 α 波的梭形,每一梭形持续 1～2 s。在成年人清醒、安静、闭眼时出现,睁开眼睛或接受其他刺激时,α 波立即消失转而出现 β 波,这一现象称为 α 波阻断。如果被测试者又安静闭眼,则 α 波又重现。

(2) β 波:频率为 14～30 Hz,波幅为 5～20 μV,当受试者睁眼视物或接受其他刺激时出现,是大脑皮层处于紧张活动状态下的主要脑电活动表现。

(3) θ 波:频率为 4～7 Hz,波幅为 100～150 μV,在成人困倦时可以出现,在幼儿清醒时也常见到。

(4) δ 波:频率为 0.5～3 Hz,波幅为 20～200 μV。成人在清醒时,见不到 δ 波,但在婴儿时期、成人熟睡时、极度疲劳或麻醉状态时可以出现。一般认为,θ 波和 δ 波是大脑皮层处于抑制状态时的主要电活动表现。

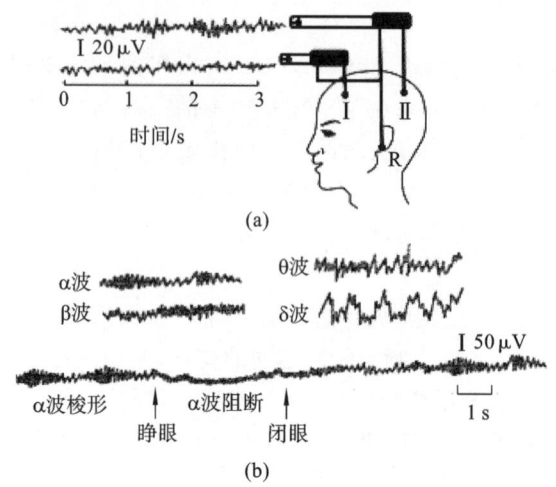

图 10-24　正常脑电图的描记和几种基本波形

注：(a)脑电图的描记方法：参考电极放置在耳廓(R)，由额叶(Ⅰ)电极导出的脑电波振幅低，由枕叶(Ⅱ)电极导出的脑电波振幅高；(b)正常脑电图的基本波形。

表 10-4　正常脑电图的几种基本波形

脑电波	频率/Hz	波幅/μV	出现时状态
α 波	8～13	20～100	成人安静、闭目、清醒时，在枕叶明显
β 波	14～30	5～20	成人活动时，在额、顶叶明显
θ 波	4～7	100～150	成人困倦时，常见于颞叶、顶叶
δ 波	0.5～3	20～200	成人熟睡时，常见于颞叶、枕叶

一般情况下，脑电波随大脑皮层不同的活动状态而变化。当许多皮层神经元的电活动趋于一致时，就出现低频率高振幅的波形，这种现象称为同步化；当皮层神经元的电活动不一致时，就出现高频率低振幅的波形，称为去同步化。例如，将深睡者唤醒，脑电波由 δ 波转为 β 波，呈现去同步化。去同步化表示皮层兴奋过程的加强，而同步化则表示皮层抑制过程的加强。

临床上，癫痫患者或皮层有占位性病变(如脑瘤等)的患者，脑电波会发生改变。例如，癫痫患者可出现异常的高频率、高振幅的脑电波，或在高频率、高振幅的脑电波后跟随一个慢波的综合波形。因此，脑电图在临床上有一定的诊断价值。

2. 脑电波的形成机制　一般认为，皮层表面的电位变化是由大量神经元同步化产生的突触后电位经总和后形成的。这种同步化活动依赖于皮层与丘脑之间的交互作用，一定同步节律的非特异投射系统活动，可促进皮层电活动同步化。

（二）皮层诱发电位

皮层诱发电位是指感觉传入系统或脑的某一部位受刺激时，在皮层某一局限区域引出的电位变化。该电位有三种成分，即主反应、次反应和后发放。主反应为一先正后负的电位变化，出现在一定的潜伏期之后，波幅较大。一般认为，主反应是大锥体细胞的综合电位。次反应是跟随主反应之后的扩散性续发反应。后发放则为在主、次反应之后出现的一系列正相周期性电位波动,波幅较小,是皮层与丘脑接替核之间环路电活动的表现。

目前临床上常用的皮层诱发电位有躯体感觉诱发电位、视觉诱发电位、听觉诱发电位等几种,对研究大脑皮层功能定位、某些神经系统疾病、行为和心理活动等均有一定的价值。

二、觉醒与睡眠

觉醒与睡眠是人体生命活动中两个必不可少的生理过程,觉醒与睡眠的昼夜交替是人类生存的必要条件。觉醒时机体能迅速适应环境变化,从事各种体力和脑力活动。睡眠可促进体力和精力的恢复。成年人每天所需睡眠时间为 7~9 h,老年人需 5~7 h,儿童需要睡眠时间为 10~12 h,新生儿需 18~20 h。

(一)觉醒

觉醒状态有行为觉醒状态与脑电觉醒状态之分。行为觉醒状态是指动物出现觉醒时的各种行为表现;脑电觉醒状态是指脑电波由睡眠时的同步化慢波转变为觉醒时的去同步化快波,而行为上不一定呈觉醒状态。目前认为,黑质多巴胺能系统可能参与行为觉醒状态的维持;而脑干网状结构胆碱能系统和蓝斑上部去甲肾上腺素能系统可能参与脑电觉醒状态的维持。

(二)睡眠

1.睡眠的时相 通过对睡眠过程的观察,发现睡眠由交替出现的两种时相组成,即慢波睡眠(slow wave sleep)和快波睡眠(fast wave sleep)。

(1)慢波睡眠:脑电图表现为同步化慢波,人体常变换体位,易唤醒。这时,人体的视、听、嗅、触等感觉功能减退,骨骼肌反射和肌紧张减弱,伴有血压下降、心率减慢、瞳孔缩小、尿量减少、体温下降、代谢率下降、呼吸变慢、发汗功能增强等一系列自主神经功能的改变。慢波睡眠期间生长激素分泌明显增多,有利于生长和体力的恢复。

(2)快波睡眠:脑电图表现为去同步化快波,与觉醒时相似,但在行为表现上却处于熟睡状态,因此又称为异相睡眠。在此期间,人体的各种感觉功能进一步减退,骨骼肌反射和肌紧张进一步减弱,肌肉几乎完全松弛,睡眠更深,较难唤醒。快波睡眠期间还可能有间断的阵发性表现,如部分肢体抽动、血压升高、心率加快、呼吸快而不规则,特别是可出现眼球快速运动,因此该时相也称为快速眼球运动睡眠。此外,做梦也是快波睡眠期间的特征之一。

快波睡眠期间,脑的耗氧量增加、脑血流量增多、脑内蛋白质合成加快。因此认为快波睡眠与婴幼儿神经系统的成熟有关,可能有利于建立新的突触联系,从而促进学习和记忆。快波睡眠期间会出现间断的阵发性表现,可能与心绞痛、哮喘等疾病易于在夜间发作有关。

在整个睡眠过程中,慢波睡眠与快波睡眠相互交替进行。成年人睡眠时,一般先进入慢波睡眠,持续 80~120 min 后转入快波睡眠,持续 20~30 min 后,又转入慢波睡眠。在整个睡眠期间,如此反复交替 4~5 次,越接近睡眠的后期,快波睡眠时间越延长。

2.睡眠的产生机制 目前认为,睡眠是一个主动的抑制过程。慢波睡眠可能与间脑某些结构(如蓝斑和中缝核)、脑干尾端网状结构上行抑制系统和前脑基底部等脑区的活动有关,上行抑制系统可作用于大脑皮层,与脑干网状结构上行激动系统相对抗,从而调节睡眠与觉醒的相互转化;而快波睡眠则可能与脑桥被盖外侧区胆碱能神经元的活动有关。

第六节　脑的高级功能

人类大脑除了在产生感觉、调节躯体运动和内脏活动中发挥重要作用以外,还涉及许多更为复杂的功能,如学习、记忆、思维、语言等,这些功能统称为脑的高级功能。

一、大脑皮层的语言活动功能

(一) 大脑皮层功能的一侧优势

人类两侧大脑半球的功能是不对称的,语言活动的中枢主要集中在一侧大脑半球,称为优势半球。这种一侧优势的现象仅出现于人类,它的出现虽与一定的遗传因素有关,但主要是在后天生活实践中逐渐形成的,与人类习惯使用右手有密切关系。习惯用右手的人(右利者),其优势半球在左侧。人类的左侧优势自10~12岁起逐步建立,若一侧半球在出生时严重损伤,语言中枢通常在功能完整的另一侧半球中发育,一般5岁前可以进行有效的转移,至15岁左右停止。左侧半球若在成年后受损,就很难在右侧皮层再建语言中枢。

左侧半球在语言活动功能上占优势,而右侧半球则在非语词性认识功能上占优势,如对空间的辨认、对深度知觉和触觉的认识、图像视觉认识以及音乐欣赏等。但是这种优势也是相对的,左侧半球有一定的非语词性认识功能,右侧半球也有一定的简单语词活动功能。

(二) 大脑皮层的语言中枢

人类大脑皮层的语言功能具有一定的分区(图10-25)。不同区域的损伤可引起不同特征的语言功能障碍:①运动失语症:由中央前回底部前方的 Broca 区受损引起,患者能看懂文字,也能听懂别人讲话,但自己不会讲话,不能用词语来口头表达自己的思想(并非与发音有关的结构受损)。②失写症:因损伤额中回后部接近中央前回的手部代表区所致。患者能听懂别人讲话和看懂文字,自己也会说话,但不会书写,而手的其他功能正常。③感觉失语症:由颞上回后部损伤所致,患者能讲话、书写、看懂文字,也能听见别人的发音,但听不懂别人讲话的内容含义。④失读症:由角回损伤引起,患者能写、能说,也能听懂别人的

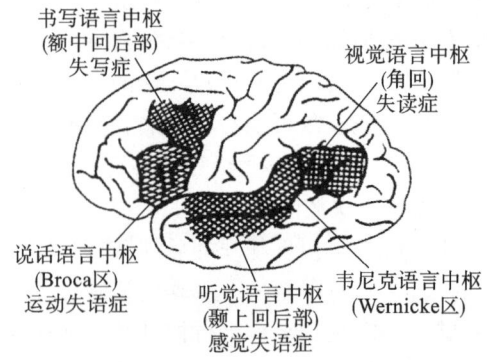

图 10-25　大脑皮层与语言功能有关的主要区域

谈话,视觉正常,但看不懂文字的含义。以上各区在语言功能上虽然有不同的侧重面,但各区的活动却是紧密联系的。正常情况下,它们协调活动,得以完成复杂的语言功能。

二、学习与记忆

学习与记忆是两个有着密切联系的神经活动过程。学习是指人和动物通过神经系统接受外界信息获得新的行为习惯的神经活动过程;记忆则是将学习到的信息在脑内储存和"读出"的神经活动过程。

(一)学习

1. 学习的分类 学习可分为非联合型学习和联合型学习两类。非联合型学习不需要在刺激与机体反应之间建立某种明确联系,习惯化和敏感化即属于这种类型的学习。习惯化是指一种刺激反复出现,如果不引起某种奖赏或惩罚,机体对该刺激的反应将逐渐减弱以至消失。例如,人们对有规律出现的强噪音的反应会逐渐减弱,即为习惯化。敏感化则是指对刺激的反应增强,如在受到强的伤害性刺激之后,机体对弱刺激的反应会加强。联合型学习是指两种不同刺激在时间上很接近地重复发生,最后在脑内逐渐形成联系。经典的条件反射属于联合型学习。从这个意义上讲,学习的过程实际上就是建立条件反射的过程。

2. 条件反射的建立和消退 条件反射是在非条件反射的基础上建立起来的。有关条件反射建立的经典实验中,给狗喂食会引起唾液分泌,这是非条件反射,食物是非条件刺激。在平时,铃声不会使狗分泌唾液,因为铃声与唾液分泌无关,故称为无关刺激。但是,如果每次喂食前先出现铃声,然后再给食物,经多次重复后,当铃声一出现时,即使不给狗食物,狗也会分泌唾液,这种情况下铃声就成了条件刺激,由此建立了条件反射。因此,条件反射建立的基本条件就是无关刺激与非条件刺激在时间上的多次结合,这个过程称为强化。

在上述经典的条件反射建立后,如果多次只给予条件刺激(铃声),而不用非条件刺激(食物)强化,则条件反射(唾液分泌)就会逐渐减弱,最后完全消失,这种现象称为条件反射的消退。条件反射的消退并非条件反射的丧失,而是大脑皮层内产生了抑制效应。

3. 人类条件反射的特征 引起条件反射的刺激信号可分为以下两类:一类是现实具体的信号,如灯光、铃声、食物的形状和气味等,称为第一信号;另一类是抽象的信号,如语言和文字,称为第二信号。能对第一信号发生反应的大脑皮层功能系统,称为第一信号系统(first signal system),这是人类和动物所共有的;能对第二信号发生反应的大脑皮层功能系统,称为第二信号系统(second signal system),这是人类所特有的,也是人类区别于动物的本质特征。

(二)记忆

1. 记忆的分类 进入人脑的信息量非常巨大,但并非都能被记忆,估计仅有1%的信息能被较长时间地记忆,绝大部分都会被遗忘掉。根据记忆保留时间的长短,可将记忆分为短时程记忆、中时程记忆和长时程记忆。短时程记忆的保留时间只有几秒甚至几分钟,如打电话时拨号,拨完后记忆随即消失;中时程记忆保留时间可为几分钟甚至几天,是短时程记忆向长时程记忆转化的中间环节;长时程记忆保留时间则为几天甚至数年,甚至终身保留。

2. 记忆的过程　记忆的过程可分为感觉性记忆、第一级记忆、第二级记忆和第三级记忆四个阶段（图 10-26）。

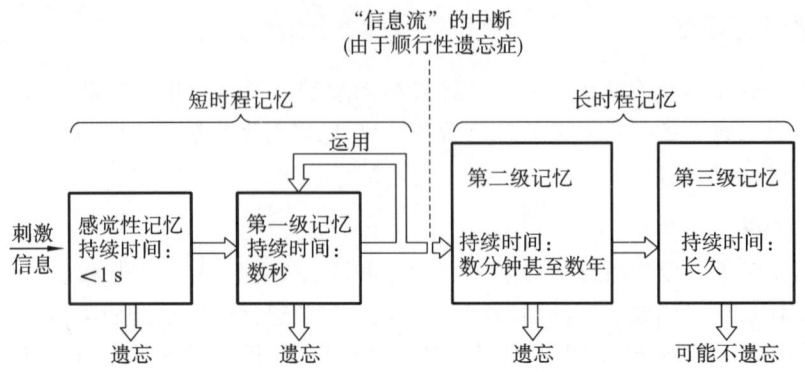

图 10-26　人类记忆过程示意图

感觉性记忆是指人体通过感觉系统获得信息后在脑内感觉区储存的阶段，时间极短，一般不超过 1 s，若未经注意和处理便很快消失。如果将感觉性记忆得到的信息处理整合成新的连续印象，则转入第一级记忆。第一级记忆的时间也很短，平均为数秒钟。感觉性记忆和第一级记忆属于短时程记忆。第一级记忆中储存的信息经反复学习和运用，即在第一级记忆中多次循环，延长了它在第一级记忆中的停留时间，这样，信息就容易转入第二级记忆。第二级记忆是一个大而持久的储存系统，持续时间可为数分钟甚至数年。如电话号码，当人们刚看到它而不注意时，很快就会遗忘，但如注意，即可记住转入第一级记忆，如果不多次运用，还是容易忘掉。若这个电话号码对自己的工作和生活关系很大，经常运用，则可在较长的时间内都能将它记住，即进入了第二级记忆。有些记忆，如自己的名字或每天都在进行的操作手艺等，通过长年累月的反复运用，几乎是不会被遗忘的，这一类记忆储存在第三级记忆中。第二级记忆和第三级记忆属于长时程记忆。

学习和记忆在脑内有一定的功能定位，脑内与记忆功能密切相关的结构有大脑皮层联络区、海马及其邻近结构、杏仁核、丘脑和脑干网状结构等。学习和记忆的机制目前仍不十分清楚，但大量的研究资料表明，它们与中枢神经元之间的环路联系、脑内有关蛋白质的合成以及新的突触联系的建立等有一定的关系。

小　结

神经系统是机体最重要的功能调节系统，神经元是构成神经系统结构和功能的基本单位。神经纤维传导兴奋具有生理完整性、绝缘性、双向性和相对不疲劳性等特征。神经元与神经元之间通过突触来传递信息。当突触前神经元兴奋而产生动作电位时，其轴突末梢释放神经递质，与突触后神经元上的相应受体结合，使突触后膜发生一定程度的去极化或超极化，形成兴奋性或抑制性突触后电位。神经递质是化学性突触传递的物质基础。在外周神经系统内主要的神经递质是乙酰胆碱和去甲肾上腺素，它们均通过与相应的受体结合而产生多样化效应。反射弧中枢部分的兴奋传递有单向传递、中枢延搁、总和、兴奋节律的改变、后发放以及对内环境变化敏感和易疲劳等特征。除中枢兴奋外,尚有中枢抑制,中枢抑制分为突触后抑制和突触前抑制。

躯体感觉一般由三级神经元接替,经特异投射系统传到大脑皮层感觉区,其投射特点为左右交叉、上下倒置、投射面积大小与感觉分辨力有关等。内脏感觉主要是痛觉,经自主神经传入,内脏痛的主要特点是定位不准确,还常常引起牵涉痛。

脊髓和脑干运动神经元是运动信息传出的最后公路。中枢姿势调节系统分散于脊髓、脑干和大脑皮层各级水平。肌紧张是维持姿势最基本的反射活动。脑干网状结构及其他脑区内存在调节肌紧张的抑制区和易化区。躯体运动的发动主要受大脑皮层运动区及其传出通路的控制,大脑皮层运动区对躯体运动的调节具有交叉性支配、功能定位精细、呈倒置安排等特征。运动的产生与协调也与小脑和基底神经节的功能有关。

自主神经系统的功能是调节内脏活动,其特征包括紧张性作用、双重支配、受效应器官功能状态的影响等。内脏活动受高位中枢调控,脑干是重要的生命中枢,下丘脑是较高级的内脏调节中枢,对体温、摄食行为、水平衡、腺垂体和神经垂体激素的分泌、情绪反应和生物节律等都有调节作用。

脑电活动具有自发脑电活动和皮层诱发电位两种,临床上都有一定的应用价值。觉醒的维持与脑干网状结构上行激动系统和非特异投射系统等结构有关,睡眠的两个不同时相各有其表现特点和生理意义。

学习和记忆属于脑的高级功能。大脑皮层对听、说、读、写等语言活动功能有一定的定位,且语言活动功能向左侧皮层集中而形成语言优势半球,右侧皮层则在非语言活动功能上占优势。

能力检测

能力检测答案

一、名词解释

神经递质　突触　兴奋性突触后电位　抑制性突触后电位　传入侧支性抑制
回返性抑制　特异投射系统　非特异投射系统　牵涉痛　运动单位　脊休克
牵张反射　去大脑僵直

二、选择题

A 型题

1. 中枢神经系统主要由(　　)。

A. 神经元、神经纤维构成

B. 神经元和神经胶质细胞构成

C. 神经元、神经胶质细胞和浆细胞构成

D. 神经细胞体和突起构成

E. 神经胶质细胞和浆细胞构成

2. 神经系统实现其调节功能的基本方式是(　　)。

A. 条件反射与非条件反射　　B. 感受和处理信息　　C. 记忆与思维

D. 兴奋和抑制　　　　　　　E. 正反馈与负反馈

3.神经元兴奋时,首先产生扩布性动作电位的部位是(　　)。

A.树突　　　　　　　　　B.轴突始段　　　　　　　C.轴丘

D.胞体　　　　　　　　　E.轴突末梢

4.神经纤维传导兴奋的特点不包括(　　)。

A.生理完整性　　　　　　B.双向性传导　　　　　　C.总和作用

D.相对不易疲劳性　　　　E.绝缘性传导

5.跳跃传导(　　)。

A.比神经纤维的非跳跃传导要慢得多　　　　　　B.当温度下降时速度增加

C.速度并不与纤维直径成比例　　　　　　　　　D.只存在于有髓神经纤维

E.跳跃传导比非跳跃传导消耗能量多

6.以下是关于突触后电位的描述,错误的是(　　)。

A.系局部去极化或超极化电位　　　　　　　　　B.可以总和

C.由突触后膜对全部小离子通透性增加所引起　　D.呈电紧张性扩布

E.突触小体内 Ca^{2+} 浓度升高有利于囊泡向突触前膜移动、融合

7.兴奋性突触后电位是发生在(　　)。

A.突触后膜上的去极化电位　　　　　　　　　　B.突触前神经元上的锋电位

C.突触前膜上的去极化电位　　　　　　　　　　D.突触后神经元上的锋电位

E.突触后膜上的超极化电位

8.去甲肾上腺素神经元胞体主要位于(　　)。

A.脊髓前角　　　　　　　B.黑质　　　　　　　　　C.低位脑干

D.中缝核　　　　　　　　E.纹状体

9.下列物质中,属于中枢抑制性递质的是(　　)。

A.乙酰胆碱　　　　　　　　　　　　　　　　　　B.谷氨酸、门冬氨酸

C.γ-氨基丁酸、甘氨酸　　　　　　　　　　　　　D.肾上腺素、去甲肾上腺素

E.多巴胺、色氨酸

10.属于胆碱能受体的是(　　)。

A.M、N 和 α　　　　　　　B.M、N 和 β　　　　　　C.M、α 和 β

D.M、N_1 和 N_2　　　　　　E.M、$β_1$ 和 $β_2$

11.交感神经支配的支气管平滑肌上具有(　　)。

A.$α_1$受体　　　　　　　　B.$α_2$受体　　　　　　　C.M 受体

D.$β_1$受体　　　　　　　　E.$β_2$受体

12.突触后抑制的形成是由于(　　)。

A.进入突触前末梢的 Ca^{2+} 量减少

B.突触前末梢递质释放量减少

C.抑制一个兴奋性中间神经元

D.兴奋一个抑制性中间神经元

E.突触后膜去极化程度减小

13.传入侧支性抑制和回返性抑制属于(　　)。

A.突触前抑制　　　　　　B.外周性抑制　　　　　C.突触后抑制

D.负反馈抑制　　　　　　E.正反馈抑制

14.非特异感觉投射系统的功能是（　　）。

A.产生各种体表和内脏的感觉

B.抑制大脑皮层的活动

C.维持和改变大脑皮层的兴奋状态

D.建立丘脑和大脑皮层之间的反馈联系

E.激发大脑皮层发出传出神经冲动

15.关于牵涉痛的描述，正确的是（　　）。

A.牵涉痛的放射部位具有确定性

B.为患病内脏周边区的痛觉过敏

C.体腔壁痛是牵涉痛的一种表现

D.所有内脏痛都有牵涉痛的表现

E.牵涉痛是疾病预后不良的征兆

16.脊髓前角 α 运动神经元轴突末梢释放的递质是（　　）。

A.肾上腺素　　　　　　　B.去甲肾上腺素　　　　C.乙酰胆碱

D.多巴胺　　　　　　　　E.甘氨酸

17.当 γ 运动神经元的传出冲动增加时，可（　　）。

A.直接引起梭外肌收缩　　　　　　　　　　　B.直接引起梭内肌舒张

C.使肌梭感受装置敏感性增加　　　　　　　　D.使I_a类纤维传入冲动减少

E.使 α 运动神经元传出冲动减少

18.维持身体姿势的最基本反射是（　　）。

A.肌紧张反射　　　　　　B.屈肌反射　　　　　　C.对侧伸肌反射

D.反牵张反射　　　　　　E.腱反射

19.关于去大脑僵直产生原理的正确叙述是（　　）。

A.易化区被部分切除而停止活动

B.抑制区被部分切除而停止活动

C.抑制区与上位脑联系被切断而停止活动

D.易化区与上位脑联系被切断而停止活动

E.抑制区和易化区全部被切除而停止活动

20.用左旋多巴治疗帕金森病无明显疗效的症状是（　　）。

A.肌肉强直　　　　　　　B.随意运动减少　　　　C.静止性震颤

D.面部表情呆板　　　　　E.动作缓慢

21.自主神经系统活动的特点是（　　）。

A.内脏器官均接受交感和副交感神经的双重支配

B.活动度高低与效应器功能状态无关

C.对效应器的支配一般具有紧张性作用

D.交感神经系统的活动一般比较局限

E. 副交感神经系统的活动一般比较广泛

22. 副交感神经系统兴奋时（　　）。

A. 心跳加快、加强　　　　B. 瞳孔散大　　　　　　　C. 胃肠运动增强

D. 促进糖原分解　　　　E. 血管收缩

23. 破坏下列部位会出现食欲增加而致肥胖的是（　　）。

A. 下丘脑外侧区　　　　B. 下丘脑腹内侧核　　　　C. 下丘脑视上核

D. 中脑网状结构　　　　E. 边缘叶

24. 以下各项中不是异相睡眠的特征的是（　　）。

A. 唤醒阈提高　　　　　　　　　　　　　　　B. 眼球出现快速运动

C. 生长激素分泌明显增强　　　　　　　　　D. 促进精力的恢复

E. 脑电波呈去同步化波

25. 大脑皮层功能的一侧优势指的是（　　）。

A. 一侧大脑半球神经元特别多

B. 一侧大脑半球经常强烈兴奋

C. 人类脑的功能全部集中在一侧半球

D. 人类脑的非语词性的认知功能向一侧半球集中的现象

E. 人类脑的语言功能向一侧半球集中的现象

26. 人类左侧大脑皮层在语言功能上占优势的现象是（　　）。

A. 完全由遗传因素决定

B. 与后天生活实践无关

C. 2 岁前就已建立了这种优势

D. 与人类习惯用右手劳动有密切关系

E. 语言功能的一侧优势建立后，成年后可以转移至另一侧半球

27. 下列哪一项属于第二信号？（　　）

A. 物体的气味　　　　　B. 物体的形态　　　　　　C. 物体的颜色

D. 物体的性质　　　　　E. 物体的名称

28. 关于第二信号的叙述，错误的是（　　）。

A. 第一信号的信号　　　B. 具体信号　　　　　　　C. 人类特有的，动物则无

D. 语言文字信号　　　　E. 对现实抽象信号发生反应的大脑皮层功能系统

29. 关于学习和记忆的机制描述，错误的是（　　）。

A. 神经元活动具有一定的后作用

B. 神经元环路的连续活动也是记忆的一种形式

C. 较长时性记忆，与脑内蛋白质合成无关

D. 中枢递质与学习记忆活动有关

E. 长时程记忆与建立新的突触联系有关

30. 信息在第一级记忆中停留的时间平均为（　　）。

A. 数十秒　　　　　　　B. 几秒　　　　　　　　　C. 1 min

D. 数分钟　　　　　　　E. 几小时

B 型题

A. 辐散式	B. 聚合式	C. 链锁式
D. 直线式	E. 环式	

1. 神经元之间具有反馈作用的联系方式是（   ）。

2. 神经元之间具有总和作用的联系方式是（   ）。

A. M 型受体	B. N_1 型受体	C. N_2 型受体
D. α 型受体	E. β 型受体	

3. 自主神经节突触后膜上的受体属于（   ）。

4. 终板膜上的受体属于（   ）。

5. 分布最广泛的血管平滑肌细胞膜上的受体属于（   ）。

6. 心肌细胞膜上的肾上腺素能受体属于（   ）。

A. 中央前回	B. 中央后回	C. 颞叶
D. 枕叶	E. 边缘叶	

7. 体表感觉在大脑皮质的投射区主要是（   ）。

8. 大脑皮质的主要运动区位于（   ）。

9. 视觉在大脑皮质的投射区位于（   ）。

A. 阿托品	B. 丁氧胺	C. 筒箭毒碱
D. 酚妥拉明	E. 阿替洛尔	

10. α 受体阻断剂是（   ）。

11. M 受体阻断剂是（   ）。

12. N 受体阻断剂是（   ）。

13. β_1 受体阻断剂是（   ）。

14. β_2 受体阻断剂是（   ）。

A. 肾上腺素	B. 去甲肾上腺素	C. 多巴胺
D. 甘氨酸	E. 乙酰胆碱	

15. 心交感神经节后纤维末梢释放的递质为（   ）。

16. 交感缩血管神经节后纤维末梢释放的递质为（   ）。

17. 交感舒血管神经节后纤维末梢释放的递质为（   ）。

18. 交感神经节前纤维释放的递质为（   ）。

A. 发动肌肉运动	B. 调节内脏活动	C. 引起特定的感觉
D. 维持和改变大脑皮质的兴奋状态		E. 协调躯体运动

19. 特异投射系统的功能是（   ）。

20. 下丘脑的功能是（   ）。

21. 小脑的功能是（   ）。

22. 非特异投射系统的功能是（   ）。

A. 脊休克	B. 共济失调	C. 去大脑僵直
D. 昏睡	E. 静止性震颤	

23. 脑干严重受损的信号为（   ）。

24. 可由网状结构上行激动系统受损引起( )。

25. 帕金森病的常见症状是( )。

26. 由于脊髓与高位中枢突然离断而产生( )。

三、简答题

1. 简述兴奋性突触后电位(EPSP)和抑制性突触后电位(IPSP)产生的机制。

2. 大脑皮质躯体感觉代表区和运动区有哪些特点?

3. 内脏痛有何特征?

4. 试述自主神经系统受体的种类、作用及分布、阻断剂。

5. 中枢兴奋传播的特征有哪些?

6. 试述突触后抑制的种类及其产生机制。

7. 特异投射系统和非特异投射系统各有何特点和功能?

8. 试述交感和副交感神经系统的功能及其特征。

9. 试述下丘脑的生理功能。

10. 简述睡眠时相的特点、生理功能表现及其意义。

11. 基底神经节的功能是什么? 当其受损伤时有何表现? 其机制如何?

(张　量)

第十一章
内 分 泌

→ **学习目标**

掌握：激素的概念及其作用的一般特征；甲状腺激素、糖皮质激素和胰岛素的生理作用及其分泌调节。

熟悉：激素的分类及作用方式；下丘脑与垂体之间的功能联系；腺垂体、神经垂体激素的种类及生理作用；胰高血糖素的生理作用及分泌调节。

了解：激素的作用机制；甲状腺激素的合成与代谢；甲状旁腺激素、降钙素的生理作用及分泌调节；肾上腺髓质激素的生理作用。

本章PPT

第一节 概 述

内分泌（endocrine）相对于外分泌而言，内分泌是指由内分泌细胞将所产生的化学物质不经导管而直接分泌到体液中，并经体液传递对靶细胞产生效应的一种分泌方式。内分泌细胞有的分布较集中，形成内分泌腺，人体内重要的内分泌腺有垂体、甲状腺、甲状旁腺、肾上腺、胰岛和性腺等；有的内分泌细胞则分散存在于某些器官组织中，如消化道黏膜、心、肾、肺、下丘脑和胎盘等。内分泌系统是由经典的内分泌腺和散在分布于某些器官组织中的内分泌细胞所组成。内分泌系统与神经系统是人体内两大信息传递系统，两者密切联系，相互配合，共同调节机体的各种功能活动，维持内环境的稳态。

一、激素及其分类

（一）激素及其作用方式

激素（hormone）是由内分泌细胞产生的经体液传递信息的高效能生物活性物质。但近年的研究证实，人体内还存在很多除激素外的化学信使物质，如神经细胞分泌的肽类，组织细胞产生的生长因子，免疫活性细胞分泌的细胞因子等。因此，现代内分泌学将激素的定义扩大为：激素是指能与靶细胞的受体结合，并将所携带的信息传递给靶细胞以调节靶细胞功能的所有化学信使物质。分子结构清楚者称为激素，分子结构尚不明确者称为因子。被激素作用的细胞、组织或器官，分别称为靶细胞、靶组织或靶器官。

激素一般需经体液传递到靶细胞、靶组织或靶器官发挥其调节功能。近年来，对激素运输方式的认识逐步深入，一般可将激素的作用方式分为以下几种，如图 11-1 所示。

1. 远距分泌 大多数激素分泌后经血液运送到远处的靶组织或靶细胞发挥作用，这种作用方式称为远距分泌（telecrine）。如垂体、甲状腺、甲状旁腺、肾上腺、性腺（卵巢或睾丸）等内分泌腺分泌的激素。

2. 旁分泌 某些激素分泌后不经血液运输，而通过组织液扩散作用于邻近的靶细胞，这种方式称为旁分泌（paracrine）。如胃黏膜的 D 细胞分泌的生长抑素经组织液扩散，抑制胃腺壁细胞的腺苷酸环化酶，从而抑制胃酸的分泌。

3. 自分泌 有的激素经局部扩散后又返回作用于该内分泌细胞，这种作用方式称为自分泌（autocrine）。如下丘脑释放的生长激素释放激素可通过这种方式反馈调节自身的分泌，这是内分泌细胞的一种自身调控机制。

4. 神经分泌 下丘脑内某些神经细胞既能产生和传导神经冲动，又能合成分泌激素，这些细胞称为神经内分泌细胞，它们所产生的激素称为神经激素（neurohormone）。神经激素可沿轴浆运送到神经末梢释放入血，这种作用方式称为神经分泌（neurocrine），如下丘脑的视上核与室旁核的神经元合成的抗利尿激素和催产素，沿下丘脑-垂体束通过轴浆运送到神经垂体储存，受特定刺激时再释放入血液。

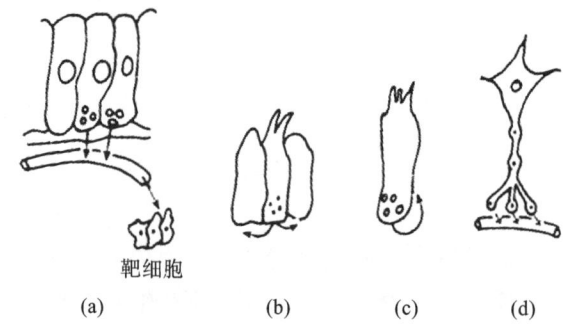

图 11-1　激素的作用方式
(a)远距分泌；(b)旁分泌；(c)自分泌；(d)神经分泌

（二）激素的分类

激素种类繁多，来源和性质各异，按其分子结构和化学性质不同，可分为以下两类。

1. 含氮激素 包括蛋白质类（如胰岛素、甲状旁腺激素和腺垂体激素）、肽类（下丘脑调节肽、神经垂体激素、降钙素、胰高血糖素）及胺类（去甲肾上腺素、肾上腺素及甲状腺激素）。由于这类激素（除甲状腺激素以外）易被胃肠道消化液分解而破坏，因此临床上使用该类激素时，不宜口服，一般需要注射给药。

2. 类固醇（甾体）激素 此类激素由肾上腺皮质和性腺分泌，如皮质醇、醛固酮、雌激素、孕激素以及雄激素等。这类激素不易被胃肠道消化液破坏，可以口服给药。

此外，胆固醇的衍生物——1,25-二羟维生素 D_3 和脂肪酸的衍生物——前列腺素也被作为激素看待。

二、激素作用的一般特征

激素种类繁多,化学结构及作用机制也各不相同,但是它们在对靶细胞发挥调节作用的过程中,仍具有以下共同特征。

(一)激素的信息传递作用

激素作为携带信息的生物活性分子,在实现其调节作用的过程中,只能使靶细胞原有的生理生化过程增强或减弱,如生长激素促进生长发育,甲状腺激素的产热作用等。在这些作用过程中,激素并不引起新的功能活动,也不能为原有功能活动提供能量,仅仅起着将生物信息传递给靶细胞的"信使"作用,调节靶细胞固有的生理生化反应,在信息传递后,激素即被分解失活。

(二)激素作用的特异性

激素的作用具有较高的组织特异性与效应特异性,即具有选择性地作用于某些靶细胞的特性,称为激素作用的特异性。其本质是因为靶细胞膜、胞质或胞核内存在着与该激素发生特异性结合的受体,激素只有与靶细胞上的受体相互识别并发生特异性结合,才能引发一定的生理效应。人体内各种激素作用的特异性高低不同,作用的范围也有很大的差别。有些激素作用的特异性很强,只专一地作用于某一靶腺,如促甲状腺激素作用于甲状腺,促肾上腺皮质激素作用于肾上腺皮质;而有些激素作用的特异性较弱,作用部位较广泛,如生长激素、甲状腺激素对全身组织细胞的功能几乎都有调节作用。

(三)激素的高效能生物放大作用

生理状态下,激素在血中的含量很低,一般只有纳摩尔浓度(nmol/L),甚至只有皮摩尔浓度(pmol/L),但其生理效应却十分显著。其原因是激素与受体结合后,在细胞内发生一系列酶促放大作用,一个接一个逐级放大,形成一个高效能的生物放大系统。据估计,1分子的胰高血糖素可激活 1 分子的腺苷酸环化酶,通过 cAMP 蛋白激酶途径逐级放大,最后可激活 10 000 个分子的磷酸化酶,从而发挥激素强大的调节作用。因此体液中激素浓度维持相对稳定,对激素发挥正常的调节作用极为重要。如果某内分泌腺分泌的激素稍有过量或不足,便可引起相应的生理功能出现明显异常,临床上分别称为该内分泌腺的功能亢进或功能减退。

(四)激素间的相互作用

多种激素在共同参与某一生理功能的调节时,各种激素的作用可以相互影响,主要表现在以下三个方面。

1. 协同作用 如生长激素、肾上腺素、胰高血糖素等,虽然作用于代谢的不同环节,但都可升高血糖。

2. 拮抗作用 不同激素共同参与调节某一生理效应时作用相反,称为拮抗作用。如胰高血糖素促进糖原分解,使血糖升高,而胰岛素促进糖原合成,使血糖降低,两者表现为不同程度的拮抗作用。

3. 允许作用 某些激素对某一生理反应并不起直接作用,但它的存在可使另一种激素的作用明显增强,这种现象称为激素的允许作用。如糖皮质激素本身对血管平滑肌无收缩作用,但在糖皮质激素存在的条件下,儿茶酚胺才能充分发挥对血管功能的调节作用。某些低血压患者单独使用去甲肾上腺素升压,效果欠佳,但同时给予少量的氢化可的松,升压效果明显增强。

三、激素的作用原理

激素与靶细胞膜受体或细胞内受体结合后将信息传递到细胞内并最终产生生物效应,近年来随着分子生物学技术的发展,关于激素作用机制的研究进展迅速,下面重点介绍含氮激素与类固醇(甾体)激素的作用机制。

(一)含氮激素的作用原理——第二信使学说

含氮激素有较强的极性,它们的分子体积多较大。含氮激素从内分泌腺分泌出来,经由血液到达靶细胞后,并不直接进入细胞内发挥作用,而是与靶细胞膜上具有离体构型的专一性受体(R)结合。激素与受体结合后,激活细胞膜上鸟苷酸调节蛋白(简称 G 蛋白),继而激活膜上的腺苷酸环化酶,在 Mg^{2+} 参与下,促使三磷酸腺苷(ATP)转变为环磷酸腺苷(cAMP),cAMP 再激活细胞内无活性的蛋白激酶系统(PK),使蛋白质磷酸化,从而引起细胞内特有的生理反应,如细胞膜通透性增大、膜电位改变、腺细胞分泌及肌细胞收缩等。cAMP 发挥作用后,即被细胞内磷酸二酯酶降解而失活。因此,激素作为第一信使,cAMP 为第二信使,而这一类激素的作用机制学说称为第二信使学说。近年来的研究表明,cAMP 并不是唯一的第二信使,可作为第二信使的还有三磷酸肌醇(IP_3)、二酰甘油(DG)、环磷酸鸟苷(cGMP)及 Ca^{2+} 等(图 11-2)。

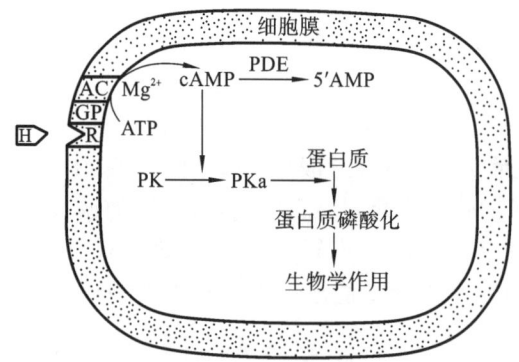

图 11-2　含氮类激素作用机制示意图

注:H,激素;R,受体;AC,腺苷酸环化酶;GP,G 蛋白;PKa,活化蛋白激酶;PDE,磷酸二酯酶。

(二)类固醇(甾体)激素的作用原理——基因表达学说

类固醇激素分子较小,为脂溶性,可通过扩散进入靶细胞内,先与胞质受体结合成激素-胞质受体复合物,此复合物在 Ca^{2+} 参与下,可发生变构,获得通过核膜的能力而进入核内,并与核受体形成激素——核受体复合物。此复合物结合在染色质的非组蛋白的特异位点上,启动或抑制该部位的 DNA 的转录,从而促进或抑制 mRNA 的形成,诱导或减少某种蛋白质(主要是酶)的合成,从而实现其生理效应,这一过程称为基因表达学说或类固醇激素作用的基因机制(图 11-3)。

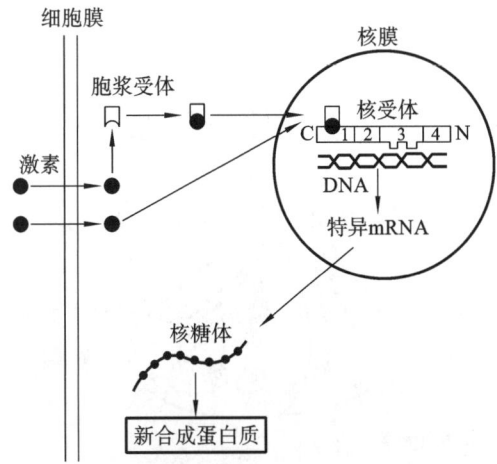

图 11-3 类固醇激素作用机制示意图

类固醇激素通过上述基因机制发挥作用,一般需要数小时或数天的时间。近年研究发现有些类固醇激素可在数秒钟甚至数分钟之内发挥其效应,因而推测类固醇激素可能还存在另一种非基因作用机制,其具体过程还有待进一步研究。

激素的作用原理十分复杂,有的激素也可通过多种机制发挥作用。而且含氮激素与类固醇激素的作用原理并非绝对的,如甲状腺激素虽属含氮激素,却可进入细胞内,与核受体结合,调节基因表达,其作用原理与类固醇(甾体)激素相似。

第二节 下丘脑与垂体

一、下丘脑的内分泌功能

垂体位于颅底蝶鞍构成的垂体窝中,经垂体柄与下丘脑连接。在结构和功能上,下丘脑与垂体的联系极为密切,两者共同组成下丘脑-垂体功能单位(图 11-4)。垂体根据发育来源、形态和功能的不同,可分为腺垂体和神经垂体,因此,下丘脑-垂体功能单位包括下丘脑-腺垂体系统和下丘脑-神经垂体系统。

(一)下丘脑-腺垂体系统

下丘脑与腺垂体之间没有直接的神经纤维联系,但存在把两者联系起来的垂体门脉系统。在下丘脑内侧基底部的神经核团,包括正中隆起、弓状核、腹内侧核、视交叉上核及室周核等共同构成下丘脑促垂体区,主要由小神经细胞组成,它们能合成和分泌一些肽类激素,故又称肽能神经元。由下丘脑促垂体区肽能神经元分泌、能调节腺垂体活动的肽类激素,统称为下丘脑调节肽(hypothalamic regulatory peptides,HRP)。下丘脑肽能神经元轴突末梢释放的下丘脑调节肽,经垂体门脉系统作用于腺垂体的内分泌细胞,从而调节腺垂体激素的合成和分泌。

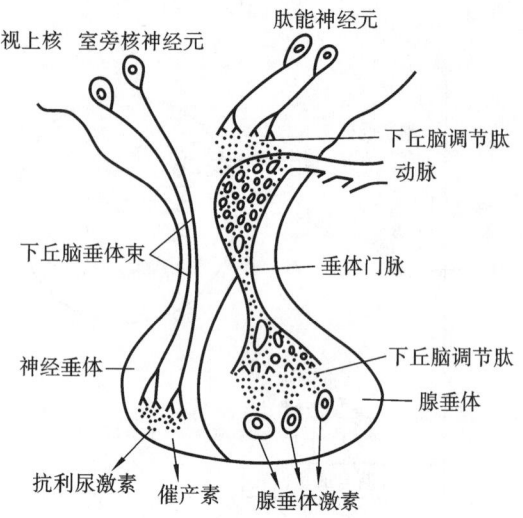

图 11-4　下丘脑-垂体功能单位模式图

目前已发现九种下丘脑调节肽,其化学结构和生理作用有所不同(表 11-1)。下丘脑调节肽除有调节腺垂体功能外,还具有垂体外调节作用,并且可以在中枢神经系统的其他部位及体内多种组织中生成。

表 11-1　下丘脑调节肽及其对腺垂体的作用

种　　类	英文缩写	主要作用
促肾上腺皮质激素释放激素	CRH	促进 ACTH 释放
促甲状腺激素释放激素	TRH	促进 TSH、PRL 释放
促性腺激素释放激素	GnRH	促进 LH、FSH 释放
生长激素释放激素	GHRH	促进 GH 释放
生长抑素	GHRIH	抑制 GH 及其他激素分泌
促黑(素细胞)激素释放因子	MRF	促进 MSH 释放
促黑(素细胞)激素释放抑制因子	MIF	抑制 MSH 释放
催乳素释放因子	PRF	促进 PRL 释放
催乳素释放抑制因子	PIF	抑制 PRL 释放

(二)下丘脑-神经垂体系统

下丘脑与神经垂体之间有直接的神经联系。下丘脑视上核和室旁核神经元的轴突延伸下行到神经垂体,形成下丘脑-垂体束。由视上核和室旁核神经元合成的抗利尿激素和催产素,经下丘脑-垂体束的轴浆运送到神经垂体储存。当机体需要时,这两种激素由神经垂体释放入血发挥调节作用。

二、腺垂体

腺垂体是体内最重要的内分泌腺,可合成分泌七种腺垂体激素。包括生长激素、促甲状腺激素、促肾上腺皮质激素、卵泡刺激素、黄体生成素、催乳素和促黑(素细胞)激素。

(一) 生长激素

生长激素(growth hormone,GH)是腺垂体中含量较多的一种激素。人生长激素(hGH)是由 191 个氨基酸残基组成的蛋白质激素,相对分子质量为 22 000。生长激素具有种属特异性,不同种属动物的生长激素,其化学结构与免疫性质有较大差别。除猴外,其他动物的 GH 对人类均无效。近年来利用 DNA 重组技术已能大量生产 GH 供临床使用。

正常成年男性血浆中 GH 的浓度为 $1 \sim 5 \ \mu g/L$,女性高于男性,但不超过 $10 \ \mu g/L$,且有自发性波动,即在基础分泌的水平上自发、间断的出现 GH 分泌高峰。正常情况下血浆 GH 浓度还受运动、睡眠、血糖以及性激素水平等因素的影响。

1. 生长激素的生理作用 GH 作用广泛,没有特定的靶组织,其主要作用是促进机体生长发育和物质代谢。GH 对机体各器官组织均有影响,尤其对骨骼、肌肉及内脏器官的作用更为显著,因此又称躯体刺激素。此外,GH 还是参与机体应激反应的重要激素之一。

(1) 促生长作用:机体的生长发育受多种激素影响,而 GH 是调节机体生长的关键因素。实验发现,摘除垂体的幼年动物,生长停止,如及时补充 GH 则可恢复生长。GH 可通过促进体内软骨细胞、肌细胞、骨细胞及其他组织的蛋白质合成、细胞分裂增生而发挥促生长作用,但对脑的生长发育影响不大。GH 的作用机制较复杂,GH 与靶细胞特异性受体结合后,可直接促进机体的生长发育;也可通过诱导靶细胞(如肝脏等)产生一种具有促进软骨细胞分裂增殖及骨化、使长骨增长的肽类物质,称为生长素介质,而间接促进器官组织的生长发育。若蛋白质缺乏时,生长激素不能刺激生长素介质的生成,故营养不良的儿童生长迟缓。

临床上若 GH 分泌异常可出现各种症状。如垂体先天损害而缺乏 GH 的幼儿,则出现生长迟缓,身材矮小,但智力发育一般正常,称为侏儒症(dwarfism);相反,若幼年时期 GH 分泌过多,则身体各部位过度生长,身材高大,称为巨人症(gigantism)。人成年后长骨骨骺已钙化闭合,长骨不再生长,如果此时 GH 分泌过多,只能促进软骨成分较多的手、足肢端的短骨、面骨及软组织生长,以致出现手足粗大、鼻大唇厚、下颌突出和内脏器官(肝、肾等)增大等症状,称为肢端肥大症(acromegaly)。可见,适量的 GH 对维持机体的正常生长发育具有重要作用。

(2) 调节代谢作用:GH 广泛参与体内的物质和能量代谢过程。①蛋白质代谢:GH 可直接或通过生长素介质促进氨基酸进入细胞,加速 DNA 和 RNA 的合成,从而促进软骨、骨、肌肉、肝、肾、肺、脑及皮肤等组织的蛋白质合成,抑制其分解。②脂肪代谢:GH 促进脂肪分解,增强脂肪酸氧化,提供能量。因此 GH 可使机体脂肪减少而蛋白质含量增加。③糖代谢:抑制外周组织摄取与利用葡萄糖,减少葡萄糖的消耗,提高血糖水平,使机体的能量来源由糖代谢转向脂肪代谢。若生长激素分泌过量可因血糖升高而导致垂体性糖尿病。

2. 生长激素分泌的调节

(1) 下丘脑调节肽的调节:GH 的分泌受下丘脑释放的 GHRH 和 GHRIH 的双重调节。由下丘脑释放的 GHRH,经垂体门脉到达腺垂体,促进 GH 的分泌,而 GHRIH 则抑制 GH 的分泌。正常情况下 GHRH 的调节作用占优势,是 GH 分泌的经常性调节因素。

而 GHRIH 则主要在应激刺激引起 GH 分泌过多时才发挥抑制作用。由于 GHRH 呈脉冲式释放,因此,生长激素的分泌也呈脉冲式。

(2)激素的反馈调节:GH 和生长素介质可分别作用于下丘脑和腺垂体两个水平,负反馈调节 GH 的分泌。

(3)其他因素的调节:①代谢因素:低血糖、血中氨基酸增多或脂肪酸含量减少均能刺激 GH 的分泌,以低血糖的刺激作用最强。②睡眠:慢波睡眠时 GH 分泌增多,可促进机体的生长发育和体力的恢复。③激素:甲状腺激素、雌激素和雄激素均能促进 GH 的分泌,性激素对 GH 分泌的刺激作用可能是青春期机体生长较快的原因。此外,运动、应激刺激也能引起 GH 分泌增多。

(二)催乳素

催乳素(prolactin,PRL)是由 199 个氨基酸组成的蛋白质激素,成人血浆 PRL 浓度低于 20 μg/L,妊娠和哺乳期 PRL 浓度升高。

1.催乳素的生理作用 催乳素的作用极为广泛,其靶器官主要为乳腺和性腺,并参与机体的应激反应。

(1)对乳腺的作用:PRL 可促进乳腺发育,引起并维持泌乳,故名催乳素。女性青春期乳腺的发育,主要依赖于雌激素、孕激素、生长激素、皮质醇、甲状腺激素及 PRL 的协同作用。在妊娠期,PRL、雌激素和孕激素分泌增多,促进乳腺组织进一步发育。此时乳腺已具备泌乳能力却不泌乳,原因是此时血中雌激素和孕激素浓度过高,抑制了 PRL 的泌乳作用。分娩后,雌激素和孕激素分泌量迅速减少,PRL 得以发挥始动和维持泌乳的作用。

(2)对性腺的作用:在女性,小剂量 PRL 可刺激卵巢黄体生成素受体的生成,与黄体生成素协同促进卵巢排卵和黄体生成,促进孕激素与雌激素的合成和分泌,大剂量时则有抑制作用;在男性,PRL 可促进前列腺和精囊的生长,加强黄体生成素对睾丸间质细胞的作用,促进睾酮的合成。

(3)参与应激反应:当机体受到应激刺激(如创伤、缺氧、手术、饥饿、疼痛等)时,血中 PRL 浓度升高,并与 ACTH、GH 的浓度增高同时出现。因此 PRL 是机体应激反应中腺垂体分泌的三大激素之一。

此外,PRL 也参与机体免疫功能、生长发育和物质代谢的调节。

2.催乳素分泌的调节

(1)下丘脑调节肽的调节:PRL 的分泌受下丘脑 PRF 和 PIF 的双重调节。前者促进 PRL 分泌,后者则抑制其分泌,正常情况下以 PIF 的抑制作用为主。

(2)催乳素的反馈调节:PRL 对其自身分泌存在负反馈调节机制。血中 PRL 浓度增高可使下丘脑多巴胺能神经元兴奋,释放的多巴胺可通过下丘脑或直接抑制腺垂体 PRL 分泌。此外,吸吮乳头可反射性引起 PRL 的大量分泌,乳头受刺激产生的神经冲动传至下丘脑使 PRF 释放增多,从而促进腺垂体 PRL 的分泌。

(三)促黑(素细胞)激素

人类的促黑(素细胞)激素(melanophore stimulating hormone,MSH)属肽类激素。其主要作用是促进皮肤黑素细胞合成黑色素,加深皮肤和毛发的颜色。但因病切除垂体的黑人,其皮肤颜色并不发生改变。可见,MSH 和正常人的皮肤色素沉着关系不大。

MSH 的分泌受下丘脑分泌的 MRF 和 MIF 的双重调节,MRF 促进其分泌,MIF 则抑制其分泌,平时以 MIF 的抑制为主。

(四)促激素

腺垂体分泌的促甲状腺激素(thyroid stimulating hormone,TSH)、促肾上腺皮质激素(adrenocorticotropic hormone,ACTH)、促性腺激素包括卵泡刺激素(follicle stimulating hormone,FSH)和黄体生成素(luteinizing hormone,LH)均有各自的靶腺。这些促激素具有促进相应靶腺增生和靶腺激素分泌的功能,分别形成下丘脑-腺垂体-甲状腺轴、下丘脑-腺垂体-肾上腺皮质轴和下丘脑-腺垂体-性腺轴的调节方式。

现将腺垂体激素的种类及主要作用归纳于表 11-2。

表 11-2 腺垂体激素的种类及主要作用

腺垂体激素	英文缩写	主要作用
促肾上腺皮质激素	ACTH	促进肾上腺皮质激素合成释放和腺细胞增生
促甲状腺激素	TSH	促进甲状腺激素合成分泌和腺细胞增生
生长激素	GH	促进物质代谢和机体生长发育
催乳素	PRL	促进乳腺发育,引起并维持泌乳
促黑(素细胞)激素	MSH	调节黑素细胞活动
卵泡刺激素	FSH	调节性腺生殖和内分泌功能
黄体生成素	LH	调节性腺生殖和内分泌功能

三、神经垂体

神经垂体不含腺细胞,本身不能合成激素。神经垂体激素实际上是指由下丘脑视上核、室旁核神经元合成,经下丘脑-垂体束运送到神经垂体储存并释放入血的激素。包括血管升压素与催产素两种,前者主要在视上核产生,而后者主要在室旁核产生。当受到适宜刺激时,血管升压素与催产素由神经垂体释放入血。

(一)血管升压素

血管升压素也称抗利尿激素,主要作用于肾脏,产生明显的抗利尿作用(见第八章肾脏的排泄功能)。当机体在失血、脱水等病理情况下,血管升压素释放明显增多,大量的血管升压素可使血管平滑肌收缩,血压升高(见第四章血液循环)。血管升压素的分泌主要受血浆晶体渗透压、循环血量和血压变化的调节。

(二)催产素

催产素(oxytocin,OXT)又称缩宫素,和血管升压素的分子结构相似,因此两者在生理作用上有一定交叉。

1. 催产素的生理作用 催产素没有经常性分泌,在分娩和哺乳时反射性分泌,主要作用于乳腺和子宫两个靶器官,具有促进哺乳期乳汁排出和分娩时刺激子宫收缩的作用。

(1)对乳腺的作用:催产素可使哺乳期乳腺腺泡周围的肌上皮细胞收缩,使腺泡内压力增高,促进乳汁排出。

(2) 对子宫的作用:催产素可促进子宫平滑肌收缩,但此效应取决于子宫的功能状态。催产素对非孕子宫的收缩作用较弱,而对妊娠子宫的作用较强。临床上可用催产素来加强子宫收缩,达到促进分娩和减少产后流血的作用。雌激素能增加子宫对催产素的敏感性,发挥允许作用,而孕激素的作用则相反。

2. 催产素分泌的调节 催产素分泌的有效刺激是吸吮乳头和扩张子宫颈,通过神经内分泌反射完成。吸吮乳头时,信息由传入神经到达下丘脑,兴奋室旁核分泌催产素的神经元,引起缩宫素释放增多,促进乳汁排出,称为射乳反射。射乳是一种典型的神经内分泌反射,在此基础上可建立条件反射。焦虑、疼痛和恐惧等情绪变化可抑制催产素的分泌而阻止排乳。此外,在临产或分娩时,子宫和阴道受到牵拉和压迫刺激,可反射性引起催产素释放,有助于子宫的进一步收缩。

现将神经垂体激素的主要作用及分泌调节归纳于表 11-3。

表 11-3　神经垂体激素的主要作用及分泌调节

	血管升压素	催产素
合成部位	视上核(为主)和室旁核	视上核和室旁核(为主)
主要作用	生理剂量抗利尿作用,大剂量缩血管升血压作用	促进乳汁排出,促进子宫收缩(取决于子宫的功能状态)
分泌调节	血浆晶体渗透压、循环血量和动脉血压的变化	神经内分泌反射——射乳反射

第三节　甲　状　腺

正常成人的甲状腺重量为 20～25 g,是人体内最大的内分泌腺。甲状腺由许多大小不等的腺泡(也称滤泡)组成,腺泡上皮细胞能合成和释放甲状腺激素,腺泡腔内的胶质是甲状腺激素的储存库,而甲状腺激素也是体内唯一在细胞外储存的内分泌激素。在甲状腺腺泡之间和腺泡上皮之间还有滤泡旁细胞(又称 C 细胞),可分泌降钙素,其作用见本章第六节。

一、甲状腺激素的合成与运输

甲状腺腺泡上皮细胞能合成并分泌两种甲状腺激素(thyroid hormone),分别称为四碘甲腺原氨酸(T_4)和三碘甲腺原氨酸(T_3)。在腺体或血液中,T_4含量较 T_3 多,约占总量的 90%,但 T_3 的生物学活性较 T_4 强约 5 倍,是甲状腺激素发挥生理作用的主要形式。

(一) 甲状腺激素的合成

甲状腺激素是酪氨酸的碘化物,因此合成甲状腺激素的主要原料是碘和甲状腺球蛋白。碘主要来源于食物,人体每天从食物中摄取的无机碘约 100 μg,其中 1/3 被甲状腺摄取。因此,甲状腺与碘的代谢关系极为密切。甲状腺球蛋白由腺泡上皮细胞分泌,其酪氨酸残基碘化后合成甲状腺激素。甲状腺激素的合成过程包括以下三个步骤。

1.甲状腺腺泡的聚碘 由肠道吸收的碘,以 I^- 的形式存在于血液中,而甲状腺内 I^- 浓度比血液高 $20\sim25$ 倍,因此甲状腺对碘的摄取是逆电-化学梯度的主动转运过程。该转运体依赖 Na^+-K^+ 泵的活动提供能量。甲状腺的强大聚碘能力已成为临床上应用放射性碘来测定甲状腺功能和治疗甲状腺功能亢进的依据。

2.碘的活化 由腺泡上皮细胞摄取的 I^- 并不能与酪氨酸结合,需靠甲状腺过氧化物酶(thyroperoxidase,TPO)氧化成具有活性的 I_0(碘原子)、I_2,或与酶的结合物,这一过程称为碘的活化。

3.酪氨酸的碘化与甲状腺激素的合成 碘化过程发生在甲状腺球蛋白(TG)的酪氨酸残基上,活化的碘取代酪氨酸残基苯环上的氢原子,首先合成一碘酪氨酸(MIT)和二碘酪氨酸(DIT),然后两个分子的 DIT 耦联生成四碘甲腺原氨酸(T_4),一个分子的 MIT 与一个分子的 DIT 耦联生成三碘甲腺原氨酸(T_3)。一个 TG 分子上,T_4 与 T_3 之比为 $20:1$。

以上 I^- 的活化、酪氨酸碘化以及耦联过程主要发生在腺泡上皮细胞顶端膜的微绒毛与腺泡腔交界处(图 11-5),它们都是在过氧化酶的催化下完成的。能够抑制这一酶活性的药物,如硫尿嘧啶与硫氧嘧啶,能阻断 T_4、T_3 的合成,在临床上可用于治疗甲状腺功能亢进。

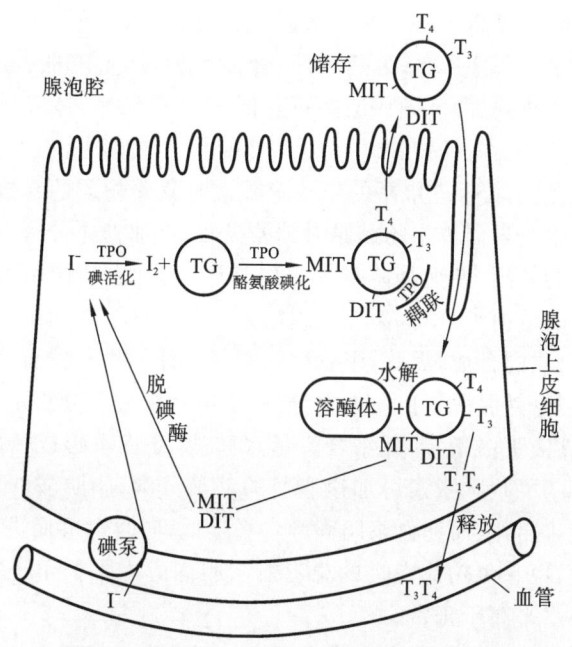

图 11-5 甲状腺激素的合成、储存与释放示意图
注:TPO 表示过氧化物酶;TG 表示甲状腺球蛋白;MIT 表示一碘酪氨酸残基;DIT 表示二碘酪氨酸残基。

(二)甲状腺激素的储存、释放、运输与代谢

1.储存 甲状腺激素在甲状腺球蛋白上形成后储存于腺泡腔的胶质中,其储存量很大,可供人体利用 50 天。在体内各种激素的储存量上居首位。因此,应用抗甲状腺药物时,需要较长时间才能起效。

2. 释放　在促甲状腺激素(TSH)的作用下,甲状腺上皮细胞通过吞饮作用将腺泡腔中含有 T_3、T_4 的甲状腺球蛋白胶质小滴吞饮入上皮细胞内,在溶酶体蛋白水解酶的作用下,释放 T_3、T_4 进入血液。

3. 运输　T_3、T_4 释放入血后,99%以上与血浆蛋白结合,以游离形式存在的不足 1%,T_3 主要以游离形式存在。只有游离型的甲状腺激素才能进入靶组织细胞,发挥其生理效应。血中游离型和结合型的甲状腺激素可相互转化,二者间保持动态平衡。临床上,可通过测定血液中 T_3、T_4 的含量了解甲状腺的功能。

4. 代谢　血浆中 T_4 的半衰期约为 7 天,T_3 的半衰期为 1.5 天。甲状腺激素降解的主要部位在肝、肾、垂体与骨骼肌,形成的代谢产物由尿液、粪便排出体外。

二、甲状腺激素的生理作用

甲状腺激素的生物学作用广泛,几乎对全身各组织细胞均有影响,其主要作用是促进新陈代谢和生长发育。

1. 对代谢的影响

(1)产热效应:甲状腺激素能增加体内绝大多数组织细胞(除性腺、淋巴结、肺、皮肤、脾和脑之外)的耗氧量和产热量,使基础代谢率增高。1 mg 甲状腺激素可使机体增加产热量约 4200 kJ,基础代谢率提高 28%。甲状腺功能亢进(简称甲亢)的患者产热增加,基础代谢率可升高 60%～80%,体温升高,怕热多汗,食欲增加,体重降低。反之,甲状腺功能减退(简称甲减)的患者产热减少,基础代谢率可降低 30%～50%,体温偏低,喜热怕冷,食欲不佳。

(2)对物质代谢的影响:生理水平的甲状腺激素对营养物质的合成代谢及分解代谢均有促进作用。①甲状腺激素促进小肠黏膜对糖的吸收,增加糖原分解,使血糖升高;同时它又加速外周组织对糖的利用,使血糖降低。总的来说,其升血糖作用大于降血糖作用。故甲状腺功能亢进患者的血糖常升高,甚至出现糖尿。②生理浓度的甲状腺激素可以通过基因调节机制,加速蛋白质的合成,因此,甲状腺激素与人体的生长发育密切相关。但剂量过大,则促使蛋白质特别是骨骼肌蛋白质大量分解;当甲状腺激素分泌不足时,蛋白质合成减少,而组织间隙中的黏液蛋白增多,并结合大量水和盐,在皮下形成一种特殊的、指压而不凹陷的黏液性水肿。③甲状腺激素可加速脂肪的动员分解、脂肪酸的氧化,促进肝将胆固醇转变为胆酸从胆汁排出,从而使血浆胆固醇水平降低;同时也可促进胆固醇合成,但分解速度大于合成。因此,甲状腺功能亢进的患者血浆胆固醇水平低于正常,而甲状腺功能减退的患者血浆胆固醇水平高于正常。

2. 对生长发育的影响　甲状腺激素是促进机体正常生长发育的重要激素,特别是对婴儿脑和长骨的生长发育影响极大。甲状腺激素对生长发育的影响在出生后的最初 4 个月内最为明显。胚胎期缺碘而导致甲状腺激素合成不足或出生后甲状腺功能低下的患者,不但身材矮小,而且脑不能充分发育,智力低下,称呆小症(即克汀病)。治疗呆小症必须抓住时机,应在出生后三个月以内补充甲状腺激素,否则难以奏效。

3. 对神经系统的影响　甲状腺激素不仅能促进神经系统的发育、成熟,还能提高已分化成熟的中枢神经系统的兴奋性。甲状腺激素对儿茶酚胺有允许作用,使交感神经系统兴奋。因此,甲亢患者有烦躁不安、喜怒无常、失眠多梦、注意力不集中及肌肉颤动等症状;甲状腺功能低下的患者则有言行迟钝、记忆减退、淡漠无情、终日嗜睡等症状。

4. 对心血管系统的影响　甲状腺激素可使心跳加快加强,心输出量增大,外周血管扩张,外周阻力降低,使收缩压升高,舒张压正常或稍低,脉压增大。甲亢患者可因心脏做功量增加而出现心肌肥大,最后可导致充血性心力衰竭。

5. 其他作用　甲状腺激素还影响生殖功能,并对胰岛、甲状旁腺及肾上腺皮质等内分泌腺的分泌功能有一定的影响。

知识链接

地方性甲状腺肿

地方性甲状腺肿的症状主要表现为甲状腺不同程度的肿大,重度肿大的甲状腺可引起压迫症状。若挤压气管时可引起咳嗽和呼吸困难,压迫食管引起进食下咽困难,挤压喉返神经引起说话声音嘶哑。因为引起地方性甲状腺肿的主要原因是饮食中长期缺碘,所以地方性甲状腺肿也称缺碘性甲状腺肿,俗称"大脖子病"。这种病在流行地区男女老幼均很常见。饮食中长期缺碘,可造成甲状腺激素合成及分泌减少,使血中 T_3、T_4 浓度长期降低,从而对腺垂体的反馈性抑制作用减弱,引起腺垂体 TSH 分泌量增多,过多的 TSH 刺激甲状腺滤泡增生,导致甲状腺肿大。地方性甲状腺肿流行地区可采用碘盐进行防治。1996 年起我国实行全民食盐碘化,有效地控制了地方性甲状腺肿的发生。

三、甲状腺功能的调节

甲状腺功能活动主要受下丘脑-腺垂体-甲状腺轴的调节。此外,还可进行一定程度的自身调节并受自主活动的调节。

(一) 下丘脑-腺垂体-甲状腺轴

1. 下丘脑-腺垂体对甲状腺功能活动的调节　下丘脑分泌的促甲状腺激素释放激素(TRH)经垂体门脉系统至腺垂体,促进腺垂体促甲状腺激素(TSH)合成和释放。下丘脑神经元可受某些内外环境因素的影响而改变 TRH 的分泌量,最后影响甲状腺的分泌活动。例如,寒冷刺激的信息到达中枢后,通过一定的神经联系使 TRH 分泌增多,继而通过 TSH 的作用促进 T_4、T_3 的分泌;而创伤、手术、疼痛等有害刺激使下丘脑释放生长抑素,抑制 TRH 的合成和释放,进而使 TSH 的释放减少。

促甲状腺激素的作用是促进甲状腺激素的合成与释放,包括增强摄碘、碘的活化、耦联及释放过程,使血中甲状腺激素的浓度升高,同时 TSH 还能刺激甲状腺腺泡细胞核酸与蛋白质的合成,从而使甲状腺细胞增生、腺体增大。因此,TSH 对甲状腺具有全面的促进作用。

2. 甲状腺激素对腺垂体和下丘脑的负反馈调节　血中甲状腺激素浓度升高时,它能与 TSH 细胞核的特异受体结合产生抑制性蛋白,从而抑制 TSH 的合成与分泌,甲状腺激素的释放也随之减少,反之,则增多。甲状腺激素除对腺垂体有负反馈调节作用外,对下丘脑 TRH 的分泌也有负反馈调节作用。通过这种负反馈调节机制,使体内甲状腺激素浓度维持在正常生理水平。当饮食中长期缺碘造成甲状腺激素合成减少时,甲状腺激素对腺垂体的负反馈抑制作用减弱,引起 TSH 的分泌量增多,但因合成甲状腺激素的原料不足,患者的甲状腺细胞增生,导致甲状腺出现代偿性肿大,临床上称为单纯性甲状腺肿或地方性甲状腺肿。

(二) 自身调节

甲状腺能根据碘供应的情况,调整自身对碘的摄取和利用以及合成与释放甲状腺激素的能力,这种调节完全不受 TSH 的影响,故称其为甲状腺的自身调节或自我调节。这是一种有一定限度的缓慢的调节机制。当外源性碘量增加时,最初甲状腺激素合成增加,但血碘浓度超过 10 mmol/L 时,甲状腺的聚碘作用完全消失,甲状腺激素合成速度不再增加,反而明显下降。过量的碘产生的抗甲状腺聚碘效应称 Wolff-Chaikoff 效应。自身调节作用使甲状腺功能适应食物中碘供应量的变化,从而保证腺体内甲状腺激素的合成量相对稳定。根据 Wolff-Chaikoff 效应,临床上常用大剂量碘处理甲状腺危象,并将其用于甲状腺手术的术前准备。

(三) 自主神经对甲状腺活动的影响

甲状腺受交感神经和副交感神经的双重支配。电刺激交感神经和副交感神经可分别促进和抑制甲状腺激素合成与分泌。甲状腺激素分泌的调节机制见图 11-6。

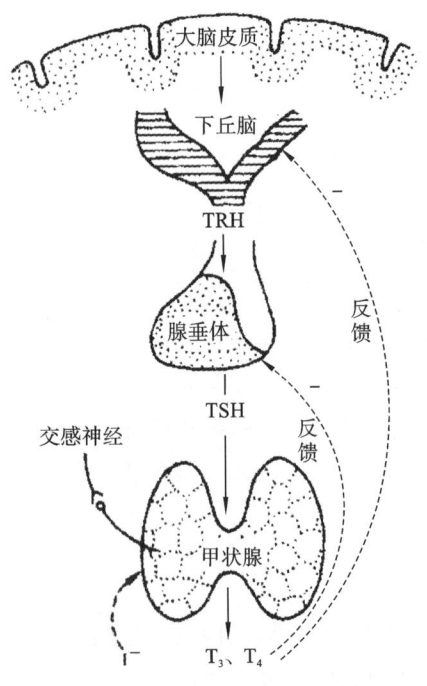

图 11-6　甲状腺激素分泌调节示意图

注:TSH 表示促甲状腺激素;TRH 表示促甲状腺激素释放激素;

──► 表示促进作用或分泌活动;---► 表示抑制作用。

第四节 肾 上 腺

肾上腺位于两肾的内上方,包括周围部的皮质和中央部的髓质两部分,两者在发生、结构及功能上均不相同,实际是两个独立的内分泌腺。

一、肾上腺皮质激素

根据肾上腺皮质细胞的形态结构和排列特征,自外向内分为球状带、束状带和网状带。球状带细胞分泌以醛固酮为代表的盐皮质激素;束状带细胞分泌以皮质醇为代表的糖皮质激素(glucocorticoids,GC);网状带细胞分泌以脱氢表雄酮为代表的性激素和少量的糖皮质激素。动物实验切除双侧肾上腺后,动物会很快死亡,如果及时补充肾上腺皮质激素,动物的生命可以维持。若只切除肾上腺髓质,则动物可以存活较长时间,可见肾上腺皮质激素是维持生命所必需的。糖皮质激素在维持机体物质代谢平衡和全面调节、整合机体各功能过程中更为重要,故下面重点讨论糖皮质激素。

(一)糖皮质激素的生理作用

糖皮质激素的作用广泛而复杂,对全身多种器官、组织都有影响,是维持生命所必需的激素。人体糖皮质激素以皮质醇分泌量最大(200 mg/d),作用最强,其次为皮质酮。皮质醇进入血液后,绝大部分与某些血浆蛋白结合,具有生物活性的游离型很少,结合型与游离型之间可相互转换。

1. 对物质代谢的作用

(1)糖代谢:糖皮质激素是调节机体糖代谢的重要激素之一,它加强蛋白质的分解,使较多的氨基酸进入肝,增加糖异生的原料,并增强肝脏内与糖异生有关酶的活性,从而促进糖异生过程。此外,糖皮质激素还有抗胰岛素作用,能降低肌肉和脂肪等组织对胰岛素的反应性,使外周组织对葡萄糖的利用减少,导致血糖升高。如果糖皮质激素分泌过多(或服用此类激素药物过多),可出现高血糖,甚至出现糖尿。

(2)蛋白质代谢:糖皮质激素促进肝外组织,特别是肌肉组织的蛋白质分解,加速氨基酸进入肝脏,生成肝糖原。糖皮质激素分泌过多如库欣综合征患者,常出现肌肉消瘦、骨质疏松、皮肤变薄、淋巴组织萎缩及伤口不易愈合等现象。

(3)脂肪代谢:糖皮质激素可增强脂肪酸在肝内的氧化过程,有利于糖异生,促进脂肪分解(特别是四肢),但面部、肩、颈、躯干部位的脂肪组织对糖皮质激素的敏感性较低,却对胰岛素(它可促进合成脂肪)的敏感性较高,使体内脂肪发生重新分布。肾上腺皮质功能亢进时,出现"满月脸"、"水牛背"、"球形腹"而四肢消瘦,形成向心性肥胖的特殊体形。

糖皮质激素对三大营养物质代谢的作用归纳如图 11-7 所示。

2. 对水盐代谢的作用 糖皮质激素有较弱的保钠排钾的作用,即促进肾远曲小管和集合管重吸收钠和排出钾。此外,糖皮质激素还可降低肾小球入球小动脉的阻力,增加肾小球血浆流量而使肾小球滤过率增加,有利于水的排出。肾上腺皮质功能不全的患者常有水排出障碍,严重时可出现水中毒,此时若补充适量的糖皮质激素可使病情缓解,而补充盐皮

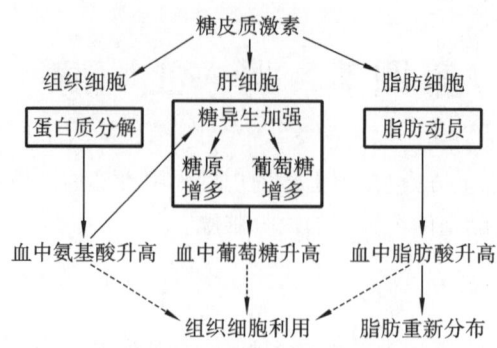

图 11-7　糖皮质激素对三大营养物质代谢的作用

质激素却无效。

3. 在应激反应中的作用　当机体受到感染、缺氧、饥饿、创伤、疼痛、手术、寒冷及惊恐等多种有害刺激时,垂体释放入血中的促肾上腺皮质激素(ACTH)急剧增加,导致糖皮质激素浓度也升高,并产生一系列的非特异性反应,称之为应激反应。能引起应激反应的刺激称为应激刺激。在应激反应中,下丘脑-腺垂体-肾上腺皮质轴的活动增强,提高机体对应激刺激的耐受和生存能力。此外,交感-肾上腺髓质系统也参与应激活动,使血中儿茶酚胺含量增加,其他激素如生长激素、催乳素和抗利尿激素、醛固酮等分泌也可增加。实验表明,动物切除肾上腺皮质后,给予维持量的糖皮质激素,在安静环境中可正常生存,一旦遇到上述应激刺激时则易死亡。由此可见,机体主要靠促肾上腺皮质激素和糖皮质激素的增加来渡过难关。

此外,大剂量的糖皮质激素有抗炎、抗过敏、抗中毒、抗休克的作用,是临床上应用糖皮质激素治疗多种疾病的依据。

4. 对血液系统的作用　糖皮质激素可增强骨髓的造血功能,使血液中红细胞和血小板的数量增多;同时,它能促使附着在小血管壁边缘的中性粒细胞进入血液循环,使血液中中性粒细胞增多。糖皮质激素还能抑制胸腺和淋巴组织细胞DNA的合成过程,使淋巴细胞数量减少。此外,它对单核-巨噬细胞系统吞噬和分解嗜酸粒细胞的活动有增强作用,故血中嗜酸粒细胞的数量减少。

5. 对循环系统的作用　糖皮质激素是维持正常血压所必需的激素。其具体作用表现在以下三个方面。

(1) 增加血管平滑肌细胞上儿茶酚胺受体数量和调节受体介导的信号转导过程,提高血管平滑肌对儿茶酚胺的敏感性(允许作用),有利于提高血管的张力和维持血压。

(2) 降低毛细血管壁的通透性,减少血浆的滤出,有利于维持血容量。

(3) 抑制具有舒血管作用的前列腺素的合成。

6. 其他作用

(1) 消化系统:糖皮质激素能提高胃腺细胞对迷走神经及胃泌素的反应性,增加胃酸和胃蛋白酶原的分泌,并使胃黏膜的保护和修复功能减弱,因而有加剧和诱发溃疡病的可能。因此,溃疡病患者应用糖皮质激素时应予以注意。

(2) 神经系统:糖皮质激素有提高中枢神经系统兴奋性的作用。小剂量可引起欣快感,大剂量则引起思维不能集中、烦躁不安和失眠等现象。

(二) 糖皮质激素分泌的调节

糖皮质激素的分泌主要受下丘脑-腺垂体-肾上腺皮质轴的调节,以维持血中糖皮质激素浓度的相对稳定和在不同状态下的生理需要。

1. 下丘脑-腺垂体对肾上腺皮质功能的调节

(1) 下丘脑促肾上腺皮质激素释放激素(CRH)的作用:下丘脑分泌的 CRH 通过垂体门脉系统被运送到腺垂体,通过 cAMP-PKA 途径促使肾上腺皮质激素(ACTH)分泌增多,分泌 CRH 的细胞主要位于下丘脑的室旁核,室旁核又接受边缘系统和低位脑干广泛的纤维联系,从而把许多脑区的神经信息转变成激素信息。

(2) 腺垂体促肾上腺皮质激素(ACTH)的作用:肾上腺皮质直接受腺垂体分泌的 ACTH 的调节。ACTH 促进肾上腺皮质合成和分泌糖皮质激素,同时,也刺激束状带和网状带生长发育。摘除腺垂体的动物,肾上腺皮质束状带和网状带萎缩,血中糖皮质激素明显减少,如及时补充 ACTH,可使已发生萎缩的束状带和网状带恢复,糖皮质激素的分泌增多。ACTH 的分泌受体内生物钟节律的影响,呈日周期节律和脉冲式释放,一般清晨 6~8 时达最高峰,以后逐渐减少,到下午 6~11 时最低,糖皮质激素分泌也随之表现出昼夜周期性变化。

2. 糖皮质激素对下丘脑和腺垂体的负反馈调节

当血中糖皮质激素浓度升高时可反馈性地抑制下丘脑 CRH 神经元和腺垂体 ACTH 神经元的活动,抑制 CRH 和 ACTH 的分泌,这种反馈称为长反馈。腺垂体分泌的 ACTH 在血中浓度达到一定水平时,也可抑制下丘脑 CRH 神经元的活动从而使 CRH 的释放减少,称为短反馈(图11-8)。但在应激状态下,可能由于下丘脑和腺垂体对反馈刺激的敏感性降低,使这些负反馈作用暂时失效,ACTH 和糖皮质激素的分泌大大增加。

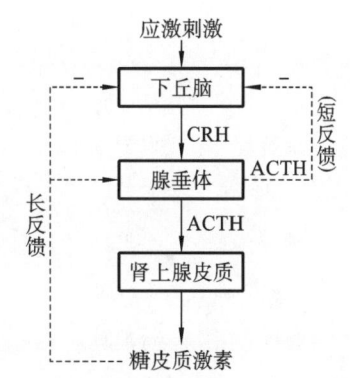

图 11-8 糖皮质激素分泌调节示意图

注:ACTH 表示促肾上腺皮质激素;CRH 表示促肾上腺皮质激素释放激素;——表示促进作用或分泌活动;---▶表示抑制作用。

值得注意的是,由于糖皮质激素和 ACTH 的分泌存在上述负反馈调节作用,因此在医疗中给患者长期大量使用糖皮质激素时,可使 ACTH 的分泌长期减少,从而使患者的肾上腺皮质功能减退,甚至萎缩。如果突然停药,则可由于 ACTH 水平很低及肾上腺皮质萎缩,以致体内糖皮质激素突然减少而引起肾上腺危象,甚至危及生命。因此,在治疗中必须采取逐渐减量的停药方法或间断给予糖皮质激素,以防肾上腺萎缩。

总之,糖皮质激素是维持生命活动的重要激素,其分泌直接受 ACTH 的调节,而 ACTH 的分泌又取决于 CRH 和血中糖皮质激素的浓度。正常情况下,下丘脑、腺垂体、肾上腺皮质之间密切地联系、协调统一,既维持血中糖皮质激素浓度的相对稳定,又保证其在应激状态下发生适应性变化。

二、肾上腺髓质激素

肾上腺髓质起源于外胚层,因细胞质内含有可被铬盐染成黄色的嗜铬颗粒,故称为嗜铬细胞。嗜铬细胞能分泌肾上腺素和去甲肾上腺素,两者均属于儿茶酚胺类化合物。正常情况下,肾上腺髓质释放的肾上腺素与去甲肾上腺素的比例大约为 4:1。在不同生理情况下,分泌的比例可发生变化。

(一)肾上腺素和去甲肾上腺素的生理作用

由于肾上腺素能受体在机体分布广泛,故肾上腺素与去甲肾上腺素的生理作用非常广泛而多样。其主要生理作用已在有关章节中分别讨论,现列简表予以总结(表 11-4)。肾上腺素与去甲肾上腺素对物质代谢有一定的影响,两者都能促进肝糖原、肌糖原分解;都能动员脂肪,加速脂肪分解;促使乳酸合成糖原,抑制胰岛素的分泌,使血糖升高。此外,还增加机体的耗氧量,使产热量增加,提高基础代谢率。

表 11-4　肾上腺素与去甲肾上腺素的生理作用比较表

	肾上腺素	去甲肾上腺素
心脏	心率增快,收缩力明显增强,心输出量增加(强心剂)	离体心脏:心率增快 在体心脏:心率减慢(减压反射的作用)
血管	皮肤、胃肠、肾等血管收缩;冠状血管、骨骼肌血管舒张,总外周阻力稍减	全身血管(特别是阻力血管)收缩,总外周阻力显著增加
血压	上升(主要因心输出量增加)	显著升高(主要因外周阻力增大)
支气管平滑肌	舒张	舒张,作用较弱
胃肠活动	抑制	抑制,作用较弱
代谢	增强	稍增强
瞳孔	开大	开大

(二)交感-肾上腺髓质系统

支配肾上腺髓质的神经属交感神经节前纤维,交感神经兴奋时,引起肾上腺髓质激素释放增多。肾上腺髓质激素的作用与交感神经兴奋时的效应相似,故把交感神经与肾上腺髓质在结构和功能上的这种联系,称为交感-肾上腺髓质系统。当机体内、外环境急剧变化时,如恐惧、剧痛、运动、低血压、缺氧、创伤、寒冷等紧急情况,这一系统活动明显加强,不但肾上腺皮质激素大量分泌,而且出现交感神经系统与肾上腺髓质同时活动的现象。中枢神经系统兴奋性提高,使机体反应灵敏;同时心率加快,心肌收缩力加强,心输出量增加,血压升高;呼吸加深加快,每分通气量增加;肝糖原与脂肪分解加强,使糖与脂肪酸增加,以适应在应急情况下骨骼肌、心肌等器官活动所需的更多的能量,全身血液重新分布。这些变化都有利于克服环境因素急变所造成的困难,使机体度过紧急时刻而脱险。这种在紧急情况下,通过交感-肾上腺髓质系统活动的加强而发生的适应性反应,称之为应急反应。

实际上,应急与应激是两个不同但有关联的概念。引起应急反应的刺激,同样也引起应激反应,但前者是交感-肾上腺髓质系统活动加强,使血液中肾上腺髓质激素浓度明显升高,从而充分调动机体的储备能力,克服环境变化对人体造成的困难;后者是下丘脑-腺垂体-肾上腺皮质系统活动加强,使血液中 ACTH 和糖皮质激素浓度明显升高,以增加人体对有害刺激的耐受能力。二者既有区别又相辅相成,使机体的适应能力更加完善。现在有人主张把交感-肾上腺髓质系统的反应也包括在应激反应中。

（三）肾上腺髓质激素分泌的调节

1. 交感神经的作用 肾上腺髓质接受交感神经胆碱能节前纤维支配,其末梢释放乙酰胆碱（ACh）,通过 N 型胆碱能受体引起嗜铬细胞释放肾上腺素和去甲肾上腺素。在应激情况下,可使肾上腺素和去甲肾上腺素分泌量增加到基础分泌量的 1000 倍,较长时间的交感神经兴奋,还可使合成儿茶酚胺所需的酶活性增强。

2. ACTH 与糖皮质激素的作用 摘除动物垂体后,合成肾上腺髓质激素的某些合成酶如 PNMT 等活性降低,补充糖皮质激素,则 PNMT 的活性恢复。实验表明,ACTH 与糖皮质激素可促进某些合成酶的活性,从而促进肾上腺素和去甲肾上腺素的合成和分泌。

3. 儿茶酚胺合成的负反馈调节 肾上腺髓质激素的分泌也存在负反馈调节,当血中儿茶酚胺的浓度增加到一定程度时,可抑制某些合成酶类的活性,使儿茶酚胺合成减少,浓度下降。相反,当胞质中儿茶酚胺减少时,则可解除上述的负反馈作用,使儿茶酚胺合成增多。

第五节 胰 岛

胰腺既是外分泌腺也是内分泌腺。外分泌腺腺泡分泌的胰液通过胰管进入十二指肠,参与消化过程。胰岛是散在于胰腺外分泌细胞之间的许多内分泌细胞群的总称,像海洋中的一个个小岛一样,故称胰岛。人类胰岛细胞主要有五种类型:A 细胞约占胰岛细胞的 20%,分泌胰高血糖素（glucagon）;B 细胞约占 75%,分泌胰岛素（insulin）;D 细胞占 5% 左右,分泌生长抑素（somatostatin,SST）;D_1 细胞可能分泌血管活性肠肽（vasoactive intestinal peptide,VIP）;而 PP 细胞数量很少,分泌胰多肽（pancreatic polypeptide,PP）。本节主要介绍胰岛素和胰高血糖素。

一、胰岛素

胰岛素是含 51 个氨基酸的小分子蛋白质激素。正常成人空腹血清胰岛素浓度为 35～145 pmol/L。血液中胰岛素以与血浆蛋白结合及游离的两种形式存在,只有游离型的才有生物活性。胰岛素的半衰期为 5 min,主要在肝脏灭活,肌肉组织与肾也能灭活一部分胰岛素。我国科学工作者于 1965 年在世界上首先用化学方法人工合成了具有高度生物活性的胰岛素,接着又对胰岛素的空间结构与功能的关系进行了研究,并取得重大成果,这为揭示生命的本质做出了巨大的贡献。

（一）胰岛素的生理作用

胰岛素是促进合成代谢、维持血糖浓度相对稳定的主要激素。

1. 对糖代谢的影响　胰岛素通过增加糖的去路与减少糖的来源而降低血糖。胰岛素促进全身组织特别是肝脏、肌肉和脂肪组织摄取和利用葡萄糖，加速肝糖原和肌糖原的合成，抑制糖异生，并促进葡萄糖转变为脂肪酸，储存于脂肪组织中，从而使血糖降低。胰岛素缺乏时，血糖浓度升高。如超过肾糖阈，将出现尿糖，引起糖尿病。糖尿病患者使用适量胰岛素，可使血糖浓度维持正常，但如使用过量，则可引起低血糖，甚至发生低血糖休克。

2. 对脂肪代谢的影响　胰岛素可促进肝脏合成脂肪酸并转运到脂肪细胞储存；促进葡萄糖进入脂肪细胞，合成甘油三酯和脂肪酸。此外，胰岛素还可抑制脂肪酶的活性，减少脂肪的分解。胰岛素缺乏时，糖的利用受阻，脂肪分解增强，产生大量脂肪酸，并在肝脏内氧化成大量酮体，引起酮血症与酸中毒。同时，血脂升高易引起动脉硬化，进而导致心血管和脑血管系统的严重疾患。

3. 对蛋白质代谢的影响　胰岛素可促进蛋白质合成的多个环节，如促进氨基酸进入细胞；促进脱氧核糖核酸、核糖核酸的生成；加速核糖体的翻译过程，使蛋白质合成增加。胰岛素还能抑制蛋白质的分解和肝糖异生。胰岛素由于能促进蛋白质合成，因此有利于机体的生长发育，但其需与生长激素共同作用，促生长效果才显著。因此，对人体的生长来说，胰岛素也是不可缺少的激素之一。

总之，胰岛素是促进合成代谢的重要激素，其最明显的效应是降低血糖，它是体内唯一能降低血糖的激素。当胰岛素分泌不足时，不仅血糖会升高，还会发生一系列代谢方面的障碍。

（二）胰岛素分泌的调节

1. 血糖与氨基酸的作用

（1）血糖水平：血糖是调节胰岛素分泌的最重要因素。B 细胞对血糖水平的变化十分敏感，当血糖浓度升高时，胰岛素分泌明显增加，从而降低血糖浓度；当血糖浓度降低至正常水平时，胰岛素的分泌也迅速回到基础水平。血糖浓度对胰岛素分泌的负反馈调节作用是维持血中胰岛素以及血糖正常水平的重要机制。

（2）血中脂肪酸和氨基酸水平：许多氨基酸（主要为精氨酸和赖氨酸）浓度升高可促进胰岛素的分泌。血中脂肪酸和酮体明显增多时也可促进胰岛素分泌。氨基酸和血糖对刺激胰岛素分泌有协同作用，两者同时升高时，可使胰岛素分泌量成倍增长。长时间的高血糖、高氨基酸和高脂血症可持续刺激胰岛素分泌，致使胰岛 B 细胞衰竭，引起糖尿病。

2. 激素的作用　胃肠道激素如促胃液素、促胰液素、缩胆囊素和抑胃肽等都有刺激胰岛分泌的作用。胰高血糖素在胰岛内既可通过旁分泌直接刺激 B 细胞分泌胰岛素，入血后又可通过提高血糖浓度而间接促进胰岛素的分泌。生长激素、甲状腺激素、糖皮质激素、皮质醇、孕酮、雌激素可通过升高血糖浓度而间接促进胰岛素的分泌，肾上腺素则抑制胰岛素的分泌。必须指出的是，长期大量分泌或在临床上长期使用上述任何一种促进胰岛素分泌的激素，都可能使胰岛 B 细胞衰竭而导致糖尿病，应予以注意。

3. 神经调节　胰岛受迷走神经和交感神经的双重支配。迷走神经兴奋时，其末梢释放乙酰胆碱作用于胰岛 B 细胞膜上的 M 受体，引起胰岛素的释放，也可刺激胃肠激素的分泌而间接促进胰岛素分泌。交感神经兴奋时，其末梢释放去甲肾上腺素作用于胰岛 B 细胞膜

上 α_2 肾上腺素能受体,抑制胰岛素的分泌。

数字资源 ————————— 胰岛素与糖尿病 ——————•

二、胰高血糖素

胰高血糖素是由 29 个氨基酸组成的直链多肽,是体内促进分解代谢、促进能量动员的激素。

(一)胰高血糖素的生理作用

胰高血糖素具有很强的促进分解代谢的作用,肝是胰高血糖素作用的主要靶器官。胰高血糖素促进肝糖原分解及糖异生的作用极强,因而升高血糖的效应非常明显。胰高血糖素能使氨基酸加快进入肝细胞,脱去氨基,异生为糖,并能抑制蛋白质的合成,它还能活化肝细胞内的脂肪酶,促进储存脂肪的分解和脂肪酸的氧化,使血液中的酮体增多。

(二)胰高血糖素分泌的调节

1.血糖与氨基酸的作用 血糖浓度是调节胰高血糖素分泌的最重要因素。血糖升高可抑制胰高血糖素的分泌,下降则起促进作用。静脉注射葡萄糖时,胰高血糖素的分泌减少。饥饿可促进胰高血糖素的分泌,这对于维持血糖水平、保证脑的代谢和能量供应具有重要作用。血中氨基酸既可促进胰岛素分泌而降低血糖,又可刺激胰高血糖素的分泌而升高血糖,从而可避免发生低血糖。

2.激素的作用 胰岛素和生长抑素可直接作用于 A 细胞,抑制胰高血糖素的分泌,胰岛素也可通过降低血糖间接刺激胰高血糖素的分泌。缩胆囊素和促胃液素促进胰高血糖素的分泌,而促胰液素则相反。

3.神经调节 交感神经兴奋可促进胰高血糖素的分泌,迷走神经兴奋则抑制其分泌。

血糖浓度维持相对稳定是机体各组织器官获取能源物质的重要保证,胰岛素和胰高血糖素相互拮抗,共同调节血糖水平。而血糖浓度对它们的分泌又具有负反馈调节作用,从而构成一个闭合的自动反馈调节系统,使血糖浓度维持在正常的生理水平。

第六节 甲状旁腺激素、降钙素和维生素 D_3

血钙与机体的许多重要生理功能密切相关,血钙保持一定的浓度对维持神经、肌肉正常的兴奋性十分重要。机体内直接参与调节钙、磷代谢的激素主要有三种,即甲状旁腺激素、降钙素和维生素 D_3,它们通过对骨、肾和肠三种靶组织的作用,维持血中钙、磷水平的相对稳定。

一、甲状旁腺激素

甲状旁腺位于甲状腺侧叶后缘,分为上下两对,甲状旁腺激素(parathyroid hormone,PTH)由甲状旁腺的主细胞合成与分泌。PTH 是由 84 个氨基酸组成的直链多肽,相对分子质量为 9500,正常人血浆 PTH 浓度为 $10\sim50$ ng/L。

（一）甲状旁腺激素的生理作用

甲状旁腺激素是调节血钙和血磷水平的最重要的激素。将动物的甲状旁腺摘除后，其血钙水平逐渐下降，出现低钙抽搐，甚至死亡，而血磷水平则逐渐升高。临床上进行甲状腺手术时，若不慎将甲状旁腺切除，可引起严重的低血钙，出现手足搐搦，如不及时治疗，可因呼吸肌痉挛而窒息死亡。由此可见，PTH 对生命活动是十分重要的。PTH 主要通过以下途径升高血钙，降低血磷。

1. 对骨的作用 体内 99% 以上的钙主要以磷酸盐的形式储存于骨组织。骨组织中储存的钙和血浆中游离的钙可相互转换，维持动态平衡。PTH 可促进骨钙入血，使血钙升高。其作用包括快速效应和延缓效应两个时相。快速效应在 PTH 作用后几分钟即可出现，主要是通过增强骨细胞膜上钙泵的活动，提高骨细胞膜对钙的通透性，将骨液中的钙转运至细胞外液中，使血钙升高，同时，骨液中的钙浓度下降，便从骨中吸收磷酸钙，使骨盐溶解。延缓效应在 PTH 作用后 12～14 h 才能表现出来，经数天甚至数周达高峰。这一效应是通过加强破骨细胞的溶骨作用和促进破骨细胞增生而实现的。PTH 促进破骨细胞释放蛋白水解酶与乳酸，使骨组织溶解加速，钙与磷大量入血。PTH 的两种效应相互配合，既能保证机体对血钙的急需，又能保证血钙在较长时间内维持在一定水平。

2. 对肾脏的作用 PTH 促进肾远端小管对钙的重吸收，减少尿钙排出，升高血钙。同时，甲状旁腺激素可抑制肾近端小管对磷酸盐的重吸收，使尿磷排出增加，血磷减少。

3. 对肠道的作用 PTH 能促进小肠对钙的吸收而间接升高血钙。这是由于 PTH 能激活肾内的 1α-羟化酶，此酶可促进有活性的 $1,25$-二羟维生素 D_3 的生成，从而促进小肠黏膜对钙、磷的吸收。

（二）甲状旁腺激素分泌的调节

血钙浓度是调节 PTH 分泌的最重要的因素。血钙浓度稍有降低，即可在 1 min 内引起 PTH 分泌增加；反之，血钙升高时，则 PTH 分泌减少。这种负反馈调节作用使 PTH 分泌和血钙浓度维持在相对稳定的水平。长时间的低血钙可使甲状旁腺增生；相反，长时间的高血钙则可使甲状旁腺萎缩。可见，血钙水平是调节甲状旁腺分泌的最主要的因素。此外，血磷升高及降钙素也能促进 PTH 的分泌。

二、降钙素

降钙素（calcitonin,CT）主要由甲状腺 C 细胞（腺泡旁细胞）合成与分泌。胸腺也有分泌 CT 的功能。CT 是含有 32 个氨基酸的肽类激素，相对分子质量为 3400，正常血清 CT 浓度为 10～520 ng/L。

（一）降钙素的生理作用

1. 对骨的作用 降钙素能抑制原始骨细胞向破骨细胞转化，并抑制破骨细胞的活动，使溶骨过程减弱，同时增强成骨细胞活动，骨组织中钙、磷沉积增加，使血中钙、磷水平降低。由于成年人的溶骨过程所能提供的钙非常少，因此降钙素对血钙水平影响不大，但由于儿童的骨更新速度很快，破骨细胞每天可提供较多的钙进入血液，因此降钙素对儿童血钙的调节作用更为重要。

降钙素与甲状旁腺激素对血钙的作用相反,两者共同调节血钙浓度,维持血钙的稳态。但降钙素对血钙的调节作用快速而短暂,故高钙饮食引起的血钙升高,降钙素对其浓度的恢复起着重要的作用。

2. 对肾脏的作用 降钙素能抑制肾小管对钙、磷、钠、氯等的重吸收,增加它们在尿中的排出量。

此外,降钙素还能抑制胃酸的分泌及抑制小肠对钙、磷的吸收。

(二)降钙素分泌的调节

降钙素的分泌主要受血钙浓度的反馈性调节。血钙浓度增加时,降钙素分泌增加;反之,分泌减少。此外,胰高血糖素和某些胃肠激素,如促胃液素、缩胆囊素也可促进降钙素的分泌。

三、维生素 D_3

(一)1,25-二羟维生素 D_3 的生成

维生素 D_3 也称胆钙化醇(cholecalciferol),是胆固醇的衍生物。人体内的维生素 D_3 一部分来自食物,如肝、乳、鱼肝油等食物中含量丰富,而大部分的维生素 D_3 是由皮肤中的 7-脱氢胆固醇在紫外线照射下转化而来的。来自食物和皮肤内生成的维生素 D_3 生物活性很低,需在肝内 25-羟化酶的作用下转化为 25-羟维生素 D_3,这是维生素 D_3 在循环血液中存在的主要形式,然后在肾近端小管 1α-羟化酶的催化下转变成活性更高的 1,25-二羟维生素 D_3,这是维生素 D_3 发挥作用的主要形式。

(二)1,25-二羟维生素 D_3 和生理作用

1,25-二羟维生素 D_3 通过基因调节机制发挥其升高血钙和血磷的作用。

1. 对小肠的作用 1,25-二羟维生素 D_3 可促进小肠黏膜上皮细胞对钙的吸收。这是因为它作用于小肠黏膜上皮细胞,促进钙结合蛋白合成,钙结合蛋白与钙有很高的亲和力,能同时促进其他蛋白质如钙依赖的 ATP 酶、碱性磷酸酶的生成,并能增加膜的通透性,这些均有利于钙的吸收。1,25-二羟维生素 D_3 也能促进小肠黏膜上皮细胞对磷的吸收。若维生素 D_3 缺乏,正常成骨作用不能进行,儿童可产生佝偻病。

2. 对骨的作用 1,25-二羟维生素 D_3 对动员骨钙入血和骨盐沉积均有作用。一方面,1,25-二羟维生素 D_3 能增加成骨细胞的活动,促进骨钙沉积和骨的形成,使血钙水平降低;另一方面,1,25-二羟维生素 D_3 可增加破骨细胞的数量,增强骨的溶解,动员骨钙、骨磷入血,从而升高血钙和血磷。

3. 对肾脏的作用 1,25-二羟维生素 D_3 可促进肾近曲小管对钙、磷的重吸收,升高血钙和血磷。

(三)1,25-二羟维生素 D_3 分泌的调节

1,25-二羟维生素 D_3 的分泌受血钙、血磷水平的调节,PTH、肾内 1α-羟化酶活性及雌激素等因素均可影响其生成。

在体内,甲状旁腺激素和降钙素以及 1,25-二羟维生素 D_3 共同调节钙、磷代谢,维持血中钙、磷的相对稳态。

第七节　其他激素

一、前列腺素

前列腺素(prostaglandin,PG)是一簇广泛存在于动物和人体内的重要激素,具有极高的生物活性,因其最先在精液中发现,误认为由前列腺分泌而得名。前列腺素是一簇二十碳不饱和脂肪酸,体内许多组织均可合成前列腺素。根据前列腺素分子结构的不同,可将其分为 A 到 I 等多种类型,每一类型又可分成多个亚型,除了其中的 PGA_2 和 PGI_2 等可入血经血液循环产生作用外,其余多作为组织激素在局部发挥调节作用。

前列腺素的作用极为广泛而复杂,几乎对机体各个系统的功能均有影响。各类型的 PG 通过作用于不同的 PG 受体而发挥不同的生物学作用。例如:血管内膜产生的前列环素(PGI_2)有抑制血小板聚集和扩张血管作用;血小板产生的血栓烷 A_2(TXA_2)能使血小板聚集和血管收缩;PGE_2 可使支气管平滑肌舒张而降低通气阻力;$PGF_{2\alpha}$ 使支气管平滑肌收缩。此外,PG 对体温、消化、神经系统、内分泌及生殖功能均有调节作用。

二、瘦素

瘦素(leptin,LP)是由肥胖基因表达的蛋白质,主要由白色脂肪组织合成和分泌。瘦素的作用是通过瘦素受体介导的,对骨骼、生长发育和生殖等功能均产生影响,并与心血管系统疾病关系密切。

瘦素的主要作用是调节体内脂肪的储存量并维持能量平衡。瘦素可抑制脂肪的合成,降低体内脂肪的储存量,并加强储存脂肪的动员,转变成热量释放,避免肥胖的发生。瘦素也能作用于下丘脑的弓状核,抑制摄食。当外周脂肪增多及进食时,血中瘦素水平升高,引起食欲下降,机体能量消耗增加,体重减轻;而禁食时,血液中瘦素水平降低。此外,瘦素还可作用于外周组织器官,影响机体许多生理功能和代谢通路。

瘦素的分泌具有昼夜节律性,夜间分泌水平高。体内脂肪储量是影响瘦素分泌的主要因素。此外,胰岛素、性别、年龄和睡眠等多种因素均可影响瘦素的分泌。

 小　结

内分泌系统通过内分泌腺或散在的内分泌细胞分泌的激素,以体液为媒介而发挥其调节效应。激素发挥调节作用的器官、组织、腺体或细胞,分别称为激素的靶器官、靶组织、靶腺或靶细胞。体内激素依其化学结构主要可分为含氮激素、类固醇激素。激素在对靶细胞发挥调节作用时,表现出激素的信息传递作用、特异性、高效能生物放大作用和相互作用等共同特征。这些激素首先要与靶细胞中的相应受体相互识别并结合,继而才能引起细胞功能的改变。

下丘脑促垂体区肽能神经元分泌九种下丘脑调节肽,调节腺垂体的功能活动。腺垂体合成和分泌的生长激素、促甲状腺激素、促肾上腺皮质激素、卵泡刺激素、黄体生

成素、催乳素和促黑(素细胞)激素,参与机体生长和相应靶腺等功能活动的调节。神经垂体激素即血管升压素和缩宫素,经下丘脑-垂体束运送至神经垂体储存并释放入血发挥调节作用。

甲状腺、肾上腺皮质是体内重要的内分泌腺,其分泌活动均受下丘脑-腺垂体-靶腺轴的调节。甲状腺激素的主要作用是促进机体生长发育、调节能量及物质代谢过程。糖皮质激素在调节三大营养物质代谢和参与人体应激反应中具有重要作用,是维持生命活动的重要激素,临床上可用于治疗多种疾病。

血钙浓度的高低直接关系到可兴奋组织的兴奋性、腺细胞分泌和骨代谢平衡等生理过程。甲状旁腺激素、降钙素及 1,25-二羟维生素 D_3 三种激素直接参与钙、磷代谢的调节,对维持血钙浓度的稳定具有重要的作用。

血糖浓度相对稳定是机体各器官组织活动获得能源物质的重要保证。胰岛素是机体唯一能降低血糖的激素,胰岛素和胰高血糖素的作用相互拮抗,它们与血糖水平之间构成负反馈调节,维持血糖浓度稳定于正常水平。

能力检测

能力检测答案

一、名词解释

激素　应急反应　应激反应

二、选择题

A 型题

1. 维持机体内环境稳态的调节系统通常是( )。

A. 交感神经和副交感神经　　　　　　　　B. 躯体神经和运动神经

C. 神经系统和内分泌系统　　　　　　　　D. 第一信号系统和第二信号系统

E. 中枢神经系统和外周神经系统

2. 下列哪种激素来自下丘脑( )。

A. TSH　　　　　　B. LH　　　　　　　C. FSH

D. ACTH　　　　　E. GnRH

3. 生长激素在代谢方面的作用是( )。

A. 促进蛋白质的分解　　B. 促进脂肪的合成　　C. 抑制脂肪酸的氧化

D. 大剂量时抑制葡萄糖的利用,升高血糖　　E. 抑制 DNA 合成

4. 甲状腺激素促进生长发育,主要是促进( )。

A. 骨骼和肌肉　　　　B. 神经系统和肌肉　　C. 内脏和骨骼

D. 神经系统和骨骼　　E. 肌肉和内脏

5. 在甲状腺激素合成中起关键作用的酶是( )。

A. 过氧化酶　　　　　B. 脱碘酶　　　　　　C. 蛋白水解酶

D. 酪氨酸羟化酶　　　E. 以上都不是

6. 糖皮质激素本身无缩血管作用,但能加强去甲肾上腺素的缩血管作用,称作( )。

A. 直接作用　　　　　　　B. 拮抗作用　　　　　　C. 允许作用

D. 协同作用　　　　　　　E. 反馈作用

7. 糖皮质激素对物质代谢的影响是（　　　）。

A. 促进肝内蛋白质的分解　　　　　　　　　B. 促进肝外蛋白质的合成

C. 促进糖原合成　　　　　　　　　　　　　　D. 促进核酸合成

E. 使脂肪重新分配,四肢脂肪分解

8. 肾上腺髓质激素的作用不包括（　　　）。

A. 心率加快　　　　　　　B. 内脏平滑肌收缩　　　C. 糖原分解

D. 提高神经系统的兴奋性　　　　　　　　　E. 增加机体产生热量

9. 抑制胰岛素分泌的是（　　　）。

A. 血糖升高　　　　　　　B. 胃肠激素　　　　　　C. 胰高血糖素

D. 肾上腺素　　　　　　　E. 迷走神经兴奋

10. 降钙素来自于（　　　）。

A. 肾上腺　　　　　　　　B. 性腺　　　　　　　　C. 胰岛

D. 甲状腺腺泡旁细胞　　　E. 甲状旁腺

B 型题

A. 以激素调节为主　　　B. 以神经调节为主　　　C. 以代谢产物调节为主

D. 以自身调节为主　　　E. 受下丘脑和靶腺激素双重调节

1. 胰岛素的分泌调节（　　　）。

2. 催产素的分泌调节（　　　）。

3. 促甲状腺激素分泌的调节（　　　）。

A. 黏液性水肿　　　　　　B. 侏儒症　　　　　　　C. 向心性肥胖

D. 呆小症　　　　　　　　E. 肢端肥大症

4. 幼年时期甲状腺激素缺乏会导致（　　　）。

5. 幼年时期生长激素缺乏会导致（　　　）。

6. 成年人生长激素过多会导致（　　　）。

7. 成年人甲状腺功能低下会导致（　　　）。

8. 肾上腺皮质功能亢进可能导致（　　　）。

A. 促甲状腺激素　　　　　B. 盐皮质激素　　　　　C. 促肾上腺皮质激素

D. 去甲肾上腺素　　　　　E. 肾上腺素

9. 使心跳加快、心输出量增加的激素是（　　　）。

10. 可促进糖皮质激素合成分泌增加的是（　　　）。

三、简答题

1. 从生理学角度分析侏儒症与呆小症的主要区别。

2. 饮食中长期缺碘为什么会导致甲状腺肿大？

3. 长期大量使用糖皮质激素类药物的患者为什么不能突然停药？

4. 试述调节血糖水平的激素及作用机制。

（王　卓　李宏伟）

第十二章
生 殖

学习目标

掌握：睾酮的生理作用；雌激素和孕激素的生理作用。
熟悉：睾丸的功能及调节；卵巢的功能、月经周期。
了解：睾丸的生精过程；卵巢的生卵过程；妊娠和分娩。

本章PPT

第一节 概　述

一、生殖的概念与意义

生殖（reproduction）是指生物体发育成熟后，能够产生与自身相似的子代个体的生理过程，是保持种族延续的重要生命活动。高等动物的生殖是通过两性生殖器官的活动实现的，生殖过程包括生殖细胞（精子和卵子）的形成、受精、植入、胚胎生长发育和分娩等环节。人类的生殖不仅是生物学行为，还与政治、经济、教育、环境和伦理等相关。

二、生殖的调控

生殖活动的维持离不开下丘脑-腺垂体-性腺（睾丸或卵巢）轴的调节。下丘脑分泌的促性腺激素释放激素（GnRH），通过垂体门脉系统到达腺垂体，调节腺垂体促性腺激素（FSH和LH）的合成和分泌，促性腺激素经血液循环作用于性腺，调节性腺的活动。同时，血液中的性激素也可以反馈性调节下丘脑和腺垂体的分泌活动。

第二节　男 性 生 殖

睾丸是男性的主性器官，具有产生精子和分泌雄激素的功能。附性器官包括附睾、输精管、精囊腺、前列腺和阴茎等，它们在精子的储存、成熟和运输方面发挥重要作用。

一、睾丸的功能

睾丸主要由曲细精管和间质细胞组成。曲细精管是生成精子的部位，间质细胞具有合成和分泌雄激素的功能。

（一）睾丸的生精功能

曲细精管上皮由生精细胞和支持细胞构成，生精细胞生成精子。支持细胞为生精细胞提供多种必要的物质，起到重要的支持和营养作用，并为生精细胞的正常发育提供适宜的微环境。

原始的生精细胞为精原细胞，紧贴于曲细精管上皮的基膜上，在男性进入青春期以后，精原细胞开始发育分化，其发育顺序为：精原细胞→初级精母细胞→次级精母细胞→精子细胞→精子，整个生精过程经历 70 多天（图 12-1）。生成的精子暂时储存于附睾内，并逐渐获得运动的能力。男性从青春期到老年期，睾丸都有生精能力，但在 45 岁以后生精能力逐渐减弱。曲细精管的精子生成需要适宜的温度，阴囊内温度较腹腔温度低 2 ℃左右，适宜精子的生成。若某种原因导致睾丸未降入阴囊内而滞留在腹腔或腹股沟管内，称为隐睾症。由于腹腔内的温度较高，会影响精子的生成过程，是男性不育的原因之一。

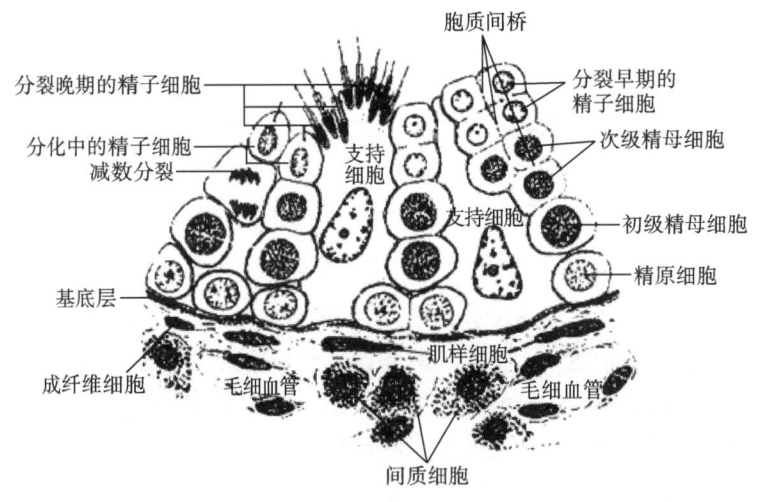

图 12-1 睾丸曲细精管生精过程

精子在曲细精管生成后，本身并无运动能力，而是转移到附睾内暂时储存，在储存过程中经雄激素和一些分泌物的作用进一步发育成熟，并获得运动能力，但依然不具备使卵子受精的能力。在性活动过程中，当精子通过女性子宫和输卵管时精子头部表面阻止顶体酶释放的糖蛋白被女性生殖管道分泌的酶降解，才获得与卵子结合受精的能力。

在男性性活动过程中，精子被输送至后尿道，与附睾、精囊腺、前列腺和尿道球腺等的分泌物混合形成精液，在性高潮时射出体外。精液的射出是一个复杂的反射活动，其初级中枢在脊髓骶段。正常男子每次射出的精液为 3～5 mL，每毫升精液中含有 2000 万到 4 亿个精子，少于 2000 万个则不易使卵子受精。放射线、吸烟、酒精、药物因素可导致精子活力降低、畸形率增加，甚至少精或无精。

（二）睾丸的内分泌功能

睾丸分泌的激素有两种，一种是间质细胞分泌的雄激素（androgen），另一种是支持细胞分泌的抑制素（inhibin）。

1.雄激素及其作用 雄激素是男性的性激素，主要成分是睾酮（testosterone，T），另有少量双氢睾酮、脱氢异雄酮和雄烯二酮等，属类固醇激素。各种雄激素的生物活性以双氢睾酮最强，睾酮次之，其余的均很弱。正常男性在 20～50 岁，血液中睾酮的含量高，而且有昼夜周期性波动。早晨醒来最高，傍晚最低，但变化幅度不大。睾酮具有以下生理作用。

（1）维持生精作用：睾酮自睾丸间质细胞分泌后，可经支持细胞进入曲细精管，在支持细胞中转变成为活性更强的双氢睾酮与生精细胞的受体结合，促进精子的生成。

（2）刺激男性副性征的出现并维持其正常形态：在青春期后，男性的外表开始出现一系列区别于女性的特征，主要表现为胡须生长、嗓音低沉、喉结突出、骨骼粗壮、肌肉发达等。睾酮能刺激并维持这些特征。

（3）促进生殖器官的发育，维持正常的性欲：睾酮能刺激阴茎长大并逐渐增强勃起功能，使阴囊增大、前列腺和精囊生长并分泌液体，维持它们的成熟状态。临床观察表明，睾丸功能低下患者的血中雄激素水平降低，常出现阳痿和性欲低下，用雄激素治疗后则可以恢复。

（4）促进蛋白质的合成：主要刺激肌肉和生殖器官的蛋白质合成，同时还能促进骨骼生长与钙、磷沉积，因此青春期男性身体快速生长，出现第二加速发育期。

（5）促进红细胞生成：睾酮可以直接作用于骨髓，增强骨髓造血功能，使男性外周血液中红细胞平均值高于女性。

2.抑制素及其作用 抑制素是睾丸支持细胞分泌的一种糖蛋白激素，由 α 和 β 两个亚单位组成。生理剂量的抑制素对腺垂体的黄体生成素（LH）分泌无明显影响。但是它能选择性抑制腺垂体对促卵泡激素（FSH）的分泌，使 FSH 浓度降低。

二、睾丸功能的调节

睾丸的生精和内分泌功能主要受下丘脑-腺垂体-睾丸轴的调节（图 12-2），而睾丸所分泌的激素又对下丘脑-腺垂体进行反馈调节。

（一）下丘脑-腺垂体对睾丸活动的影响

进入青春期后，下丘脑分泌的促性腺激素释放激素（GnRH）开始增加，经垂体门脉系统作用于腺垂体，促进腺垂体合成和分泌卵泡刺激素（FSH）和黄体生成素（LH）。FSH 主要作用于曲细精管和支持细胞，调节睾丸的生精作用；LH 主要作用于睾丸的间质细胞，促进睾酮的合成和分泌，因此 LH 也称为间质细胞刺激素。下丘脑、腺垂体、睾丸三者在功能上的密切联系、互相影响，称为下丘脑-腺垂体-睾丸轴。

（二）睾丸激素对下丘脑-腺垂体的反馈调节

高浓度的雄性激素可以负反馈调节下丘脑-腺垂体系统的活动，从而使血液中雄激素的浓度维持在一个相对稳定的水平。

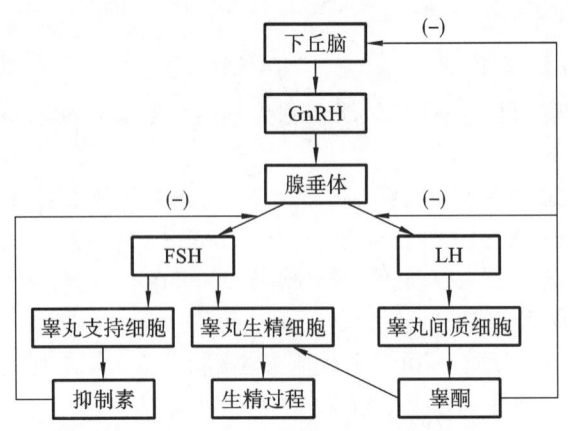

图 12-2　下丘脑-腺垂体-睾丸轴的调控示意图

第三节　女 性 生 殖

卵巢是女性的主性器官,可以产生成熟的卵细胞并具有分泌类固醇激素的功能。附性器官包括输卵管、子宫、阴道、外阴等,主要作用是接纳精子、促进精子和卵子结合并孕育新个体。

一、卵巢的功能

卵巢是位于子宫两侧的一对卵圆形的器官,是女性生殖系统的中心。

(一)卵巢的生卵功能

卵巢的生卵功能是成熟女性最基本的生殖功能。女性刚出生时,卵巢内约有 200 万个原始卵泡。进入青春期后,卵巢在腺垂体分泌的促性腺激素的作用下,原始卵泡开始生成发育,通常每个月经周期中有 15～20 个原始卵泡同时生长发育,但一般只有 1 个发育成熟,称为优势卵泡并排卵。正常女性一生仅有 400～500 个卵泡发育成熟排卵,其余卵泡在发育不同阶段先后退化形成闭锁卵泡。

卵巢的生卵功能呈月周期性变化,一般分为卵泡期、排卵期和黄体期三个阶段。

1. 卵泡期　卵泡在生成发育过程中,形态结构变化较大,其发育的次序为原始卵泡→初级卵泡→次级卵泡→成熟卵泡(图 12-3)。原始卵泡由一个卵母细胞和周围的单层卵泡细胞组成。随着卵泡的发育,卵母细胞逐渐增大,卵泡细胞不断增殖由单层变为多层的颗粒细胞,并分泌糖蛋白形成透明带包绕卵母细胞。同时卵泡周围的间质细胞环绕在颗粒细胞外,分化增殖为内膜细胞和外膜细胞,形成初级卵泡。初级卵泡继续发育,出现卵泡腔、卵泡液和卵丘,发育成次级卵泡,最后发育为成熟卵泡。

2. 排卵期　卵泡成熟以后,在多种激素的刺激下,卵泡膜破裂,卵细胞与透明带、放射冠等随卵泡液一起排至腹腔的过程,称为排卵。排出的卵细胞会被输卵管伞拾取,其受精能力一般维持 1～2 天。

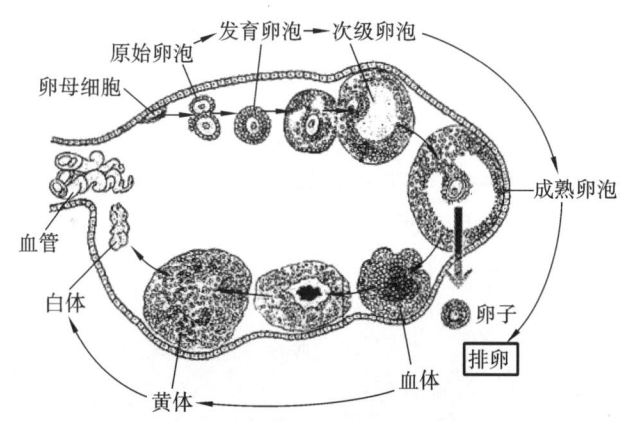

图 12-3 卵泡的发育过程示意图

3. 黄体期 排卵后残存的卵泡壁内陷,卵泡腔由卵泡破裂时流出的血液填充。残存卵泡内的颗粒细胞增生变大,因胞质中含有黄色颗粒,称为黄体细胞。黄体细胞聚集成团,形成月经黄体。黄体在排卵后的第 9~10 天开始退化萎缩,最后被吸收并纤维化,变成白体。若排出的卵子受精,在人绒毛膜促性腺激素的作用下,黄体继续生长并维持一定时间,以适应妊娠的需要,此时称为妊娠黄体。

(二)卵巢的内分泌功能

卵巢主要合成和分泌雌激素(estrogen)、孕激素(progestogen)、抑制素,还可分泌少量雄激素。雌激素主要由颗粒细胞和黄体细胞分泌,其主要成分是雌二醇(estradiol,E_2)、雌三醇和雌酮,其中雌二醇的分泌量最大,活性最强。孕激素主要由黄体细胞分泌,主要为孕酮(progesterone)。

1. 雌激素的主要生理作用 雌激素主要刺激女性生殖器官的发育与生长,促进女性副性征的出现,并维持其正常状态,为精子和卵子的结合做准备。

(1)促进女性生殖器官的生长发育:雌激素对女性生殖器官的影响是多方面的,主要表现为:①雌激素可以与 FSH 协同促进卵泡的发育,排卵前出现的雌激素分泌高峰通过正反馈诱导 LH 高峰的出现,间接促进排卵。②雌激素可以促进子宫平滑肌增生,提高子宫平滑肌的兴奋性及对催产素的敏感性;促使子宫内膜发生增殖期的变化,内膜逐渐增厚,血管和腺体增生;促使子宫颈内口松弛,分泌大量清亮稀薄的黏液,有利于精子的穿透。③雌激素可以促进输卵管平滑肌的蠕动,有利于精子和卵子的运送。④雌激素刺激阴道上皮增生、角化,增加细胞内的糖原含量,糖原分解产物使阴道呈酸性,可以增强阴道抗菌能力。

(2)促进女性副性征的出现:雌激素可以促进乳腺发育,乳腺导管和结缔组织增生,产生乳晕;使脂肪、毛发分布呈女性特征,促使女性音调变高、骨盆宽大、臀部肥厚等。

(3)促进乳腺腺泡和导管的发育,结缔组织增生。

(4)对代谢的影响:①雌激素使体液向组织间隙转移,由于血容量减少使醛固酮的分泌增加,引起机体水、钠潴留。②刺激成骨细胞的活动而抑制破骨细胞的活动,加速骨的生长,促进钙和磷沉积于骨,同时促进骨骺的愈合。③雌激素可以减少主动脉的弹性硬蛋白,降低血浆胆固醇,增加 α-脂蛋白含量,减少 β-脂蛋白含量。更年期妇女冠心病发病率较育龄期妇女高可能与雌激素减少有关。

2. 孕激素的主要生理作用　孕激素的作用主要是为胚泡着床做准备,以及维持妊娠过程的正常进行,通常要在雌激素作用的基础上才能发挥作用。

(1) 对子宫的作用:①孕激素使子宫内膜在增殖期的基础上呈现分泌期的变化,为胚泡着床提供良好的条件。②降低子宫平滑肌的兴奋性,降低妊娠子宫对催产素的敏感性,为胚胎发育提供适宜环境。③可以使子宫颈黏液减少、变稠,阻止精子通过。

(2) 对乳腺的作用:在雌激素的作用基础上,孕激素可以促进乳腺腺泡和导管的发育,为分娩后泌乳创造条件。

(3) 维持妊娠的作用:孕激素刺激子宫内膜分泌受精卵所需要的营养物质,同时抑制母体的免疫反应,防止对胎儿产生排斥反应。

(4) 产热作用:孕激素能促进机体产热,使基础体温在排卵后升高 0.3~0.5 ℃,并使体温在黄体期保持较高水平。由于基础体温在排卵前先表现为短暂降低,排卵后明显升高,因此临床上可以将这种基础体温的改变作为判断排卵日期的标志之一。

3. 雄激素的生理作用　卵巢可分泌少量的雄激素,适量的雄激素可以刺激阴毛的生长,维持正常的性欲。女性体内雄激素分泌过多时,可出现阴蒂肥大、多毛症等男性化特征。

二、月经周期及其形成机制

女性从青春期开始,在卵巢激素的周期性分泌影响下,子宫内膜出现周期性剥脱出血,经阴道流出的现象,称为月经(menstruation)。女性第一次出现月经称为初潮,我国女性初潮的年龄一般在 12~14 岁。到 50 岁左右卵巢功能退化,卵泡停止发育,雌激素和孕激素分泌减少,子宫内膜不再呈现周期性变化,月经停止,称为绝经。

数字资源　‥‥‥‥‥‥‥更年期综合征‥‥‥‥‥‥○

女性的这种生殖周期称为月经周期(menstrual cycle)。正常女性的月经周期平均为28 天(通常从本次月经的第一天开始计算至下次月经来潮的前一天结束),在 20~40 天范围内均属正常。周期的长短因人而异,但每个女性的月经周期是相对稳定的。

(一) 月经周期子宫内膜的变化

月经周期中,子宫内膜在卵巢分泌的雌激素和孕激素的作用下,出现一系列形态和功能的变化,根据子宫内膜的变化,可将月经周期分为三期。

1. 增生期(又称排卵前期)　从月经停止起到卵巢排卵止,即月经周期的第 5~14 天。此期的特点是卵巢中的卵泡处于发育和成熟阶段,分泌大量雌激素。在雌激素的作用下,子宫内膜开始增生变厚,其中的血管、腺体增生,但腺体尚无分泌活动。在此期末卵泡发育成熟并排卵。

2. 分泌期(又称排卵后期)　从排卵后到下次月经之前,即月经周期的第 15~28 天。此期的特点是卵巢内排卵后的残留卵泡形成黄体,继续分泌雌激素和大量孕激素。这两种激素,特别是孕激素能促使子宫内膜进一步增生变厚,血管扩张充血,腺体增生并开始分泌。子宫内膜变得松软并富含营养物质,子宫平滑肌相对静止,为胚泡着床和发育做好充分准备。

3. 月经期 从月经开始到出血停止，即月经周期的第1～4天。此期的特点是卵巢内的黄体开始退化、萎缩，分泌的雌激素、孕激素迅速减少。子宫内膜由于突然失去这两种激素的支持而使内膜血管痉挛，导致内膜缺血、坏死、脱落而月经来潮。子宫内膜中富含纤溶酶原激活物，可使经血中的纤溶酶原激活为纤溶酶，降解纤维蛋白，因此经血不凝固。在月经期，子宫内膜脱落形成的创面容易感染，应注意保持外阴清洁和避免剧烈运动。

（二）月经周期的形成机制

月经周期的形成主要是下丘脑-腺垂体-卵巢轴活动的结果（图12-4）。

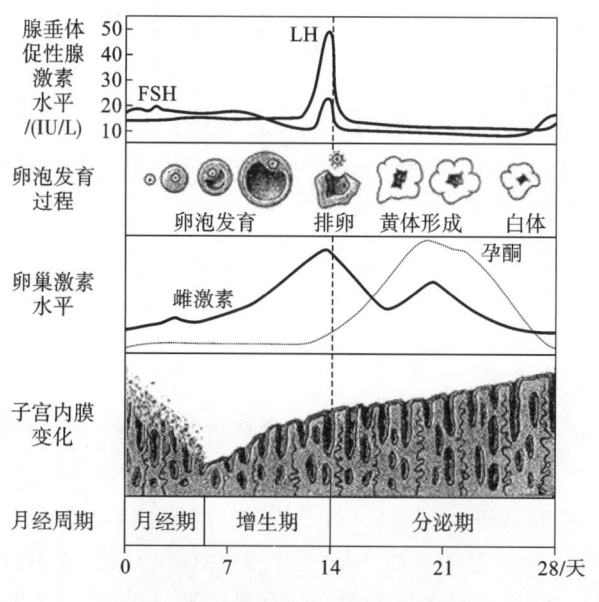

图 12-4 月经周期形成机制示意图

1. 增生期的形成 在青春期以前，下丘脑-腺垂体的发育尚未成熟，下丘脑分泌的GnRH很少，从而使腺垂体分泌的FSH和LH也很少，不能引起卵巢和子宫内膜出现周期性变化。随着青春期的到来，下丘脑发育成熟，分泌的GnRH增多，使腺垂体分泌的FSH和LH也增多，FSH促使卵泡生长发育，并与LH配合，促使卵泡合成和分泌雌激素。在雌激素的作用下子宫内膜出现增生期的变化。此期末，也就是相当于排卵前一天左右，雌激素在血中的浓度达到最高水平，通过正反馈作用促使下丘脑分泌GnRH进一步增加，进而使FSH特别是LH的分泌达到高峰。在高浓度的LH的作用下，已发育成熟的卵泡破裂排卵。

2. 分泌期的形成 卵泡排卵以后，在LH的作用下，其残余部分形成黄体，继续分泌雌激素和大量孕激素，在这两种激素的共同作用下，子宫内膜呈分泌期的变化。到排卵后的5～10天，孕激素在血中的浓度达到高峰，雌激素则出现第二次高峰。由于血中雌激素、孕激素浓度高，通过负反馈作用，抑制下丘脑和腺垂体的活动，使GnRH、FSH、LH分泌减少，黄体开始退化萎缩，卵巢内分泌功能减退。

3. 月经期的形成 由于黄体的内分泌功能减退，血中雌激素、孕激素的浓度突然减少，子宫内膜失去这两种激素的支持而坏死、脱落，出现月经。

随着血液中雌激素、孕激素浓度的降低,对下丘脑和腺垂体的抑制作用解除,卵泡在 FSH、LH 的作用下又开始生长发育,开启新的月经周期。

卵巢周期性活动和月经周期的变化受下丘脑和腺垂体的调控。由于内、外环境变化的刺激可通过大脑皮层作用于下丘脑-腺垂体-卵巢轴,因此,强烈的精神刺激、生活环境变化及机体疾病等因素均可影响月经周期,导致月经失调。月经周期的正常与否可以作为判断女性生殖功能与内分泌功能的评定指标之一。

第四节 妊娠与分娩

妊娠(pregnancy)是指母体内胚胎的形成及胎儿的生长发育过程。妊娠预示着新个体的产生,包括受精、着床、妊娠的维持、胎儿的生长发育等过程。人类妊娠全过程约 280 天,是一个非常复杂、变化极为协调的生理过程。分娩(parturition)是指成熟的胎儿及其附属物从子宫娩出体外的过程。

一、妊娠

(一)受精与着床

受精(fertilization)是指精子与卵子结合形成受精卵的过程。正常情况下,受精的部位在输卵管壶腹部,其基本过程为精子运行、精子获能及受精过程。

1.精子的运行 当精液进入阴道后,精子依靠其尾部鞭毛摆动和女性生殖道平滑肌的收缩以及输卵管上皮细胞纤毛的摆动,穿过子宫颈管和子宫腔,并沿输卵管运行一段距离才能到达受精的部位。一次射精虽能排出数以亿计的精子,但最后能到达受精部位的只有 15～50 个。这是因为精子在运行过程中,会受到宫颈黏液的黏度、阴道内的酸性液体等因素的影响。一般情况下,精子从阴道运行到受精部位需要 30～90 min。

2.精子获能 精子在女性生殖道内停留一段时间后,才能获得使卵子受精的能力,这一过程称为精子的获能。精子在附睾中移行的过程中,已具备了使卵子受精的能力,但由于在附睾和精液中存在一种抑制性物质,使精子失去使卵子受精的能力。获能的本质是暴露精子表面与卵子的识别装置,解除对顶体反应的抑制,使精子得以穿入卵子内完成受精过程。精子获能的主要部位是子宫和输卵管。

3.受精过程 精子在女性体内保持受精能力的时间为 1～2 天,卵子仅为 6～24 h。当精子与卵子相遇时,精子头部释放顶体酶溶解卵子外周的放射冠和透明带,协助精子的头部进入卵子。当精子进入卵子后,立即激发卵母细胞中的颗粒释放某些物质,封锁透明带,使其他精子难以再次进入。因此,到达受精部位的精子虽然有数十个,但一般只有一个精子能与卵子结合形成受精卵。进入卵内的精子头部形成雄性原核,卵子形成雌性原核,两性原核融合成新的细胞核,形成一个具有 46 条染色体的受精卵(图 12-5)。

受精的生理意义在于:①受精标志着新个体的开始。②受精使染色体的数目恢复为 23 对,并使受精卵具有双亲的遗传物质。③受精决定性别,带有 X 染色体的精子与卵子结合发育为女性;带有 Y 染色体的精子与卵子结合发育为男性。

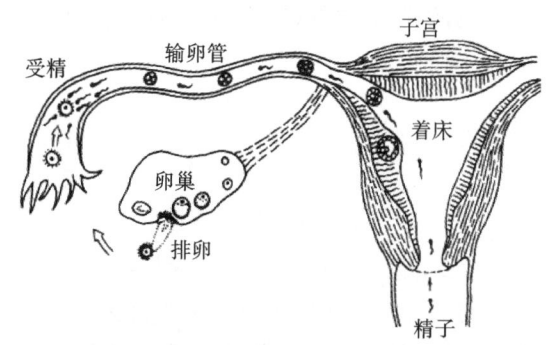

图 12-5 排卵、受精与着床的示意图

4. 着床 受精卵在移动至子宫腔的途中,继续进行分裂,大约 4 天后抵达子宫腔,此时受精卵已经形成胚泡,大约在排卵后第 8 天,胚泡吸附在子宫内膜上,通过与子宫内膜的相互作用而进入子宫内膜,排卵后 10～13 天,胚泡完全被埋在子宫内膜中。这种胚泡通过与子宫内膜相互作用而植入子宫内膜的过程称为着床(implantation),也称为植入。成功着床的关键在于胚泡与子宫内膜的同步发育。

(二)胎盘的内分泌功能与妊娠的维持

胚泡着床后,其最外层的一部分细胞发育成滋养层,其他大部分细胞则发育成胎儿。滋养层细胞发育很快,不久就形成绒毛膜,其绒毛突起可吸收母体血液中的营养成分供给胎儿。与此同时,子宫内膜也增殖形成蜕膜。这样,属于母体的蜕膜和属于胎儿的绒毛膜共同形成胎盘。胎盘既是母体和子体进行物质交换的重要结构,也是一个非常重要的内分泌器官,可以提供维持妊娠所必需的一些激素。人类的胎盘可以分泌多种激素,主要有人绒毛膜促性腺激素(human chorionic gonadotropin,HCG)、雌激素、孕激素和人绒毛膜生长素(human chorionic somatomammotropin,HCS)等。

1. 人绒毛膜促性腺激素 人绒毛膜促性腺激素是胎盘绒毛膜组织的合体滋养层细胞分泌的一种糖蛋白,一般在受精后 8～10 天开始分泌,随后血中浓度迅速升高,至妊娠 8～10 周达到高峰,以后逐渐减退,在妊娠 20 周左右降至较低水平,并一直维持至分娩。其主要生理作用如下:①在妊娠早期发挥类似黄体生成素的作用,可以刺激卵巢的月经黄体转变为妊娠黄体,并使其继续分泌大量的雌激素和孕激素,以维持妊娠的顺利进行。②抑制淋巴细胞的活性,防止母体对胎儿发生排斥反应,具有安胎效应。

2. 雌激素和孕激素 胎盘和卵巢的黄体一样,能够分泌雌激素和孕激素。妊娠第 8 周后,绒毛膜促性腺激素的分泌减少,导致妊娠黄体萎缩退化,由它分泌的雌激素和孕激素也减少。此时胎盘所分泌的雌激素和孕激素逐渐增加,接替妊娠黄体功能以维持妊娠,直至分娩。胎盘所分泌的雌激素主要是雌三醇,它是胎儿和胎盘共同参与合成的。因此,检测孕妇尿中和血中雌三醇的含量,可以反映胎儿在子宫内的情况,如雌三醇突然降低,常常预示胎儿有危险或发生宫内死亡。

在整个妊娠期内,孕妇血液中的雌激素和孕激素都保持在高水平,对下丘脑和腺垂体起负反馈抑制作用,卵巢内没有卵泡发育和排卵,因此妊娠期内不来月经,也不会再受孕。

3. 人绒毛膜生长素 人绒毛膜生长素是一种由合体滋养细胞分泌的糖蛋白。主要作用是调节母体与胎儿之间的物质代谢,包括糖、脂肪和蛋白质的代谢;降低母体对胰岛素的敏感性,抑制葡萄糖的利用,为胎儿提供大量的葡萄糖,从而促进胎儿的生长。

知识链接 ••••••••••••••••••••••

人工授精和试管婴儿

人工授精是指用人工方法实现精子与卵子的结合,可分为体内和体外两种。体内人工授精是指将取得的男性精液注入女性阴道或子宫颈管内,让精子和卵子自然结合形成受精卵,以达到受孕的目的。体外受精是指用人工方法从女性体内取出卵子,放入试管内培养,加入处理好的精子,等待卵子与精子结合形成受精卵。受精卵在试管内不断分裂增殖形成胚泡。然后再将胚泡送入处于分泌期的子宫内发育成胎儿,由母体娩出。世界上首例试管婴儿在1978年7月25日诞生于英国剑桥;我国首例试管婴儿诞生于1988年3月10日。

二、分娩

妊娠末期,子宫平滑肌的兴奋性逐渐提高,最后引起强烈而有节律的收缩,宫颈变软,子宫口开放,驱使胎儿离开母体。分娩时,子宫颈受刺激反射性引起催产素释放,催产素进一步加强子宫平滑肌的收缩,使子宫颈受到更强的刺激,直至分娩过程完成为止。可见,分娩过程是一种正反馈过程。

自然分娩的过程可以分为三个阶段:首先子宫底部向子宫颈的收缩波频繁发生,推动胎儿头部紧抵子宫颈,然后子宫颈变软并开放完全,胎儿由宫腔经子宫颈和阴道娩出体外,最后胎盘与子宫分离并排出母体,同时子宫肌强烈收缩,压迫血管以防止过量失血。分娩是一个极其复杂的生理过程,有关分娩的发动机制目前尚不清楚,但子宫平滑肌节律性收缩是分娩的主要动力。

••••••• **小 结** •••••••

人类的种系繁衍是通过男、女两性生殖器官的活动实现的。男性的主性器官是睾丸,其具有产生精子和分泌雄激素的双重功能。睾丸分泌的雄激素以睾酮为主,可促进男性附性器官的发育并维持其成熟状态,促进男性第二性征的出现,维持正常的性欲以及影响物质代谢。睾丸的生理作用主要受下丘脑-腺垂体-睾丸轴的调节。

女性的主性器官是卵巢,卵巢具有产生卵子和分泌雌激素、孕激素的双重功能。雌激素和孕激素在生殖活动中发挥着重要的作用。女性从青春期开始,在卵巢激素周期性分泌的影响下,子宫内膜发生周期性剥脱出血,形成月经。女性的生殖功能具有明显的周期性,即为月经周期。月经周期的形成主要受下丘脑-腺垂体-卵巢轴的调控。

妊娠是指母体内胚胎的形成及胎儿的生长发育过程,包括受精、着床、妊娠的维持、胎儿的生长发育等过程。分娩是指成熟的胎儿及其附属物从子宫娩出体外的过程。自然分娩属于正反馈过程。

能力检测答案

能力检测

一、名词解释

生殖　月经　妊娠　分娩

二、选择题

A 型题

1.睾酮主要由何种细胞分泌?(　　　)

A.睾丸间质细胞　　　　B.睾丸生殖细胞　　　　C.睾丸支持细胞

D.精子　　　　　　　　E.精原细胞

2.关于睾酮的叙述,错误的是(　　　)。

A.刺激雄性器官发育并维持成熟状态

B.刺激男性副性征出现

C.促进蛋白合成/钙、磷沉积/骨骼、肌肉生长

D.刺激骨髓造血,使红细胞增多

E.与性欲无关

3.卵巢分泌的雌激素主要是(　　　)。

A.雌二醇　　　　　　　B.雌三醇　　　　　　　C.孕酮

D.雌酮　　　　　　　　E.己烯雌酚

4.血中哪种激素出现高峰可作为排卵标志?(　　　)

A.人绒毛膜促性腺激素　B.孕激素　　　　　　　C.黄体生成素

D.人绒毛膜生长素　　　E.雌激素

5.排卵后形成的黄体可分泌(　　　)。

A.LH　　　　　　　　　B.FSH　　　　　　　　C.GnRH

D.人绒毛膜生长素　　　E.孕激素和雌激素

6.月经血不发生凝固的原因是(　　　)。

A.雌激素可阻止血凝

B.孕激素可阻止血凝

C.子宫内有大量的肝素

D.子宫内有丰富的纤溶酶原激活物

E.子宫内膜分泌大量抗凝血酶抑制血凝

7.月经的发生是由于(　　　)。

A.雌激素急剧下降　　　　　　　　　　B.孕激素急剧下降

C.雌激素和孕激素均急剧下降　　　　　D.前列腺素 F2α 下降

E.催乳素下降

8.用于诊断早孕的重要激素是(　　)。

A.雌激素　　　　　　　　B.孕激素　　　　　　　　C.人绒毛膜促性腺激素

D.人胎盘促乳素　　　　　E.人绒毛膜生长素

9.关于雌激素作用的说法不正确的是(　　)。

A.促进女性生殖器官的发育　　　　　　　　B.促进女性第二性征的产生

C.促进女性性欲的产生　　　　　　　　　　D.升高基础体温

E.加速蛋白质合成,促进生长发育

10.女性基础体温在排卵后升高 0.5 ℃左右,并在黄体期维持在此水平,基础体温的升高与下列哪种激素有关?(　　)

A.雌激素　　　　　　　　B.孕激素　　　　　　　　C.卵泡刺激素

D.黄体生成素　　　　　　E.甲状腺激素

B 型题

A.睾酮　　　　　　　　　B.雌激素　　　　　　　　C.孕激素

D.FSH　　　　　　　　　E.LH

1.促进男性附性器官的发育激素是(　　)。

2.促进女性附性器官发育的激素是(　　)。

3.促进卵巢卵泡发育的主要激素是(　　)。

4.促进排卵发生的主要激素是(　　)。

5.可使女性基础体温升高的激素是(　　)。

A.排卵前期　　　　　　　B.月经期　　　　　　　　C.排卵后期

D.增殖期　　　　　　　　E.绝经期

6.子宫内膜增厚,血管和腺体增多,但腺体无分泌功能,出现在(　　)。

7.血液中雌激素和孕激素水平迅速减少出现在(　　)。

8.女性到 45～50 岁,月经不再周期性重复出现,表明已进入(　　)。

三、简答题

1.简述睾酮的生理作用。

2.简述雌激素和孕激素的生理作用。

3.试述月经周期的形成机制及调节。

(潘　　丽)

中英文名词对照

CO_2解离曲线	carbon dioxide dissociation curve
N_2型 ACh 受体阳离子通道	N_2-acetylcholine receptor cation channel
Na^+-K^+泵	sodium potassium pump

A

暗适应	dark adaptation
巴宾斯基征	Babinski's sign

B

白细胞	leukocyte，white blood cell，WBC
半规管	semicircular canal
背侧呼吸组	dorsal respiratory group，DRG
被动转运	passive transport
比重	specific gravity
编码作用	coding function
补呼气量	expiratory reserve volume，ERV
补吸气量	inspiratory reserve volume，IRV
不感蒸发	insensible evaporation
不完全强直收缩	incomplete tetanus
表面张力	surface tension

C

超常期	supranormal period，SNP
超极化	hyperpolarization
超射	overshoot
潮气量	tidal volume，TV
成分输血	transfusion of blood component
出胞	exocytosis

出血时间	bleeding time
传出神经	efferent nerve
传导	conduction
传导散热	thermal conduction
传入侧支性抑制	afferent collateral inhibition
传入神经	afferent nerve
雌二醇	estradiol, E_2
雌激素	estrogen
刺激	stimulus
促黑(素细胞)激素	melanophore stimulating hormone
促红细胞生成素	erythropoietin, EPO
促甲状腺激素	thyroid stimulating hormone
促离子型受体	ionotropic receptor
促肾上腺皮质激素	adrenocorticotropic hormone
催产素	oxytocin
催乳素	prolactin

D

代偿性间歇	compensatory pause
单纯扩散	simple diffusion
胆碱能受体	cholinergic receptor
胆碱能纤维	cholinergic fiber
胆盐	bile salt
胆汁	bile
蛋白质	protein
等容收缩期	period of isovolumic contraction
等容舒张期	period of isovolumic relaxation
等渗溶液	iso-osmotic solution
等张溶液	isotonic solution
低常期	subnormal period
第二信号系统	second signal system
第二信使	second messenger
第一信号系统	first signal system
第一信使	first messenger
电压门控通道	voltage-gated channel
调定点	set point
动脉脉搏	arterial pulse
动脉血压	arterial blood pressure

动作电位	action potential, AP
窦性节律	sinus rhythm
毒蕈碱受体	muscarinic receptor
对侧伸肌反射	crossed extensor reflex
对流散热	thermal convection

E

耳蜗	cochlea
耳蜗内电位	endocochlear potential
二磷酸腺苷	adenosine diphosphate, ADP

F

发绀	cyanosis
发汗	sweating
发生器电位	generator potential
反极化	reverse polarization
反馈	feedback
反射	reflex
反射弧	reflex arc
反应	reaction
非弹性阻力	inelastic resistance
非蛋白呼吸商	non-protein respiratory quotient, NPRQ
非寒战产热	non-shivering thermogenesis
非特异投射系统	non-specific projection system
非条件反射	unconditioned reflex
肺活量	vital capacity, VC
肺扩张反射	pulmonary inflation reflex
肺内压	intrapulmonary pressure
肺泡表面活性物质	pulmonary surfactant
肺泡通气量	alveolar ventilation
肺泡无效腔	alveolar dead space
肺牵张反射	pulmonary stretch reflex
肺容积	pulmonary volume
肺容量	pulmonary capacity
肺通气	pulmonary ventilation
肺通气量	pulmonary ventilation volume
肺萎陷反射	pulmonary deflation reflex
肺总量	total lung capacity, TLC

分节运动	segmental motility
分泌	secretion
锋电位	spike potential
辐辏反射	convergence reflex
辐射散热	thermal radiation
负反馈	negative feedback
复极化	repolarization
复视	diplopia
腹侧呼吸组	ventral respiratory group，VRG
腹式呼吸	abdominal breathing

G

肝素	heparin
感觉	sensation
感觉器官	sense organ
感受器	receptor
感受器电位	receptor potential
功能余气量	functional residual capacity，FRC
骨传导	bone conduction

H

寒战产热	shivering thermogenesis
何尔登效应	Haldane effect
黑-伯反射	Hering-Breuer reflex
红骨髓	red marrow
红细胞	erythrocyte，或 red blood cell，RBC
红细胞沉降率	erythrocyte sedimentation rate，ESR
红细胞叠连	rouleaux formation
红细胞凝集	agglutination
后电位	after potential
后发放	after discharge
呼吸	respiration
呼吸调整中枢	pneumotaxic center
呼吸膜	respiratory membrane
呼吸商	respiratory quotient，RQ
呼吸运动	respiratory movement
呼吸中枢	respiratory center
互感性对光反射	consensual light reflex

化学感受器	chemoreceptor
化学门控通道	chemically-gated channel
化学性消化	chemical digestion
换能作用	transducer function
黄体生成素	luteinizing hormone
回返性抑制	recurrent inhibition

J

机械性消化	mechanical digestion
基本电节律	basal electric rhythm, BER
基础代谢	basal metabolism
基础代谢率	basal metabolism rate, BMR
基底神经节	basal ganglia
激素	hormone
极化	polarization
集落刺激因子	colony stimulating factor, CSF
脊休克	spinal shock
继发性主动转运	secondary active transport
甲状旁腺激素	parathyroid hormone
甲状腺激素	thyroid hormone
间接测热法	indirect calorimetry
减慢充盈期	period of reduced filling
减慢射血期	period of reduced ejection
简化眼	reduced eye
腱反射	tendon reflex
降钙素	calcitonin, CT
降压反射	depressor reflex
交叉配血试验	cross-match test
解耦联蛋白	uncoupling protein, UCP
解剖无效腔	anatomical dead space
紧张性收缩	tonic contraction
近点	near point
近视	myopia
晶状体	lens
精神性发汗	mental sweating
静息电位	resting potential, RP
局部电流	local current
局部电位	local potential

局部反应	local response
咀嚼	mastication
巨核细胞	megakaryocyte
巨人症	gigantism
巨噬细胞	macrophage

K

抗利尿激素	antidiuretic hormone,ADH
柯蒂氏器	organ of Corti
可感蒸发	sensible evaporation
可塑变形性	plastic deformation
快波睡眠	fast wave sleep
快速充盈期	period of rapid filling
快速射血期	period of rapid ejection

L

老视	presbyopia
离子通道型受体	ion channel receptor
立体视觉	stereoscopic vision
磷酸肌酸	creatine phosphate,CP
滤过分数	filtration fraction,FF
螺旋器	spiral organ
卵泡刺激素	follicle stimulating hormone

M

脉压	pulse pressure
慢波睡眠	slow wave sleep
毛细胞	hair cell
酶联型受体	enzyme-linked receptor
每搏输出量	stroke volume
迷路	labyrinth
明适应	light adaptation
膜电位	membrane potential

N

内分泌	endocrine
内环境	internal environment
内淋巴	endolymph

内淋巴电位	endolymphatic potential
内因子	intrinsic factor
内源性凝血途径	intrinsic pathway
钠泵	sodium pump
脑-肠肽	brain-gut peptide
脑电图	electroencephalogram, EEG
能量代谢	energy metabolism
能量代谢率	energy metabolism rate
黏膜下神经丛	submucosal plexus
黏滞性	viscosity
尿频	frequent micturition
尿失禁	urine incontinence
尿潴留	urine retention
凝血因子	blood coagulation factor

O

呕吐	vomiting

P

帕金森病	Parkinson disease
排尿反射	micturition reflex
排泄	excretion
旁分泌	paracrine
贫血	anemia
平静呼吸	eupnea
平均动脉压	mean arterial pressure

Q

期前收缩	premature systole
气传导	air conduction
气体扩散速率	diffusion rate, D
气胸	pneumothorax
牵涉痛	referred pain
牵张反射	stretch reflex
前馈控制	feed forward control
前列腺素	prostaglandin, PG
前庭器官	vestibular apparatus
前庭自主神经反应	vestibular autonomic reaction

潜在起搏点	latent pacemaker
强直收缩	tetanus
球-管平衡	glomerulotubular balance
球囊	saccule
屈肌反射	flexor reflex
去大脑僵直	decerebrate rigidity
去极化	depolarization
去甲肾上腺素	norepinephrine，NE；noradrenaline，NA
醛固酮	aldosterone

R

人工呼吸	artificial respiration
人类白细胞抗原	human leukocyte antigen，HLA
人绒毛膜促性腺激素	human chorionic gonadotropin，HCG
人绒毛膜生长素	human chorionic somatomammotropin，HCS
妊娠	pregnancy
容受性舒张	receptive relaxation
溶血	hemolysis
蠕动	peristalsis
入胞	endocytosis

S

三磷酸腺苷	adenosine triphosphate，ATP
散光	astigmatism
色觉	color vision
色盲	color blindness
色弱	color weakness
射血分数	ejection fraction，EF
深吸气量	inspiratory capacity，IC
神经冲动	nerve impulse
神经冲动	nerve impulse
神经递质	neurotransmitter
神经调节	neuroregulation
神经调质	neuromodulator
神经分泌	neurocrine
神经激素	neurohormone
神经胶质细胞	neuroglia
神经末梢	nerve terminal

神经-体液调节	neuro-humoral regulation
神经纤维	nerve fiber
神经元	neuron
肾单位	nephron
肾上腺素	epinephrine,E
肾上腺素能纤维	adrenergic fiber
肾素	renin
肾糖阈	renal glucose threshold
肾小球的滤过	glomerular filtration
肾小球滤过率	glomerular filtration rate,GFR
渗透	osmosis
渗透脆性	osmotic fragility
渗透性利尿	osmotic diuresis
渗透压	osmotic pressure
生长激素	growth hormone,GH
生长抑素	somatostatin,SST
生理盲点	blind spot
生理无效腔	physiological dead space
生理性止血	hemostasis
生理学	physiology
生物电	bioelectricity
生殖	reproduction
时间肺活量	timed vital capacity,TVC
食物的热价	thermal equivalent of food
食物的氧热价	thermal equivalent of oxygen
食物的特殊动力作用	specific dynamic action of food
视杆细胞	rod cell
视觉	vision
视敏度	visual acuity
视网膜	retina
视野	visual field
视锥细胞	cone cell
视紫红质	rhodopsin
适宜刺激	adequate stimulus
适应现象	adaptation
收缩压	systolic pressure
受精	fertilization
瘦素	leptin,LP

外源性凝血途径	extrinsic pathway
外周化学感受器	peripheral chemoreceptor
外周温度感受器	peripheral thermoreceptor
完全强直收缩	complete tetanus
网状结构上行激动系统	ascending reticular activating system
微循环	microcirculation
微音器电位	microphonic potential
维生素 B_{12}	vitamin B_{12}
味觉	gustation
味蕾	taste bud
胃肠激素	gastrointestinal hormone
胃蛋白酶原	pepsinogen
胃的排空	gastric emptying
温热性发汗	thermal sweating
稳态	homeostasis
舞蹈病	chorea

X

吸收	absorption
细胞膜	cell membrane
下丘脑视前区-下丘脑前部	preoptic anterior hypothalamus, PO/AH
纤溶酶	plasmin
纤溶酶原激活物	plasminogen activator
纤维蛋白降解产物	fibrin degradation products, FDP
纤维蛋白溶解,纤溶	fibrinolysis
纤维蛋白溶解酶原,纤溶酶原	plasminogen
相对不应期	relative refractory period, RRP
消化	digestion
效应器	effecter
心电图	electrocardiogram, ECG
心动周期	cardiac cycle
心房钠尿肽	atrial natriuretic peptide, ANP
心房收缩期	period of atrial systole
心力储备	cardiac reserve
心率	heart rate
心输出量	cardiac output
心血管中枢	cardiovascular center
心音	heart sound

Y

盐酸	hydrochloric acid, HCl
眼震颤	nystagmus
氧饱和度	oxygen saturation
氧含量	oxygen content
氧合	oxygenation
氧解离曲线	oxygen dissociation curve
氧容量	oxygen capacity
叶酸	folic acid
夜盲症	nyctalopia
液态镶嵌模型	fluid mosaic model
胰岛素	insulin
胰多肽	pancreatic polypeptide, PP
胰高血糖素	glucagon
乙酰胆碱	acetylcholine, ACh
异体输血	allogenetic transfusion
异位起搏点	ectopic pacemaker
抑胃肽	gastric inhibitory polypeptide, GIP
抑制	inhibition
抑制性突触后电位	inhibitory postsynaptic potential, IPSP
易化扩散	facilitated diffusion
营养作用	trophic action
用力肺活量	forced vital capacity, FVC
用力呼气量	forced expiratory volume, FEV
用力呼吸	forced breathing
有效不应期	effective refractory period, ERP
有效滤过压	effective filtration pressure, EFP
余气量	residual volume, RV
阈刺激	threshold stimulus
阈电位	threshold potential, TP
阈强度	threshold
原发性主动转运	primary active transport
远距分泌	telecrine
远视	hyperopia
月经	menstruation
月经周期	menstrual cycle
孕激素	progestogen
运动单位	motor unit

Z

载体转运	carrier transport
造血	hemopoiesis
造血干细胞	hemopoietic stem cell
震颤麻痹	paralysis agitans
蒸发	evaporation
正常起搏点	normal pacemaker
正反馈	positive feedback
肢端肥大症	acromegaly
脂肪	fat
直接测热法	direct calorimetry
质膜	plasma membrane
中枢	center
中枢化学感受器	central chemoreceptor
中枢温度感受器	central thermoreceptor
中心静脉压	central venous pressure, CVP
重调定	resetting
重吸收	reabsorption
轴浆运输	axoplasmic transport
昼夜节律或日节律	circadian rhythm
侏儒症	dwarfism
主动转运	active transport
着床	implantation
自动节律性	autorhythmicity
自分泌	autocrine
自然杀伤细胞	natural killer, NK
自身调节	autoregulation
自体输血	autologous transfusion
自主性体温调节	autonomic thermoregulation
组织因子途径抑制物	TFPI

主要参考文献
ZHUYAO CANKAO WENXIAN

[1] 朱大年,王庭槐.生理学[M].8版.北京:人民卫生出版社,2013.

[2] 王光亮,王爱梅,周裔春.生理学[M].2版.武汉:华中科技大学出版社,2013.

[3] 王光亮,丛波,王涛.生理学基础[M].2版.武汉:华中科技大学出版社,2016.

[4] 姚泰.生理学[M].2版.北京:人民卫生出版社,2010.

[5] 田仁.生理学[M].西安:第四军医大学出版社,2006.

[6] 王庭槐.生理学[M].3版.北京:高等教育出版社,2015.

[7] 朱进霞.医学生理学[M].北京:高等教育出版社,2015.

[8] 管茶香,武宇明.生理学[M].3版.北京:人民卫生出版社,2013.

[9] 白波,王福青.生理学[M].7版.北京:人民卫生出版社,2014.

[10] 叶本兰,明海霞.生理学[M].北京:中国医药科技出版社,2016.

[11] 白波,杜友爱.生理学[M].南京:江苏科学技术出版社,2013.

[12] 周裔春.生理学[M].北京:科学出版社,2013.

[13] 唐四元.生理学[M].3版.北京:人民卫生出版社,2012.

[14] 林佩璜,黄黎月.临床生理基础[M].北京:高等教育出版社,2015.

[15] 王光亮,孙玉锦,张敏.生理学[M].武汉:华中科技大学出版社,2012.